江苏省重点史志作品编纂出版资助项目
江苏省地方志办公室指导

张秋生 主编

江苏华侨华人史

中国华侨出版社
·北京·

图书在版编目（CIP）数据

江苏华侨华人史 / 张秋生主编. —北京：中国华侨出版社，2022.12
ISBN 978-7-5113-8891-9

Ⅰ.①江… Ⅱ.①张… Ⅲ.①华侨—历史—江苏②华人—历史—江苏 Ⅳ.①D634.3

中国版本图书馆CIP数据核字（2022）第161479号

●江苏华侨华人史

主　　编 / 张秋生
责任编辑 / 高文喆　桑梦娟
封面设计 / 薛冰焰
经　　销 / 新华书店
开　　本 / 787毫米×1092毫米　　1/16　　印张 / 24.5　　字数 / 370千字
印　　刷 / 北京天正元印务有限公司
版　　次 / 2022年12月第1版
印　　次 / 2022年12月第1次印刷
书　　号 / ISBN 978-7-5113-8891-9
定　　价 / 98.00元

中国华侨出版社　　北京市朝阳区西坝河东里77号楼底商5号　　邮编：100028
发行部：（010）64443051　　传　真：（010）64439708
网　　址 / www.oveaschin.com　　E-mail / oveaschin@sina.com

如发现印装质量问题，影响阅读，请与印刷厂联系调换。

《江苏华侨华人史》编委会

主　任：周建农
副主任：刘　标　艾　卉　李发勇
主　编：张秋生
编　委：邵政达　颜　廷　鞠长猛　张荣苏　赵　昌　毛银铃
　　　　毛加弘　刘广昕　李音强　沈晋华　蔡宏伟　商晓东
　　　　田益民　季卫军　杨为民　王永新　吉江平　陈太兵
　　　　曹建军　刘　芳　冯为宽　吕　静　魏羽升　潘　晶
　　　　马　建　王海波

序 言

历史如歌,在时空的变换里,我们看尽生命千姿百态;岁月如言,在年轮的更迭中,我们读懂人物的喜乐悲欢。在侨的一路历程里,我们看到侨胞奋力开拓的勇敢无畏,感受着侨胞一心报国的赤诚无私。著史存信,一部侨史,写下的不仅仅是对过往的追忆,对先辈的敬仰,在追忆中寻找根的印记,更是在回望中寻找梦的方向。

江苏侨史源远流长。自公元前5世纪的春秋时代,就有吴国臣民流亡海外的记载。秦汉以来,徐福、司马达、智聪、鉴真等方士以及高僧东渡日本传播耕种、纺织、制镜、中医、佛法等。在中外文明交流的历史长河中,江苏先民对海外(特别是日本)文明的进步作出了重大贡献,留下了一幅又一幅的精彩画卷。礼仪之大、服章之美、文化之深……博大精深的华夏文化,璀璨鲜活的江苏特色在"睦邻友好"的传统中推动着文明在和平中传播、绽放。

近代以来,江苏民族资本主义的发展与近代教育体系的勃兴,助力江苏成为中国经济、文化最发达并与海外交往最密切的地区之一。来自江苏各地的劳动群众、知识分子和工商从业者通过各种途径前往海外谋生、留学或从事工商业活动。相对于广东、福建等传统移民大省,江苏移民规模虽然较小,但类型多样,且层次较高的知识型移民比重较大,华侨华人在归国后对江苏乃至全国的政治、经济和文化事业的参与度较高。这其中闪耀着一批侨界共产党员的身影。他们有的矢志不渝奔赴海外探寻救国良方,有的怀揣爱国情怀远渡重洋寻找革命真谛。他们的足迹遍布世界各地,但拳拳爱国之心与殷殷赤子情怀时刻萦绕于祖国故土。

改革开放以来,留学移民、投资移民、劳工移民和商业移民等对外移民人口迅速增长,而且来江苏定居生活、投资创业的人口也大幅增加,海外侨胞与江苏的经济、社会和文化各方面的联系逐渐增强,侨胞对江苏的情感认同与亲缘沟通推动江苏成为新时期颇有特色的"新侨乡"。进入新时代,习近平总书记赋予江苏"争当表率、争做示范、走在前列"新的光荣使命,亲自擘画了"强富美高"新江苏的宏伟蓝图。在这一伟大征程中,华侨华人从政治支持、经济互助、科技交流等多个方面建功圆梦,并成为新时代中华民族伟大复兴、祖国统一大业向前推进和构建人类命运共同体的重要支撑力量。

一路繁花,过往凯歌嘹亮。刚刚过去的2021年,我们迎来了中国共产党百年芳华。这一百年是矢志践行初心使命的一百年，是筚路蓝缕奠基立业的一百年，是创造辉煌开辟未来的一百年。从千年前到百年前再到如今，华侨华人以华夏之名助力文明传播，助力中国共产党创建、助力时代奋进。

盛世修史，恰逢其时。正值党的二十大即将召开之际，撰写和出版第一部《江苏华侨华人史》意义非凡而重大。由张秋生教授领衔的江苏师范大学华侨华人研究中心拥有一支高水平的研究团队，他们以高超的理论学术水平和扎实的研究基础顺利完成了这本厚重的侨史著作，为侨务工作大省江苏增添了新亮点。

向历史寻根，向岁月寻力，向时代寻梦。站在历史的交汇点，我们用一部史书不仅向自古以来江苏侨界先贤、革命者及在科教文卫事业上作出过重要贡献的侨界英雄们致敬，更以此点燃侨界群众心中的火苗，引领广大侨胞，不忘初心，继往开来，为实现中华民族伟大复兴的中国梦砥砺奋斗，续写新的百年辉煌。

周建农

2022 年 7 月

目 录

绪 论 / 1
　第一节　江苏华侨华人史研究的意义与目的 / 1
　第二节　江苏华侨华人史发展的基本特点 / 2

上 篇

第一章　江苏海外移民史概述 / 27
　第一节　古代江苏海外移民 / 28
　　一、古代江苏海外移民进程 / 28
　　二、江苏移民的文化输出与历史影响 / 33
　　三、江苏海外移民在中外文明交流中的地位 / 37
　第二节　近现代江苏海外移民 / 41
　　一、劳工与职业型海外移民 / 42
　　二、知识型海外江苏移民 / 45
　　三、近现代江苏海外移民的特征 / 49
　第三节　当代江苏海外移民 / 51
　　一、改革开放前江苏海外移民的概况 / 52
　　二、改革开放后江苏海外移民的壮大 / 54

第二章　江苏海外华侨华人社团发展与社会融入 / 57
　第一节　江苏海外华侨华人社团的历史演进 / 58
　　一、近代江苏海外华侨华人社团的发轫 / 58
　　二、现代江苏海外华侨华人社团的壮大 / 66
　　三、当代江苏海外华侨华人社团的发展与转型 / 69
　第二节　江苏海外华侨华人的社会融入 / 74
　　一、江苏海外华侨华人社会融入的历史轨迹 / 74
　　二、江苏海外华侨华人社会融入的基本要素 / 76
　　三、江苏海外华侨华人社会融入的主要形式 / 77

I

第三章　江苏海外华侨华人经济发展 / 85

第一节　江苏海外移民经济活动 / 86
一、古代江苏海外移民经贸活动 / 86
二、近现代江苏海外华侨华人经济活动 / 87
三、当代江苏海外华侨华人经济发展 / 91

第二节　江苏海外新华商群体的兴起 / 94
一、江苏海外新华商群体的兴起 / 94
二、江苏海外新华商群体的三大类型 / 98
三、江苏海外新华商群体面临的挑战及其应对 / 101

第四章　江苏海外华侨华人科教文化事业 / 105

第一节　江苏海外华侨华人的华文教育 / 106
一、近代江苏海外华侨华人的华文教育 / 106
二、现代江苏海外华侨华人的华文教育 / 109
三、当代江苏海外华侨华人的华文教育 / 114

第二节　江苏海外华侨华人与科技发展 / 119
一、近代江苏海外华侨华人科技成就 / 119
二、现当代江苏海外华侨华人科技成就 / 120

第三节　江苏海外华侨华人文化事业 / 129
一、江苏海外华侨华人与文化传承 / 129
二、江苏海外华侨华人与华文媒体 / 138

下　篇

第五章　江苏华侨华人与中国民主革命 / 145

第一节　江苏华侨华人与旧民主主义革命 / 146
一、江苏华侨华人与维新变法 / 146

二、江苏华侨华人与辛亥革命 / 147
　　三、江苏华侨华人留学报国 / 150
　第二节　江苏华侨华人与新民主主义革命 / 155
　　一、江苏华侨华人与中国共产党的早期发展 / 156
　　二、江苏华侨华人与抗日救亡运动 / 161

第六章　江苏华侨华人与中国社会发展 / 167
　第一节　江苏归国华侨促进科技事业发展 / 168
　　一、国防科工领域的代表人物 / 168
　　二、其他科技领域代表人士 / 170
　第二节　江苏华侨华人参与社会建设 / 175
　　一、促进文教事业发展 / 175
　　二、积极建言献策 / 178
　第三节　江苏华侨华人支持公益事业 / 180
　　一、支持祖国公益事业 / 180
　　二、江苏华侨华人的抗疫行动 / 187
　第四节　江苏华侨华人、归侨侨眷增进中外交流合作 / 191
　　一、发挥"民间大使"作用，促进中外交流 / 191
　　二、江苏华侨华人与"一带一路"倡议 / 195

第七章　华侨华人、归侨侨眷与江苏经济发展 / 199
　第一节　中华人民共和国成立之前归侨投资江苏的实践 / 200
　　一、归侨投资江苏农业的实践 / 200
　　二、归国留学生与江苏民族工商业发展 / 207
　第二节　中华人民共和国成立至1978年归侨侨眷与江苏经济建设 / 212
　　一、中华人民共和国成立后江苏归侨侨眷概况 / 212
　　二、中华人民共和国成立后归侨侨眷参与江苏经济建设 / 214

第三节　1978 年至 20 世纪末归侨侨眷与江苏经济发展 / 217
　　一、归侨侨眷在江苏改革开放中的经济桥梁作用 / 217
　　二、华侨投资对江苏经济发展的作用与影响 / 222
第四节　21 世纪以来新华侨华人与江苏经济发展 / 228
　　一、21 世纪以来新华侨华人在江苏创新创业 / 228
　　二、21 世纪以来江苏新侨商的发展——以通商为例 / 233
　　三、新华侨华人对 21 世纪江苏经济发展的作用与影响 / 236

第八章　江苏新侨乡的兴起 / 243
第一节　中华人民共和国成立至改革开放初期江苏国际人口迁移 / 244
第二节　世纪之交江苏新侨乡的萌芽 / 246
　　一、20 世纪 90 年代以来跨国移民潮与海外侨胞来苏投资创业潮 / 246
　　二、江苏与海外华侨华人经济、科技文化联系的加强 / 247
第三节　江苏新侨乡社会的形成 / 251
　　一、江苏新侨乡社会形成的经济社会背景 / 251
　　二、江苏新侨乡社会形成的制度、机制作用与影响 / 252
第四节　江苏新侨乡的类型、特点、意义和影响 / 254
　　一、江苏新侨乡的类型与特点 / 254
　　二、江苏新侨乡社会兴起的意义和影响 / 259

第九章　江苏侨务工作的历史与现状 / 267
第一节　中华人民共和国成立后的江苏侨务工作 / 269
　　一、"保护华侨的正当权利与利益"的侨务工作指导思想 / 269
　　二、中华人民共和国成立至改革开放前江苏侨务工作的实践 / 270
第二节　改革开放以来的江苏侨务工作 / 274
　　一、侨务工作"十六字"方针 / 274
　　二、江苏侨务工作再起航 / 275
　　三、贯彻落实侨务法律、政策，切实维护侨胞合法权益 / 282

四、侨务工作中心向助力经济科技建设转变 / 285
第三节　21世纪江苏侨务工作新变化 / 289
　　一、21世纪以来江苏侨务工作指导思想 / 290
　　二、侨务工作"引进来" / 291
　　三、侨务工作"走出去" / 294
第四节　新时代江苏侨务工作新发展 / 296
　　一、新时代侨务工作战略部署 / 296
　　二、江苏省侨务机构改革成就 / 300
　　三、服务经济社会发展 / 303
　　四、以侨为桥，凝聚侨心 / 309

结　语 / 315

相关附录 / 317
　　附录一：江苏华侨华人史代表人物传 / 317
　　附录二：江苏籍海外华侨华人社团名录（部分）/ 338
　　附录三：江苏华侨华人史大事记 / 344

参考文献 / 351
　　一、中文著作 / 351
　　二、中文文章 / 361
　　三、外文资料 / 367
　　四、网络资料 / 368
　　五、调研资料 / 373

后　记 / 377

绪 论

第一节 江苏华侨华人史研究的意义与目的

华侨华人是我国独特的重要资源。作为经济文化强省和新移民大省的江苏，现有海外华侨华人约100万、归侨侨眷约100万，侨资企业5万多家，还有在江苏创新创业的非江苏籍的侨商、侨领及各类中高端专业人才50万。改革开放以来，包括江苏籍侨胞在内的海外华侨华人为江苏乃至中国的经济社会发展和海内外经济文化交流、中华文化的弘扬等方面发挥着不可替代的重要作用，为世界华侨华人史续写了新的篇章。

江苏对外移民历史悠久。秦汉以来，就有徐福东渡日本、鉴真六次赴日传戒的先例。近代江苏更是领时代之风骚，在晚清著名教育家容闳的倡导下，积极派遣留学生赴美深造，从而开启了江苏对外人才交流的先河。民国时期，作为全国重要的经济、政治和文化中心，尽管在对外移民数量和海外侨胞数量上，与广东、福建等传统侨乡存在较大差距，江苏海外留学活动却非常活跃，对外移民人群层次亦相对较高。改革开放以来，尤其是近十余年来，随着全球化时代国际人力资源竞争不断加剧，西方发达国家对技术移民越来越重视，作为经济、教育和文化大省强省的江苏，对外移民数量逐年攀升，业已成为新移民大省，海外侨民越来越多，其中大多数为具有良好教育背景和专业技能的新移民。与传统移民相比，他们融入当地主流社会能力强，发展成就大，经济上有实力，学术上有成就，政治上有地位，社会上有影响，是推动人类命运共同体构建，助推"一带一路"合作和世界各国各地区发展进步的重要力量，也是助力江苏发展的重要国际资源。随着近些年改革开放的不断深化和江苏经济的跨越式发展，一系列海外引资、引智计划强势推出，越来越多拥有海外工作、留学经历的新移民回国，并在江苏定居、创业，目前其数量已达7万~8万人，并呈不断增长趋势。这些归国侨胞不仅为江苏带来了先进的科学技术和企业管理理念，促进了江苏与海外投资者、企业集团与政府之间的联系与合作，同时也扮演了江苏与世界各国和地区之间政治、经济、教育和文化交流与互动的媒介与使者，加强了江苏与世界的联通与互动。江苏对外移民数量和海外侨胞定居江苏人数的双重增长，在一定程度上意味着江苏在经济、科技、教育和文化各方面正迅速步入全球化发展的快车道，并在全球化时代的国际人力资源交流、合作与竞争中扮演着重要角色。研究江苏华侨华人史，具有如下几个方面的理论学术价值和重大现实意义。

其一，系统全面地梳理江苏华侨华人海外移民、谋生、发展、融入和贡献的历史，能够增强海外华侨的文化向心力和民族情怀，凝聚侨心，汇集侨智，发挥侨力，在习近平新时代中国特色社会主义思想指引下，进一步助推江苏经济与社会的全面发展，为建设"强富美高"的新江苏作出贡献。

其二，深入研究江苏华侨华人发展历史，考察海外华侨与江苏经济文化发展的互动，梳理不同历史时期的侨务政策和实践特点，分析其优点和不足，有助于深刻领会习近平总书记关于侨务工作重要论述，不断完善党和国家的侨务政策体系，促进江苏省侨务工作不断适应新时代的侨情发展变化，推动江苏籍海外侨胞进一步秉持"爱国、爱乡、爱自己的家人"的精神，为祖国和家乡发展出力献策。

其三，考察不同历史时期江苏籍海外侨胞所代表的江苏地域文化传统与移居国主流文化之间的冲突、适应与融合，分析江苏地域文化传统在海外的传承、变化与发展，进而解读江苏籍华侨华人所代表的江苏地域文化符号和文化元素对移居国经济、政治、社会与文化生活的影响，并研究其表达路径和表达方式，及其历史发展与变化，这对于江苏贯彻实施中华文化走出去、提升江苏文化软实力、推动江苏国际化步伐、加快现代化发展进程，有重大而深远的意义。

其四，作为改革开放的领潮者，江苏华侨华人为江苏经济与社会发展作出了卓越贡献，而随着经济全球化步伐的加快，海外侨胞对江苏经济社会发展的价值和意义还将日益彰显。因而撰写一部江苏华侨华人史，既是对江苏省改革开放以来发展历史的尊重，也是对江苏未来经济与社会发展的殷鉴与指引，更是作为一个新移民大省和侨务工作重点省份应该担负的历史使命与现实责任。因此，没有江苏的华侨华人史，是不完整的华侨华人史；而没有华侨华人史的江苏史，更是不完整的江苏史。

第二节　江苏华侨华人史发展的基本特点

江苏背倚腹地，面向海洋，千里淮河、万里长江及陇海铁路横贯东西，京杭大运河与京沪铁路纵贯南北，成为连接内陆的大动脉。在拥有优越地理条件的同时,江苏经济繁荣、教育发达、文化昌盛,拥有吴、金陵、淮扬、中原四大多元地域文化,是中国古代文明的发祥地之一。因此,江苏成为中国走向世界和世界走进中国的重要窗口和门户,也成为中国历史上带有特定地域和文化特色的新老华侨华人跨出国门、移民国外的重要迁出地。由于特殊的地理、文化、经济、历史等方面的因素,江苏海外移民史与华侨华人史形成了与广东、福建和浙江等传统华侨华人大省所不同的明显特点。我们首先需要就两千年来江苏海外移民发展史的基本特点作一简要梳理和述评,进一步推动对江苏海外华侨华人史的深入研究。

特点之一:海外移民历史悠久,是代表中国早期海外移民标志性事件的发生地。

在中国海外移民发展史上,江苏海外移民史悠久长远是一个最为显著的特点。江苏地区具有"襟江带海的地理环境和悠久、发达的人文历史背景",因此,海外移民"具有源远流长、人文荟萃的特点,并富有中外经济文化交流的历史内涵"。① 虽然,江苏的早期海外移民是偶发的和零星的,并不具备近现代移民规模性和目的性的样态与特征,也不符合近现代移民的规范定义,但其时间的领先却是有目共睹、有史为证的,也形成了从春秋战国至1840年鸦片战争前持续早发的态势与特点。

在从春秋战国至明代这一长达近1500多年的历史长河中,以江苏地区为代表的中国早期海外移民的标志性事件主要有以下几种状况:一是诸侯国的兼并战争,导致某些亡国臣民与王室成员流寓海外,以部分吴国臣民和王室成员的流亡为代表;二是中国大一统的中央集权的封建社会建立后,王朝统治者希望万世永存而派人去海外寻求长生不老之药,未果而留居外域,这以秦代徐福东渡为代表;三是在封建社会的繁荣时期,王朝统治者对海外藩属国控制和文化与宗教交流的加强,以唐代鉴真东渡扶桑为代表;四是随着海上丝绸之路的开辟,统治者也进一步拓展对海外的经济文化和贸易交往,对其后华侨出国产生了深远影响,这则以明代郑和下西洋为代表。

由于江苏处于古代中国这一持续存在和发展的带有早期移民因素的特殊地理位置和较为繁荣、发达的文化、经济和政治圈域,故而成为一系列在中国早

---

① 江苏省地方志编纂委员会:《江苏省志·侨务志》,南京:江苏人民出版社,2007年,第3页。

期海外移民史上值得学术界探讨的重大事件的起源地和关注点。

早在公元前5世纪，就有江苏先民流寓海外的记载。关于去往何国，史学界尚有不同看法。《江苏省志·侨务志》提出：公元前473年，以苏州为国都的诸侯国吴王夫差在吴越之战中身亡国灭，部分王室成员和吴国臣民流亡海外。①

有学者认为，吴国被越国灭掉以后，有一批遗民东渡到了日本。吴恩培在《苏州通史·先秦卷》中提出：《三国志·魏志·倭人传》和《晋书·列传第六十七·倭人》这两部中国史书中记载的日本早期的"倭人"特征——"黥面文身"，被认为是太伯、仲雍"文身断发"的海外翻版。而"自谓太伯之后"，"或是倭人攀附，抑或是与春秋末期吴亡于越及战国时越亡于楚等社会变动时期故吴、故越上层人士的海外逃亡有关。"② 董楚平的《吴越文化新探》一书在探讨吴越地区造船业对海外交流所起的作用时说："中国江南土著东渡日本，由来已久。到春秋战国时期，吴越的造船业在整个太平洋地区居领先地位。可能使这种东渡进入新阶段。"③ 日本学者内田星美在《日本纺织技术史》还提出："秦时吴地有兄弟两人，东渡黄海，前往日本避难，并将吴地的养蚕、丝织技术传入当地"，故而"具有吴地式样的美丽纺织品和服装（吴服）"；另一日本著作《纺织技术之历史》认为："日本民族的传统服饰'和服'即'吴服'的谐音。"④

朱海容在《古吴春秋》中提到：元朝初年，中国史官金履祥根据史书记载，在《通鉴前编》说："今，日本又云吴太伯之后，盖吴亡其支庶入海为倭。"⑤ 以后，还有一些日本学者也得出类似结论。其中关于吴姓后人成为日本皇室的说法，尚不可信，但其亡国臣民与王室成员流寓海外的说法还是言之有据的。

如果说，吴国臣民与王室后裔于公元前5世纪远走海外的说法目前尚无足够证据支撑还有待探讨的话，那么，秦统一后，秦始皇于公元前3世纪派方士去日本求长生不老之药，则是正史上有确切记载的历史史实，并且得到了多方的证

---

① 江苏省地方志编纂委员会：《江苏省志·侨务志》，南京：江苏人民出版社，2007年，第3页。
② 吴恩培：《苏州通史·先秦卷》，苏州：苏州大学出版社，2019年，第55页。
③ 董楚平：《吴越文化新探》，杭州：浙江人民出版社，1988年，第290页。
④ 徐吉军：《吴地文化与日本》，见吴县文史资料委员会：《吴地文化一万年》，北京：中华书局，1994年，第367-368页。
⑤ 朱海容：《古吴春秋》（无锡民俗文化·上），乌鲁木齐：新疆青少年出版社，1994年，第14页。

实。江苏乃至中国海外移民史从此发端则是没有疑问的，而这距今也有2000多年了。著名学者葛剑雄先生指出："中国人口向海外迁移的历史，至少可以追溯到秦始皇时徐福率童男童女数千人东渡。但直到隋代，在海外的中国移民仍寥若晨星。"① 秦统一时，中国的历史进程与民族融合还处于重大发展变化之中，版图范围主要局限在以黄河和长江流域为中心的地区，远非今日可比。鸦片战争结束开放五口通商后兴起的移民大省闽粤等地大多还处蛮荒之地，更遑论对海外移民了。

徐福是我国两千多年前，有正史记载的重要历史人物。司马迁是严谨求实的史学家，如果没有徐福其人其事，司马迁是不会多次将其写入正史的，这一点已被史学界所公认。《史记》中有关徐福的直接史料有四条，其中《史记·秦始皇本纪》就三次提到徐福东渡。

另外，《史记·淮南衡山列传》中记载："又使徐福入海求神异物，还。为伪辞曰：'臣见海中大神……'海神曰：'以令名男子若振女与百工之事，即得之矣。'秦皇帝大悦，遣振男女三千人，资之五谷种种百工而行。徐福得平原广泽，止王不来。"

相传徐福到达的地点，就是今天的日本列岛。徐福东渡扶桑，对日本古代社会的进步与发展，起了重要的推动作用。可以说，徐福既是开创后世中日两国友谊先河的杰出使者，也是中国古代一位伟大的航海家，还是有史记载的最早的一位江苏海外移民。

图0-1　日本前首相、众议院议员羽田孜题词（连云港市赣榆区金山镇）

---

①　葛剑雄等：《简明中国移民史》，福州：福建人民出版社，1993年，第482-483页。

关于徐福东渡日本的出发地、徐福的籍贯，以及徐福东渡日本的最佳起航地点，江苏师范大学地理系罗其湘教授通过在1982年6月开始的江苏地名普查和相关文献研析，得出了许多重大研究成果。他发现了江苏赣榆县的"一个原名徐福，后演变为'徐阜'的自然村"，"这是迄今在我国首次发现的徐福的历史遗迹"。① 罗其湘教授考证说，徐福（徐阜）村位于江苏赣榆区城北金山乡南一千米，该村由"前徐阜"和"后徐阜"南北两个自然村组成。后徐阜村，即原徐福村故址。罗其湘教授认为：根据《史记》，徐福是齐琅琊人。而郭沫若的《中国史稿地图集》和谭其骧的《中国历史地图集》已明确指出："战国时赣榆属齐地，秦时属琅琊郡。这样徐福故乡是赣榆，和《史记》所载，徐福是齐人，琅琊人，就完全吻合了。"此外，罗其湘教授还提出：第一次东渡的起航点可能在旧属山东诸城县（现属胶南市）的"徐山"，当时因为"海上风恶，失败而归"。而第二次成功的东渡，就"在离徐福故乡——徐福村不远的海州湾沿岸的岚山头或连云港附近"。②

如果说，徐福率3000名童男童女从江苏赣榆出发东渡日本，可以被认为是有历史记载的江苏地区乃至中国古代早期海外移民之初始的标志性事件的话，那么，在中国封建社会繁荣时期的唐朝，扬州大明寺高僧鉴真六次东渡日本、客死他乡，更在相当程度上说明江苏地区成为中国海外移民早发地的必然性和典型性了。

公元753年的唐代名僧鉴真东渡日本并非偶发事件，它是公元2世纪以来，江苏地区政治、经济和与海外交往以及侨居现象进一步发展的必然结果。公元3—6世纪，东吴、东晋和南朝的宋、齐、梁、陈等六朝先后建都于南京（时称建业、建康）。据载："东吴时期，南京地区就有从事纺织、制镜等技艺的工匠从石头津远渡海外，流寓日本、朝鲜、扶南（今柬埔寨）等国传艺营生。"③日本也在公元237—470年，多次派遣使臣来江苏向东吴、西晋和南朝宋王朝寻求纺织技工，因此，这一时期"从事纺织、

---

① 罗其湘、汪承恭：《秦代东渡日本的徐福故址之发现和考证》，《光明日报》1984年4月18日，第3版。

② 罗其湘、汪承恭：《秦代东渡日本的徐福故址之发现和考证》，《光明日报》，1984年4月18日，第3版。

③ 江苏省地方志编纂委员会：《江苏省志·侨务志》，南京：江苏人民出版社，2007年，第3页。

缝纫的吴地女工多人徙居日本"。①而东晋和刘宋两朝流寓海外传播佛教和中华文化的僧侣更多达121人。②

而至唐代,扬州已成为全国第一大都市,著名的国际通商口岸,全国和东南亚物资集散地。当时的扬州"经济繁荣,物产丰盛;商贾云集,百货丰足;水运发达,造船业兴盛;手工业发达,工匠如云;佛教兴盛,高僧辈出;文人荟萃,文化昌盛,为鉴真东渡和文化传播提供了得天独厚的社会基础"。③

鉴真留居日本10年,尽心竭力传播唐朝多方面的文化成就,对日本佛教、建筑、雕塑、医药、文学、饮食等方面的发展作出了不朽贡献,产生了深远影响。鉴真东渡不仅传播了中国先进的文化,促进了东亚地区的经济文化交流,也为以后江苏地区与海外交往以及侨居现象进一步发展提供了条件。如南宋淳祐六年(1246),无锡翠微寺高僧大觉禅师赴日本传经讲法,侨居日本32年,至1278年圆寂,被奉为日本佛教"建长寺派"的开山鼻祖。④

公元3世纪至明代之前,江苏地区虽有东吴、东晋和南朝的宋、齐、梁、陈等六朝的建都,但主要还是全国的经济文化中心和局部地域的政治中心,早期海外移民现象也还多为民间和宗教文化

图0-2 日本奈良唐招提寺鉴真像

交流所引发的。而至明初,随着明太祖建都南京,江苏地区成为全国的政治中心,其海外移民与侨居现象已随着经济和海外贸易的发展而日益增加和扩展。著名航海家郑和以南京为基地,率领数万人组成官商船队的"七下西洋",则"对华侨出国及其在海外的生存发展影响

---

① 江苏省地方志编纂委员会:《江苏省志·侨务志》,南京:江苏人民出版社,2007年,第3页。
② 江苏省地方志编纂委员会:《江苏省志·侨务志》,南京:江苏人民出版社,2007年,第3页。
③ 许凤仪:《论唐代扬州为鉴真东渡提供的社会基础》,《唐都学刊》2007年第4期。
④ 江苏省地方志编纂委员会:《江苏省志·侨务志》,南京:江苏人民出版社,2007年,第4页。

尤为深远,被看作是华侨发展史上的里程碑"。①

郑和下西洋首次航行始于永乐三年(1405),末次航行结束于宣德八年(1433),共计七次。在七次航行中,三宝太监郑和率领船队从南京出发,在江苏太仓的刘家港集结,至福建福州长乐太平港驻泊伺风启航,到访地域遍及东南亚、南亚,以及阿拉伯半岛和非洲东海岸30多个国家和地区,累计海外历时15载有余。

郑和七下西洋,以南京为基地,以太仓为起锚地,以包括江苏境内南京、太仓、昆山、常熟、江阴等地在内的数万军民组成官商船队,完成了世界航海史上的伟大壮举,充分说明了明代江苏造船业的发达和航海水平的高超,这也是江苏能成为中国海外移民先发地区的重要条件。

明初南京的郑和宝船厂规模浩大,气势恢宏。宝船厂受命于朝廷,集全国的能工巧匠,专门建造郑和下西洋所用大型海船,厂区规模之大、所造宝船之多、海船之巨、造船技术之高超,在当时世界都是最先进的。据《明史·郑和传》载:"永乐三年(1405)六月,命(郑)和及其侪王景弘等通使西洋,将士卒二万七千八百余人,多赍金币,造大舶、修四十四丈,广十八丈者六十二,自苏州刘家河泛海至福建,复自福建五虎门扬帆,首达占城,以次遍历诸番国。"②

郑和下西洋的起锚地太仓刘家港,位于江苏东部海岸,是中国历史上重要的海运和对外通商港口。刘家港建于南宋,兴于元代。因元初的客观形势需要和推行开放的外贸政策,太仓刘家港以其特殊的地理、水利、经济等方面的优越条件,兴起成为当时江南漕运和海运的集结地。明永乐三年(1405)郑和始下西洋,亦由此出发。明末港口淤浅,海运遂衰。郑和《通番事迹碑》记曰:"和等自永乐初奉使诸番,今经七次。每统领官兵数万人,海船百余艘,自太仓开洋。"这足以证明,太仓是郑和七下西洋的起锚地,郑和船队每次返航也都是以太仓为收泊地。

从明初政治中心南京走向世界的郑和船队七下西洋,大大促进了中国与海外国家与地区的政治、经济和文化交流及睦邻友好关系,推动了中国造船和航海技术的进步,对人类生活、国际关系和科技进步都作出了重大贡献,产生了

---

① 江苏省地方志编纂委员会:《江苏省志·侨务志》,南京:江苏人民出版社,2007年,第4页。

② 《明史·郑和传》卷三〇四。

深远的历史影响。特别是带动了中国和亚洲国家的相互了解和文化交融,为其后乃至鸦片战争后大规模的华工下南洋、出国谋生和东南亚华侨人数的增长提供了重要条件。

郑和船队下西洋后,华人移居东南亚的人数迅速增加。马来西亚、印度尼西亚、菲律宾、泰国、越南和柬埔寨等国当时有很多华人随船队南来,并久居不返,成为早期华侨。如在马来半岛,多处都有华人居住。在吕宋的福建商贩有数万人,往往久居不归。至"明后期,估计南洋各地的华侨在10万人以上"①。而郑和部下和船队水手,亦有各种特殊原因流寓海外者,成为早期移民。如菲律宾苏禄群岛"相传最早到其地的华人为白本头,因随郑和第一次下西洋而来,与摩罗妇相恋,兵船起,不能归队,留居该岛,死后这坟墓至今犹存,称为木头公"②。又如,《明史·婆罗传》载:"或言郑和使婆罗,有闽人从之,因留居其地,其后人竟据其国而王之。"③东南亚民间至今仍有各种三宝下西洋的传说,东南亚国家现存的许多郑和庙都充分反映了郑和在海外的历史影响。

鸦片战争后,随着西方列强不断向东方掠夺殖民地与劳动力和"五口通商",以福建和广东为代表的沿海地区的

图0-3 郑和像

劳动人民开始大量出国谋生,移民海外,成为华工出国数量与去向国领先的主要省份,江苏地区虽未位居前列,但也参与汇成规模宏大的华工出国浪潮。如在19世纪中后期的"苦力贸易"期间,也有一定数量的江苏华工被贩运至美洲等地区。据清廷派往古巴调查华工状况的特使陈兰彬呈报的官方文书载,从清道光十七年至同治十三年(1837—1874),被贩运到古巴从事制糖、开矿等行业并受尽非人

---

① 朱绍侯主编:《中国古代史》,下册,福州:福建人民出版社,2004年,第275页。
② 陈碧笙:《世界华侨华人简史》,厦门:厦门大学出版社,1991年,第63-64页。
③ 《明史·婆罗传》,卷三二三。

虐待的华工为 142422 人，其中"粤人最多，闽、楚、江、浙次之。余外则旗籍各省人亦无所不有"。① 另据在光绪六年（1880）清朝驻古巴总领事署记载的华人所属各省人数记载来看，当时在古巴华人总人数为 43292 人（含土生 196 人、安南入华籍者 149 人），分别来自中国 15 个省份，其中，广东、福建、广西位居前三，分别为 38234 人、3733 人和 378 人，江苏名列第四，为 63 人。② 此外，因当时江苏境内的上海和浦口两地曾为"苦力贸易"及一战时期西方列强招募和贩运华工的口岸和主要地点，故从两地出国的江苏籍华工也有一定数量。

总之，自鸦片战争后，随着中国逐渐沦为半殖民地半封建社会，因国内外政治经济条件的变化，东南沿海闽粤地区兴起了持续发展的华工出国潮，并成为华人移民海外的主要地区。江苏地区因其地域文化传统和经济优势，则以新的移民构成和迁移方式形成和呈现了自身不同的特点。

特点之二：移民层次较高，较早形成了以海外留学生为主体的知识分子群体。

江苏海外移民与华侨华人具有高层次、高素质的特点，主要表现在留学生群体留学海外时间早、人数众、成就大，并以留学生为主体，形成了在海内外科技教育界具有广泛和重要影响的知识分子群体，它成为了江苏海外移民史的重要组成部分。

留学生就其身份特征来说并非移民，但不容否认，很多留学生远赴国外特别是欧美发达国家求学的主要目的之一就是移民，改革开放以来以江浙沪为代表的中国留学生的这一留学动机更为明确，其身份转变的比例也更为明显。从这一意义上说，留学生又是"准移民"。同时，根据联合国有关界定，留学生为定居在非本人出生国 1 年以上的人口，应属于"国际移民"范围。③ 因而，留学生又是江苏移民史的重要组成部分，他们在江苏海外移民发展史的地位和影响是显而易见的。

---

① "陈委员（兰彬）、马税司（福臣）、吴税司（秉文）致总理衙门呈送《古巴华工事务各节》申呈"，同治二十三年九月十一日，载陈翰笙主编：《华工出国史料》第一辑，中国官方文书选辑第二册，北京：中华书局，1985 年，第 643 页。

② 谭乾初：《古巴杂记》，引自陈翰笙主编：《华工出国史料·第六辑》（拉丁美洲华工），北京：中华书局，1984 年，第 107 页。

③ 联合国关于"国际移民"的一般定义为：除正式派驻他国的外交人员及联合国维和官兵等跨国驻扎的军事人员外，所有在非本人出生国以外的国家定居 1 年以上的人口均属"国际移民"。根据这一界定，本文将出国留学人员列入"国际移民"之列。

留学运动较早兴起于江苏,并非偶然。古代已有"吾苏也,郡甲天下之郡,学甲天下之学,人才甲天下之人才"之说。① 而此处"吾苏"仅指苏州一地。江苏因其优越的地理位置、发达的经济水平和深厚的历史文化底蕴,特别是自明清以来,一直处于中国社会政治与经济文化的中心,其留学潮的较早兴起是顺理成章的。

清末以降,西学东渐,素有"人文荟萃"之称的江苏地区率先建立起近代教育体系,培养造就了一大批崇尚和追求新科学、新文化与民主自由思想的知识分子。其中不少人通过出国留学和求职就业等渠道逐步旅居和移民海外,成为在科学技术、教育和管理领域以及商业经济界卓有成就的杰出华侨华人和社团侨领,为住在国的经济社会发展和中外文化交流作出了重要贡献。

经出国留学,留居海外,进而成为侨界精英,是江苏海外移民的一个重要渠道和典型特点。据资料记载:"自清同治十一年(1872),在清末和民国时期历次由国家选派赴美、欧和日本的大量公费留学生中,江苏入选人数均居各省前列。"② 其中,庚子赔款留学计划从1909年启动至1929年的20年间,共计派遣留美学生1269人,其中来自江苏地区的为274人,占派遣总数的21.6%,始终位于领先地位。详见下表:

表 0-1 1910—1929 年各省庚款留美学生统计

省份	江苏	广东	浙江	福建	河北	四川	湖北	江西	安徽	湖南	山东
人数	274	185	157	92	81	78	67	60	51	49	43
省份	河南	山西	陕西	贵州	云南	广西	甘肃	新疆	辽宁	吉林	总计
人数	38	24	13	15	11	10	10	5	4	2	1269

资料来源:《清华大学史料选编》,第1卷,北京:清华大学出版社,1991年,第50-55页,转引自:姜新、小雨:《江苏留学史稿》,长春:吉林人民出版社,2006年,第32页。

---

① 徐有贞:《苏郡儒学兴修记》,钱谷辑《吴都文萃续集》卷三,文渊阁《四库全书》,第1385册,第72页。
② 江苏省地方志编纂委员会:《江苏省志·侨务志》,南京:江苏人民出版社,2007年,第5页。

除国家公派外，江苏省在辛亥革命后制定并实施了《江苏省省费派遣欧美日本学生规程》，在民国元年至民国二十年（1912—1931），江苏以省费派遣出国的留学生就达 1462 人，① 这一数字远高于同时期的庚子赔款留美学生数。根据《苏州教育志》记载，在清末和民国时期的出国留学生名录中，仅苏州一地的留学生就达 996 人。此外，在这一时期，江苏还有数量大大超过公费生的自费留学出国人员。江苏出国留学生，大多学历层次高，既有传统科举的进士举人，也有新式学校毕业的高才生，一姓多硕士、一家三博士的佳话更是屡见不鲜。

清末民初直至中华人民共和国成立和改革开放以来，江苏地区不断兴起和发展的留学潮，造就了一大批高层次、具有开阔视野的知识分子群体，他们有的回国发展，投身祖国的科技教育事业和经济建设；有的则留居海外，在很多领域成果卓著，成为华侨华人社会的精英翘楚，并为住在国的科技与社会发展作出了重要贡献。

例如，利用庚子赔款留学美国的江苏学子胡明复、胡刚复兄弟，在哈佛大学成绩优异，毕业后在美国的科研领域崭露头角，但他们放弃优越的待遇，回归祖国，为中国的科学研究与科学教育竭诚奉献，成为中国现代数学、物理学的重要奠基者。旅居国外，蜚声国际科技界的华人精英也不可胜数。其中，获诺贝尔奖的江苏籍华人科学家李政道和美国国家科学院、美国工程科学院江苏籍华人院士冯元桢等就是杰出代表。据统计：在获诺贝尔奖的 6 名华人科学家中，江苏籍的就占 2 名；20 世纪 90 年代初，在美国国家科学院的 16 名华人院士中和美国工程科学院的 27 名华人院士中，江苏籍的分别为 5 名和 8 名。此外，中国科学院于 1994 年首聘的 10 名外籍华人院士中，江苏籍的就有 3 名。② 根据 2019 年 4 月美国科学院官网信息，目前当选美国科学院外籍院士的中国学者名单，共计 23 人，其中江苏籍的有 4 名，除华罗庚已去世外，还有江苏镇江人、分子生物学家陈竺；出生于江苏南京的生物学家蒲慕明和出生于江苏江都的古生物学家周忠和。③ 值得一提的是曾先后在加州大学尔湾分校、耶鲁大学、哥伦比亚大学等知名高校担任教授的蒲慕明原已当选

---

① 江苏省地方志编纂委员会：《江苏省志·侨务志》，南京：江苏人民出版社，2007年，第 5 页。
② 江苏省地方志编纂委员会：《江苏省志·侨务志》，南京：江苏人民出版社，2007年，第 7 页。
③ 信息来源：由软科根据美国科学院官网 2019 年 4 月 30 日信息等整理。

为美国科学院院士,2017年放弃美国国籍,恢复中国国籍,故自动转为美国科学院外籍院士。

另据统计,1955—2017年中国科学院和中国工程院两院院士籍贯分布统计结果显示:籍贯为江苏的院士人数高达463人,高居榜首,籍贯为浙江的院士人数395人,位居第二,江浙两院院士已占全国大半,远远超出其他省份。而在中科院院士籍贯城市排名前25名中,江苏城市拥有7个,其中,苏州市67人,名列第一,常州和无锡分别为41人和40人,位列第五和第六,南京、扬州、镇江和南通,分别为22人、17人、16人和16人,分别位列第十、第十四、第十六和第十六。而在中国两院院士中,绝大部分都有海外留学经历或工作经历,不少人在海外取得了博士学位,并放弃了海外优越的工作和生活条件回到祖国。

特点之三:海内外影响贡献大,为住在国和祖(籍)国的经济、科教与社会发展竭诚奉献,成就斐然。

一是较早在海外贸易发展的基础上,形成了有影响力和包容性的江苏华人群体与商业团体。

明末清初,随着东南沿海与日本、东南亚地区海商贸易的发展,南京至长崎已成为中日贸易的主要航线。来自江苏、安徽和江西为主体的商人,从南京出发去日本经商的人数不断增加,逐步形成了一度主宰中日贸易并在日本华侨社会具有深远影响的"三江帮"华侨群体。① 江苏籍华侨社团最早出现在日本。1623年,日本"三江帮"华侨华商在长崎集资修建了中国风格的兴福寺(又名南京寺)和三江祠堂,以为祭祀和集会所用,办理乡人的丧葬、联谊、仲裁和救济等事宜,是为江苏籍侨团的雏形。"19世纪后半叶三江帮航崎人数增加","1878年同新行、丰记号、泰记、鼎泰号、仁济号"等三江籍商号又以三江祠堂为会址成立了和衷堂三江会所,"以便众商集会议事,共谋福祉",成为海外最早的华侨社团之一。② 1887年,在神奈川(横滨)"三江帮"成立了三江公所,并曾一度吸收福建侨胞加入。③ 此后,在日本的函馆、京都、大阪和神户等地及东南亚国家和美国等处,都相继成立了以地域和方言关系为基础的,以"三江"和

---

① 三江实际包括江苏、安徽、浙江、江西四个省。安徽和江苏原为同一省——江南省,清康熙六年(1667)才分为两个省。
② 朱德兰:《长崎华商:泰昌号·泰益号贸易史(1862—1940)》,厦门:厦门大学出版社,2016年,第68页。
③ 王日根:《中国会馆史》,上海:东方出版中心,2018年,第152页。

"苏浙"等地域命名的江苏华侨华人社团。

例如，在新加坡，1898年"三江帮"乡民共同集资购买"三江公墓"作为联合的起点，1906年建成三江公所，1927年改名三江会馆。① 20世纪20年代，马来西亚槟城也成立了三江公会，菲律宾在1927年成立了江浙同乡会。② 1929年，在美国纽约地区，以孙安生等为首的一批三江籍人士，发起成立美东纽约三江慈善公所，1941年又进一步附设三江慈善公会，至1949年，会员已有千人。③ 1983年和1985年，美国南加州苏浙同乡会和北加州苏浙同乡会也先后建立。④

值得注意的是，以江苏人为主体的三江公会或会馆，并未严格局限于名称所限定的狭隘的江苏、浙江、江西地域范围，而是逐步开放和扩大，吸收外省籍华人加入。江苏华人社团所拥有的这种包容和开放，也是其不同于其他省籍和地域华人社团的一个非常重要的特点。例如，1937年马来西亚的江苏人顾治华见"会务松懈，深以为忧"，遂"联络同乡李昌安、陈充思、管震民、许全标等人发起复兴三江公会"，由其"起草章程向政府注册，将三江范围由江苏、浙江、江西扩大，除闽粤桂三省华人外，其他各省与藏疆地区华裔均可申请为会员"。⑤ 又如，新加坡三江公所在1927年改名为三江会馆的同时，又扩大了"三江"的定义。凡属长江、黄河及黑龙江三大流域各省南来的同乡，都属"三江"，都可入会。

如果说，早期类似三江会馆这样的江苏华侨华人社团，还包括安徽、江西和浙江在内带有一定地域色彩和同乡会性质的话，那么至第二次世界大战后乃至改革开放后，江苏华侨华人社团的地域与宗亲色彩就明显淡化，而现代商业团体与组织的功能则占据主导地位。目前，江苏商会组织遍布世界五大洲，它们为团结住在国华侨华人从事商业活动、沟通信息、致力于中外经济贸易活动、支援祖（籍）国建设和推动"一带一路"合作发展都起到了重要的桥梁和媒介作用。

例如，1999年成立的加拿大江苏总商会，会员由江苏籍在加拿大的企业家、金融家、江苏企业在加分支机构领导人

---

① 浙江省华侨志编纂委员会：《浙江省华侨志》，杭州：浙江古籍出版社，2010年，第157页。
② 浙江省华侨志编纂委员会：《浙江省华侨志》，南京：江苏人民出版社，2007年，第158页。
③ 江苏省地方志编纂委员会：《江苏省志·侨务志》，南京：江苏人民出版社，2007年，第54页。
④ 江苏省地方志编纂委员会：《江苏省志·侨务志》，南京：江苏人民出版社，2007年，第54页。
⑤ 江苏省侨联提供：《三江先贤》（2）。

与经济界学者等组成。其宗旨是搭建商业交流平台，促进会员间的沟通交流，分享商业资讯与资源；帮助江苏籍新移民尽快了解、适应住在国商业和文化环境，顺利创业；促进加中两国的投资与贸易合作。商会成立以来，接待了大批政商代表团访加并多次组织双边经贸考察团互访，参与和联办家乡各级政府的招商会、招才引智等活动，还多次为加中两国的重大灾难慈善捐助，受到了两国政府与社会好评，为安大略省与江苏省"友好省州"的交流合作作出了重要贡献。为扩大与加拿大各省市华商会的互动交流，拓展会员商机，加拿大江苏总商会于2013年与加拿大浙江商会、上海商会共同创建了加拿大江浙沪联合总商会。2015年年初，加拿大江苏总商会又与福建总商会等20多个省级华商会共同发起创建了加拿大华商联合总会并出任执行会长单位。① 成立于2016年的德国江苏总会总商会，下设江苏省13个地级市的德国同乡工商总会，主旨是"促进在德江苏同乡及同业之间的感情联络、信息交流和共同发展，加强江苏省和德国文化教育、学术科技以及工商企业界之间的交流和联系"。② 此外，比、荷、卢江苏商会，澳大利亚江苏总会，新加坡江苏会，阿联酋江苏商会，美国江苏经贸文化联合会等众多江苏华侨华人社团都为促进住在国与中国的经贸投资和文化交流作出了积极贡献。

二是在海内外华人精英遍布科技教育、商界和社会各界，成就突出。

近代以来，江苏地区移民海外的华侨华人群体主要由三部分构成：知识分子群体、工商业者群体、劳工阶层。而以前两部分人数居多，影响突出，构成了江苏地区海外移民史鲜明的地域特色。

在知识分子群体中，江苏籍海外华侨华人精英人才辈出，享誉海外。在科技教育文化界，杰出华侨华人不胜枚举。他们为世界科学技术的发展与人类进步，为住在国的经济与社会发展作出了卓越贡献。例如，原籍苏州的有：首获诺贝尔奖的华人科学家、美国国家科学院院士、著名物理学家李政道；第五位获诺贝尔奖的华人科学家、著名物理学家朱棣文；美国国家科学院资深院士、著名物理学家吴健雄；美国文学艺术研究院院士、著名建筑设计大师贝聿铭等。原籍无锡的有：美国工程科学院院士、著名机械工程专家王国金；有"太空衣之

---

① 江苏省侨联提供：《加拿大江苏总商会》资料。
② 江苏省侨联提供：《德国江苏总会总商会》资料。

父"美誉的美国休斯敦太空中心首席工程师、航天非金属材料专家唐鑫源；国际电机权威和桂冠诗人、著名文学和理学大师顾毓琇等。原籍常州的有：著名语言学大师赵元任，通晓多种西方语言，是中国现代语言学和汉语罗马字母拼音法的主要奠基人；美国国家工程科学院和美国国家科学院双院士、著名生物力学专家冯元桢等。

在其他社会各界，杰出江苏籍华侨华人专家学者层出不穷，诸如：著名法学家、泰州人单声担任全英华人华侨中国统一促进会会长，是倡导"立法促统"的第一人；① 美国社会犯罪试验所主席，祖籍如皋的法医学家李昌钰被誉为"当代福尔摩斯"；原籍泰州的东南亚教育学家、历史学家王赓武荣膺澳大利亚人文科学院院士。

在改革开放以来的新移民中，也有一大批江苏籍青年才俊脱颖而出，如祖籍如皋1972年出生的顾建军，中国科技大学少年班毕业后赴加拿大攻读博士学位，现任加拿大达尔豪斯大学工程院电子与计算机工程系教授，并获聘加拿大工程院和工程学院两院院士。② 1965年生于靖江的夏幼南，20世纪90年代赴美深造，1996年获哈佛大学博士学位后，在华盛顿大学任教，由于在纳米结构材料研究方面的杰出贡献，曾先后获美国化学会拉梅尔奖、美国国家自然科学基金会杰出青年教授奖、帕克基金会科学工程研究奖和美国国家卫生署的先锋奖等，并获中国科学院"海外知名学者"称号。③

在国际商业界，江苏籍华侨华人也占有重要的地位。江苏近代海外华商和企业家大多起步较早，经济实力雄厚，海内外影响广泛。江苏企业家早在清末民初就开始远赴海外经营商品销售。在20世纪二三十年代，又有一批以轻纺织业为主体的民族工商业者去国外开辟营销市场。在抗日战争和解放战争期间，由于时局动乱，一大批工商业企业家携亲属与资本，移居海外或港澳地区，以无锡、苏州和常州地区为代表。第二次世界大战以后，除部分以"三把刀"打天下的华人劳工阶层通过艰苦拼搏、经商致富成为企业家外，还有一大批接受良好教育的科技精英转营经济，发展成为拥有雄厚资本的现代企业家。

---

① 海外泰州人编委会：《海外泰州人》，南京：江苏人民出版社，2009年，第1—10页。
② 南通市侨联编：《南通新侨口述史》，北京：中国华侨出版社，2018年，第112页。
③ 海外泰州人编委会：《海外泰州人》，南京：江苏人民出版社，2009年，第328—331页。

例如，原籍江苏吴江的著名实业家唐仲英，1950年赴美国学习工商管理并从事钢铁营销。1960年创建唐氏钢铁公司，到1980年时已经在美国拥有30多家企业，创建了初具规模的唐氏工业集团。1982年，收购了美国著名的麦克罗斯钢铁厂，年销售额超过10亿美元，被美国实业界誉为"钢铁大王"。1999年，唐氏工业集团被美国《福布斯》杂志排名为全美国私人公司第157位。

还有一批以纺织业起家发展的江苏籍华人企业家，战后以国际金融中心香港及澳门地区为基地，不断成长壮大，并进军世界市场，跻身于国际跨国集团行列。例如，南通籍华商李乃炜，战后在香港创办现代化的大南纺织有限公司，20世纪50年代在新加坡、柔佛等地创建纺织企业，形成了集纺织、针织、漂染和制衣于一体工业联合企业，并担任东南亚纺织公会副主席，以"星马纺织工业首创人"桂冠载入《星马人物志》；旅港实业家周文轩、周忠继和唐翔千等在港联合创建多家纺织企业，并组建南联实业有限公司，成为集纺织、漂染、针织、制衣和贸易于一体的香港最大的纺织企业集团，继而扩展至医药、食品、地产、石油和金融保险等多种行业，进军中国大陆和东南亚、欧美市场，成为实力雄厚的跨国企业集团；40—50年代由上海移居香港转徙巴西的纺织业巨擘唐晔如，原籍江苏无锡，其子唐凯千70年代与巴西石油公司联合开发海洋石油获得成功，在里约热内卢创立拥有开采、服务、运输、咨询和进出口等七大公司的海洋石油开发公司，并于80年代担任巴中工商会会长。此外，以著名民族企业家荣德生、荣宗敬为代表的无锡荣氏家族，其后裔侨居海外延续五代以上，人口数以百计，其中很多人在国际工商界和科技界多有建树。

三是新移民异军突起，回国创新创业，有力推动了江苏开放型经济发展。

自改革开放以来，受博大厚重江苏地域文化涵养哺育的一大批江苏学子和新移民，远赴海外留学和求职，在经历了艰苦奋斗后事业有成，他们受故土乡梓良好的投资环境和恢宏的发展愿景所吸引，纷纷回江苏经商投资、创业创新，反哺家乡，为江苏的经济社会发展作出了重要贡献，也展现了江苏海外新移民的优秀素质与精神风貌。

例如，1973年出生在扬州的陈寅，1998年从英国留学回国后，担任跨国公司Fiskars的亚太区总经理。2002年，他选择在常州创业，担任格力博有限公司董事长。他将先进的管理模式、理念和技术带进企业。2018 年他领导的企业实现了北美新能源园林机械市场占有率第一，确立了在全球新能源园林机械行业的地位。2019 年在不到 15 年的时间里，企业出口销售额突破人民币 40 亿元，税收合计 1.5 亿元。作为政协委员和有担当的企业家，他没有忘记回报社会，领导企业先后向地震灾区、教育、慈善事业和疫情地区捐款捐物百万元。陈寅于 2013 年和 2016 年先后获"江苏省优秀企业家奖"和国际"安永（中国）企业家奖"。

在苏州工业园区和江苏许多高新技术产业领域，都活跃着一大批回国回省创业创新的新移民的身影。现任苏州侨商会副会长和园区侨商会会长的袁建栋，1970 年出生于苏州，20 世纪 90 年代北京大学毕业后赴美留学，1998 年获纽约州立大学博士学位，取得绿卡，任美国 Enzo Biochem Inc. 公司高级研究员。后回国创业，2001 年起任博瑞生物医药（苏州）股份有限公司董事长兼总经理和药物研究院院长。徐州籍的沈德元教授，1996 年赴日本电气通信大学从事博士后研究，后担任新加坡南洋理工大学和英国南安普顿大学研究员、高级研究员，在中红外激光技术研究方面卓有建树。2009 年为江苏师范大学成建制引进第一个海外创新团队，并在几年内建成国际有影响的一流科研平台，先后获批国家 JMRH 创新平台、省协同创新中心等高水平平台，科研经费近 2 亿元，并在徐州高新技术产业开发区成立中红外激光研究院（江苏）有限公司，任董事长兼总经理。其透明陶瓷装甲和整流罩、硫系玻璃、红外光纤器件传像束方面的技术达到国际前沿水平。2014 年获"中国侨界贡献奖（创新人才）"。

特点之四：文化底蕴支撑宽厚，凝练了江苏海外移民开放创新的拼搏精神与爱国爱乡的家国情怀。

一是文化传承历史厚重，历久弥新，对江苏海内外移民影响深远。观乎人文，化成天下。文化的内涵体现在被传承的历史、地理、风土人情、传统习俗、文学艺术、价值观念乃至信仰等诸多方面。江苏历史文化承传久远而厚重，拥有中原、淮扬、金陵和吴越四大地域多元文化。而在其中，开放融通的运河水运开启了苏北海外移民的出国创业步伐；追索思变的张謇精神引领了苏中新移民的开放与创新；厚蕴求新的吴越文化催生了江南新侨乡的兴起与发展。不同的地域文化共同支撑和构筑了悠久的江苏文化，也凝练了江苏海外移民坚韧、包容、开放和创新的宽博胸怀与人文精神。

纵贯江苏的大运河，因其深刻融聚凝练了流经地域的人文历史，所以更具有开放、联通、区域的运河特性。大运河文化更是孕育了苏北地区海外移民勇闯海外、出国创业的拼搏精神和情系祖国、胸怀乡梓的家国情怀。

就其明清大运河江苏段的重要枢纽城市淮安来说，6万海外华侨华人中涌现了众多深受运河文化滋养而具有开放和博大胸怀、忧国忧民的杰出人物。蜚声海内外的中国第一代化工院士、"两弹"元勋陈鉴远先生，出生于淮安县，1947赴美留学，1950年获美国叙拉古大学化学和哲学双博士学位。中华人民共和国成立后，陈鉴远和11位留美同学将自愿回国的联名信辗转送到参加日内瓦会议的周恩来总理手中。经周总理拿着"证据"力争，他们终于于1950年回到祖国。在北京，陈鉴远等12名留学生受到周总理的亲切接见。当得知陈鉴远是江苏淮安人时，周总理亲切地和他叙起了"老乡"情缘。怀着深厚的爱国、爱乡之情，陈鉴远主持重要材料重水的开发研究，为中国的"两弹"爆炸成功作出了重大贡献，也为家乡的晨光科技集团公司的发展提供了宝贵支持。1966年国庆节，陈鉴远作为中国第一颗原子弹爆炸成功的专家组功勋代表，陪同毛泽东主席登上天安门城楼。①

在苏中地区被誉为"中国近代第一城"的南通，习近平总书记称为"爱国企业家典范"的张謇及其精神自近代以来一直培育和引领着南通人不断探索求新，也推动着南通新移民迈出国门，探寻新世界，追求新发展。张謇精神的显著特点之一就是"敢为人先，包容汇通"。

以海门、通州为代表的南通人延续了张謇精神的文化传承，敏锐抓住改革开放的有利时机，出国创业，经商致富。众多民营企业家携家纺等产业赴海外创业，人数以每年25%的速度递增，打造了一张全国闻名的南通新的城市名片——"新侨之乡"。据统计，20世纪80年代初南通海外同胞仅7000余人，大多居住在北美、西欧发达国家及东南亚等地区。改革开放后，以智利江苏商会会长郁飞和南非侨商郁建元、郁礼平父子②为代表的一大批南通民营企业家海外创业的足迹遍布世界五大洲100多个国家和地区，旅外新侨人数超10万人，主要集中在非洲和中南美洲。在海门、通州甚至出现

---

① 淮安市侨联编：《淮上游子吟——淮安侨史人物剪影》，南京：南京大学出版社，2012年，第113-119页。

② 南通市侨联编：《南通新侨口述史》，北京：中国华侨出版社，2018年，第302、313页。

了家家有华侨、户户是侨属的"华侨村"。海门林西村从20世纪90年代初起，先后有600多位村民走出国门，在南非、罗马尼亚、阿根廷、智利、俄罗斯、赞比亚等20多个国家办起了200多家公司。当时主要经营家纺产品，如今林西村转向矿业开发、能源投资、服装、机电、房地产、国际贸易等多个行业，被江苏省侨办正式命名为"华侨村"。通州是南通新侨的集聚之地，界北村新侨人数更是在全市独占鳌头。全村获得外国国籍的共有123人，占全村总人口20%以上的人走出国门创业，形成了家家都有新侨商、人人都是新侨眷的新景象。21世纪的头10年，南通新侨商从初期的10多个国家和地区发展到100多个国家和地区，从7000人上升到10万人，名列江苏省地级市第一，特别是在非洲的人数在全省占比80%以上，约4万人。

与苏中、苏北不同，"吴越文化"滋润养育的江南鱼米之乡苏锡常地区，历来经济发达，人文荟萃。吴越文化区以太湖流域为中心，其范围包括江苏南部和沪、浙等地，而苏南文化是其重要组成部分。

吴越地区辈出文人墨客和科学家，古代状元和现代中国院士中吴越人占2/5。有"江南名士第一巷"美誉的常州"青果巷"近500年来就涌现了100名进士和众多名人，其家族后人更是遍布海外。厚重的吴越人文底蕴也培育和造就了一批享誉国际科学界的著名学者和专家群体。如原籍苏州的诺贝尔奖获得者华人科学家、美国国家科学院院士、著名物理学家李政道和朱棣文；原籍无锡的有"太空衣之父"美誉的美国休斯敦太空中心首席工程师、航天非金属材料专家唐鑫源；原籍常州的中国现代语言学和汉语罗马字母拼音法的主要奠基人、著名语言学大师赵元任等。

图0-4 常州青果巷

不仅如此，改革开放以来，吴越文化更在其厚重延绎的基础上，催生和勃发出新的生机。大量江苏人对外移民和海外移民来苏创新创业，使得江苏逐渐形成了以苏锡常地区为主要代表的新侨乡。与传统侨乡不同，江苏新侨乡的海外移民整体层次高，大多为有着良好教育背景的专业技术移民或投资移民。因其多属第一代移民及其子女，对中国有强烈的国家认同，更与原籍地侨乡有着千丝万缕的经济社会联系。这使得江苏海外华侨华人必然能够在支持和参与中国改革开放、推动江苏地方经济与社会发展、沟通中国与世界等方面发挥更大作用。大部分海外华侨华人来自南京、苏州、无锡、常州等苏南经济发达地区。作为长三角地区重要组成部分，改革开放以来苏南地区一直是海外投资，尤其是华侨华人国内投资重点地区。"强富美高"新江苏建设目标的提出，为海外华侨华人来苏创新创业提供了前所未有的历史性机遇。以苏南部分地市为例，当前苏州市引进海外高层次人才2.2万人，创办侨港资企业近万家。① 无锡次之，其归国留学人员亦高达1.3万人，创办侨港资企业高达7000多家。截至2016年年底，常州市则共有在册登记侨港资企业3100多家，主要涉及轻纺、机械装备、生物医药、医疗器械、节能环保、化工新材料等制造业和房地产、流通贸易等领域。②

二是得对外文化交流和开放风气之先，新式教育体系建立较早。1840年鸦片战争之后的五口通商开放以来，19世纪六七十年代的江苏，特别是当时属于江苏的上海，随着对外经济贸易的发展，已成为中外文化交流的前沿和窗口。在第二次鸦片战争后，上海、南京和镇江相继开埠，英、美、法先后建立租界，西方基督教、天主教纷至沓来，外国侨民大量涌入，中外文化交流日趋频繁。1850—1871年，仅上海就出现了《北华捷报》(1850)、《中国之友》(1860)、《美国月报》(1867)和《顽童》(1871)等外文报刊15种。③ 著名的西书翻译机构如墨海书馆(1843)、美华书馆(1860)、土山湾印书馆(1860)和江南机器局翻译馆(1868)，也在这一时期先后建立。这些翻译出版物，为中国人特别是青年知识分子开阔眼界、了解世界、走出国门、留学择业，提供了有利条件。而中国近代著名的教育家、中国留学生事业的先驱——容闳当时就曾在江南机器局翻译馆做图书翻译，成为其人生发展的重要阶梯，并在若干年后成功地组织了第一批官费赴美留学幼童。江苏地区作为中国最早对外开放和经济文化交流的窗口

---

① "苏州引进海外高科技人才2.2万人 中央统战部来苏调研"，欧美同学会，2019年6月3日。

② "常州现有海外侨胞5万多人"，《常州晚报》，2017年9月16日。

③ 熊月之：《上海通史·第6卷》，上海：上海人民出版社，1999年，第60页。

之一，为近代以来江苏形成大批留学生和较高层次的海外华侨华人移民群体提供了重要的条件与基础。

由于江苏地区特殊的区位优势和文化教育的繁荣，新式教育在江苏开展较早。自鸦片战争后到20世纪六七十年代，江苏已陆续建立了一批官办学校和教会学校。其中包括10多所知名的教会学校，例如，1850年，美国圣公会传教士裨治文夫人和格兰德女士在上海南市白云观设立的裨文女塾；1851年，美国圣公会教士琼司女士在上海虹口创立的文纪女塾；1853年天主教耶稣会在上海南市董家渡建立的明德小学；1870年建立的苏州十全街教会小学；等等。当时的江苏已成为全国教会学校建立最早的地区之一。此外，官办学校也先后出现，其中有较大影响的包括1863年建立的广方言馆和1869年建立的江南机器局兵工学校。① 这些新式学校引进西方的教育体制、教育思想和教学内容，破除传统的以儒家思想文化为核心的科举教育模式，传播科学思想和人文精神，给江苏地区教育和思想文化的发展注入新的风气与活力，培养了一批具有新思想和率先走出国门的先进知识分子和人士。

三是文化学术界名人层出不穷，推动江苏知识分子留学与移民群体的高素质发展。江苏自古文风鼎盛，士人文化、儒家传统根深蒂固。清朝共有状元116人，江苏就有49人，占比近40%。② 其中，文学、艺术、史学、哲学等文化学术界名师大家不可胜数，他们为江苏历史文化繁荣增加积淀，续写新的篇章。特别是一批有海外留学、工作和侨居经历的学者专家和文化名流群体，这一群体的形成，既来源于江苏自古代以来所蕴积的厚重的历史文化传承，也在不断影响着近代以来的江苏移民文化的发展，为江苏海外华侨华人史增添了耀眼的光彩。

据《江苏留学史稿》收录的1840—1949年"江苏近代重要留学人员名录"所载的586人中，除有一大批世界知名的科学技术精英人物外，也有蜚声海内外文化艺术界的名人群体。③

中国著名作家、戏剧家、翻译家杨绛，祖籍江苏无锡，通晓英语、法语、西班牙语，由她翻译的《唐·吉诃德》被公认为最优秀的翻译佳作，到2014年

---

① 姜新、小雨：《江苏留学史稿》，长春：吉林人民出版社，2006年，第17页。
② 罗一民：《近代苏商精神的代表者——张謇》，腾讯网，苏商会，2020年12月11日。
③ 姜新、小雨：《江苏留学史稿》，长春：吉林人民出版社，2006年，第355-382页。

已累计发行 70 多万册。她早年创作的剧本《称心如意》，被搬上舞台长达 60 多年，2014 年还在公演。

杰出画家吴冠中生于江苏宜兴，1946 年考取全国公费留学绘画第一名。1947 年就读于巴黎国立高等美术学校，1950 年，留学归国后任教于中央美术学院。2000 年入选法兰西学院艺术院通讯院士，是首位获此殊荣的中国籍艺术家，这也是法兰西学院成立近 200 年来第一位亚洲人获得这一职位。

中国社会学和人类学奠基人之一的费孝通，江苏吴江人，1936 年入伦敦大学经济政治学院学习社会人类学，1938 年毕业获得博士学位。博士学位论文《江村经济》被誉为"人类学实地调查和理论工作发展中的一个里程碑"，成为国际人类学界的经典之作。1981 年，他荣获英国皇家人类学会颁发的年度赫胥黎奖章。担任第七、第八届全国人大常委会副委员长，政协第六届全国委员会副主席。

江苏丹阳人吕叔湘是我国近代汉语研究的拓荒者和奠基人，1935 年考取江苏省公费留学并于 1936 年赴英国留学。1952 年起任中国科学院语言研究所研究员，中国科学院哲学社会科学学部委员，语言研究所副所长、所长，并任《中国语文》杂志主编、中国语言学会会长。1994 年当选为俄罗斯科学院外籍院士。是我国最具社会影响的词典《现代汉语词典》的前期主编和我国第一部语法词典《现代汉语八百词》的主编。

著名学者钱锺书出身无锡教育世家，1935 年以第一名成绩考取英国庚子赔款公费留学生，1937 年获牛津大学学士学位后随妻子杨绛赴法国巴黎大学从事研究。1938 年秋，与杨绛乘法国邮船回国。被清华大学破例聘为教授，短篇小说《人兽鬼》、长篇小说《围城》、诗文评《谈艺录》出版后，在学术界引起巨大反响。曾任中国社会科学院副院长、清华大学教授，是杰出的中国现代作家、文学研究家。

著名神学家丁光训出生于原属江苏的上海，1934 年入圣约翰大学土木工程系，后转入文科学习英文与神学。1946 年至 1951 年，丁光训受青年会委派，参加世界基督教学生同盟工作，在加拿大、美国、瑞士等国工作和学习，在神学上得到深造，1955 年，丁光训被祝圣为主教，此时已担任南京金陵协和神学院院长。1980 年担任中国基督教三自爱国运动委员会主席和中国基督教协会会长，成为新时期中国基督教的领袖、杰出的爱国宗教领袖和社会活动家。

著名历史学家王绳祖，江苏高邮人，

1936年考入英国牛津大学专攻世界外交史。1939年回国任金陵大学历史系教授、系主任。1949年任金陵大学文学院院长。1952年院系调整后，先后任南京大学历史学系教授、副系主任、英美对外关系研究室主任。1980年任中国国际关系史研究会理事长。出版了《欧洲近代史》《近代欧洲外交史》《国际关系史》等重要专著，为中国国际关系史学科的开创与发展奠定了基础，培养了一大批优秀的国际关系史专业人才。

总之，在特殊的历史背景下，江苏地区成为中国海外移民的早发地。从战国到明代一系列重大标志性的涉及海外移民事件的发生，彰显了江苏地区在中国早期海外移民史上的地位与影响，也进一步推动了江苏和全国海外移民活动的发展。而鸦片战争后，随着"五口通商"和西方殖民活动的加强，我国东南沿海地区以闽粤为代表的省份卷入了华工出国大潮，成为具有代表性的华侨出国大省。江苏地区则因其地域文化传统和经济优势，又以新的移民构成和迁移方式形成和呈现出自身不同的特点。其以留学生、知识分子群体和工商企业家为主体的移民与华侨华人，构成了近代以来江苏海外移民的重要组成部分与主要特色。在长期的历史发展进程中，特别是在全球化日益加剧的当代，江苏新移民为住在国的科技教育与经济发展作出了重要贡献，同时也在"一带一路"倡议的推动下，为江苏和中国的经济社会发展与中外经济文化交流竭诚奉献，在中国和世界海外移民史与华侨华人史上书写了独具特色的新篇章。

上篇

第一章 江苏海外移民史概述

江苏跨江临海,地处东南,与日本列岛、朝鲜半岛隔海相望,自古就有先民因各种情况流寓海外。自春秋吴国遗民东渡日本,徐福、鉴真、智聪、司马达等东渡之事史不绝书,加之各朝都有海商和流民侨居海外,古代江苏先民有着较为连贯的海外移民历史。近代以来,江苏海外移民类型更趋多样,既有传统型劳工移民和职业型移民,也有来自社会中上层的知识型移民,其在近代江苏特殊的历史、地理和经济、社会现实推动下,构成近代中国海外移民浪潮中的重要一支。

第一节　古代江苏海外移民

江苏地形瘦长，南北跨度大，① 自北而南纵跨四大文化圈，即中原汉文化圈、淮扬文化圈、金陵文化圈和江南吴越文化圈，四大文化圈都是中华文明腹地内的文化精华，各自有着悠久又鲜明的文化特色②。独特的文化地理使江苏自古就以"文化昌盛"著称。加之江苏跨江临海，地处中国东南沿海中心地带，京杭大运河纵贯全境，交通地理上的优势又使其在海内外文化交流中占得先机。除经商贸易外，古代江苏先民向海外移民过程中，把中国文化传播到周边地区，这种文化输出属性既构成江苏海外移民的重要特征，也是古代江苏海外移民史的一条发展线索。这与近代江苏人率先前往海外，学习借鉴日本、西方文化的现象呈现一种"输出—反哺"的文化转向。但无论如何，江苏在中外文明交流的历史中始终处于前沿和中心地位。国内对古代江苏海外移民关注较少，主要在讨论徐福东渡、鉴真赴日、郑和下西洋等历史事件时略有涉及。本章从文明交流互鉴的视野出发，在纵向考察古代江苏海外移民历史进程的基础上，尝试廓清江苏先民在古代中外文明交流史中的作用、地位和优势。

一、古代江苏海外移民进程

今江苏境内的先民移民海外始于何时难以稽考，但江苏海岸线绵长，又有长江、淮河横贯东西，沿江河东出或从沿海港口渡海前往朝鲜半岛、日本列岛和东南亚等地应早已有之。然而受限于舟船制造和航海技术等条件限制，早期海外移民多为意外漂流或零星冒险，如史书记载，亶洲（应为日本）虽"所在绝远"，但"亦有遭风流移至亶洲者"。③自春秋时期起，专门乘船渡海或转道朝鲜半岛再渡海前往日本等地已成为可能，并陆续出现。

---

① 江苏省建制奠定于清康熙六年（1667）的行政区划改革，原江南省分为江苏、安徽两省，江苏巡抚驻苏州，两江总督署驻江宁，统辖江苏、安徽、江西三省。民国十六年（1927），国民政府定都南京后，将上海县、宝山县划出设立上海特别市。新中国成立后，原松江专区嵊泗县划入浙江省，其他地区和南通专区的崇明县划归上海市。至此，今日江苏的地理范围得以最终确立。本文所指"江苏"即限定于今日江苏省地理范围。

② 刘金源、邵政达等：《江苏区域软实力提升战略》，南京：南京师范大学出版社，2018年，第194页。

③ ［晋］陈寿撰，［宋］裴松之注：《三国志·卷四十七》，北京：中华书局，2000年，第840页。一般认为，"亶洲"即为日本九州岛。

古吴地人东渡日本是史书有载的江苏先民移民海外的最早事件。公元前473年，建都于苏州的吴国在夫差身死国灭后，部分王室后裔和臣民流亡海外，东渡日本或南下越南等地。3世纪后期成书的《魏略》，向来被史家誉为"殊方记载，最为翔实"，其中最早提到吴地人与倭人的关系，称"其俗男子皆点而文，闻其旧语，自谓太伯之后"。①在《三国志·魏志》及唐代人修《梁书·诸夷》《北史·倭国传》《晋书·四夷》，以及宋代人修的《太平御览》《资治通鉴》等都有类似记载。吴太伯即周太王长子，周文王姬昌父季历之兄，孔子谓之"至德"。②《史记》记载"太伯奔吴"之事："吴太伯，太伯弟仲雍，皆周太王之子，而王季历之兄也。……太伯之奔荆蛮，自号句吴。荆蛮义之，从而归之千馀家，立为吴太伯。"③有学者指出：日本早期"倭人"特征——"黥面文身"④，无疑是太伯、仲雍"文身断发"的海外翻版⑤。日本史书中对于倭人为吴人之后也多有记载。日本平安初期嵯峨天皇弘仁六年（815）成书的《新撰姓氏录》（万多亲王编）记述称："松野，吴王夫差之后也，此吴人来我之始也。"⑥

除中日史书所载，考古学家和人类学家还从其他侧面论证了古吴越人曾东渡日本。夏恒翔等从语言学角度论证了日语中许多发音来源于吴越古语的发声和尾声⑦。孙柔刚等从服装演变的角度提出"和服"源于"吴服"的观点⑧。考古上的发现也间接佐证了这一观点。日本学者通过对弥生时期人骨的研究，发现西南九州的弥生人在体质特征上最接近吴越人。另据日本学者对全日数万人的头型、血型分析，证明中国的吴越系民

---

① ［魏］鱼豢著，张鹏一辑：《魏略辑本·卷二十一·倭人》，名古屋：采华书林，1972年。
② ［汉］班固撰，（唐）颜师古注：《汉书·地理志·第八下》，北京：中华书局，2000年，第1327页。
③ ［汉］司马迁：《史记·卷三十一·吴太伯世家》，北京：中华书局，2000年，第1221页。
④ "倭人在带方东南大海中，依山岛为国……旧有百馀小国相接，至魏时，有三十国通好。户有七万。男子无大小，悉黥面文身。自谓太伯之后，又言上古使诣中国，皆自称大夫。"参见［唐］房玄龄等：《晋书·列传第六十七·倭人》，北京：中华书局，2000年，第1692页。
⑤ 吴恩培：《苏州通史·先秦卷》，苏州：苏州大学出版社，2019年，第55页。
⑥ 徐吉军：《吴地文化与日本》，载潘力行、邹志一主编：《吴地文化一万年》，北京：中华书局，1994年，第364页。
⑦ 夏恒翔、孟宪仁：《从语言化石看吴越人东渡日本》，《辽宁大学学报》1987年第4期。
⑧ 孙柔刚：《吴地的社会生活》，载朱永新：《吴文化读本》，苏州：苏州大学出版社，2003年，第43页。

族是日本人种的主要源流之一①，这一观点与日本民族起源的"南方种族说"相契合②。

徐福东渡是早期江苏先民移民海外的又一壮举。公元前210年，秦始皇派方士徐福（又名徐市）携数千童男童女及百工入海求仙药，到今韩国、日本等地。中国史籍中《史记》《三国志·吴志》《后汉书》及后周955年成书的《义楚六帖》（又称《释氏六帖》）等多有记载，日本、朝鲜史书对徐福东渡一事也有记述，如成书于1339年的日本史书《神皇正统记》和朝鲜李朝官吏吴庆锡（1831—1897）的《三韩金石录》等。

作为江苏先民的徐福带领童男童女及百工东渡一事是中外文化交流史和中国海外移民史上的重大事件。正如葛剑雄先生所言："徐福的传说反映了公元前二三世纪之交一次较大的移民，这也是中国史上有一定规模的海外移民的开始。"③不仅徐福本人为江苏先民，根据史料，随徐福东渡人员中还有吴国后裔。据《吴氏宗谱》载，吴王夫差亡国后，太子鸿南下瑶里（今属景德镇）。徐福祖上曾在吴国任御医，随太子鸿南下。徐福曾到瑶里，受到吴氏后人吴申接待。其子吴莚受徐福赏识，从吴氏旧部中挑选十几个能医善猎、有武艺、会制陶、会种植药园的青年跟随徐福东渡④。

六朝时期的吴人东渡是中日文化交流史上的重要一页。东渡吴人既有受邀传艺或传佛法的移民，也有为避战乱或谋生流寓海外者。向称"日本国史之首"⑤的《日本书纪》记载了天皇派遣使者两次前往吴地邀请织工的事件。一次发生于公元4世纪初，据载："（应神天皇）三十七年春二月戊午朔（306），遣阿知使主、都加使主于吴，令求缝工女。吴王于是与工女兄媛、弟媛、吴织、穴织四妇女。"四年后，"阿知使主等自吴

---

① 徐吉军：《吴地文化与日本》，载潘力行、邹志一主编：《吴地文化一万年》，北京：中华书局，1994年，第365页。

② "南方种族说"是日本民族起源的一种观点，即日本学界根据稻种的传入和高床建筑（干阑）等证据，认为石器时代云南西南部的人从中国西南到达东南地区后，部分又越海到达日本，和日本列岛的原住民混血成为日本民族。参见［日］坂本太郎：《日本史概说》，汪向荣、武寅、韩铁英译，北京：商务印书馆，1992年，第10页。

③ 葛剑雄：《中国移民史·先秦至魏晋南北朝时期》，福州：福建人民出版社，1997年，第87页。

④ 吴莚即吴芮之弟。吴芮是秦末农民大起义的首领之一，被项羽封为衡山王。项羽兵败后，吴芮与韩信等拥立刘邦为帝，被刘邦封为长沙王。参见杜钢建：《日本早期的移民政策与多民族宗教文化的融合》，载《法治湖南与区域治理研究》（第2卷）（辑刊）2011年。

⑤ ［日］舍人亲王：《日本书纪·编者前言》，成都：四川人民出版社，2019年，第3页。

至筑紫。时胸开大神乞工女等，故以兄媛奉于胸形大神。……既而率其三妇女，以至津国，及于武库。而天皇崩之，不及，即献于大鹪鹩尊。是女人等之后，今吴衣缝、蚊屋衣缝是也。"① 另一次是在公元5世纪中叶。据载，（雄略天皇）八年（464）春二月，"遣身狭村主青、桧隈民使博德，使于吴国"②。四年后，身狭村主青与桧隈民使博德第二次出使于吴。又过两年，"身狭村主青等共吴国使，将吴所献手末才伎，汉织、吴织、衣缝兄媛、弟媛等，泊于住吉津"。吴地来的使节和织工得到热情接待，迎接吴客的道路命名为"吴坂"，安置吴人的桧隈野，命名为"吴原"。吴地织工在日本得到重用，主持日本"衣缝部"等③。

除官方邀请外，因各种原因流寓日本的中国匠师、僧人亦有很多。南朝萧梁时期的吴地人司马达东渡日本，以制鞍为业，其子女皆入法门，其孙鞍部鸟成为名扬日本的"秀工"（佛教艺术匠师)④。南陈文帝天嘉三年（562），流寓朝鲜的吴地人智聪东渡日本传医，据日本《新撰姓氏录·左京诸蕃》记载，其子善那使主获日本天皇赐封为"和药使主"（"医药界权威"之意)⑤。王仲殊先生通过对日本出土三角缘神兽镜的研究，指出："三角缘神兽镜不是中国的魏镜，而是（三国时期）江南吴地的工匠东渡日本，在日本制作的。"⑥ 鉴真东渡也在江苏先民移民海外和古代中日文化交流史中拥有重要地位。鉴真俗姓淳于，688年生于扬州，在长安等地研习佛法后回到扬州，是江淮一带最有名的授戒大师。受日本官方邀请，几经磨难，鉴真一行终于在唐天宝十二年（753）成功赴日，随行人员中除精通佛法的高僧外，也有吴地精通建筑、雕刻的匠师。

宋代以降，中国经济重心逐渐南移，东南沿海一带与日本、东南亚诸国交往更为密切，江苏人因贸易、避乱等各种

---

① ［日］舍人亲王:《日本书纪·卷第十·应神天皇》，成都：四川人民出版社，2019年，第144-145页。

② 此次出使未邀请到吴地织工，而只得"吴所献二鹅，到于筑紫"。参见［日］舍人亲王:《日本书纪·卷第十四·雄略天皇》，成都：四川人民出版社，2019年，第195、198页。

③ ［日］舍人亲王:《日本书纪·卷第十四·雄略天皇》，成都：四川人民出版社，2019年，第199、201页。

④ 韩昇:《司法氏与中国佛教传播日本》，《历史研究》1990年第6期。

⑤ 罗晃潮:《日本华侨史》，广州：广东高等教育出版社，1994年，第29页。

⑥ 王仲殊:《再论日本出土的景初四年铭三角缘盘龙镜》，《考古》2012年第6期；王仲殊:《论日本出土的青龙三年铭方格规矩四神镜：兼论三角缘神兽镜为中国吴地工匠在日本所作》，《考古》1994年第8期。

原因流寓海外者众多。南宋灭亡后,左丞相盐城县人(属今盐城市)陆秀夫蹈海而死,其子陆自立与众南宋遗民逃至爪哇,后在爪哇北部沿海自立为顺塔国王①。明代郑和七下西洋皆从太仓刘家港出发,随行人员多来自东南沿海一带,其中江苏人居多,如昆山人通事费信、南京人幕僚巩珍、太仓人军官周闻和刘兴、常熟人医士匡愚、江阴人通事吴衍等。

此外,从事海外贸易的江苏先民亦为数不少,其中多有长期侨居海外的移民者。明代《海防纂要》记述:"吴越奸民……鬻田产,携亲戚,问渡扶桑。往则载货扬航以市海为名;归则熔金附身贸原舟而返,甚至远赘异类。"②明清之际,南京是赴日贸易的重要起点,往来贩海为生的商人逐渐在日本形成著名的"三江帮",这一侨商群体中江苏人为数众多。他们在长崎集资修建了中国式寺院兴福寺(又称南京寺)和三江祠堂,以供祭祀集会之用③。苏州《元和唯亭志》载,明崇祯年间"唯亭钱裕鞠合伙入海贸易,共一百二十余人",另有"唯亭袁某航海贸易,同伴八十余人"④。另据《清圣祖实录》记载,康熙重开海禁后,一次南巡路过苏州,问及造船及航海之事,被告知"每年造船出海贸易者,多至千余,回来者不过十之五六,其余悉卖在海外,赀银而归"⑤。这一时期,日本的长崎、东南亚的雅加达、北大年等地都有来自江苏的海商和流亡者。

图 1-1 郑和宝船厂遗址出土的"船锚"

---

① 江苏省地方志编纂委员会:《江苏省志·侨务志》,南京:江苏人民出版社,2007年,第27页。
② 江苏省地方志编纂委员会:《江苏省志·侨务志》,南京:江苏人民出版社,2007年,第29页。
③ 江苏省地方志编纂委员会:《江苏省志·侨务志》,南京:江苏人民出版社,2007年,第4页。
④ [清]沈藻采编撰,徐维新点校:《元和唯亭志·卷二十·杂记》,北京:方志出版社,2001年,第252页。
⑤ 聂宝璋:《中国近代航运史资料·第一辑(上册)》上海:上海人民出版社,1983年,第47页。

总之,自春秋至清代,古代江苏人移民日本、朝鲜、东南亚等地屡见不鲜。徐福东渡、鉴真赴日、郑和下西洋等中外交流史上的重大事件都与江苏有着密切关系。除了较多见之于正史的历史事件,各种因政治避难、海外贸易和海外传艺的移民难以统计。江苏人侨居海外除了地理上的独特优势,还有其他诸因素的共同推动,而其外传技艺、佛法、医药等鲜明的文明传播特征尤为显著。

图 1-2　日本长崎东明山兴福寺

二、江苏移民的文化输出与历史影响

纵观古代江苏先民海外移民及参与中外文明交流之历史,在主动或被动流寓海外的过程中,将中华文明输往海外成为江苏先民自觉或不自觉中完成的重大使命,深刻影响着中国周边地区文明发展进程,为构建以中国为中心的古代东亚文化圈作出了不可磨灭的贡献。

农耕稻作文明的外传是移民海外的江苏先民推动日本等周边国家文明进步的重要篇章。江苏吴地深受良渚文化影响,是长江流域稻作文化的发源地之一,农耕稻作文化发达。1987年7月21日的日本《朝日画报》刊载,日本九州北部福冈地区板付遗址发现距今2400~2500年绳纹文化晚期的水田遗址,"遗址中发现调节稻田水量的堰水栅、水沟、田间小道、稻田等遗迹"。① 这一发现打破了日本农耕文明起源于弥生时代早期的观点,上推至绳纹时代晚期。有学者指出这一发现中日本先进的稻作文化及其水田遗址成为"吴越稻文化传播日本的最早例证"。②绳纹文化晚期(约前500—前400)在时期上对应于吴越争霸③(前510—前475)前后。与之相应,具有太湖地区特色的干栏式建筑、漆器、玉石器的形貌和工艺等也明显证明其与吴地之间的文化渊源。正如有学者指出的:"诸如稻谷、干栏式建筑、玉、漆器、木家具、木屐、石镰、

---

① 禹硕基:《日本发现绳纹时期的水田遗址》,《历史研究》1978年第10期。
② 邵继勇:《吴越文化对史前日本的影响》,《江南大学学报》2010年第5期。
③ 其间历经吴伐越的槜李之战、越伐吴的夫椒之战、笠泽之战和姑苏围困战,最终迫使吴王夫差自杀,吴国灭亡。

舟楫等物的发现,均证明吴越农耕文化东传日本的事实。"①

徐福移民集团的到来进一步推动日本的农耕文明。徐福在日本民间被尊为"农耕之神"。《史记》记载徐福东渡时,秦始皇"资之五谷种种百工而行……"②有学者指出:徐福移民集团"首先到达九州,将江南的先进水稻耕作技术文化和铸铁技术等带到了日本,使日本的生产水平发生了突飞猛进的变化,促进了日本由狩猎捕捞采集经济向以种植水稻为主的农业经济过渡"③。

秦的统一非常短暂,随之而来的战乱致使海外移民连绵不断,无论是从吴地直达日本,还是经由朝鲜半岛或山东半岛转至日本,都有江苏先民的足迹。包括江苏先民在内的"秦汉移民"在传播中国的农耕稻作文化的同时,"促成了绳纹文化与弥生文化的交换,同时传去的书籍典章,对日本文化的形成与发展产生潜移默化的影响,这是日本历史在公元前3世纪左右完成革命性飞跃的主要原因"④。与之相应,弥生时代人口的爆发性增长,一是吴越农民从大陆转移而来,形成一个渡来人集团,其中包括徐福移民集团;二是大批渡来人带来了农耕稻作文明和铸铁文明,大大提高了生产力,从而增强了人口繁衍能力。有学者考证:稻米的自给在弥生后期明显提高,达到55%～70%,而弥生前期仅占到4%～7.7%⑤。

在推动农耕稻作文明在日本植根的同时,江苏先民还带来了金属器具、纺织、制陶、制镜等技艺,推动日本等周边地区生产力的迅速提高和物质文化的极大繁荣。东吴时期,吴地就有从事纺织、制镜等技艺的工匠从石头津远渡海外,流寓日本、朝鲜、扶南(今柬埔寨)等国传艺营生。另如上文提及的,公元237—470年,日本多次派遣使者向孙吴和刘宋等王朝求得从事纺织、缝纫的吴地女工徙居日本⑥。另据王仲殊先生对日本出土三角缘神兽镜在形制、纹饰等方面与中原铜镜、吴地画像镜、神兽镜等的对比研究,并结合"景初四年"铭

---

① 邵继勇:《吴越文化对史前日本的影响》,《江南大学学报》2010年第5期。
② [汉]司马迁:《史记·秦始皇本纪》,北京:中华书局,2000年,第176页。
③ 邵继勇:《吴越文化对史前日本的影响》,《江南大学学报》2010年第5期。
④ 邵继勇:《吴越文化对史前日本的影响》,《江南大学学报》2010年第5期。
⑤ 黄粟嘉:《吴文化对日本史前稻作的影响》,《农业考古》2008年第4期。
⑥ [日]舍人亲王:《日本书纪·卷第十四·雄略天皇》,成都:四川人民出版社,2019年,第195 - 201页。

三角缘盘龙镜中的年号并不存在这一事实，进行了详细论证。他指出日本大量出土的三角缘神兽镜应为三国时期东渡的吴地工匠东渡日本所做，既非来自中国的"舶载品"，也非北方的魏国工匠所做①。

医药东传是江苏海外移民在中外文化交流史中的另一重要内容。公元562年，吴人智聪携内外典、药书、《明堂图》等164卷移居日本。智聪是吴王后裔，流寓朝鲜期间随攻伐高丽的日本大伴狭手彦移居日本，这一事件为"中医学直接传入日本之始"②。日本《新撰姓氏录》记载："出自吴国主照渊孙智聪也。天国排开广庭天皇（谥钦明）御世（540—570），随使大伴佐弓比古持内外典、药书、《明堂图》等百六十四卷，佛像一躯，伎乐调度一具等入朝。男善那使主，天万丰日天皇（谥教德）御世（645—654），依献牛乳，赐姓和药使主。"除其子获日本天皇赐封为"和药使主"外，其后裔在日本医药界世代居于权威地位。《日本三代实录》对智聪后裔也有记载："左京人右近卫将曹正六位上和药使主弟雄、式部位子从八位下和药使主安主、兵部位子从八位下和药使主黑麻吕等，改使主赐宿祢。其先，吴国人智聪也。"③智聪之后，中医东传事件史不绝书。及至清代，吴医东渡一度使日本兴起"吴门医派"。《长崎纪事》《长崎实录大成》等记载，18世纪初，来自苏州的名医就有吴载南、陈振先、周岐来、赵淞阳、刘经光等多人长期寓居长崎传医④。陈振先于1721年来到日本长崎后，跋涉邻近山野，采集药草一百六十二种，著成《药草功能书》，在日本影响至今⑤。

江苏先民还最早将佛教文化传入日本。吴地人司马达最早"私传"佛教入日本。司马达原以制鞍为业，于公元522年在日本大和国高市郡的坂田原设立"草堂"，崇奉佛教。其子出家为僧，建造了日本最早的寺庙——坂田寺，其女司马

---

① 王仲殊：《再论日本出土的景初四年铭三角缘盘龙镜》，《考古》2012年第6期；王仲殊：《论日本出土的青龙三年铭方格规矩四神镜：兼论三角缘神兽镜为中国吴地工匠在日本所作》，《考古》1994年第8期。

② 常存库、张成博：《中国医学史》（第3版），北京：中国中医药出版社，2012年，第100页。

③ 《日本三代实录》，简称《三代实录》，为编年体汉文史书，共50卷，901年编纂完成，该书记载了青和天皇、阳成天皇、光孝天皇三代天皇，从天安二年（858）至仁和三年（887）间三十年的事情。

④ 耿曙生：《古代东渡吴人对日本文化的影响》，《文史知识》1990年第11期。

⑤ 徐吉军：《吴地文化与日本》，载潘力行、邹志一主编：《吴地文化一万年》，北京：中华书局，1994年，第368页。

岛是日本最早的女尼。其子孙多姓鞍部或鞍作。后世子孙中多有从事佛教艺术和管理的人才，如其孙鞍部鸟以卓越的佛像塑造技艺名扬日本，被天皇授予十二阶冠位的第三阶——大仁；另一后裔鞍部德积被委任为管理寺庙僧尼的僧官①。最早为日本带来中国医药的智聪还给日本带来佛经、佛像等物，对日本早期的佛教及寺院、佛像等的建造产生了一定的影响②。

对日本佛教文化影响最大的是鉴真一行。圣武天皇天平五年，日僧荣睿、普照二僧奉旨入唐，在扬州拜谒鉴真。鉴真言日本"诚是佛法兴隆，有缘之国也。今我同法众中，谁有应此远请，向日本国传法者乎？"言毕，众弟子皆默然以对，后有僧祥彦曰："彼国太远，性命难存，沧海淼漫，百无一至。"鉴真对曰："是为法事也，何惜身命？诸人不去，我即去耳。"祥彦曰："和上若去，彦亦随去。"其有二十一名僧众愿随鉴真同往。③ 753 年鉴真成功东渡日本，携带 48 部 300 余卷佛经、佛像、法器，东渡日本传授律宗佛学，被尊为日本"律宗之祖"。鉴真东渡的目的是传授正规戒律，"日本佛教由此整肃了威仪，作为国家佛教得以完备"④。另一位对日本佛教文化影响较大的高僧是宋代无锡翠微寺的大觉禅师，他于 1246 年（南宋淳祐六年）东渡日本，主持建造了日本最早的禅寺，弟子众多，被奉为日本佛教"建长寺派"的"开山始祖"⑤。

总之，在中外文明交流的历史长河中，江苏先民留下了一页又一页的精彩画卷，谱写了中华文明外传，进而推进东方文明不断崛起的壮歌。以农耕稻作文化、医药文化和佛教文化的东传为核心，江苏先民对海外特别是日本文明的进步作出了重大贡献。同时，在这一过程中，以古代江苏海外移民为代表的中国先民，"凭借技术和文化上的优势，逐步争得政治地位和接近权力中枢，对日本中央集权国家的形成日益发挥重要作用"⑥。

---

① 韩昇：《司法氏与中国佛教传播日本》，《历史研究》1990 年第 6 期。

② 徐吉军：《吴地文化与日本》，载潘力行、邹志一主编：《吴地文化一万年》，北京：中华书局，1994 年，第 372 页。

③ ［日］真人元开：《唐大和上东征传》，汪向荣校注，北京：中华书局，1979 年，第 40－42 页。

④ ［日］中村顺昭：《鉴真东渡及其影响》，葛继勇译，《唐都学刊》2007 年第 6 期。

⑤ 谈汗人：《大觉禅师与日本建长寺》，《江苏地方志》1996 年第 1 期。

⑥ 韩昇：《司法氏与中国佛教传播日本》，《历史研究》1990 年第 6 期。

三、江苏海外移民在中外文明交流中的地位

纵观古代江苏先民海外移民的历史，除零散出海贸易或因避战乱、灾祸等流寓海外者，见之于史或有据可考的移民事件都有其共性。无论是吴人东渡，还是秦汉移民，抑或六朝以来传医药、传佛法的民间人士都对周边地区，特别是日本的文明发展进程产生了重要影响。在某种程度上可以说，正是一海之隔的江苏先民的东渡移民构成中外特别是中日之间文明交流的关键篇章。古代江苏海外移民的这种地位是由多方面因素共同促成的。

首先，江苏跨江临海，港口众多，又地处中国东南沿海核心位置，东对日本列岛和朝鲜半岛，南望东南亚，海外移民的区位优势明显。江苏拥有长达近千公里的海岸线，长江、淮河横贯东西，沿河东出或从港口起航都很方便，因此拥有得天独厚的通往海外的交通优势。自秦汉以来，江苏就成为"海上丝绸之路"的重要组成部分。从长江三角洲直达日本九州的东海航线既是古代"海上丝绸之路"的一条支线，也是中日之间文明交流的主要直航线路。江苏北部（今徐州、连云港等地）属于传统的中原文化区域。公元前212年秦始皇在今连云港的海州设立朐县，"于是立石东海上朐界中，以为秦东门"[①]。这里"通九州，直达吴中"，并与东南亚、南亚、印度等地通航、通商[②]。位于江淮之地的扬州是古代中国最重要的港口城市和国际化都市[③]，与交州、广州、明州并称唐代中国四大海港[④]。扬州在经济和文化上对中日文化交流起了很大作用[⑤]。南京在六朝成为南朝的政治和经济中心，来自印度洋、东南亚、日本、朝鲜的商贾和使团往来不绝，在中外文化和贸易交流中占有重要地位。

随着中国经济重心的持续南移，苏南地区的经济地位迅速崛起，南京、镇江、苏州、无锡、常州等通江入海之地，成为中外文明交流的中心。位于长江入海口的刘家港[⑥]是重要的海运码头；常熟

---

① ［汉］司马迁：《史记·秦始皇本纪》，北京：中华书局，2000年，第182页。
② 江苏省地方志编纂委员会：《江苏省志·侨务志》，南京：江苏人民出版社，2007年，第2页。
③ 唐代扬州包括现在的扬州市、泰州市、南通市、盐城市南部。
④ 沈福伟：《论唐代对外贸易的四大海港》，《海交史研究》1986年第2期。
⑤ 吴廷璆、郑彭年：《古代扬州及其在中日文化交流史上的地位》，《中外关系史论丛》（第四辑），1992年。
⑥ 属太仓，古称娄江，又称刘家河、浏河等。

东北的白茆港，也是海运支线的出发点。①二港经崇明水域可通向日本与东南亚。太仓州志记载：刘家港"通海外番舶，蛮商夷贾，云集鳞萃，当时谓之六国码头"②。元朝的刘家港还是海运漕粮北上重地，元政府在这里设万户府管理海运漕粮事务，并设市舶分司，掌管海上贸易。明朝郑和下西洋，刘家港是开船基地。郑和"每次奉诏出使，从南京到此，集结船员，装载货物，补充给养，祭祀天妃，返航后又在此休整修船，宴劳犒赏，并在来往西洋时举行迎送外国使节的仪式等活动"③。

其次，江苏自古就是中国文化重地。南部的太湖地区是古吴越文化的核心区域，是中国乃至世界农耕稻作文化的发源地之一。吴文化是吴越文化的组成部分，吴越文化则渊源于河姆渡文化和良渚文化。河姆渡文化是最早从事制陶、养蚕、养猪、打井、造船和纺织的原始文化之一。良渚文化则最早进入犁耕稻作时代，且其手工业也趋于专业化，玉器、麻织、丝织、陶器及石犁等的制作已经专业化。根据考古证据，距今4000～5000年，良渚人就已"摆脱一铲一锹的粗耕而率先迈入了连续耕作的犁耕阶段"④。因此，吴越地区在纺织、工艺品制作、造船和稻作等方面发展早、技术高，在当时整个东亚处于领先水平。有学者称："中国史前的稻作农业，正是从那里像波浪一样呈扇面展开，其传播所及几乎包括了我国稻作农业的全部地区。"⑤吴兴钱山漾、吴县草鞋山、吴县摇城，无锡仙蠡墩、常州圩墩等都发现了新石器时代的稻作遗址。⑥

作为吴越文化组成部分，江苏南部的吴地文化在继承河姆渡文化和良渚文化的基础上，发展出发达的农耕文明。至春秋时期，吴文化臻于鼎盛。⑦发达的稻作农业是吴地人民生存发展的基础。包括吴地在内的"楚越之地"以"饭稻羹鱼"为饮食方式，成为其区别于中原文明的特征⑧。与农耕稻作文化的发达相

---

① 戈春源：《苏州通史·五代宋元卷》，苏州：苏州大学出版社，2019年，第123页。
② 王祖畲：《太仓州志·卷一·封域上》，上海：上海古籍出版社，1999年，第14页。
③ 吴建华主编：《苏州通史·明代卷》，苏州：苏州大学出版社，2019年，第130页。
④ 邵继勇：《吴越文化对史前日本的影响》，《江南大学学报》2010年第5期。
⑤ 严文明：《略论中国栽培稻的起源和传播》，《北京大学学报》1989年第2期。
⑥ 徐吉军：《吴地文化与日本》，载潘力行、邹志一主编：《吴地文化一万年》，北京：中华书局，1994年，第366页。
⑦ 吴为越所灭，越为楚所灭，楚为秦所灭，吴越文化与楚文化及中原文化相互融合。
⑧ ［汉］司马迁：《史记·秦始皇本纪》，北京：中华书局，2000年，第2473页。

应，江苏南部的纺织、制陶、制镜等手工业领域也迅速发展。吴越地区是世界上最早养蚕缫丝的发源地。在吴兴钱山漾、吴江梅堰、吴县草鞋山等新石器时代遗址中发现了绸片、丝线、丝带、麻布片等物。春秋时期，吴国丝纺织业已很发达。《左传》中杜预评注季札赠郑子产"缟带"时说："吴地贵缟，郑地贵纻。"① 正是吴地发达的农耕稻作文明和发达的手工业使吴地先民因战乱、天灾等变故流寓海外的过程中成为中华文明外传的媒介，推动日本等侨居地的文明进步。

六朝以来，江苏一直是中国文化最发达的地区之一。南北朝时期的北方地区长期为少数民族政权占据，大量北人南渡，使中国的经济和文化重心逐步南移，并在一定程度上"保存了中国的传统文化"②。北人带来先进的中原文化，与江淮及江南地区的吴楚等文化相互融合，江苏中部和南部处于这一新兴文化重地的中心地带。扬州、南京、苏州等地成为全国文化中心，诗文、艺术大家辈出。此外，六朝隋唐以来崇佛之风盛行，"南朝四百八十寺"的盛况使当时的江苏中部和南部成为中国佛教文化中心。

最后，江苏先民造船和航海技术先进，又具有海外冒险精神和较强的海洋意识。史前江苏先民因遭遇风暴或冒险东渡而零散性地流寓日本或早已有之，但有规模的移民或经常性的往来则始于春秋战国。这一时期，吴越地区的造船业"在整个太平洋地区居领先地位"，使吴人东渡"进入新阶段"③。春秋晚期的吴国已经能建造各种形制和作用的战船，且吴人航海技术高超，可以远途海上奔袭作战。《史记》记载："齐鲍氏弑齐悼公。吴王闻之……乃从海上攻齐。"④造船业和航海技术的发达为吴人东渡日本传播农耕稻作文化创造了必要条件⑤。六朝至隋唐，江南地区经济和文化发展迅速，吴地成为重要的造船和出海基地。自吴郡经东北松江口沪渎和东南钱塘江口入海的水道畅通，郡中各县及其他地区的各种物产经各河道及海路集中于此，使吴郡成为太湖流域的交通中心⑥。此外，

---

① 杨伯峻编著：《春秋左传注·襄公·二十九年》，北京：中华书局，1981年，第1161页。
② 葛剑雄：《中国移民史·先秦至魏晋南北朝时期》，福州：福建人民出版社，1997年，第414页。
③ 董楚平：《吴越文化新探》，杭州：浙江人民出版社，1988年，第290页。
④ ［汉］司马迁：《史记·吴太伯世家》，北京：中华书局，2000年，第1240页。
⑤ 耿曙生：《古代东渡吴人对日本文化的影响》，《文史知识》1990年第11期。
⑥ 孙中旺、刘丽：《苏州通史·秦汉至隋唐卷》，苏州：苏州大学出版社，2019年，第111页。

隋唐征高句丽用的海船，多由苏、常、润三州制造①。南宋时期，江南已经成为全国的政治和经济中心，造船技术更是突飞猛进。南宋平江府造船厂能够承造八橹战船与四橹海鹘船。八橹通长8丈，造价1159贯，四橹通长4.5丈，造价329贯②。包括苏州一带的造船厂，还能造一种"车船"。"车"，即在船身设有代替橹桨的车轮，用脚踏轮，驱船前进，一根贯轴带两个翼轮的称一"车"。除主要用于军事目的的9车与13车的车船外，也有属于民用的"踏驾车船"③。由于造船技术的巨大进步，苏州、南京等地所造舰船在南宋对金朝的水战中发挥了巨大作用。史书记载南宋战船："斗舰之制，近世太精，昔人智巧殆不能及，胡虏望之，惊若鬼神，限以际矢之水，驾以如山之浪，彼虽虎兕豺狼莫敢前也。"④

自六朝以来，江南人口迅速增长，经济持续繁荣，江苏中部和南部地区的扬州、南京、苏州等地成为国际化、商业化的都市，政治和贸易上的对外交往非常频繁。加之江淮和太湖地区人民航海、贩海的传统，他们逐渐形成一种较为浓厚的冒险精神和海洋意识，这是区别于包括江苏北部在内的中原文化的一大特征。以扬州为例，《新唐书》就称："扬州，江、吴大都会，俗喜商贾，不事农。"⑤扬州聚集了大批海内外从事国际贸易的商人，许多江苏海商"在此造船出海贸易"⑥。在中日民间贸易中，一般是唐商船前往日本，这里"地处南北交通要冲，是中日交通南北两路的起点，也是中后期遣唐使进京的跳板"⑦。宋元以降，海上丝绸之路进入繁盛期，吴地人民与闽粤人民一样，也成为海洋上有着冒险精神和商业精神的力量。《明实录》也载道："虽曰禁其双桅巨舰，编甲连坐，不许出洋远涉；而东番诸岛乃其从来采捕之所，操之急，则谓断绝生路，有铤而走险耳。闻闽、越、三吴之人住于倭岛者不知几千百家，与倭婚媾、长子孙，名曰'唐

---

① 戈春源：《苏州通史·五代宋元卷》，苏州：苏州大学出版社，2019年，第14页。

② [宋] 陆游：《老学庵笔记·卷一》，北京：中华书局，1979年，第5页。

③ 戈春源：《苏州通史·五代宋元卷》，苏州：苏州大学出版社，2019年，第83页。

④ [宋] 王应麟：《玉海·兵制·水战》，载文渊阁《四库全书》，台北：台湾商务印书馆，1986年，第795页。

⑤ [宋] 欧阳修、宋祁：《新唐书·列传第十六·李袭誉传》，北京：中华书局，2000年，第3059页。

⑥ 吴廷璆、郑彭年：《古代扬州及其在中日文化交流史上的地位》，《中外关系史论丛》（第四辑），1992年。

⑦ 吴廷璆、郑彭年：《古代扬州及其在中日文化交流史上的地位》，《中外关系史论丛》（第四辑），1992年。

市'。此数千百家之宗族姻识，潜与之通者实繁有徒。其往来之船名曰'唐船'，大都载汉物以市于倭……"①

综合来讲，江苏跨江临海，地处东南，自古就有先民因各种原因流寓海外。自春秋时期吴国遗民东渡日本，徐福、鉴真、智聪、司马达等方士、高僧、医师、匠师等的东渡之事史不绝书，加之各朝都有工匠、海商侨居日本、朝鲜、东南亚等地，古代江苏先民有着较为连贯的海外移民历史。传扬中国文化是古代江苏海外移民的显著特征之一，不仅向日本等地传播农耕稻作文明及制陶、制镜、纺织及金属器具制作等各种技艺，而且弘扬了中国医药文化和佛教文化。这一与移民史相伴随的文化输出特征的形成是基于多种因素的共同结果。江苏跨江临海，港口众多，又地处中国东南沿海中心地带，东对日本列岛和朝鲜半岛，南望东南亚，区位优势明显，此其一；江苏自古就是中国东南文化重地，南部是古吴越文化核心区域，北部则受中原文化滋养，此其二；江苏先民造船和航海技术先进，又具有海外冒险精神和较强的海洋意识，此其三。

放在古代中外文明交流的整体历史进程之中，移民海外的江苏先民在古代中外文明交流史中始终处于前沿和中心地位。这一地位不仅体现在直接推动日本等周边国家和地区的早期文明转型（从绳纹文化过渡到弥生文化），而且在两千年中持续不断地从政治、经济、宗教各方面影响着日本等周边文明的发展进程。同时，古代江苏对日本的移民与文化输出都是以和平的方式进行，这彰显了江苏先民为代表的古代中国人具有"睦邻友好"的悠久传统。

第二节　近现代江苏海外移民

近代以来，江苏是最早受到外来帝国主义殖民势力影响的地区之一，上海（原属江苏省）②、南京、镇江、苏州等地先后被迫开埠。清末民初之际，出于繁荣商业等目的，吴淞（今属上海）、海州（今属连云港）、下关（今属南京）、天生港（今属南通）、浦口（今属南京）、徐州和无锡等地自开商埠。③民族资本主义的发展与近代教育体系的勃兴助力江苏

---

① 《明实录·闽海关系史料·卷六》，《台湾文献史料丛刊》（第三辑），1984年，第137页。

② 江苏省建制奠定于清代康熙六年（1667），原江南省分为江苏、安徽两省，江苏巡抚驻苏州。民国十六年（1927），国民政府定都南京后，将上海县、宝山县划出设立上海特别市。

③ 黄鹏：《清末民初江苏自开商埠研究》，苏州大学硕士学位论文，2012年。

成为近代中国经济、文化最发达,与海外交往最密切的地区之一。在此背景下,来自江苏各地的劳动群众、知识分子和工商业者通过各种途径前往海外谋生、留学或从事工商业活动,这一跨国主义群体在中外政治、经济与文化交往中起着重要的媒介作用,对近代江苏乃至全国的政治、经济、文化和社会发展作出了特殊贡献。江苏并非传统侨乡,近代江苏海外移民相对较少,相关讨论集中在留学归国参加革命、文化的著名人物。本节在追溯近现代江苏各类海外移民群体历史的基础上,通过与闽粤等地的比较,尝试廓清近现代江苏海外移民的总体特征。

一、劳工与职业型海外移民

自第一次鸦片战争拉开近代中国历史帷幕,江苏就成为中国东南地区对外开放的重要门户,与海外各国往来渐密。故此,江苏人通过各种途径移民出国者日益增多,早期尤以劳工移民居多。至1860年第二次鸦片战争结束后,中国和英、法两国先后签订了《北京条约》,正式确立华工出国的合法化。[①] 由于这一时期拐贩华工事件较多,1866年3月5日,中、英、法三方大臣商定二十二条招工章程。[②]该章程公布后,清廷致函美、俄诸国,并"行文南北洋通商大臣暨沿海各省督抚,转饬各该管官,一体照办"。[③] 此后,江苏逐渐成为广东、福建以外移民海外人数最多的地区之一。

早期移民者以社会下层的劳苦大众为主,到海外从事体力劳动和以"三把刀"(菜刀、剪刀和剃刀)为特征的服务行业。在清末劳工移民大潮中,上海和浦口(今南京浦口区)长期作为江苏地区苦力贸易的两大中心。这一时期江苏籍劳工以苦力形式被贩往世界各地的数量已难以统计,但从清廷作过详细调查的古巴华工群体中可以略窥一斑。清廷派去调查古巴华工生存工作状况的陈兰彬在《古巴华工事务各节》转记英国驻古巴总领事的统计清单,载明"自道光

---

① 1860年10月24日,中英双方签定的《北京条约》第五款规定:"戊午年(1858)定约互换以后,大清大皇帝允于即日降谕各省督抚大吏,以凡有华民,情甘出口或在英国所属各处,或在外洋别地承工,俱准与英民立约为凭,无论单身,或愿携带家属,一并赴通商各口,下英国船只,毫无禁阻。该省大吏,亦宜时与大英钦差大臣查照各口情形,会定章程,办保前项华工之意。"参见陈翰笙主编:《华工出国史料汇编》(第一辑),北京:中华书局,1985年,第12-13页。

② 陈翰笙主编:《华工出国史料汇编》(第一辑),北京:中华书局,1985年,第156-161页。

③ 陈翰笙主编:《华工出国史料汇编》(第一辑),北京:中华书局,1985年,第161页。

二十七年起至同治十三年三月止，共装去华工十四万二千四百二十二人"。①华工多从广东、福建、澳门等地被拐卖或诱骗上船，其时隶属于江苏省的上海等地也是重要输出地，仅《古巴华工口供册》中载明江苏籍贯的华工就有张贵廷、吴阿小、朱开自、王从盛、程榕龄等。《古巴华工呈词节录》中也散见江苏人，如陈金元（金坛县）、周维屏（江宁县）、黄满和杨德福（南京上元县）、唐联升（南通）、陈庚元（镇江）等。

江苏籍被贩拐的苦力纪阿乐的口述，能够大体反映清末苦力被贩拐和在海外被压榨的遭遇。据其讲述，"咸丰八年二月，被相识的吴阿三约我在洋船上做工，言明每月工银二十五元八个月即可回家，我同他落船，不料下船即开，船上待人不好，常打我一帮。被骗去共一百零四人，俱是上海人，在船寻死八人。"船到古巴后，纪阿乐等被卖去做"割蔗"工，"寅初起身作到子初歇，中间歇一时，食饭每天两顿蕉子、番薯、干牛肉，食不得饱，做工不分好坏一律毒打我"。这些华工受尽折磨，"总管、管工等人常用木棍撞击，受伤太重以致自尽"，一些工友"不堪皮肉破烂"，或食烟膏，或投井，或自缢而死。②

民国时期华工出国再掀高潮，在海外的境况略有改善。1912年3月19日，时任临时大总统的孙中山先生颁布《令外交部妥筹禁绝贩卖"猪仔"及保护华侨办法文》和《令广东都督禁贩卖"猪仔"文》，宣布国民可以自由出入国境或到国外谋生，明确严禁贩"猪仔"。③1917年10月，北洋政府设立国务院侨工事务局，负责招收一战赴欧侨工，并协助签约等事宜，次年还在江苏设立侨工事务分局（1919年撤销）。1916—1918年，北洋政府还陆续颁布《侨工保护法》《侨工出洋条例》《侨工合同纲要》等，用以规范侨工出国，及"对华工出国的方式、条件、程序、各方权利和义务等进行了规范"。④第一次世界大战后，北洋政府在国务院设立侨务局，撤销侨工事务局，其职能也由招工事务正式转向保障海外侨民权益。南京国民政府时期，侨务委员会是主管侨务的主要机构。1935年10月，国民政府立法院颁布了《工人出国条例》，侨务委员会据此制定《募工承

---

① [清]陈兰彬：《古巴华工调查录》，上海：上海书店出版社，2014年，第163页。
② [清]陈兰彬：《古巴华工调查录》，上海：上海书店出版社，2014年，第119页。
③ 周南京主编：《华侨华人百科全书：法律条例政策卷》，北京：中国华侨出版社，2000年，第393页。
④ 张赛群：《民国时期华侨出国政策探析》，《华侨大学学报》2018年第4期。

揽人取缔规则》和《出国工人雇佣契约纲要》。这些条例法规确认了"华工劳动签订契约自由"的原则。①民国时期对华工出国和海外侨民利益的保障举措发挥了积极作用。

民国时期江苏赴海外的劳工移民较为零散，有组织的移民以一战期间的赴法华工为代表，其中不乏江苏人。一战华工大多来自华北地区的山东、河北与河南等地，江苏人次之，具体人数不详，但有明确记载的是1917年惠民公司从江苏浦口向法国运送了14批华工，共计18950人。②战后，部分华工留居当地，其中大约有3000人留在法国。③两位赴法江苏籍华工的人生际遇颇具代表性。一位是来自徐州铜山县（现铜山区）的杜吉祥。他于1916年应招赴法，在法期间加入法国共产党，与周恩来等相识，1924年赴莫科斯红军大学学习，归国后参加北伐战争和南昌起义，为我国的革命事业作出了重要贡献。另一位是法国最后辞世的"一战华工"朱桂生，他来自江苏丹阳，于1916年应募赴法，后娶当地女子定居法国，二战期间从军抗击德国纳粹，至2002年去世。④

职业型移民主要分为民间手艺型移民和工商业者移民。民间手艺型移民以从事"三把刀"（菜刀、剪刀、剃刀）职业的海外移民为主。特别是来自扬州、镇江等地的民间手艺人前往日本、东南亚等地从事餐饮业、理发和缝纫等服务型行业。由于掌握一项技艺，他们较之纯体力型的劳工移民更易谋生。一些早期移民经过一段时间的资本积累，逐渐开办起自己的中餐馆、理发店和服装店等，从而为其国内的亲友、乡邻的连锁式移民奠定了基础。其中的代表者是光绪年间前往日本横滨开设理发店的镇江人方乾畅，他在当地站稳脚跟后，引荐不少亲友乡邻搭乘日轮赴日谋生。20世纪上半叶，仅扬、镇两地以"三把刀"为业在中国港澳地区，日本、东南亚等地谋生者就有数千人。⑤

工商业者移民是伴随着近代江苏民族资本主义工商业的兴起而出现的。一部分是为谋求工商企业发展，或为摆脱洋行控制，到海外开拓销售市场或分支

---

① 张赛群：《民国时期华侨出国政策探析》，《华侨大学学报》2018年第4期。
② 徐国琦：《一战中的华工》，潘星、强舸译，上海：上海人民出版社，2018年，第48页。
③ 徐国琦：《一战中的华工》，潘星、强舸译，上海：上海人民出版社，2018年，第155页。
④ 江苏省地方志编纂委员会：《江苏省志·侨务志》，南京：江苏人民出版社，2007年，第31-32页。
⑤ 江苏省地方志编纂委员会：《江苏省志·侨务志》，南京：江苏人民出版社，2007年，第32页。

机构而出现的。例如，1902年宜兴经营陶器的大窑户到新加坡开设鼎升福陶器店，将产品直接运销东南亚各地。另一部分则是为躲避战乱和政治原因将企业和资本转移到海外。近代以来江苏频受战争洗礼，特别是抗日战争和解放战争期间，有相当一部分民族工商业者携带资本、家眷移民海外。1956年无锡、常州两市对实行公私合营的28家民族工业企业的调查显示，原企业投资者（股东）中，侨居海外的达180户。这些拥有一定资本、技术和知识的工商业者侨居海外后多数仍从事工商业活动，崛起一批海外江苏籍华商，无锡的唐氏和荣氏家族就是其中的代表。

二、知识型海外江苏移民

作为自古以来就以文化发达著称的江苏地区，海外移民群体的构成也彰显出文化类移民较多的特色。自清末以来，江苏得风气之先，成为最先接触海外文明和最先建立近代教育体系的地区之一。对当时西方先进工业文明的向往和向海外传承中华文明的双向动力，使江苏涌现出一批前往东南亚从事教育和文化工作的知识分子和留学欧、美、日的留学生。

赴海外从事教育和文化工作的知识分子移民背景较为多元。其一，由官方选派赴海外从事华文教育的知识分子，如国民政府侨务委员会在1935年选派50名华侨教师，其中江苏人最多（10名）。[1] 其二，因政治原因流亡海外的知识分子。代表人物如曾任《民国日报》编辑的太仓人俞锷在1913年"二次革命"失败后赴爪哇华侨中学任教，并继续利用华文报刊宣传革命。黄逸峰在1930年流亡暹罗（泰国），任教于华侨新民学校，在海外华侨中宣传革命思想，培养了一批华侨进步青年。[2] 夏时行为躲避政治迫害，赴印度尼西亚从事华文教育，其编辑的华文教科书对印度尼西亚华校产生了重要影响。[3] 其三，志愿赴海外从事华文教育的知识分子，此一类占多数，如南通人李春鸣、李善基，泰州人王宓文，苏州人余佩皋等。

赴东南亚从事华文教育者以南通人最多。如印度尼西亚雅加达中华中学的创建者之一李善基，毕业于南京金陵大学工业化学系。1935年，他经由李春鸣举荐到雅加达中华会馆学校教书。创办

---

[1] 江苏省地方志编纂委员会：《江苏省志·侨务志》，南京：江苏人民出版社，2007年，第6页。

[2] 张开明：《黄逸峰传奇》，南京：江苏人民出版社，1995年，第52-70页。

[3] 于锦恩：《论民国时期江苏籍人士对东南亚华文教育的重要贡献》，《江苏师范大学学报》2012年第4期。

雅加达中华中学后，李善基长期担任教务主任。1960年，因思念故土，他回国定居于无锡，不久后逝世。① 徐天从也是南通人，先后毕业于厦门大学和上海大夏大学。1936年，他与妻子潘学静同往新加坡，被聘为南洋女中的高中部主任。他曾受李春鸣聘请，参与创办了中华中学高中部。徐天从于1947年携全家回国，1984年病逝。②孙瘦梧毕业于南通师范学校，1925年应友人邀请赴南洋从事华侨教育，后在印度尼西亚辗转多地任教。1957年应李春鸣之聘，在华中担任语文老师。1960年因印度尼西亚排华回国，被分配到集美侨校任教，1990年病逝于厦门。③

图1-3 雅加达中华中学的创始人合影

从左向右依次是李善基、张祖砚、麦燽煊、张国基、李春鸣、陈章基。图片来源：李春鸣、陈章基主编：《印尼雅加达中华中学画史 1939—1966》，印度尼西亚雅加达中华中学教师联谊会，第17页。

此外，王宓文、刘宏谟等也是当时东南亚华侨知识分子的代表。泰州籍著名学者王赓武的父亲王宓文既是华侨教育家，又是马来西亚当地政府华文教育官员。王赓武先生称其父一生"献身新马华校教育这个光荣的事业"。④ 来自徐州的刘宏谟在印度尼西亚从事华侨教育工作40年，曾担任雅加达中华教师公会和华侨教育学会主席，晚年致力于汉字改革和汉语语法研究，著有《刘氏语通》。⑤祖籍无锡的许云樵，在苏州东吴大学肄业，1931年赴新加坡从事华文教育，后在马来半岛柔佛州的新山宽柔学校担任教务主任。他参与创办了中国南洋学会，任会刊《南洋学报》主编长达18年，这是海外最早成立的研究东南亚的学术

---

① 李竹君：《我的父亲李善基》，《印尼椰嘉达中华中学创办五十五周年纪念特刊一九三九·一九九四》，印尼椰嘉达中华中学旅港校友会出版，1994年，第26页。

② 徐潘学静：《九十年的回忆》，上海：上海书店出版社，2012年，第311-315页。

③ 梁俊祥：《忆心素如简，人淡如菊的孙守吾（瘦梧）老师》，《华中春秋中华中学创立75周年校友专辑》，印度尼西亚雅加达中华中学校友会出版，2014年，第50页。

④ 王赓武：《王宓文纪念集》，八方文化企业公司，2002年，文前。

⑤ 范德忠：《〈刘氏语通〉研究》，南京师范大学硕士学位论文，2009年。

团体。他本人还曾任英国皇家亚洲学会马来亚分会副会长及中国学会副会长。①江阴人吴研因（1886—1975），曾任江苏省立第一师范学校教员。他为小学生编印教材，开小学使用白话文教科书之先河。他所编的《新法教科书》（1920）和《新学制教科书》（1923）等多种小学课本和教员用书广为使用，后也影响到海外华侨教育。他在20世纪20年代任菲律宾华侨中学教员兼教导主任，《公理报》总编辑。1941年他以华侨教育专员名义派往菲律宾考察。②汪同尘是江苏东台人，曾任国立暨南学校、河海工程学校、南京第一中学等校国文和英文讲席。他于1919年赴印度尼西亚，任爪哇泗水中华学校校长。1928年受大学院院长蔡元培之聘，任华侨教育委员会委员，著有《南洋华侨与教育》一书。③

留学移民既有中央或地方政府、学校组织的官派留学，也有自费或通过勤工俭学形式留学海外者。苏州人王韬曾在牛津大学等名校游学，"首开近代江苏知识分子留学先河"。④

官派公费留学和庚款留学生中，江苏籍人数较多。晚清留美幼童120人中，广东人最多，江苏人次之，为21人。除2名（王仁彬、康赓龄）早逝外，大多在中途肄业归国后成长为国家栋梁，从事外交（钱文魁、张祥和）、铁路（陆锡贵、沈嘉树、周传谏）、电信（朱锡绶、朱尚周、周万鹏、陆德彰、吴焕荣）、政府官员（祁祖彝、朱宝奎）、军医（曹茂祥、周传谔、朱汝淦、金大廷）、律师（曹吉福）、工商业（宦维城）、军官（沈寿昌）等。1908年，在美国倡议下，庚子赔款被充作中国留学生经费。1909年首批47名庚款留学生中，江苏籍21名；1910年的70人中，江苏籍29名；1911年的63人中江苏籍15名。此三批赴美庚款留学生共计180人，江苏籍人数超过三分之一。此外，自1912年至1929年，作为庚款留学预备学校的清华大学也不断向美国选派留学生，其间共计选派1089人留学美国，其中江苏籍学子209人。⑤庚款留学生主要学习土木、化工、采矿、机械、

---

① 于锦恩：《论民国时期江苏籍人士对东南亚华文教育的重要贡献》，《江苏师范大学学报》2012年第4期。

② 于锦恩：《论民国时期江苏籍人士对东南亚华文教育的重要贡献》，《江苏师范大学学报》2012年第4期。

③ 于锦恩：《论民国时期江苏籍人士对东南亚华文教育的重要贡献》，《江苏师范大学学报》2012年第4期。

④ 江苏省地方志编纂委员会：《江苏省志·侨务志》，南京：江苏人民出版社，2007年，第5页。

⑤ 姜新、小雨：《江苏留学史稿》，长春：吉林人民出版社，2006年，第26-30页。

铁路工程等实用专业，许多归国学子成为我国近代工业、科技、教育等行业的开拓者和奠基人。

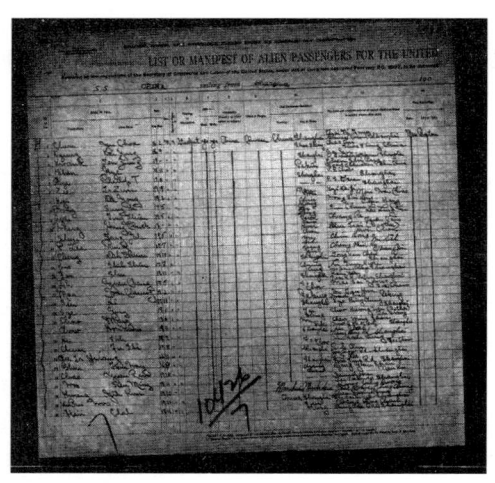

图1-4　1910年第二批庚子赔款留学生赴美登船名单（部分）（该批留学生共70人，其中江苏籍学生29人）

资料来源：韦季刚：《美国国家档案馆藏前三批庚款留美学生入境美国资料》，清华大学校史馆网站，2021年12月1日。

除了清廷选送，江苏地方也选送多批学生赴海外留学。1902年9月，光绪皇帝谕令："各督抚选择明通端正之学生，筹给经费，派往西洋各国。"① 1905年，江苏巡抚陆元鼎在苏州设立游（留）学预备科选派留学生赴欧美，当年就有6名公费生赴英国留学。1907年，江苏省在南京和苏州组织考试，选出23名公费生，其中赴美留学的14人中还有3名女生。② 3名女留学生进入美国威斯里安女子学院深造，"开女性公费留学的先例"。③ 江苏地方官派留学生中，代表人物是中国近代高等教育事业的奠基人之一胡敦复，他在回国后被任命为清华学堂第一任教务长，后参与创建民国首所私立大学——大同大学，并任校长。④

此外，一些留学生受到学校和教会资助出国。1899年，南洋公学派遣6名学生赴日，在日华学堂学习，其中来自无锡的杨荫杭、娄县（今上海松江）的雷奋、吴县的杨廷栋和太仓的胡礽泰4人为江苏人。1903年，两江总督张之洞选派江南水师学堂毕业生8人赴英国学习海战；陆师学堂毕业生8人赴德国学习陆战。⑤ 1904年江南水师学堂又派出6人赴英国学习管轮、驾驶；1905年高等实业学

---

① 舒新城编：《近代中国留学史》，上海：上海文化出版社，1989年，第35页。
② 姜新、小雨：《江苏留学史稿》，长春：吉林人民出版社，2006年，第39页。
③ 江苏省地方志编纂委员会：《江苏省志·侨务志》，南京：江苏人民出版社，2007年，第33页。
④ 姜新、小雨：《江苏留学史稿》，长春：吉林人民出版社，2006年，第40-41页。
⑤ 卫道治：《中外教育交流史》，长沙：湖南教育出版社，1998年，第279页。

堂派出10人赴英国学习工商等。1918年10月，教育部决定每年从大学和专门学校中选派优秀教师留学欧美，江苏籍人士较多，如北京女子高等师范选送的杨荫榆、南京高等师范选送的卢颂恩等教师。受教会资助的代表是颜永京牧师，他于1854年被教会保送到美国，进入俄亥俄州凯尼恩学院学习。回国后，在上海从事教会和教育工作。在其子颜惠庆的自传中，还提到其父辈和同辈多人在教会资助下留学美国。①

在近现代江苏海外留学生中，自费生比例远大于公费生。以留日学生为例，1901年，江苏自费生占全部留日学生的63.6%。②除大批富家官宦子弟获家族支持赴美、日、欧的众多留学生外，赴法、英等国勤工俭学者亦有不少江苏籍学子。根据《申报》1922年6月20日报道："江苏省留法勤工俭学之据调查报列者，计有73人。"另有学者估算为90人。③其中的代表人物是周恩来（淮安人）。江苏留学生主要流向美、日、欧三地。据不完全统计，仅1901—1904年江苏留日学生达到499人，至民国初期（1920年以前）江苏留日总人数在1500人左右。④另一项统计显示，1854—1953年，江苏留学美国人数约为3000人，位列全国第一。⑤

三、近现代江苏海外移民的特征

作为近代以来最先开放的地区之一，同时也是近现代中国最重要的政治、经济和文化中心，江苏拥有与海外交往得天独厚的优势。正因如此，江苏成为近现代中国海外移民流出较多的地区。但相对于广东和福建等地区，江苏海外移民又呈现出鲜明的区域特色。

首先，从移民规模来看，相对于闽、粤等地，同是人口压力大且较早对外开放的沿海地区，江苏海外移民规模相对较小。在地理位置上，江苏与广东、福建等东南沿海省份拥有相似的海外移民便利条件。在对外开放方面，江苏与广东、福建同是最早一批对外开放的地区，与日本、东南亚、欧美各国的交往都很频繁。从移民的"推力"来说，江苏的人口压力与广东、福建等地区相比有过

---

① 颜惠庆：《颜惠庆自传：一位民国元老的历史记忆》，北京：商务印书馆，2003年，第6页。
② 姜新、小雨：《江苏留学史稿》，长春：吉林人民出版社，2006年，第92页。
③ 张允侯：《留法勤工俭学运动》，上海：上海人民出版社，1986年，第431-436页。
④ 李波：《清末民初江苏留日学生与江苏近代化研究》，扬州大学硕士学位论文，2015年，第16页。
⑤ 姜新、小雨：《江苏留学史稿》，长春：吉林人民出版社，2006年，第94、63页。

之而不及。早在中国刚刚步入近代之初的 1840—1850 年，江苏已经拥有 4348 万人，人口密度位列全国第一（440.2 人/平方公里）。① 因此，在条件较为相似的情况下，江苏海外移民规模相对较小的事实成为显著的区域特征。究其原因，大体包括以下两方面。其一，相对于闽粤两地人民的冒险精神和迁移特质，"江苏民性主要在于温和谨慎、敏于习文、士乐名教、尊礼重安"。这种民性特点使江苏人虽不故步自封，但并不乐于外迁冒险。其二，江苏自古就是繁荣富庶之地，无论是农耕文明还是工商业文明都十分发达，这也使江苏人通常满足于在家乡谋发展，即便是人口压力较大，也能在很大程度上被内部吸收化解。正如有学者指出的，在农耕经济中，"江苏以其多样化的经济生产方式，有更大空间吸纳传统农业剩余人口的压力"。加之江苏近代城市和近代工业的兴起等因素的综合作用，"使得中国人口压力最大的江苏省没有出现沿海其他省份如广东'下南洋'、山东'闯关东'的移民风潮，而是在本地吸纳了大量剩余人口，为近代化提供了所需的大量劳动力"。②

其次，从移民类型来看，相对于闽、粤以劳工型移民为主的移民特点，江苏移民类型多样，且知识型和技艺型移民占比较高。江苏自古就是教育和文化高地，"重视教育的价值取向"是江苏民性的重要组成部分，"崇文是江苏民性的精髓和灵魂"。③ 正是这种文化上的传统优势造就了知识型移民在江苏海外移民中的重要地位。这一重要地位具体表现在两个方面。其一，留学生在海外移民中占比较大。自 1872 年晚清政府选派留学生起，在近代海外留学移民中始终居于前列。辛亥革命后，江苏省还制定实施了《江苏省省费派遣留学欧美日本学生规程》。据统计，1912—1931 年，除全国统派公费生外，江苏省以省费派出的留学生达 1462 人。④ 此外，由于江苏经济发达，民间重视教育，自费留学人数较之公费更多。其二，能体现江苏移民文化型特征的是赴海外从事教育和文化工作的知识分子移民。以民国二十四年（1935）国民政府侨务委员会选派出国执教的华侨教师为例，江苏籍占到 1/5，居于首

---

① 葛剑雄：《中国人口发展史》，福州：福建人民出版社，1991 年，第 357 页。
② 姚远：《清末民初广东、江苏海外移民比较研究——以华侨省籍分布差异成因为主的分析》，《华侨华人历史研究》2014 年第 4 期。
③ 张乃格：《江苏民性研究》，南京：江苏人民出版社，2004 年，第 6、12 页。
④ 江苏省地方志编纂委员会：《江苏省志·侨务志》，南京：江苏人民出版社，2007 年，第 33 页。

位。据另一份调查显示，仅宜兴县在20世纪上半叶赴东南亚从事华文教育或新闻文化工作的知识分子就达200多人。①此外值得一提的是，即便是前往海外从事社会底层工作的移民中，拥有一技之长的移民占比也较之其他地区更高，这集中体现在以掌握"三把刀"手艺在海外谋生的民间移民群体。尽管他们大多从事服务行业，且多处于社会中下层，但在整体上的经济地位远高于纯体力型的劳工移民。

最后，江苏海外移民在近现代中国的政治、文化和经济发展中参与度更高。留学生和流亡海外的知识分子作为江苏海外移民中占比相对较高的群体，他们都怀有救国、强国的理想，这与普通劳工型移民前往海外谋生的目的存在较大差异。特别是对于留学生来讲，他们出国留学或以官派，或以家族支持，无论身处何地，都负有家国之重任。因此，大多留学生归国后致力于科技、教育、军事和实业，成长为国家的栋梁。

总的来说，江苏近现代海外移民类型多样，既有传统的劳工型和职业型移民，也有能够凸显江苏地域文化特色的各类知识型移民，这些移民群体构成近代中国海外移民浪潮中的重要分支。同时，江苏海外移民，特别是知识型移民在归国后对江苏乃至全国的政治、经济和文化事业具有较高的参与度。这些特征既得益于江苏历史承袭下来的重视文化和教育的传统，也与江苏在近现代中国所处的政治、经济和文化中心地位存在密切关系。中华人民共和国成立后，特别是改革开放以来，江苏继续在经济、文化等领域保持优势，对外开放向纵深层次发展。如今，移民类型多样、知识型移民比重较高等仍是江苏海外移民的鲜明特征。江苏人重视文化传统，又不断进取的精神特质，与海外移民、回流的历史进程相伴而生，共同塑造了江苏在中外文化交流史中的重要地位。

第三节　当代江苏海外移民

第二次世界大战结束后，全世界面临一个新的转型时期。一方面，一系列遭遇战争创伤的国家百废待兴，对人才、资本和劳工的需求旺盛，同时，西方主要国家推行多元文化主义政策，鼓励移民。另一方面，战后包括中国在内的一系列亚非拉国家经历了民族独立与解放的革命浪潮，躲避战乱、政治避难及资

---

① 江苏省地方志编纂委员会：《江苏省志·侨务志》，南京：江苏人民出版社，2007年，第6页。

本转移的需求较高。在这样的世界和国内大势下,中国的海外移民迎来又一次高潮。江苏是旧中国的经济和文化中心之一,以部分民族资本家"携资去国"为代表,也出现了一次移民的小高潮。改革开放后,留学移民、劳工移民、投资移民、非法(偷渡)移民及以各种途径前往海外的新华商群体构成又一波移民浪潮。江苏虽非"传统侨乡",但随着近些年海外移民的持续快速增长,江苏籍华侨华人遍布世界,江苏已成为在海外华侨华人中具有重要影响力的"新侨乡"。

一、改革开放前江苏海外移民的概况

江苏是国民党政权的政治、经济和文化中心之一,虽然解放战争顺利推进,但部分江苏的民族资本家"携资去国",一些政治上的顽固守旧派远走异国或前往海外,这是江苏海外移民的一次小高潮。新中国成立后,百废待兴,海外有识之士积极响应祖国号召,大批华侨青年及专家、学者回国投身社会主义建设,加之东南亚一些地区出现了"排华"事件,较多归侨被安置在江苏各地工作和定居。

其一,解放战争时期江苏部分民族资本家、知识分子等前往海外较多。江苏是民国时期的政治和经济中心。无锡更是当时全国六大主要工业城市之一,总产值排名第三位,工人数居第二位。①随着国民党政权的节节败退,部分江苏民族资本家携带资本和机器设备前往港台、海外建厂,如荣氏家族的荣鸿元和荣研仁、唐氏家族的唐星海等。这些原籍江苏的民族资本家及其后裔在中国香港、台湾地区和美国、巴西等地继续从事工商业。以唐氏家族在香港分支为例,唐星海、唐骥千父子在香港经营纺织业,其市场扩展至东南亚和欧美各地。

其二,部分留学欧美的江苏籍华侨华人在海外取得较为瞩目的成绩。江苏海外移民中接受过高等教育者的比重较多,留学移民占有重要地位。抗战胜利后,更多的留学生前往欧美深造,毕业后从事科技、教育和工商业活动,取得了较多成就。美籍物理学家王安(原籍江苏昆山市),1948年获哈佛大学应用物理学博士学位,应聘在该校电脑实验室工作。1950年,成功地发明了当时电脑发展中的关键部件磁芯记忆体,并于次年以仅有的600美元积蓄为资本,创办了王安实验室。1955年,以上述发明专利

---

① 严克勤、汤可可等:《无锡近代企业和企业家研究》,哈尔滨:黑龙江人民出版社,2003年,第5页。

权转让获得 50 万美元，成立王安电脑有限公司，开始电脑开发生产。在其后的 20 多年中，该公司以 40% 以上的年增长率迅猛发展，成为全美电脑公司十强之一，鼎盛时期拥有科技人员和职工 24000 多人，在全世界 103 个国家和地区设有 500 多处分支机构，名列财经杂志《福布斯》1983 年发布的美国十大富豪之一，被称为"世界电脑巨人"。①

其三，中华人民共和国成立后来到江苏工作和定居的归侨构成江苏华侨华人史上的重要篇章。中华人民共和国的成立是近代以来中国屈辱历史的终结，中国人民从此站起来了。一些原籍江苏，后通过留学等途径侨居欧美等国的专家、学者响应国家号召，毅然放弃在海外优厚待遇，回国投身社会主义建设事业，为经历长期战乱而百废待兴的祖国作出了巨大贡献。同时，一些爱国侨胞还将自己的子女送回国接受教育，加入社会主义大家庭。此外，由于意识形态和政局变动等多方面的原因，东南亚一些国家和地区出现了较为严重的"排华"事件。大量侨胞回到祖国避难和定居。江苏拥有较好的工业基础和农业资源，有相当一部分归侨被安置在江苏定居和工作。在 1949 年至 1958 年的 9 年间，从世界各地到江苏定居的归侨共计 226 人。

除此之外，1953 年至 1956 年的 3 年时间内，江苏根据国家要求，分三批接收来自日本的归侨 110 户、341 人。同时，接收来自东南亚地区的华侨青年进入江苏几十所中等学校及大专院校就读，据统计，1958 年，江苏省在校华侨学生达 2400 多人（其中 100 多人是大专院校学生）。② 根据相关记录，新中国成立至改革开放前，江苏境内的归侨人口及其分布状况如下图所示。

此外，随着 20 世纪 60 年代世情国情的变化，造成新的移民局面，一些有海外关系者通过各种途径移民海外，构成这一特殊时期的移民潮。1973 年江苏旅居他国的华侨华人计 2.7 万余人，旅居港澳台地区 11.8 万余人。③

---

① 江苏省地方志编纂委员会：《江苏省志·侨务志》，南京：江苏人民出版社，2007 年，第 43 页。
② 江苏省地方志编纂委员会：《江苏省志·侨务志》，南京：江苏人民出版社，2007 年，第 92 页。
③ 江苏省地方志编纂委员会：《江苏省志·侨务志》，南京：江苏人民出版社，2007 年，第 40 页。

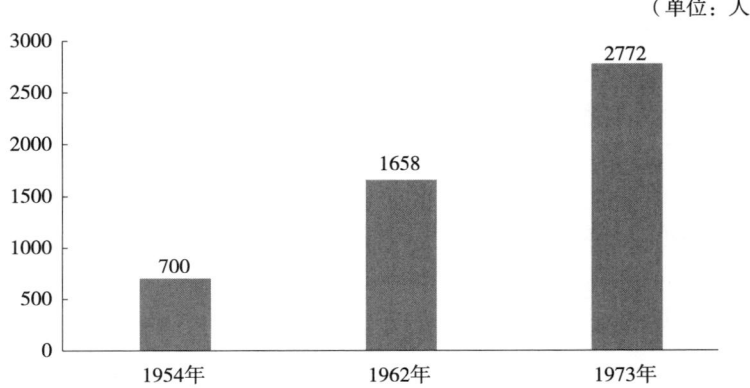

图 1-5 中华人民共和国成立至改革开放前江苏境内归侨人口统计

资料来源：江苏省地方志编纂委员会：《江苏省志·侨务志》，南京：江苏人民出版社，2007年，第40页。

二、改革开放后江苏海外移民的壮大

改革开放后，大批江苏人走出国门，遍布世界各地，既有传统的劳工移民和前往海外从事贸易的连锁移民，也有留学移民、技术移民、投资移民等，后几种移民在海外大多从事科学、教育、文化、工商业活动等。由于江苏传统的重文重教传统，改革开放打开国门后，留学迅速成为江苏人移民出国的重要方式。国家和江苏省政府也加大了留学支持的力度。1987年全省定居海外或境外的华侨华人数量已攀升至203432人。①

与此同时，新华商群体在改革开放的大潮中悄然兴起。江苏海外华商大体分为三种类型。一是在体制内从事中外贸易，后下海移民到海外继续从事相关行业，行业类型集中在国际服装贸易、旅游业、中餐业等。二是留学出国后移民当地创业，从事高科技、教育等。三是通过亲朋好友引荐到海外从底层做起，创业发展，多从事国际贸易、经营中国商品城等。

---

① 江苏省地方志编纂委员会：《江苏省志·侨务志》，南京：江苏人民出版社，2007年，第41页。

上述第三类新华商是人数最多且最有特色的一类。他们大多出身经济欠发达的农村地区或城市郊区，在改革开放的背景下，一批有着发财致富理想的人率先出国冒险。20世纪80—90年代，苏联解体及一些亚非拉发展中国家面临政治和经济转型，这些都给出国冒险的江苏人带来巨大商机。南通林西村的郁家兄弟最先在罗马尼亚从事服装、玩具等的经营，后来通过"连—帮—带"的形式陆续引来亲朋好友从事相关经营。林西村也成为远近闻名的"华侨村"。随着经营范围的扩大和人数的增多，他们的经营范围转向非洲、拉美等地，形成颇具特色的"南通模式"。

留学移民、投资移民、劳工移民和商业移民等各种类型移民的增长使江苏成为新时期具有特色的"新侨乡"。目前，世界范围内约有100万原籍江苏的华侨华人，同时国内各类型侨眷也有约100万人，二者总量已达200万人左右。① 根据调研数据，当前南京籍海外华侨华人数量约30万人②；苏州约10万人；无锡约6万人；常州约6万人；南通约10万人；扬州约10万人；镇江约6万人；泰州约6万人；淮安约6万人；徐州约5万人；连云港约1.5万人；盐城约2万人；宿迁约1万人。③ 随着江苏海外华侨华人及回流侨胞数量的持续增长，江苏侨务工作服务体系及海外侨胞与江苏合作交流平台与机制不断完善，海外侨胞与江苏的经济、社会和文化各方面的联系逐渐增强，侨胞对江苏的情感认同与亲缘沟通推动江苏成为新时期具有特色的"新侨乡"。

---

① 民宗委：《江苏人大侨务立法工作情况介绍》，2017年3月。

② 据2010年不完全统计，南京籍海外华侨华人已有20多万人，分布在世界60多个国家和地区。参见《南京日报》：《南京华侨华人与归侨侨眷超20万 权益保障牵侨心》，2010年9月29日。

③ 相关数据乃由江苏师范大学华侨华人研究中心所承担的中国侨联重点课题《江苏华侨华人史》进行省内各地调研所得。

第二章　江苏海外华侨华人社团发展与社会融入

中国人远赴重洋来到海外，人生地不熟，向来有抱团取暖的传统，借助血缘、业缘、地缘的便利结成紧密的团体，这是海外华侨华人社团产生的最重要的原因。随着华侨频繁的跨国流动和华人的"落地生根"，海外华侨华人社团不断演进，曲折发展。江苏海外华侨华人在社团建设上具有鲜明特色，早期以"三江"群体的形态存在，秉持团结开放的"大三江"精神，三江华侨建立了牢固的组织认同，在全球范围内广泛建立了三江侨团组织。后以"江苏"命名的侨团纷纷建立，商业性社团不断涌现，继而形成了新老并存、遍布全球的新型江苏海外华侨华人社团网络。

江苏海外华侨华人积极融入住在国社会，其表现主要为直接在住在国政府机构中担任职务或者从事社区社会服务工作。同时，江苏海外华侨华人在中外交流中也扮演着重要角色，作为桥梁纽带推动着中外合作交往的不断深入发展。

第一节　江苏海外华侨华人社团的历史演进

华侨华人社团是指移居国外的中国人或者华裔组成的民间性社会团体,既包括人们通常理解的同乡会、校友会、宗亲会、联谊会等以互助联谊为主要目的的群众性组织,也包括各种总会、总商会、行业性协会等非营利的跨区域性组织。① 根据此定义,结合江苏海外华侨华人的实际情况,近代以前,并不存在真正意义上的江苏海外华侨华人社团。江苏人流寓海外具有偶发性和个体性,在漫长的封建社会,仅有为数不多的江苏侨民寓居海外的例子,并且这种移居多是单线程的,并没有多少人再回到国内。明清之后,封建王朝厉行闭关锁国政策,沿海江苏商人的个人冒险行动日渐增多,而商人个体具有往返的特征,时间间隔较短,中外交流开始频繁起来。

近代以来,跨国经营的江苏商人增多,商业经营促使赴外江苏侨民加强相互沟通和成立侨团。不仅如此,侨团成员的来源地也在不断扩展,赴外江苏侨民与相邻各省——安徽、浙江、江西共同成立"三江侨团",后囊括了除闽、粤、桂以外的所有赴外侨民,组成以长江、黄河、黑龙江为标志的"新三江",这些侨团首先在日本成立,继之在东南亚地区和美洲地区开花结果,并逐步扩散到全球各地,形成长盛不衰的"大三江"精神,这是江苏侨民在海外华侨华人社团建设上的一大贡献。

进入现代以后,江苏侨团更加注重地域联合,在"会馆""总会"基础上与兄弟社团保持着融洽的关系。同时在改革开放之后,江苏侨民自身实力大大增强,以"江苏"为单位的侨团纷纷建立起来,更加注重与祖(籍)国的联系。

21世纪以来,各领域各类型的江苏海外华侨华人专业性社团大量涌现,而其中又以商业性社团尤为突出,社团之间也出现了显著的联合趋势,江苏侨民的贡献越来越大,江苏侨团进入了转型发展的新时代。

一、近代江苏海外华侨华人社团的发轫

中国人大规模移民海外是从鸦片战争以后开始的,这是因为在此以后,国内外环境和条件发生了很大变化,主要

---

① 赵红英、张春旺、巫秋玉:《华侨史概要》,北京:中国华侨出版社,2015年,第412页。

是受到了几种力量的驱动。首先是康雍时期"盛世滋生人丁永不加赋""摊丁入亩"等农业政策的变化导致人口的激增和农地矛盾加剧。其次,中国开始直面西方工业经济竞争,男耕女织的传统家庭经济破产,形成庞大的"下南洋"等出国大潮。最后,是海外"拉力"的牵引。英国、荷兰等西方殖民者在我国周边占有了广阔的殖民地,对劳动力的需求量非常大,出于开发的需要大量招募华工。为吸引华工,他们先后推出一系列优惠政策,这些政策对于丧失土地、流离失所的下层百姓来说,具有强大的吸引力。

虽然由于东南沿海地区地理位置便利,这一时期出国者多为闽粤两省人,但江苏人也占有一席之地,因为当时江苏境内的上海是招募、贩运华工出国的主要口岸之一,也是对外贸易的重要周转港口。据记载,1866 年在上海开设元记商号的张尊三于 1870 年前后赴日本函馆经商,主要从事海产、杂货的进出口贸易,后来发展成为著名日本华侨。① 其后,还有一批著名商人赴日本从事海产、纺织等进出口贸易,如大阪华侨吴锦堂、长崎华侨毛纪等。这一时期,日本华商势力庞大,逐步形成了日本江苏侨团的群众基础。

（一）"三江华侨"群体的形成

早期的江苏海外华侨华人社团是以"三江"的形态存在的。"三江人"群体的形成是江苏乃至近代中国华侨史上的独特现象。所谓"三江人"的概念也经过了一个曲折的演变扩充过程。最初"三江"泛指长江下游一带的入海各省,如江苏、浙江、安徽、江西等,"三江人"主要是指来自上海、苏州、镇江、常熟、温州、无锡、杭州、宁波等地的华侨,也就是口操吴语的群体。

而后随着"三江"范围的扩大,"三江人"的构成与概念也随之改变。由于"闽、粤、桂三省的河流,诸如闽江、晋江、九龙江、赣江、珠江均流入东南海,与长江、黄河并无牵连"②,因此闽、粤、桂三省之外往往被称为"外江",三江也因此逐步成为与"内江"并称的"外江"的同义词,有时候"三江人"也被称为"外江人"。马来西亚著名教育家,霹雳州三江公会创办人之一的伍念慈先生认为,"所谓'三江'一词,在南洋而言,实尽括福建、两广（及海南）以外的中

---

① 《上海侨务志》编撰委员会：《上海侨务志》，上海：上海社会科学院出版社，2001 年，第 55 页。
② 新加坡三江会馆：《三江百年文化史》，新加坡：三江会馆，2001 年，第 118 页。

国全部范围"①。闽、粤、桂三省以外的出国华侨也渐渐有了"三江华侨"的认同感,或被称为"三江帮"。

（二）三江侨团的产生

1. 日本三江侨团的建立及其早期活动

在日本"三江华侨"形成于17世纪,在日本江户时期（1603—1868）后半期几乎独占长崎贸易,这是因为长崎地区是旅日华侨的集散地,也是当时日本唯一对外开放的港口。日本的"三江华侨"历届理事长大多由经济上有一定实力、与日本政界关系密切、在社会上颇具影响的江、浙籍人士担任。由于联络需要,在日本三江华侨群体中出现了"唐通事"一职,1604年,三江帮头人冯六首任长崎唐通事。关于唐通事的设置,有学者指出："早期'唐人社会'逐渐完善自治的过程中,幕府出于贸易的需要和对中国情势了解的渴望,加之唐人的逐年增多,唐人构成的复杂多样,使'唐人社会'的内部矛盾也不断加深,争论吵架、打架斗殴情况屡见不鲜,长崎奉行开始设专门职役令唐人自治——唐通事以及分掌这一事务的唐年行司。"② 唐通事作为地方官员,设有大通事、小通事、稽古通事等几个等级,大通事、小通事的定额人数分别是5人,稽古通事没有限定,一般为12~30人。③来日的"三江华侨"首先接触的是"唐通事","唐通事"就成为华侨与日本行政机构联系的不可或缺的中间媒介。虽然"唐通事"为日本政府任命,但在血缘情感上皆与华侨亲近,因此很多情况下代表华侨华人的利益。

1623年,三江帮江西富商欧阳云台率先将自己的别墅捐建为兴福寺,以为该帮华侨归依之所。到19世纪中期,三江帮遍布于函馆、横滨、神户、大阪等日本各开港口岸,凡山东、河北等地华侨也均隶属于该帮。组织形式也发展为公所、会馆形式。1868年,三江帮华侨在兴福寺创设"三江祠堂",其目的是用以安放神位或寄管去世同乡的灵柩、遗骨。华侨向来有"落叶归根"的习惯,海外祠堂起初起到临时安放骨骸的作用,三江华侨于每年春秋两次举行祭祀活动。集中墓地的出现为三江华侨加强联络、定期聚集提供了条件,对正式的华侨华人社

---

① 见霹雳州三江公会网站。
② 吕品晶:《从"唐人屋敷"到"中华街":十七到十九世纪在日中国人聚居区沿革》,长春:东北师范大学博士学位论文,2018年,第43页。
③ 刘小珊:《活跃在中日交通史上的使者——明清时代的唐通事研究》,《江西社会科学》2004年第8期,第170页。

团的成立起到助推作用。日本政府也希望日益壮大起来的华人群体组织化，以便管理。以神户为例，日本兵库县在1871年就命神户华商以"神户中华商社"的名义向中国国内捐助救济饥荒。1878年在三江祠堂的基础上建立和衷堂三江会所，会所逐渐扩大了功能，成为三江华侨联谊、集会的重要场所，渐渐演变成"公所"。据蒋海波考证，"三江公所"的名字最早出现于1883年，其主要工作依然是往上海方面回送灵柩，并且这一事业得到了上海的安徽商人团体徽宁思恭堂、宁波帮团体四明公所等国内三江帮各团体的协助。①

1909年4月1日，三江公所向兵库县知事提交成立社团法人的申请书，该申请书于1912年4月24日获得批准，三江公所定名为正式名称"三江商业会"。当时的申请书写道：滞留神户市之清国浙江省、江苏省、江西省出身的商人相聚，设立三江公所，以寄附金经营商业会议所，救济同乡人，业已二十余年。当初设立时，上述三省人士寥寥无几。至今，赞同本会目的者亦渐次增多，会费寄附金既集。为使此等金钱有效处理，贯彻本会目的，使之永存，现据日本民法之规定，该会作为社团法人，制定了定款，选举理事及监事，使之若在严格规定下管理。② 可见，当时的三江商业会虽然名称为商业会，但实际承担着很大一部分同乡联谊的功能，这与"三江"的地域联系密切相关。

由于清朝在国籍法律方面的滞后，"三江公所"的华侨在清末民初面临一些难解的困境。首先，在日三江华侨以跨国商业活动为主，为寻求商品的安全和商道的畅通，加入日籍，假借"外国人"身份实属无奈之举。实际上，在日华侨与日本女子通婚的现象也时有发生，籍贯只是一个法律身份的转换，不可能改变其在华侨社团中的地位和影响。其次，日本对在日外国人政策发生了转变。1899年7月，日本通过修改与欧美列强的不平等条约，收回了外国人居留地和领事裁判权。1900年4月日本正式实施《国籍法》，其中提到了"归化"外国人的措施。如年满二十岁、连续居住在日本五年以上，无违法犯罪记录，有独立谋生能力或资产，无国籍或因取得日本国籍

---

① 蒋海波：《旅日华商团体的早期历史及其法律地位——以神户三江商业会为例的考察》，《华侨华人历史研究》2007年第4期，第44页。

② 鸿山俊雄：《神户大阪的华侨》，华侨问题研究所，1979年，第139页。转引自蒋海波：《旅日华商团体的早期历史及其法律地位——以神户三江商业会为例的考察》，《华侨华人历史研究》2007年第4期，第44页。

后丧失本国国籍者等。另外，还规定可以通过婚姻转换成日本国籍。① 再次，贸易纠纷促进了华侨团体的法人化。虽然很多纠纷并不关涉三江华商，但由于华侨一体，任何涉及华侨华人的纠纷事件都可能影响到三江华商，这促进了三江华商通过合法渠道确立合法身份的方式维护自身信誉和利益。最后，中国国内政局的剧变。辛亥革命前，清朝与日本订有《中日修好条规》，但是在纠纷处理和领事裁判等问题上规定并不细致，中华民国成立后，短时间内并没有得到国际社会的承认，各类规章制度还处于过渡转换之中。此时，深耕海外的华侨华人社团就起到了重要的支撑作用，因此在清末民初时期，包括三江会所在内的海外华侨华人社团都出现了一次制度上的改革。

2. 东南亚三江侨团的建立

"三江华侨"在东南亚的活动主要在马来西亚、新加坡和泰国。马来西亚的三江公会组织主要是槟城三江公会（成立于1897年）、霹雳三江公会（成立于1940年）、吉隆坡暨雪兰莪三江公会（成立于1947年）、砂拉越三江公会（成立于1966年）和沙巴三江公会（成立于1967年）。1977年11月成立的马来西亚三江总会成为马来西亚七大华侨乡团协调委员会之一。② 在吉隆坡茨厂街，三江人多开设书店，如世界书局、上海书局、商务书局、文化供应社、开明书局等。从事教育的有江苏人、坤成中学校长沙渊如等。

槟城三江公会的历史，迄今已经超过百年，1897年，黄南岗等人在槟榔屿创办三江公所，并置地设立公冢。据槟城三江公会官网显示，江苏华侨在公会中发挥着引领带头作用。19世纪初，在马来亚由会馆创办的私塾改为推动新文化教育的学堂后，来自江苏的知识分子受到会馆负责人的欢迎。在20世纪二三十年代，全马各地的华文中小学校，江苏籍华侨多担任校长等职。1938年槟城三江公所获准注册，后因战事停办会务。1946年重办槟城三江公会，并于1950年向社团注册局注册，延续至今。

---

① 蒋海波：《旅日华商团体的早期历史及其法律地位——以神户三江商业会为例的考察》，《华侨华人历史研究》2007年第4期。

② 其余六大乡团是福建社团联合会、客家公会联合会、潮州公会联合会、广东会馆联合会、海南会馆联合会和广西总会。

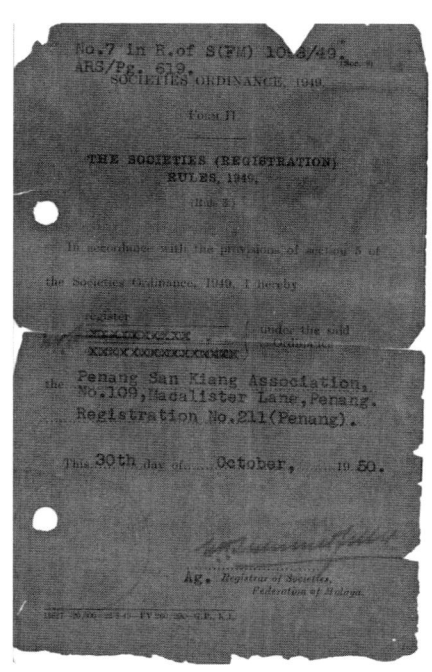

**图 2-1　1950 年 10 月 30 日马来西亚槟城
三江公会会馆注册资料**

资料来源：马来西亚槟城三江公会官网。

新加坡三江会馆起源于 1898 年。新加坡三江同乡于惹兰里茂设置三江公墓，1906 年，潘云卿、曹裕昌等人联合发起组织三江公所，所址位于惹兰安拔士，1908 年，正式获准注册。1927 年，新加坡三江公所改名为三江会馆，成员扩大到所有外江人；会所设址在卡佩芝路 2 号，并发起成立三江公学校。日占时期，会务全面停止。1945 年，新加坡三江会馆复办；翌年，新会所设置于圣多马径 23 号，同时复办学校。

泰国是"三江华侨"的重要目的地，其最重要的三江华侨社团组织就是泰国江浙会馆。泰国江浙会馆创建于 1923 年。根据泰国江浙会馆提供的资料，江浙人旅居泰国的历史基本上可分为两个阶段：二战前及二战后。第一阶段的衍生进程可追溯至一个多世纪前的五世皇年代。泰国拉玛五世皇对中国江浙一带精湛的木业加工慕名已久，特下诏遣人赴当地招募身怀绝技的能工巧匠。这些来自江浙的木工师傅建造了著名的五世皇柚木行宫即威曼美库宫殿。在建筑业的带动下，木制家具的需求量也大量增长，来自江浙的乡亲也越来越多，缝纫、中医乃至古玩、钢琴修理等辅助产业应运而生。为了能够长期扶持三江华侨产业，江浙华侨先贤在越色局附近物色场地，成立了类似同乡会的组织，这种模式开创了同乡们巩固乡谊、加深情感之先河，也为日后成立正式侨团奠定了良好基础。①

当时在泰国除广东、福建、台湾、

---

① 据江苏省侨联提供《泰国江浙会馆发展简史》记录。

广西和较后成立的云南籍侨团会馆外，其他中国各省份在泰的侨胞为数甚少，而且没有建立组织。在陈振泰所编《泰国江浙会馆史略》中有这样一段话："为团结群众的力量来谋取社会福利慈善事业，且能联络彼此之友谊，故不以省份之派别观念，亦就都参加这个会馆为会员。因之，江浙会馆在本京各同乡组织中，成为一个不受区域限制，而拥有多省份会员的会馆。"① 因此，泰国江浙会馆延续了"三江华侨"开放包容的"大三江"精神。而为何以"江浙"命名，则是"江苏与浙江两省地区，则基于地灵人杰、人才辈出，且在历史上能显于仕途者不知若干。同时，在地理上接近我国首都和第一大都市之上海，故该两省人民，亦多就集中于沪市或各大商埠，经营出入口业或各种大企业之类"。② 这里提到了江浙的地理物产和人文优势，正是"江浙"获得诸省侨胞认可的原因。泰国江浙会馆会所设于泰京曼谷四丕耶花沙尼巷73号。1923年江浙华商王明福、沈章行、张福堂、沈纪堂、张宝元、张兴宝、苏庆和发起，于当年7月26日成立泰国江浙会馆。当时会馆大多成员均以木业为主，而当日为农历六月十三，正值木业祖师鲁班诞辰日（按中国传统，木业从业者尊鲁班为祖师），发起人张宝元是现任理事长张德仁先生之祖父。

3. 美洲的三江侨团

在美洲，规模最大的三江侨团是美东纽约三江慈善公所（简称"美东三江公所"）。美东三江公所原为1929年6月由旅美浙江、江苏、江西籍人士发起成立的，创立时有会员80余名，目前已发展到1000余名。公所有常设机构致力于慈善事业，对各慈善机构、社会教育和文化艺术团体均予捐助或作实质性协助，并设有"三江文教奖学基金"，从1966年起每年一次颁发给学业优异的三江子弟。

（三）三江侨团的早期特征

以江苏、浙江、安徽、江西四省为主的"三江华侨"虽然人数不多，影响力也无法与闽粤桂等传统侨乡相比，却独树一帜，为中国海外移民赋予了不一样的含义，是近代中国海外移民中特征最鲜明的群体之一。

首先，商贸合作是三江侨团建立的重要动因，塑造了其独特的精神面貌。商业贸易推动了"三江华侨"群体的形

---

① 泰国江浙会馆：《泰国江浙会馆成立六十七周年纪念特刊》，曼谷：泰国江浙会馆，1999年，第70页。

② 泰国江浙会馆：《泰国江浙会馆成立六十七周年纪念特刊》，曼谷：泰国江浙会馆，1999年，第70页。

成，商贸合作是凝聚"三江华侨"群体的重要力量，这与传统侨乡以血缘宗亲、地缘同乡为主要凝聚纽带的现象有显著区别。无论在日本、东南亚还是在欧美地区，"三江华侨"往往并不主要靠出卖劳动力为生，而是追逐商贸利益，或是有一技之长，展示了近代海外华侨不为人知的另一面，是海外华人商业网络的最初奠基者。

其次，开放包容的"大三江"精神是三江侨团的典型特征。"三江"概念的不断演变推动了三江侨团的精神塑造，刚开始限于江苏、安徽、浙江、江西四省合称，后由于除闽桂粤外其他各省也有不少人士出洋，因此三江的概念不断扩大，涵盖了长江、黄河、黑龙江等中国其他广大地区，"大三江"精神也在这种概念演化中逐渐成形。

其实"三江华侨"本身就是一个开放的概念，与传统以地缘为基础的华人社团不同，"三江华侨"组建的社团往往并不刻意强调地域性，而是相关性。早期由于与"上海"相关，"三江华侨"甚至以"上海人"代称，继之强调与长江流域相关的省份集合，再然后长江、黄河、黑龙江，凡与"江"相关，愿意融入"三江华侨"者皆可容纳。这种开放性是传统华侨群体和华侨社团所不具备的。值得注意的现象是，三江华侨相互扶持，与兄弟侨团密切合作，这使得"三江人"一直保持着良好的声誉，械斗、腐化现象较少。

最后，"三江华侨"具有极强的组织意识。"三江华侨"从一开始即体现出一种联系性，或称全球性。在全球各地，"三江人"始终可以组织起以"三江"或相同概念为名称的社团，即使人数不多，也以"三江"命名，体现了对"三江"一词的高度认同。另外，传统三江侨团在组织上一般较为独立，不接受同乡侨团以外势力的领导，也就是说侨团纯粹是一种民间组织，倾向于横向的帮扶联系而非纵向的官僚体系。组织上的独立性也为三江侨团的活动自由和世代延续提供了保障。

（四）江苏早期留学生社团

留学生是早期江苏侨民不可忽视的出国群体。据姜新教授统计，在四批120名留美幼童中，江苏有22人，占总数的18.3%，仅次于广东省。[①] 甲午中日战争之后，尤其是日俄战争后，中国掀起了一股留学日本的热潮，旅日江苏同乡会即在此背景下成立。1903年1月该会在

---

① 姜新、小雨：《江苏留学史稿（1840—1949）》，长春：吉林人民出版社，2006年，第3页。

东京成立，主持人为无锡人秦毓鎏，会员以留日学生为主，并在当年4月27日创办《江苏》杂志作为会刊，以"热爱家乡"为宗旨。

图2-2 旅日江苏同乡会会刊《江苏》创刊号
资料来源：《晚清、民国时期期刊全文数据库》。

民国以后，赴海外留学的江苏学子不断增多。留学是江苏人出国的主要途径之一。很多人在学业完成后继续留在住在国家应聘就业或组织家庭，成为卓有成就的专家学者或政商名人，部分人回国也是继续从事专业技术工作。这种留学出国方式的一个长期影响是江苏人个体在海外的生存能力很强，相互依赖性不是很高。

随着旅日江苏同胞的增加，一些行业商会也建立起来，如1923年成立的神户华侨皖江联盟会，是由江苏、安徽、浙江从事饮食行业的华侨组成的业缘社团，旨在加强侨胞间团结、增进友情，互助互济、共谋发展。1938年12月在东京成立的旅日东京华侨理发同业会，会员多数为江苏华侨，该会宗旨也是"联络乡谊、团结互助、共谋发展"。①

除自组社团外，也有江苏华侨积极加入海外既有侨团。如南京华兴村归侨李炳常、陈光龙、梁炳恩曾参加"南侨总会"，还参加了陈嘉庚先生组织的"南洋华侨筹赈祖国难民总会"，并加入"南侨机工回国服务团"，在滇缅公路上运送物资，为抗日战争作出了积极贡献。②

二、现代江苏海外华侨华人社团的壮大

第二次世界大战结束后，随着世界民族民主运动的发展，众多民主国家诞生，世界侨情发生了重大变化。新中国

---

① 谢成佳：《华侨华人百科全书·社团政党卷》，北京：中国华侨出版社，1999年，第447页、250页。
② 南京古雄社区提供：《百年华兴、百年风雨》（未出版），第5页。

成立后，我国不再承认双重国籍，很多华侨获得住在国国籍，进一步促进了海外华侨华人的内部联系。据统计，截至1987年，约有30万江苏华侨华人定居海外，区域分布更加广泛，侨团类型逐步丰富。

（一）传统三江侨团的继续发展

早年成立的新加坡三江会馆在二战结束后进入了快速发展期。1961年9月20日，新加坡三江会馆重新在政府注册。1974年，水铭漳、杨子本等人发起创立三江慈善诊疗所，为新加坡各族人民提供服务，只收取象征性挂号费。为解决老同乡的生计问题，1980年创立安乐院，为会馆会员提供免费住所和基本生活费。1982年，三江公墓被政府征用，遂筹建三江公祠。公祠建成后，每年春秋两季，三江同乡都会聚集前来祭拜祖先，大大加强了同乡间的凝聚力。1989年新加坡三江会馆筹资建设三江大厦，1999年落成，这是新加坡三江会馆发展史上的一个新的里程碑，成为三江人的骄傲。

1986年，新加坡三江会馆联同福建会馆、潮州八邑会馆、广东会馆、南洋客属总会、海南会馆和福州会馆共七大会馆，联合成立新加坡宗乡会馆联合总会。另外，三江会馆联合宁波同乡会（成立于1937年）、温州会馆（成立于1923年）、江西会馆（成立于1935年）、上海公会（成立于1918年）、南洋湖北天门会馆（成立于1957年）、两湖会馆（成立于1947年）、南洋华北同乡会（成立于1935年）、上海西式女服同业会（成立于1938年）、星洲华侨干洗公会（成立于1946年）等九个三江帮的组织，将三江会馆建设成为三江人的联谊总会。目前附属机构有三江公祠、三江会馆慈善诊疗所、三江学校、三江会馆慈善互助部、三江会馆新舞团、三江会馆合唱团、三江青年团等。

"二战"结束后，华侨在马来西亚又成立了两个三江侨团。据吉隆坡暨雪兰莪三江公会网站介绍，"二战"前的三江同乡既有组建社团之意，又有槟城三江公会在前，但囿于同乡流动性强，缺乏经费等因素未能成功。1946年，张耀良、沙渊如、毕惠通、杨继任、王鉴文、盛崇、顾伯亮、范生林等人在吉隆坡召开"筹组雪兰莪三江会馆发起人大会"。1947年，正式成立"雪兰莪三江公会"。马来西亚地区另一个重要的三江华侨组织沙巴三江公会于1966年7月7日注册，并于1967年2月2日正式成立于亚庇。沙巴三江公会成立的宗旨是加强会员之间的联系，进而在与其他各会馆社团之合作之下共同增进社会福利。自1985年起会馆活动开始活跃，举办了诸如新春团拜、颁发会员子女学业成绩优良奖励金等活动。公会对外活动也增多起来，如参加亚庇华人同乡会馆活动、中秋联欢晚会、新春大团拜、孝亲敬老活动以及各项球类活动，等等。

"二战"结束后，泰国江浙会馆也进入了发展的新时期。这时赴泰的三江华侨与早期有质的差别，早期来的大多为工匠及其家眷，此时期的华侨则大多携带资金和技术经验来泰国投资开厂，涉足纺织、印染、办公用品、不锈钢珐琅器皿、建筑装修、石油化工、电器、玻璃制品等行业以及投资办校等，成员多为白领阶层和知识分子，诸如银行家、实业家、报人、公司高管等，其中大部分加入了江浙会馆。① 自第 11 届执监委员会起，原籍南京的张杰陵主持会馆事务，蝉联 13 任主席、理事长职务，并担任泰国中华总商会常务理事。他与江浙同乡通过修改会章，广纳其他未建同乡会的各省籍人士入会，使会员发展到 300 多人，并积极推动会馆与江苏建立联系合作关系。目前泰国最具影响力的华人会馆有 9 家，江浙会馆位列其中。②

（二）江苏省级侨团的纷纷成立

这一时期除既有的三江侨团继续发展外，以江苏命名的省级侨团也开始在全球各地纷纷成立。尤其在日本、美国、澳大利亚、加拿大等发达国家，江苏侨团的成立反映了江苏海外华侨华人的新成长。

在日本，1969 年童仁明、许朝坤等旅居日本大阪及奈良、和歌山等县、市的 300 多户江苏侨胞，成立了日本大阪华侨江苏同乡会，该会以"爱国、团结、友好、亲睦、交流"为宗旨。继之 1972 年 4 月，在旅居神户的李兆龙、益小子、李家松等一批江苏同乡提议下成立了神户江苏省同乡会（后于 1992 年 4 月改名为日本兵库县江苏同乡会）。该会 1987 年编写《兵库县江苏省同乡家族名部》，共集合了 141 户 572 名江苏同乡。③ 1972 年 7 月，杜子良、诸锡璋、陈学全等 100 多户名旅居日本东京都及神奈川县、千叶县、埼玉县等关东地区的江苏籍侨胞在东京组织成立了留日华侨江苏同乡会。

在美国，主要是在加州成立了两家

---

① 周南京主编：《世界华侨华人词典》，北京：北京大学出版社，1993 年，第 623 页。

② 这九家会馆分别是：潮州会馆、客家总会、广肇会馆、海南会馆、福建会馆、江浙会馆、台湾会馆、云南会馆、广西总会。

③ 谢成佳：《华侨华人百科全书·社团政党卷》，北京：中国华侨出版社，1999 年，第 448 页。

江苏同乡会。美国南加州苏浙沪同乡会于1983年12月10日在洛杉矶成立，首任会长为知名华人顾衍时。该会宗旨是：促进同乡间之联系与切磋，广集同乡之专才以谋取同乡之福利；辅导、协助同乡、同乡子弟求学及就业；集合同乡力量以争取及维护华人之权益与福祉；促进同乡会与当地社团间之关系、交流与联系。入会资格是凡生于苏浙沪或父母籍贯为苏浙沪或在当地受教育、生长、发展事业或有兴趣者均可。目前，该会有会员数百名，是在美国南加州地区较有影响和活动力的江苏华人社团。① 美国北加州苏浙同乡会1986年2月1日成立于旧金山，该会的办会宗旨是致力于弘扬中华传统、联谊乡情、促进两岸和平统一、增强美中文化交流、营造和睦共处的环境和支持经贸发展。1994年，由周成栋等在纽约发起成立了美国江苏友好协会，该会宗旨是增进旅美江苏籍华侨华人与江苏省的联系与交流，促进中美经贸发展。②此后，美国江苏友好协会一直非常活跃，成为在美江苏华侨华人内部联系的重要纽带。③

在澳大利亚，1998年由陈杨国生、雷左等旅居澳大利亚维多利亚州的江苏籍华侨华人，发起筹建的澳大利亚江苏会在墨尔本注册成立。该会旨在凝聚江苏籍侨胞，增进中澳两国民间友好合作。

在加拿大，1996年加拿大江苏同乡联谊总会在温哥华成立，是加拿大西部地区较早成立的江苏同乡会组织，会员大多为江苏籍华侨华人，也包含一部分曾经在江苏工作、学习、居住过的其他省份的侨胞。

在法国，为团结乡亲、联系友谊，不断促进苏浙侨胞融入法国社会，1996年3月12日，由严伟达、朱家训等人筹建的旅法苏浙同乡会在巴黎正式成立，是法国侨界一支颇具影响力且充满活力的华侨华人社团。

三、当代江苏海外华侨华人社团的发展与转型

进入21世纪以后，江苏海外华侨华人社团获得了长足的发展。据统计，截至2021年，已在住在国注册成立的江苏省级海外华侨华人社团近100家，分布在五大洲各主要国家的大中城市，涵盖了同乡会、商会、校友会、联谊会等形式；广大江苏籍华侨华人还以原籍市、县为

---

① 江苏侨联提供资料：《美国南加州苏浙沪同乡会简介》。
② 谢成佳：《华侨华人百科全书·社团政党卷》，北京：中国华侨出版社，1999年，第316页。
③ 中国新闻网："美国江苏友好协会邀江苏籍在美留学生感恩节联谊"，2011年11月22日。

单位，成立了一批同乡型华侨华人社团组织。① 由此，江苏海外华侨华人社团也发生了深刻的变革，出现了显著的转型。主要表现在以下几个方面。

第一，商业社团大量涌现，商贸合作成为推动新侨团成立与发展的最重要动力。随着经济全球化的发展，江苏海外华侨华人的经济实力不断增强，商业合作成为凝聚共识的重要基础，社团的商贸合作、行业交流功能大大强化，因此新兴了一批以年富力强的新一代移民为主体的商业社团。这里面既包括新成立的商业社团，也包括在传统同乡会社团基础上新组建的同乡商会。新侨团追求的不仅仅是住在国的商业利益，还包括跨国利益，即谋求通过跨国合作实现在住在国的商业抱负。例如2011年4月29日成立的阿联酋中国江苏商会是由在阿联酋的江苏籍工商界企业组成的非营利性社会团体，旨在推动在阿江苏企业相互协调、信息沟通和业务发展；在组织架构上，阿联酋中国江苏商会的领导机构同时履行阿联酋中国江苏同乡会的职能，为旅阿江苏籍乡亲互帮互助、共叙乡情、共谋发展提供平台。为聚拢新到泰国的江苏籍乡亲，泰国江苏商会于2019年8月9日由拥有近百年历史的泰国江浙会馆前辈率先发起，并经泰国商务部注册成立。2014年1月，旅居旧金山湾区的江苏籍侨胞自发成立美国北加州江苏同乡会，成员涵盖贸易、金融、科技、教育等领域的人士。2016年1月，以原有北加州江苏同乡会为基础，成立美国北加州江苏商会，为江苏籍和各地企业家打造相互交流合作的平台。江苏海外侨团活动的繁盛与江苏华商的海外成长历程呈一致性发展。

与近现代相比，当代江苏海外商业侨团的分布更加广泛，除上述侨团外，代表性侨团还有东南亚的菲律宾江苏商会、缅甸江苏商会、泰国江苏商会；非洲的肯尼亚江苏商会、南部非洲江苏同乡总会；欧洲的比荷卢江苏商会、旅罗江苏华商联合会、意大利江苏商会、英国江苏商会；拉丁美洲的智利江苏商会、厄瓜多尔江苏总商会；北美洲的美国江苏总商会、加拿大江苏国际商会；大洋洲的澳大利亚江苏总商会等，呈现出百花齐放的局面，也从一个侧面反映了江苏籍华侨华人在全球范围内的经济实力和影响力。

第二，社团联合趋势加强。当代江苏海外新华侨华人社团的显著特点是商贸聚会频繁、社团合作增多、活动内容

---

① 此数据及各侨团资料均来源于江苏侨联。

日益专业化。新华侨华人活动能力强且多数为商业精英，格局视野开阔，横向联合增强，各类"总会""总商会"纷纷建立，呈现出显著的时代特征。

一是同乡社团与商会融合发展。如2011年8月29日，在原南部非洲江苏总商会和南非南通商会的基础上联合成立了南部非洲江苏同乡总会。2013年，英国江苏商会在英国江苏同乡会的基础上重新注册成立，为江苏和英国的沟通搭建桥梁，推动两地经济、文化、信息等方面的广泛交流。

二是侨团的横向联系大大加强。江苏海外华侨华人社团体系不断健全，在住在国江苏总商会、总会统领下，分支组织遍布当地各主要城市，江苏海外华侨华人社团的协同性、凝聚力不断增强。例如，2016年10月成立的新加坡江苏会与当地历史悠久的福建会馆、潮州八邑会馆、九龙会联合成立"社会公益联盟"，于2017年和2018年的11月成功举办社会公益日活动。加拿大江苏华人联合总会和加拿大江苏国际商会自2021年春节起，连续两年联合举办"情系江苏"多元文化云端国际春晚，联系东西两岸为旅加华侨华人奉献高质量的文艺节目。

三是新华侨华人社团与祖（籍）国的联系更加密切。许多江苏海外华侨华人社团邀请祖（籍）国相关部门参加当地侨社活动，或直接派代表参与祖（籍）国涉外活动，构筑紧密的互动关系格局。如成立于2007年的美国江苏经贸文化联合会着眼于提高华人群体政治地位，积极融入当地主流社会，参与江苏经济发展，为推动中美民间友好交往发挥了积极作用。

第三，海外校友会蓬勃发展。江苏教育资源发达，高校众多，随着江苏海外留学人员增多，超越政治立场和地域家乡界限的校友会蓬勃发展起来。海外江苏高校校友遍布住在国主要城市，形成互帮互助、共促发展的人脉网络，为江苏海外华侨华人主动融入主流社会、服务当地经济社会发展作出了积极贡献。

目前南京大学已成立36家海外校友会。南京大学旧金山湾区校友会于1994年成立，是湾区最活跃的校友会之一。该校友会与中国驻旧金山总领事馆、华侨华人社团、中国高校联合会以及中国各大高校的湾区校友会保持良好合作与互动关系，定期组织硅谷华人技术论坛，为湾区的创业项目问诊把脉，拓宽湾区华侨华人交流平台。南京大学法国校友会成立于2004年，校友不断发展壮大，会员遍布法国各地，该会始终秉承"诚朴雄伟、励学敦行"的校训,凝聚广大南京留法学子,加强校友间、校友与母校间的联系,积极开展文化、科研学术及生活上的交流活动。东南大学校友总会成立于1986年,目前在6个国家成立了18家海外校友会。东南大学英国校友会成立于2012年,成立以来积极促进东南大学与英国一流高校间的科技教育合作。

图2-3 2012年江苏省侨联举办"侨联五洲·相约江苏"海外侨界社团和谐发展论坛
资料来源:江苏省侨联。

第四，江苏籍侨领的作用日渐突出。21世纪以来，江苏籍侨领逐步成长为住在国侨团的核心成员，甚至一国侨团的领导者。如担任斯里兰卡华侨华人联合会会长的江苏籍侨领张旭东一直致力于向斯里兰卡各界推介江苏企业，拓展江苏与斯里兰卡贸易合作关系。越南中国商会会长、江苏籍侨领顾朝庆积极鼓励会员单位对接"一带一路"与"两廊一圈"框架，在促进中越贸易、促进中国企业对越南投资等方面发挥了桥梁纽带作用。旅居匈牙利30多年的中东欧中医药学会会长、江苏籍侨领陈震，积极向当地社会推广中医药，每年举行大型义诊，并在当地媒体发表介绍中医的文章、出版中医药书籍，还把相关术语翻译成英语和匈牙利语。在他和同人的努力下，匈牙利成为欧洲最早为中医药立法的国家。他本人荣获匈牙利国家自然疗法2022年度人物奖。①

江苏籍海外侨领通过担任中国侨联或各级侨联海外顾问、海外委员、青年委员等职，积极促进中外友好交流。如阿联酋华侨华人联合会代理主席、秘书长徐小平，日本中华总商会会长严浩，东部非洲中国和平统一促进会暨中国总商会主席韩军，纳米比亚中国和平统一促进会终身荣誉会长陈庆平，全英华人社团联合总会荣誉会长、全英华人华侨中国统一促进会会长单声，纽海文大学刑事鉴识科学中心主任、终身教授兼副校长李昌钰，全日本华侨华人联合会名誉会长刘洪友，美国南加州华人华侨联合总会会长蔡成华，美国南加州华人联合总会荣誉会长顾衍时等。

第五，新侨团的民间使者功能不断升级。新侨团通过报刊等媒体公开渠道在住在国表达民意诉求，如对维护中国统一、抵制分裂的诉求，对住在国种族关系的不满和维护华裔、亚裔合法权益的呼吁等，虽然这些诉求在传统侨团中也曾出现过，但是在中国和平崛起的时代背景下，新侨团的行动力更强，形式更多样，他们积极宣传和平共处、合作共赢的理念，不断提升华侨华人社团的话语权和影响力，产生的社会反响也更大。在上海申办世博会期间，哥斯达黎加江苏籍华侨薛雪主动游说哥斯达黎加各界，宣传中国经济成就和开放优势，为成功申办争取了珍贵一票。马拉维中国和平统一促进会会长陈少辉为提升当地政府及其他民族宗教商业社团对华侨华人社群的印象，组织商会骨干支持住

———
① 中国侨网：《中东欧中医药学会会长陈震荣获匈牙利国家自然疗法年度人物奖》，2022年5月11日。

在国公益事业，主动关心帮助当地困难群体，展现了中华民族和衷共济的良好形象。

第二节　江苏海外华侨华人的社会融入

社会融入既包括政治参与也包含社会服务内容，融入住在国社会是体现华侨华人在海外社会地位和影响力的重要指标，融入的形式、深度与广度也体现了华侨华人被认同的程度。江苏海外华侨华人的社会融入带有浓厚的历史色彩，不同时期往往偏重于某一两种特定形式，融入的价值取向也在不同历史时期有所区别。

一、江苏海外华侨华人社会融入的历史轨迹

第一，初创时期。时间大概在清朝末年，这一时期是江苏海外华侨华人社会融入的起步或奠基时期。早期海外华侨对住在国社会融入意愿较低，其原因在于早期江苏华侨移民到海外主要是出于经济目的，并无久居打算，"客居"心态明显；另一个原因是当时的国籍法认定流寓海外的所有中国人均保留中国国籍，其身份为华侨，因此无论是从身份上还是从文化认同上江苏移民都保持着对中国的忠诚，因而对住在国政治敬而远之，对于住在国不公正的言论、法令，往往是逆来顺受。不过在日本长崎，江苏华侨曾以"唐通事"等形式参与当地对华侨的管理，可谓开江苏海外华侨华人对住在国社会融入的先河。

第二，被排斥时期。时间大概从19世纪末到改革开放前。这一时期一些国家和地区先后掀起了规模不等的排华运动，拒斥华人移民的原因虽各不相同，但均导致了江苏海外华侨华人与住在国关系的紧张。这一时期江苏海外华侨华人逐步意识到融入社会的重要性，但由于实力微弱等因素，难以获得平等地位，只能寄希望于祖（籍）国的发展强大，因此他们格外关注国内。另一个原因是，这一时期各国国籍法也不够完善，江苏华侨华人普遍没有入籍即没有获得合法身份，这也成为影响他们融入住在国社会的一个障碍。

20世纪初期，海外排华运动此起彼伏，江苏华侨在海外的生存状况堪忧。在孙中山等人的影响下，他们日益期盼国富民强，纷纷投身革命或回国支持祖国建设。陈之彬是澳洲抗击排华运动的代表性华人。陈之彬祖籍扬州，父亲是民国时期外交官陈厚儒，曾出使伊朗、

越南等国。陈之彬1958年赴澳留学，先后在堪培拉、悉尼大学、新南威尔士大学读完高中、大学和研究生课程，获得硕士学位。毕业后陈之彬在新南威尔士州政府任职，1972年澳大利亚宣布废除"白澳政策"，陈之彬燃起了从政热情，同年即加入澳大利亚自由党。1973年，陈之彬迁居墨尔本，并继续他的从政事业，先后在墨尔本市政厅、维多利亚州房屋厅、维多利亚州反歧视委员会等机构任职。丰富的经历使他积累了不少的政治经验，也使他对华人社会融入有自己独到的见解，他认为海外华人需要走出族裔社团圈子，与主流社会深度融合，只有这样才能使主流社会了解并尊重华人的利益诉求，也才能使华人真正成为澳洲的主人。1998年，陈之彬成功当选澳大利亚国会参议员，成为澳洲历史上第一位在中国出生的华裔联邦议员。任职期间，他格外关注移民法规问题，曾担任联邦法令委员会的主席，主审联邦重要法律的规范性问题，还推动华人养老院的筹建，积极为华人社区作贡献。

第三，新移民时期。学界通常把改革开放后的华人移民称为新移民，这一时期恰是世界局势由冷战走向缓和，并向多极化发展的新时期。新移民给海外华人社会带来了新鲜血液，华人落地生根，社会服务观念觉醒，社会活动日益活跃。不过这一时期，华人社会融入的形式比较单一，主要是依赖一些侨领通过竞选的方式，当选议员或担任行政官员，以比较传统的方式参与住在国政治和社会生活。

在这一时期后期，随着国际政治局势的稳定，经济全球化的发展，江苏海外华侨华人参与住在国社会事务的条件大大改善。中国的经济崛起和跨国联系的快速发展推动了江苏海外华侨华人社会融入热潮的到来。华侨华人通过政党政治、社区选举等多种形式参与住在国政治，甚至对住在国政治规则提出挑战，参政层次增高，影响力增强，迎来一次发展的高潮。

第四，21世纪以来的新时期。这一时期江苏海外华侨华人力量普遍增强，已经形成较有影响力的社团群体组织，在日益增强的中国国际影响力的助推下，江苏海外华侨华人开拓新的融入形式，社会影响力逐步提升，特别是通过总会、总商会、和平统一促进会等组织与住在国的合作增强，展现了新时期江苏华侨华人的政治抱负。如南京籍美国华人孙雯，曾任职纽约州州长亚裔社区拓展主任、多元化事务主任，2021年升任州长的副幕僚长，是有史以来纽约州政府内职位最高的亚裔官员；南京籍澳大利亚华人张丽2020年当选格林埃拉（Glen Eira）市议会议员，并于次年当选该市副市长。

二、江苏海外华侨华人社会融入的基本要素

重大经济利益的存在为江苏华侨华人社会融入提供了重要的动力，没有经济动力支撑，江苏华侨华人的社会融入活动无法持续展开。侨团支持也是海外华侨华人社会融入必不可少的要素，而随着对住在国适应性的增强，不断提升的专业素养为海外华侨华人社会融入提供了信心和底气。江苏海外华侨华人充分发挥自身经济实力强、知识水平高、团结开放的族群优势，积极融入住在国主流社会。

首先，经济利益为江苏海外华侨华人社会融入提供了强大动力。自近代以来，以"三江华侨"为代表的商人群体一直是江苏海外华侨华人重要的组成部分，三江华侨通过担任唐通事、拿督、议员等方式为江苏海外华侨华人的商业利益服务，不断扩大他们的经济实力，在此基础上又逐步形成了实力强大的集团组织。这些因素为江苏华侨华人的社会融入活动奠定了雄厚的经济基础，也是江苏海外华侨华人踊跃融入社会的直接动力，并反向促进了其经济实力的继续壮大，形成经济成长与社会认同的良性互动。因此江苏海外华侨华人的社会融入始于一种经济利益自觉，即以经济利益为中心的社会活动。

其次，海外侨团有力支持了江苏海外华侨华人的社会融入。侨团凝聚海外华侨华人力量，更好地为华侨华人服务，许多杰出侨领在侨团的有力支持下踊跃承担起住在国社会或社区事务。如美东三江公所成立伊始即以联络乡谊、团结互助、敬老扶幼、共谋福利、支持华裔参政、促进中美民间交流及开展慈善活动为宗旨。公所致力于慈善事业，对在美江苏华侨华人多有扶持。新加坡江苏会积极协助会员在新加坡落地和融入新加坡社会，在线上和线下举办了精彩纷呈的活动，大力号召同乡互帮互助。近年来，随着江苏新移民力量的壮大，新的侨团组织纷纷建立，这些侨团往往具有与老侨团不同的社会追求，它们在凝聚海外力量、服务华侨华人、联通国内外等方面取得了优异的成绩。

最后，较高的专业素养为江苏籍海外华侨华人社会融入奠定了良好的基础。江苏海外华侨华人多是通过留学等途径出国，文化素养普遍比较高，往往形成家族式留学队伍。他们或投身于祖国革命或建设事业,或在海外成为地方侨领或翘楚,这为参政议政提供了良好的前提条件。需要注意的是在海外担任的"议员""市长"等职位往往是一种兼职性质,参与者本身有自己的主业,因而这里的文化素养还强调侨领从事的行业的专业性。做医生的首先应在医学行业做得比较优秀;搞建筑的,首先应该是一名比较出名的建筑师;做餐饮则应该是著名的经理人等,只有在专业领域赢得声誉才能真正获得选民的认可。江苏华侨华人海外社会活动的一个重要特点是担任议员、拿督等非行政职务,这对参与者的执政技巧要求不高但更强调一定的专业素养,这样才能为住在国作出更大的贡献。如祖籍南通的美籍华人顾衍时,曾在普华永道担任多年审计部门负责人,依靠税务领域的高超专业能力,成功融入美国主流社会。20世纪80年代起,他先后担任美国加州代理州务卿、美国国会财经委员会及白宫商业委员会委员等职务,并在中美经贸等领域推进了多个合作项目。

三、江苏海外华侨华人社会融入的主要形式

社会融入可以通过多种形式展开,选择何种方式,既与华侨华人自身素养有关,也与住在国社会环境有关,是带有历史性、社会性和时政性的问题。综合来讲,江苏海外华侨华人社会融入主要采取以下几种形式。

(一)华人直接从政

随着华人政治意识的提高和从政环境的改善,华人从政渐渐得以发展,尤其是近十几年变得愈加活跃起来。华人通过担任议员或行政领导职务,直接在议会、政府表达和实施自己的政见。主要体现在两个方面:一是从政华人的数量不断增加,从地方议院到政府上层,都有华人议员活跃的身影。二是华人从政已突破过去作为少数民族代表的局限,开始站在住在国政府决策层角度来维护华人的利益,促进与住在国社会政治关系的良性发展。虽然从政华人的数量还不是很多,但由于其直接参与政府的决策,影响效果迅速而明显,这对华人融入住在国社会发挥了举足轻重的作用。

由于江苏华人知识层次高,越来越多的华人在政府、军队、司法部门工作,甚至担任重要职务,成为一支不可忽视的力量。1955年赴美的南京籍华人政治活动家柴大定利用自己对美国社会的熟悉,不仅获得密歇根大学计算机博士学位,在蒙莫斯的贝尔实验室工作,而且担任亚裔维护平等待遇委员会主席一职。

1999 年他担任含德市（Holmdel）市长，是新泽西州第一位华裔市长；①出生于南京的华人政治家陈达孚从 1974 年开始先后担任美国特拉华州纽卡斯市财政局长（1974—1977）、俄勒冈州比弗登市（Beaverton）财政局长（1977—1985）、联邦农村部业融资管理总署俄勒冈分署署长（1985—1991）、福登市议员、市议长（1985—1991）、联邦农林部业融资总署副署长（1992—1993）等职。1984 年当选共和党全国代表大会俄勒冈州代表和党纲委员会委员。1993 年当选俄勒冈财务卿候选人。②2021 年 12 月 1 日，美国北湾苏诺玛（Sonoma）市议会经投票一致推举江苏籍华裔市议员丁骏辉（Jack Ding）为市长，成为苏诺玛市 180 年历史上的首位华裔市长。③2022 年 5 月 18 日，丁骏辉签署政府公告，代表苏诺玛市向历史上受到不公正对待的中国移民正式道歉。④这些例子都体现了江苏华侨华人在美国的快速成长。

（二）通过社团和政党实现社会融入

这是华侨华人融入住在国社会的普遍形式。华侨华人通过社团组织把分散的、微弱的个体力量集中起来，以共同的声音表达自己的观点与立场，大大增强了社会影响力。尤其是一些联合性社团和历史悠久的综合性社团，如新加坡三江会馆、美东三江公所等，已成为华人与政府、华人与主流社会对话的一个重要平台。如祖籍江苏无锡的杨惺华曾任新加坡三江会馆总理、中华总商会三江帮董事，同时还任新加坡劳工仲裁庭和华民政务司署委员。⑤此外，社团既是培养从政华侨华人的摇篮，也是华侨华人为华社服务的窗口，不少从政华侨华人就是现任或前任的社团领袖。如生于东京、祖籍江苏扬州的陈学全曾任中国旅日同学总会主席，后任东京华侨总会副会长、留日江苏同乡会会长、留日华侨经济同友会会长、财团法人日钓（鱼）振兴协会东京支部顾问等社会职务。⑥社团为从政华侨华人融入社会提供了良好的公众基础和锻炼场所，而从政华侨华人通过为社团服务达到回馈社会的目的，两者相辅相成、彼此促进。社团在促进

---

① 杨保筠：《华侨华人百科全书·人物卷》，北京：中国华侨出版社，2001 年，第 24 页。
② 杨保筠：《华侨华人百科全书·人物卷》，北京：中国华侨出版社，2001 年，第 31 页。
③ 环球网："美媒：华人丁骏辉当选美国苏诺玛市史上首任华裔市长"，2021 年 12 月 3 日。
④ 中国侨网：《美国苏诺玛市府为排华法案道歉，华裔市长签署公告》，2022 年 5 月 19 日。
⑤ 新加坡三江会馆：《三江百年文化史纪念特刊》，新加坡：三江会馆，2001 年，第 140 页。
⑥ 杨保筠：《华侨华人百科全书·人物卷》，北京：中国华侨出版社，2001 年，第 48 页、82 页。

华侨华人参政议政方面发挥着越来越重要的作用。

20世纪90年代后期，澳大利亚右翼势力活动猖獗，歧视亚洲移民。时任澳大利亚江苏会会长、墨尔本皇家理工学院语言系主任的江苏镇江籍华人陈杨国生加入了新成立的少数族裔政党——团结党，并成为阿斯顿（Aston）选区众议员候选人，积极参政，为保障华裔及其他亚裔少数民族社群的权益积极发声，维护了澳大利亚多元文化政策的权威性。

（三）通过舆论间接影响政府决策

通过华文媒体，甚至主流媒体发表自己的观点和看法，引起主流社会的关注，也是华侨华人融入住在国社会的一种有效方法。有的华侨华人通过做政治人物、社会名流的工作影响政府的立场，推动政策的转变。不少在社区有影响力的华侨华人都与政府有决策力的官员保持着良好的关系，这成为华侨华人的一种资源和优势。在江苏海外华侨华人社团等众多海外侨社团的共同推动下，加拿大安大略省省议会在2017年10月26日通过了时任省议员黄素梅提出的将每年12月13日设为南京大屠杀遇难者纪念日的动议，使安大略省成为首个设立该纪念日的西方国家省份。这种方式的基本逻辑是：以知名华侨华人为桥梁加强政府高官与华人社区的交流，了解华侨华人的实际需求，最终制定出切合时宜的政策。江苏海外华侨华人多为行业精英，一大批留驻海外的科学家和商业巨子虽然没有直接参政，但其对住在国科教文卫事业作出了重要贡献，产生了广泛的社会效益，这也同样大大提升了江苏海外华侨华人的政治影响。[1] 如美国江苏经贸文化联合会成员多为各行业精英，该会致力于提高华侨华人群体社会地位，反对损害华侨华人利益提案，支持理念相同的候选人参政议政，融入美国主流社会。

（四）参与住在国社会服务

江苏华侨华人热心社会公益事业，通过参与社区服务，支持各类慈善活动，义务弘扬优秀民族文化等，对住在国社会发展作出了贡献。不少华侨华人因为服务社会成绩突出而获得住在国政府颁发的荣誉勋衔，受到当地民众的尊敬，从而提升了华人的社会地位与政治影响力。生于无锡的加拿大国会华人女议员梁陈明任1975年和丈夫合力创办温哥华中华文化中心，让更多的加拿大人认识华裔、了解华裔对加拿大社会发展的贡献。为此加拿大总督向他们颁发了"加拿

---

[1] 张秋生：《历史与文化视域下江苏华侨华人史发展的基本特点探析》，《江苏师范大学学报》（哲学社会科学版）2021年第3期，第29-32页。

大勋章",这是加拿大公民的最高荣誉,也是加历史上第一对获此荣誉的华裔夫妇。① 2021年感恩节后,祖籍江苏无锡的美籍华人唐骝千夫妇向纽约大都会博物馆捐赠1.25亿美元(约合人民币8亿元)。这笔捐款将用于大都会博物馆内现代画廊和当代画廊的翻新项目。纽约华人总商会会长徐家树出生于扬州,18岁随父母移民美国,凭借智慧与勇气,从建筑材料行业起步,成功跻身房地产业,参与筹建奥本尼中国城等项目。由于成绩突出,徐家树被美国亚美商业发展中心评为"2005年50强亚裔杰出企业家"。

2020年新冠肺炎疫情暴发,全球各地江苏侨团纷纷加入住在国抗疫和公益事业,赢得了良好声誉。如柬埔寨(江苏)泰州商会捐赠了大量口罩、消毒液等抗疫物资,帮助海外侨胞和柬埔寨人民渡过难关。② 另外,巴西江苏同乡总会、加拿大江苏同乡会、菲律宾江苏商会、捷克华商会、加拿大江苏国际商会、澳大利亚江苏总会等江苏海外华侨华人组织及个人均以各种形式参与抗疫斗争中来,华文媒体和华文学校也组织相关人员参与当地的疫情抗争,赢得广泛好评。③ 无论身在哪个国家,处于哪种境地,江苏华侨华人总能与当地居民和睦相处,这是与开放包容的"大三江传统"分不

开的,也是与江苏华侨华人具有专业之长的特点分不开的。

随着江苏海外华侨华人群体的不断壮大,江苏海外华侨华人社团也持续发展,经过了几次大的转型。早期三江华侨群体创办了若干零散的三江侨团,江苏华侨参与其中,功不可没。后出现了两条发展道路,一是传统三江侨团持续发展;二是以江苏命名的新侨团不断出现,分布范围越来越广。21世纪以来是江苏海外华侨华人社团快速发展时期,不仅各类型侨团大量出现、社团联合趋势明显,而且开始突破侨团范围限制,在住在国和中外关系中产生更广泛的影响。在侨团支持下,江苏海外华侨华人与当地社会融合过程显著加速。然而由于历史和现实等多方面的因素,无论在历史传统、社会环境方面,还是在组织建构、身份定位方面,江苏华侨华人在融入住在国问题上仍面临不小挑战。

---

① 杨保筠:《华侨华人百科全书·人物卷》,北京:中国华侨出版社,2001年,第306页。

② 夏永宏:《扎根海外创大业 心系乡梓报国情》,《华人时刊》2021年第6期,第26页。

③ 孙波、刘辉:《华夏同根 共抗疫情——江苏华侨华人战"疫"记》,《华人时刊》2020年第1期,第11-17页。

图 2-4 疫情防控期间江苏海外侨团积极支援祖（籍）国和住在国社区抗疫

资料来源：《江苏侨联》2020年各期。

首先，江苏华侨华人社团文化不够浓厚。从历史上来讲，江苏海外华侨华人社会融入的意识觉醒较晚，且很大一部分华人仍然专注于自己的经济生活，不愿过多参与政治事务；从现实生活来看，他们专注于科技和经济活动的生存方式，致使其社会活动具有了一定的边界，受到一定的限制，因此，在社会事务方面主动性不够强。江苏海外华侨华人往往拥有一技之长，这导致他们的个体性很强而凝聚力不足，作为一个族裔团体的社会影响力难以充分展现。

其次，在社会环境方面，住在国侨情的深刻变化影响了江苏海外华侨华人的社会融入。随着中国的日渐崛起，华侨华人在住在国关注度不断上升，面临政治认同上的考验，较难在更高标准、更深层次上推动社会融入。

再次，从组织建构上看，江苏海外华侨华人社团组织结构还不够严密，在机构章程、人事代谢、发展规划等方面还有待加强。

最后，在身份定位方面，江苏海外华侨华人的身份意识还有待加强。无论是近代的"三江华侨"群体，还是现代成立的省域侨团，江苏海外华侨华人将更多精力用于职业求生存、教书育后人，社会服务意识始终不强。21世纪以来新侨团有了较大改善，但身份的认同非一朝一夕之功，江苏新侨团的社会服务活动如何持续进行，这跟江苏海外华侨华人自身的意识转变有很大关系。

当然，随着江苏华侨华人经济的成长和政治的觉醒，随着国际环境的改善，江苏华侨华人的优势将逐步得到发挥，困扰江苏海外华侨华人的许多问题终将迎刃而解。

第一，江苏华侨华人的社会服务意识不断觉醒。如历史悠久的美东三江公所，会员参与美国政治活动和竞选公职均积极鼓励和支持，曾为美国首位华人州长吴仙标的参选成功作出过突出贡献。英国江苏商会会长张海始终致力于弘扬和推介中医文化，经过20年不懈努力，成功打开欧洲中医药市场，目前英国已经有3000多家中医诊所，从业人员达到2万多人。澳大利亚江苏总商会副会长、澳大利亚徐州总商会会长沈红卫以自己在澳大利亚墨尔本等地开办的十余所中医诊所为基础，联合在澳华侨华人组织中医机构，把诊疗与教学结合起来，扩大中医在海外的社会影响力。① 社会融入的前提是被认定为社会的一员，社会服务是提升群体形象的重要手段。

第二，江苏华侨华人具有良好的社会融入能力。江苏华侨华人族群魅力强大，这不仅限于他们身上携带的中华历史文化、语言文化和风俗文化，更在于三江华侨的思想文化。三江华侨把传统开放、包容的精神思想与现代的"互赢""和谐"观念糅合起来，使其具有更强大的吸引力。这些为江苏海外华侨华人融入住在国社会创造了有利的思想文化氛围。江苏籍华侨华人在自然科学领域作出了杰出的贡献，具有优秀的资源积累，

---

① 《沈红卫：海外创业实现"中医梦"》，《徐州日报》2017年5月12日。

这为他们由自然科学领域向社会领域转换创造了良好的条件。

第三，国际政治的多元趋向和中外关系的长远前景。2008年经济危机以来，西方实力相对下降，排华势力抬头，为中外关系良性发展蒙上了一层阴霾。但从长远方向和国际政治实践看，多极化是国际政治的基本趋势，无论中国还是海外各国都应该是政治多极化的受益者和推动力量，友好合作、互利共赢共识将进一步拓展，中外关系的发展前景广阔。

历史发展具有持续性，也具有阶段性。海外华侨华人的成长与时代息息相关，江苏海外华侨华人群体在继承历史传统的基础上，在时代新因素的推动下，必将革新发展，不断取得新的巨大成就。

第三章　江苏海外华侨华人经济发展

江苏自古就是工商业繁盛之地。远至春秋时期的吴国就以丝织、陶瓷手工业见长，与中原地区甚至海外已有商业交往。及至魏晋南北朝以来，中国经济重心南移，江苏南部工商业迎来巨大繁荣，成为中国经济的重心之一。近代以来，江苏以沿海、沿江的地理优势和优良的工商业传统，成为中国最早对外开放和中国民族资本主义工商业的发源地之一。及至当代，得改革开放风气之先，江苏又在中国省域经济中名列前茅。从以工商业发达著称的江苏地区走出国门的华侨华人在海外继续发扬江苏精神，在世界各地取得了良好的工商业成就。

第一节　江苏海外移民经济活动

古代江苏先民移民海外可追溯至先秦时期，吴国盛产的丝绸、陶瓷等与海外已多有贸易交往。同时，这些海外移民将中国先进的稻作农耕文明和手工业文明传播到日本、朝鲜和东南亚各地，海外江苏移民的工商业发展由此肇始。秦代，始皇帝"遣振男女三千人，资之五谷种种百工而行。徐福得平原广泽，止王不来"①。徐福东渡在促进中日、中韩文化交流的同时，也是一次经济和工商业文明交流活动。及至六朝时期，吴地织工、制镜匠人东渡，这些携带先进吴地手工业技术的工匠在日本世代从事相关事业。唐代鉴真东渡的随行人员也有从吴地招募的各类技艺工匠，流寓日本后成为日本各行业精英。可以视他们为江苏早期海外华侨华人经济和工商业活动的先行者。

一、古代江苏海外移民经贸活动

古代江苏前往海外的航路不断拓展。东吴时期的扶南航路是继汉使"徐闻—合浦航路"后的又一重要进展。东吴使者朱应和康泰奉命出使扶南②，访问了东南亚数十国，他们撰写的《扶南异物志》和《吴时外国传》均已亡佚，但其他文献的转引仍能略窥一二，大体划出了经扶南通印度的航路：从广州出发，取道西沙群岛直航入南海，再穿过马六甲海峡，到达扶南的句稚港。③从句稚港出发，中经蒲头（尼科巴群岛），到达歌营（印度南部科佛里河口，今特朗奎巴附近）。④扶南航路相较于汉代徐闻、合浦航路，全程海上航行，且从近岸航行转为远洋横渡，大大缩短了航期，是中国航海史的重要进展。

宋代以后，中国经济重心南移基本完成，中国官方和民间对外交往更加频繁，以"贡赐贸易"和民间海商形式的海外贸易兴起。江苏所处东南沿海成为中国工商业文明最发达的地区。宋设市舶司于青龙镇（今上海青浦东北）。至元代，海运已经相当发达，元初从太仓刘家港（今浏河）出发，沿海门万里长滩、

---

① ［汉］司马迁：《史记·淮南衡山列传》，北京：中华书局，2000年，第2348页。
② 大体相当于今柬埔寨、老挝、越南南部、泰国东南部、西部、马来半岛南端。参见陈高华、吴泰、郭松义：《海上丝绸之路》，北京：海洋出版社，1991年，第14-15页。
③ 句稚又称九离或投拘利，故址在今泰国西岸的塔库巴。
④ 彭德清：《中国航海史》，北京：人民交通出版社，1988年，第69-70页。

盐城、海宁（今连云港）一路北上，"从苏州至杨村码头，有一万三千四百余里，如果顺风，不过旬日即可到达"。① 刘家港不仅是漕运中心，还是江苏对外贸易的重要起点，"可以容万斛之舟，外通日本等国"。元朝在这里设万户府管理海运漕粮事务，并设市舶分司，掌管海上贸易。出口货物有粮食、食盐、丝绸等。《太仓州志》记载刘家港"通海外番舶，蛮商夷贾，云集鳞萃，当时谓之六国码头"。② 此外还有常熟东北的白茆港，也是海运支线的出发点。③ 二港经崇明水域可通向日本与东南亚。江苏人因从事海外贸易和躲避战乱等各种原因流寓海外者众多，依靠先进的农业、手工业技术，在海外从事农业、手工业活动，一些人从事中外商品贸易，从中国大陆购买农业和手工业产品，销往日、韩、东南亚和印度洋地区。

明清两朝虽时有海禁，但江苏人前往海外从事商贸活动仍十分频繁。官方活动主要有明代的郑和下西洋。船队从江苏起航，随员中亦有大量江苏籍人士，他们在宣扬国威的同时，也携带大量中国制造的产品在东南亚、印度洋地区从事中外商业活动。民间海外贸易活动更为频繁。明清两代，江苏的南京、苏州等地都是赴日贸易的重要出发点。贩海为生的海外贸易商人群体还在日本形成了"三江帮"，江苏人众多。清代前期一度重开海禁，苏州地方官员向康熙言："每年造船出海贸易者，多至千余，回来者不过十之五六，其余悉卖在海外，资银而归"④。这一记载从一个侧面反映了这一时期江苏海商群体的状况。这一时期江苏出现大批赴日本的采铜商人，这主要是为满足当时的铸钱需要，大量输入东洋铜材。⑤ 今太仓还保存一只元代海船浸篾缆绳用的铁釜，口径148厘米，高87厘米，底径164厘米。⑥ 这只铁釜，证明了当时海船已有较大规模。

二、近现代江苏海外华侨华人经济活动

近代以来，地处东南沿海地区的江苏最早受到英法等帝国主义的入侵。资本主义迅速进入江苏，上海是第一批开

---

① 戈春源：《苏州通史·五代宋元卷》，苏州：苏州大学出版社，2019年，第122-123页。
② 王祖畲：光绪《太仓州志·卷一·封域上》，上海：上海古籍出版社，1999年，第14页。
③ 戈春源：《苏州通史·五代宋元卷》，苏州：苏州大学出版社，2019年，第123页。
④ 聂宝璋：《中国近代航运史资料·第一辑（上册）》上海：上海人民出版社，1983年，第47页。
⑤ 江苏省地方志编纂委员会：《江苏省志·侨务志》，南京：江苏人民出版社，2007年，第29页。
⑥ 戈春源：《苏州通史·五代宋元卷》，苏州：苏州大学出版社，2019年，第120页。

放口岸，之后的南京、镇江、海州（今属连云港）、无锡、徐州等地也先后对外开埠通商。外国资本主义的入侵刺激了民族资本的兴起，江苏成为近代工商业最先发展的地区。由于国际经济、政治、文化等各方面交往的深化，一批闯世界的江苏人走出国门，其中既有留学生、教师等知识分子，也有从事"三把刀"职业的民间手艺人和到海外从事工商业活动的商人，当然也包括大批以出卖体力为生的华工。不仅海外移民的形式更加多样，侨民经济和工商业活动也更加多元。

早期移民以体力型劳工移民为主。1860年中英、中法签订《北京条约》，从官方层面上准许外国在华招募华工，标志着华工出国的合法化。虽然条约中强调了"情甘出口、杜绝拐贩"，并在1866年与英、法共同商定了二十二条招工章程，但出国华工的利益仍很难保障。1868年的《中美续增条约》（蒲安臣条约）进一步鼓动了外国在华招工。① 大批"猪仔"被贩往东南亚、南美等地从事苦力，江苏人数虽不及闽粤，但也不在少数。根据清政府在古巴的调查，道光十七年至同治十三年（1837—1874），被贩运至古巴的苦役中，"粤人最多，闽、楚、江、浙次之。"② 一战华工江苏人也有不少。北洋政府曾在浦口设立专门为一战进行招工的部门。1918—1919年还一度在江苏设立侨工事务分局。江苏籍华工人数排在山东、河北、河南之后，居于第四位。一战结束后，淮阴的张德、沛县的朱洪祥、刘泗才，铜山县的杜吉祥、蒋自明，溧阳的朱桂生等江苏籍华工留居法国。③ 其他未经考证，不知名姓者也有一些。华工以出卖体力为生，在经济上处于社会的最底层。

除依靠体力为生的华工外，赴海外的江苏人还以拥有一技之长著称，在海外从事"三把刀"行业的人数较之其他地区比例更高。清末民国时期，江苏不少地方（特别是扬州、镇江地区）还陆续出现和形成一些以手艺谋生和通过亲友、邻里等关系出国的职业型移民群体。具有代表性的是扬州、镇江等地旅

---

① 第五款规定："大清国与大美国切念民人前往各国，或愿常住入籍，或随时来往，总听其自便，不得禁阻，为是现在两国人民互相来往，或游历或贸易，或久居，得以自由，方有利益，两国人民自愿往来居住之外，别有招致之法，均非所准。"参见中华书局编辑部、李书源整理：《筹办夷务始末·同治朝》，卷69，北京：中华书局，2008年，第18-21页。
② 江苏省地方志编纂委员会：《江苏省志·侨务志》，南京：江苏人民出版社，2007年，第31页。
③ 江苏省地方志编纂委员会：《江苏省志·侨务志》，南京：江苏人民出版社，2007年，第31-32页。

居中国港澳地区，日本、东南亚，操"三把刀"为业（以菜刀、剃刀、剪刀为职业标志的餐饮、理发和缝纫等服务行业）的华侨和港澳同胞。① 据粗略统计，20世纪上半叶，扬州、镇江两地以"三把刀"为业陆续去中国港澳地区，日本、东南亚等地谋生的港澳同胞和华侨达数千人。扬镇以外各市也有一些，如丰县归侨李国华于1936年只身前往东南亚，投靠胞兄李继成，在马来亚龙运港铁矿电厂和新加坡牙龙铁路制线厂当电工，1950年回国。②

工商业者移民海外者也有不少。江苏是近代民族工商业发展的翘楚。无锡、苏州、南通等地以轻纺工业为主的民族企业在20世纪20年代以后迅速崛起。由于受到外国洋行控制，一些民族资本家尝试开拓海外市场，派人员在海外建立了一些经销机构。无锡著名民族工业家薛寿萱在20世纪20—30年代经营缫丝企业，有"丝茧大王"之称。1933年，为摆脱洋行控制，开拓外销市场，委托代理人薛祖康等去美国开设营销生丝的永泰公司，并在伦敦、巴黎、墨尔本等设置销售代理人。③

此外，一些在海外从事工商业取得一定资本的江苏籍或粤闽籍华侨，还回国到江苏投资创业，为民族工商业的发展作出了重要贡献。代表人物如蔡际云、杨俊生、薛福基等侨胞，在江浦、金坛、苏州、南京、无锡、昆山等地定居。由归国侨胞投资兴办的工商企业主要有：万丰堂农场、茅麓公司、华兴农业有限公司、大中华公司、振东垦植公司等农业企业；苏州华盛造纸股份有限公司和先施百货公司等工商企业；中南银行、东亚银行、工商银行、华商银行等金融企业。④

值得一提的是，民国时期因战乱等原因迁往中国港澳台地区和海外的江苏工商业移民众多。江苏是民国时期经济最为发达的地区之一，也是近代民族资本最发达的地区之一。以无锡为例，民国时期的无锡曾是与上海、广州、青岛、武汉、天津并称的六大主要工业城市之一。根据1937年国民政府军事委员会的统计资料显示，无锡315家工厂的资本额达1407万元，有工人63760人。相较而言，广州1104家工厂的资本额才1302万

---

① 江苏省地方志编纂委员会：《江苏省志·侨务志》，南京：江苏人民出版社，2007年，第5、32页。
② 江苏省地方志编纂委员会：《江苏省志·侨务志》，南京：江苏人民出版社，2007年，第32页。
③ 江苏省地方志编纂委员会：《江苏省志·侨务志》，南京：江苏人民出版社，2007年，第37页。
④ 江苏省地方志编纂委员会：《江苏省志·侨务志》，南京：江苏人民出版社，2007年，第11页。

元，有工人 32131 人。两项指标都低于无锡。① 在当时全国的六大主要工业城市中，无锡工厂数和资本额居第五位，总产值居第三位，工人数居第二位。②

随着解放战争的持续推进，特别是淮海战役以后，江苏南部各地的民族资本家在去留问题上分为三种情况。诚如有学者所说："个别老板只顾保全自身，对跟随他们打拼多年的工人职员毫无安置，只知变卖别墅、拆迁工厂、席卷金银全家溜赴海外；部分老板作骑墙态势，他们将部分家眷、资金人才和机器暂移中国香港地区或海外，国内工厂依旧开工，以等待时机。部分爱国爱乡的乡土资本家眷恋故土，不希望去海外做'寓公''白华'，但是又不清楚中共的政策，何去何从，一时难以决策。"③

无锡的拆迁工厂现象相对于同时期的上海并不严重，荣鸿元拆迁了申一、申六、申七等厂的部分机件去了港台，但并未大规模拆迁。荣德生坚决阻止拆厂外迁。要求将正在拆运的机器"已拆卸者装上，已下船者搬回"，"当时虽有人劝余，政局不稳定，宜审慎考虑，为自己打算者，余不听"。④

"携资去国"是主要的资本移民方式。1948 年至 1949 年年初，无锡的荣尔仁、唐骧庭、薛祖康这些民族工商业者对国民党固然不寄予任何希望，对共产党又是疑虑重重，从而选择携资去国，或暂在香港观望。⑤

荣氏家族中比较有代表性的人物是荣鸿元和荣研仁。早在 1947 年，荣鸿元就开始在香港办分厂。由于纱厂在香港很难雇到工人，因此就在上海雇用百名熟练工人，又从申九调去几百人。荣研仁选择在泰国设纱厂。后与暹罗政府协议：暹罗政府占公司股份的 40%，申新占 40%，其余 20% 由中暹商人投资。⑥但最后在泰国的纱厂因经营不善而倒闭。

唐氏家族携资去中国香港地区或海外发展的代表是唐星海。唐星海是唐保

---

① 严克勤、汤可可等：《无锡近代企业和企业家研究》，哈尔滨：黑龙江人民出版社，2003 年，第 6 页。

② 严克勤、汤可可等：《无锡近代企业和企业家研究》，哈尔滨：黑龙江人民出版社，2003 年，第 5 页。

③ 周孜正：《何去何从：无锡乡土大资本家一九四九年留锡原因及经过》，《党史研究与教学》2016 年第 4 期。

④ 荣德生：《乐农自订行年纪事》，上海：上海古籍出版社，2001 年，第 215 页。

⑤ 周孜正：《何去何从：无锡乡土大资本家一九四九年留锡原因及经过》，《党史研究与教学》2016 年第 4 期。

⑥ 上海社会科学院经济研究所经济史组编：《荣家企业史料》（下册），上海：上海人民出版社，1980 年，第 662 页。

图 3-1 爱国实业家唐星海先生塑像

谦之子,唐氏家族中颇具国际视野的企业家。早在1919年,唐星海就在父亲支持下赴美国麻省理工学院学习,先学纺织机械,又学企业管理。1923年学成归国后进入庆丰纺织厂。三年后接管庆丰,成为唐氏家族独当一面的人物。以唐星海为代表的具有国际视野的企业家拥有商业和政治的双重的敏锐嗅觉。中国香港地区成为最佳的投资之地。香港在1947年恢复自由港地位,英国政府取消了香港在特价、出口等方面的管制,香港的制造业迎来一次黄金发展机遇。① 1948年年底,唐星海从庆丰抽调大量资金套购外汇,在香港创办南海纱厂。由于资金雄厚,南海纱厂很快发展成为拥有3万枚纱锭、500台布机的香港第一大纺织厂。

总之,无论是以"三把刀"为业的技艺型移民,还是以华文教育为业的教育型移民,抑或是携资拆厂赴海外的工商业移民,他们相对于人数占绝对多数的劳工型移民,在经济地位上要高出许多。由于前三大群体占比相对较高,因此,相对于闽粤等以华工为主的海外华侨华人群体,江苏海外华侨华人的总体经济水平相对较高一些。

三、当代江苏海外华侨华人经济发展

抗日战争和解放战争期间,民族资本向海外的转移奠定了海外华侨华人工商业发展的雄厚基础;加之早期赴海外的华工、手艺匠人、留学生、知识分子及工商业者在东南亚、欧美、日本等地区,已涌现出一批有着雄厚资本的工商企业家。至20世纪中叶,海外华侨华人的经济已经呈现出一片欣欣向荣的景象。

---

① 上海爱建集团股份有限公司编著:《唐君远与唐氏家族传奇》,今日出版社,2018年,第363页。

江苏籍海外华侨华人的表现也非常亮眼。

1949年以后，移民海外的江苏工商业者在美国、巴西等地都有较好的发展。以出自无锡的唐氏和荣氏为代表，除唐氏的唐君远和荣氏的荣毅仁外，两大家族的大多数人都转到海外继续从事工商业。

仅以唐氏家族为例，中华人民共和国成立前后迁居境外的人员中，美国、东南亚和拉美等都有分支。在美国的唐氏分支包括唐骝千和唐熊源等人。唐熊源是唐纪云长子、荣德生女婿，毕业于美国麻省罗威尔纺织学院，曾任无锡申新三厂的副总经理，他在美国建立了唐氏实业公司，任主席。唐骝千是唐星海之子，唐骥千之弟。他在中华人民共和国成立前夕赴美，获得耶鲁大学学士，哈佛商学院工商管理硕士。毕业后在美国一直从事投资和金融业。其与友人莱克创建的"莱克与唐投资集团"（Reich & Tang）为全美三十大基金公司之一。1990年，唐骝千还与贝聿铭、马友友等共同发起成立了美籍华人精英组织"百人会"，成为该会的创始会员。

南美的唐氏分支有在巴西的唐晔如之子唐凯千为代表。1949年，唐晔如全家迁居香港，次年转赴巴西创业，在圣保罗独资创办了巴西最大的小麦种植场。唐凯千随父来到巴西时年仅4岁，后在美国康奈尔大学和法国巴黎第五大学求学，获得博士学位。学成回巴西后，唐凯千主要从事金融业和石油业。1972年他在巴西建立了自己的金融集团。1981年投资海洋石油业，并很快成为巴西发展海洋石油事业的功勋之一。他还热心海外投资，如在美国从事旅游业，并在改革开放后与国内交往密切。1986年巴中工商总会在圣保罗成立，唐凯千被推举为会长，在中巴经济、文化等交流中发挥着积极作用。

在东南亚的唐氏分支代表是唐鹤千。唐鹤千是唐发源长子，1948年从上海市立工业专科学校纺织科毕业，1949年准备借道泰国，前往英国，恰在泰国期间，被迫滞留。在泰国期间，他利用家族传承的工商业精神和纺织专业技术，创办了泰国明德有限公司。此后，他又将业务扩展到国内，开办协联能源有限公司等企业。

荣氏家族在海外从事工商业者众多，如荣毅仁次子荣智宽曾任巴西环球公司总裁，在巴西工商界颇有威望；荣智鑫二姐荣智美在德国，被称为"商界女强人"，曾任德国尤尼可公司经理，长期致力于推动中德两国的工商业交流。

无锡唐氏和荣氏是中国近代民族资本的代表，为中国民族工业的发展作出了重要贡献，虽因各种变故辗转至海外，但仍能秉承江苏工商业精神，开拓创新，发展壮大。改革开放后，始终心系祖（籍）国的海外华商，特别是新生代华商秉持父辈的家国情怀与实业兴国的精神，率先与中国开展经贸交流。他们不仅为祖国的改革开放事业立下汗马功劳，而且也找到了自身事业发展壮大的新平台，二者形成互利共赢的关系。

早期从江苏迁往海外的民族资本不仅保持着浓厚的家国情怀，而且秉承着重视文化教育的优秀传统、热心慈善的家族品行和实业兴国的地域精神。以出自无锡的荣氏和唐氏家族为代表的早期海外华商有下述共同特点。

其一，重视教育。重视后代教育是家族传承，这也是以唐氏和荣氏为代表的江苏籍华商具有国际视野，能够在海外持续发展壮大的重要原因。即便未在工商业界发展，也在专业技术领域取得成就。仍以唐氏家族为例，唐纪云的次子、被誉为"太空服之父"的唐鑫源毕业于罗威尔大学和麻省理工学院，后成为美国太空总署太空飞行中心第一位华裔美国人，聘任材料研究所所长，主持研究太空应用材料。三个子女及多位孙辈都毕业于美国名校，从事教育和科学研究工作。

除了家族对子孙后代教育的重视，热心办教育、做慈善也是唐氏、荣氏等工商业家族在国内和国外都秉持的传统。唐保谦即在无锡兴办教育，是无锡当时唯一高等学校国学专修学校的经济董事。其子唐星海到香港后，捐助兴学，是香港中文大学创始人、香港理工大学工作委员会主席、新亚书院董事主席等。唐君远在无锡开办丽新职工子弟学校，其子唐翔千在上海设立唐君远奖学金等。2009年9月14日唐鹤千在常州"唐荆川爱国兴学奖助金"首期发放仪式现场鼓励学生们："技术专科人才，是一个国家工业化发展过程中不可缺少的资源，唐家人历来以教育为本，希望兴办实业，产业报国。"他本人一生也是这一精神的实践者。1973年，在泰国已经功成名就的唐鹤千回到家乡，将8个侄儿侄女送到海外读书，负担所有费用，彻底改变了这一支唐氏家族的命运。80岁生日时，所有侄儿侄女齐聚泰国，为其过生日。他感慨地说："我这辈子比较满意的几件事之一，是提供了你们这些孩子该有的教育机会。"①

其二，实业兴国思想是近代以来江苏地域文化的重要表征。仍以唐氏为例，

---

① 上海爱建集团股份有限公司编著：《唐君远与唐氏家族传奇》，今日出版社，2018年，第389页。

唐家人数代经营实业，形成了重实业的家族传统。唐翔千与中国的合作"坚持了40多年的时间，既成就了一番更辉煌的事业，也实现了唐氏几代人的实业报国的梦想"①。他曾说："有些人认为，办工业太辛苦，积累资金不容易，不如做股票或地产容易赚钱。但从国家来说，没有实业，经济发展就没了基础，其他服务业都成了空中楼阁。"②"爱国重教、产业报国"是唐家始终秉承的理念，"情系故乡、造福桑梓"更是矢志不渝的情怀。③

第二节 江苏海外新华商群体的兴起

自20世纪90年代以来，江苏海外华侨华人工商业发展进入一个多元化和全球化的阶段。与新中国成立前民族资本家在海外工商业发展不同，这一时期江苏海外华侨华人的主体是从江苏各地出去闯世界的新华商群体。笔者对北美洲、欧洲、大洋洲、东南亚、非洲、南美洲等地区部分国家江苏商会进行了书面访谈，从回馈的信息可以大体了解当前海外江苏新华商群体的发展现状和基本特征。

一、江苏海外新华商群体的兴起

江苏新华商群体遍布世界各大洲的主要国家。大体而言，旅居发达国家和发展中国家的新华商在移民方式、从事行业、经济地位及其在华侨华人群体中的比重等方面既有一定共性，又有不少差异。

北美是江苏海外新华商群体较为集中的地区。美国是华侨华人分布较多的国家之一，根据中国华侨华人研究所编撰的《世界侨情报告（2020）》蓝皮书的统计，美国华侨华人已超过500万人（约508万人）。美国江苏总会工作人员介绍，在美江苏籍华侨华人总数虽无确切统计，但肯定有几十万人之多。他们大多是在改革开放以后通过留学和投资经商等途径来到美国的，在洛杉矶、纽约、旧金山和休斯敦等大中城市较多。从行业上来讲，在美江苏华侨华人从事行业非常多元。其中从事进出口行业的新华商与留学美国后留下来从事教育、科技等行业的高知阶层是人数最多的两大群体，

---

① 上海爱建集团股份有限公司编著：《唐君远与唐氏家族传奇》，今日出版社，2018年，第297－298页。
② 上海爱建集团股份有限公司编著：《唐君远与唐氏家族传奇》，今日出版社，2018年，第304页。
③ 上海爱建集团股份有限公司编著：《唐君远与唐氏家族传奇》，今日出版社，2018年，第333页。

且在华人族群中影响力较大。① 加拿大的情况在欧美发达国家中更为典型。根据加拿大江苏总商会工作人员的估计，旅加江苏华侨华人约有 4 万人，其中约有一半从事工商业活动，属于新华商群体，大多集中在多伦多、温哥华和蒙特利尔等大城市。与美国新华商群体相似，他们也大多是在改革开放后通过留学、技术移民、投资移民、亲属团聚等方式来到加拿大的。②

比利时、荷兰、卢森堡是西欧经济较为发达的三个中小型国家，旅居于此的江苏新华商的发展情况是整个欧洲这一群体的缩影。根据比荷卢江苏商会工作人员介绍，这里的江苏华侨华人大多是 20 世纪 90 年代以后通过商业移民、留学和婚姻三种途径来的，主要分布在布鲁塞尔、安特卫普、阿姆斯特丹和海牙等大中城市。商会现有成员 160 人，从事行业较为多元，除人数最多的餐饮业外，教育、文化、法务、酒店和零售业等其他工商业活动都有分布。③

澳大利亚是大洋洲最大的国家，也是江苏新华商分布较多的国家。根据澳大利亚江苏总商会工作人员介绍，澳大利亚现有华侨华人主要在墨尔本、悉尼、珀斯、布里斯班等几个城市，其中 80% 以上在墨尔本、悉尼两个城市，旅澳华人 40% 左右从事工商业活动。江苏籍华商数量难以准确统计，但据商会工作人员介绍，澳大利亚江苏总商会之下还有以江苏 13 个区市命名的地方总商会，人数超过 3000 人。旅澳江苏华侨华人从事的行业较之其他地区更为广泛，涉及金融、地产、贸易、教育、医疗、移民、餐饮、超市、物流、旅游、园林、健身等，很难统计哪个行业人数最多。④

图 3-2　澳大利亚悉尼伯伍德区南京人开设的"秦淮食府"

（澳）牟抒奇摄。

---

① 海外江苏商会问卷调查与访谈：美国江苏总商会，2021 年 8 月 15 日。
② 海外江苏商会问卷调查与访谈：加拿大江苏总商会，2021 年 5 月 22 日。
③ 海外江苏商会问卷调查与访谈：比荷卢江苏商会，2021 年 8 月 15 日。
④ 海外江苏商会问卷调查与访谈：澳大利亚江苏总商会，2021 年 5 月 22 日。

总体来说，欧美澳等地区的江苏新华商群体发展态势不断向好，相对于老华商较多集中于餐饮、零售等行业的情况，新华商群体从事行业更为多元，金融、旅游、国际贸易、物流、教育咨询等行业的分布不断增加。从经济地位来讲，欧美澳等地江苏商会的工作人员一致认为，江苏新华商群体在当地处于中上水平。如美国南加州华人联合总会会长蔡成华自1993年起在美创业，创立美国华源国际责任有限公司，成为美国知名化工公司的企业买家，2006年收购了美国第四大仪表公司——美国仪表的最大股权，在推动形成相关产业国际标准、加快产业链融合方面，发挥引领作用。

改革开放以后，虽然留学移民、技术移民和投资移民中去往欧美澳等地区的人数较多，但广大亚非拉地区和东欧等发展中国家蕴含大量商机，日益成为新华商群体投资置业的"乐土"。通过对泰国、阿联酋、安哥拉、南非、智利等亚非拉国家江苏华商社团的书面访谈，能够大体了解旅居广大发展中国家的海外江苏新华商群体发展状况。

东南亚以闽粤两省移民及其后裔居多，江苏华侨华人相对较少，但改革开放以来，前往东南亚各国从事工商业活动的江苏人不断增多。据泰国江浙商会工作人员介绍，在泰国长期居留的江苏人不少于1000人，分布在曼谷、罗勇和是拉差等地，其中约有70%从事工商业活动。这些新华商大多是从2000年以后来到泰国，既有因业务往来由国内公司派驻于此的，也有通过亲朋好友介绍来到泰国自谋发展的。旅泰江苏华侨华人从事的主要行业包括贸易、服装、旅游和房地产等行业，尤以建筑业最多，这一情况大体反映了新华商群体的行业分布。① 泰国的情况是整个东南亚江苏新华商群体发展现状的缩影。

阿联酋是中东国家中华侨华人较多的国家之一。阿联酋江苏商会工作人员介绍说，常驻阿联酋的江苏人大概有2万多人，约一半从事商业经营活动，主要分布在迪拜沙迦和首都阿布扎比地区。大部分江苏人是2004年以后通过以下三种途径来的："一是通过朋友介绍；二是国企项目配套人员；三是自己闯荡世界而来。"除了商业，建筑业是从业人员最多的行业，此外还有较多江苏华侨华人从事家纺、电子、机械等江苏传统优势产业。从经济来讲，阿联酋作为典型的石油国家，其国民经济和收入水平非常

---

① 海外江苏商会问卷调查与访谈：泰国江浙商会，2021年5月22日。

高，华侨华人难以比拟。正如商会工作人员所说："经济地位不可相比，石油国家的国民待遇和家底还是咱们需要仰望的。"①

近年来，随着中国与非洲政治、经济往来的愈益频繁，非洲国家成为新时期勇闯世界的江苏新华商投资创业的热土。几乎每个非洲国家的大中城市都能看到华商的店铺和身影。南非是非洲较为发达的国家之一，也是江苏海外华侨华人在非洲分布最多的国家之一。据南非江苏商会介绍，旅居该国的江苏华侨华人有2万多人，其中80%集中在约翰内斯堡，开普顿和德班等大城市也有少部分集聚，其他各地呈零星分布。旅居南非的江苏华侨华人中大多数（90%以上）从事工商业。这些旅南江苏新华商的经历有诸多相似之处，他们大多是自1998年中南两国建交后来到南非的，进出口贸易是最为集中的行业，且以纺织品和日用百货为主。②

安哥拉是非洲西南部的濒海国家，旅居该国的江苏新华商更具代表性。据安哥拉江苏总商会工作人员介绍，该国的江苏华侨华人约有3500人，主要集中在首都罗安达地区，其次是沿海城市。江苏华侨华人中从事工商业活动的新华商占40%左右，他们大多以"拉—帮—带"的方式进入安哥拉，并逐渐成为安哥拉国际贸易的重要力量。旅安江苏新华商群体从事行业广泛，贸易、建筑、加工制造、广告传媒、矿产开发、林业开发、服务等各行业都有，尤以贸易行业居多。③

与前往欧美澳等地以投资移民、留学移民等途径不同，旅居亚非拉地区的江苏新华商更多的是通过"拉—帮—带"式的连锁移民方式创业。这些新华商大多来自经济欠发达地区，怀揣梦想闯荡世界。林西村郁家老四郁建元的儿子郁礼平在口述出国创业背景时说了一句颇耐人寻味的话："答案是一句话：穷则思变。……首先由我们郁家军家族闯出了一条出国经营之路，去东欧地区经销床上用品，打开了国际市场，也发了财。就这样一拨又一拨的林西村人、三星镇人以及海门人、周边的通州人也仿效出国经商了。"④

---

① 海外江苏商会问卷调查与访谈：智利江苏总商会，2021年8月15日。
② 海外江苏商会问卷调查与访谈：南非江苏总商会，2021年5月22日。
③ 海外江苏商会问卷调查与访谈：安哥拉江苏总商会，2021年5月22日。
④ 南通市侨联：《南通新侨口述史》，北京：中国华侨出版社，2018年，第320页。

二、江苏海外新华商群体的三大类型

江苏海外新华商群体大体分为三种类型。第一类是20世纪80—90年代"下海潮"这一特殊时代背景下产生的群体，其中较多原在体制内从事国际贸易相关工作，下海后移民到海外继续从事国际贸易或与中国有关的旅游、教育咨询、中餐等行业。第二类是改革开放以来出国留学，毕业后留在当地创业发展的"儒商"。第三类华商人数最多，大多是通过"连一帮一带"的途径到海外从事国际贸易等行业。

第一类华商较为典型的人物如阿联酋华商王海林。2000年，刚刚大学毕业的王海林，入职一家阿联酋商城杭州办事处，为学有所用，他主动申请前往阿联酋。到达阿联酋后，王海林发现当地制造业基础薄弱，当地人对各种轻工产品的需求旺盛。王海林意识到这是"中国制造"潜力无限的蓝海市场，权衡再三，决定留下来拼搏。随着经济全球化发展，越来越多的中国外向型企业开始寻求走出国门，前往市场饱和程度较低的中东地区寻找商机，但对海外市场不了解，不敢也不知道怎么出国。王海林抓住这个时机，在阿联酋创立了中东国际展览集团。为这些想走出去的中国企业提供"保姆式的服务"，小到办理护照、签证，大到为它们做海外市场调研、评估，为它们解决一系列后顾之忧。王海林说："没有中国企业的会展是不完整的。"经过20余年的发展，现在每年都有近4000家国内企业通过王海林的公司到国外顺利签单，将更多的中国产品销往国外。继阿联酋后，王海林又开辟了沙特、卡塔尔、科威特、阿曼、埃及等周边市场，并成为多个国际知名展会的中国总代理，创立了让中国展商在国内报名，并以展团的形式前往中东地区参展的新型会展服务模式。2013年，为了响应"一带一路"倡议，王海林决心创立自己的会展品牌，帮助中国企业把优质商品推广到更多的"一带一路"沿线国家，创立了集政策研讨会、经贸合作会、文化交流会与B2B会于一体的自有会展品牌——"中国贸易周（China Trade Week）"，让外国人可以在他建立的平台上，直接和中国人做生意，购买第一手的中国优质产品，赢得了新的发展机遇。

第二类是出国留学后留在当地创业发展的"儒商"。较典型的人物如旅日华商严浩和旅美华商陆诚。严浩是日本最大的华人企业EPS（Ever Progressing System）公司创办人。1981年4月，18岁的江苏张家港籍留学生严浩被教育部公派赴日留学，进入日本国立山梨大学计算机科学系学习。1985年，严浩本科毕业，选择了读研深造。1989年他又考入东京大学博士研究生，专攻医学统计专业。1991年5月，借助此前积累的人脉和业务关系，严浩和另外几名中国留学生一起成立了EPS公司。公司所从事的CRO（医药研发业务外包）业务，是临床试验领域最核心的业务。到20世纪末，EPS公司的业绩引起了日本证券公司的关注，将其保荐到日本创业板成功上市。2001年7月，EPS成为日本CRO行业第一家上市的公司。2006年9月，EPS升级为日本主板上市企业。中国的CRO行业起步较晚，医学统计等相关专业人才匮乏，技术和行业体系比发达国家落后。严浩决心帮助祖（籍）国和家乡弥补差距，他从试水到在江苏扩大业务，一步步在中国这片热土上扎根、成长。迄今EPS公司在中国投资达1亿美元，用于发展和培育国内健康产业，严浩立志要做"中日两国健康产业合作的桥梁"。陆诚现任美中工商协会会长。该协会成立于1996年，会员基本都是受过高等教育的新移民和华人精英，经历了从在美留学，之后进入商界这一共同背景。①

来自江苏无锡的澳大利亚华商许浚，现任盛世集团创始人兼董事长、澳大利亚江苏总商会常务执行会长，有着丰富的多元背景和广博的学识，对海外企业发展有着深刻的思考。在澳大利亚地产开发领域，他倡导"城市共建者"的社会角色，讲究"地产艺术化"的审美标准，在业界取得了骄人的业绩。他秉持团结互助、共同提高的拼搏精神，鼓励总商会成员发挥"厚德、崇文、实业、创新"的苏商精神，强化担当精神，树立奉献意识，在国际舞台展现华商新形象。

第三类华商人数最多，即通过亲朋好友相互引荐，从江苏农村地区来到海外从事中外贸易。代表者是南非侨商陈平。陈平1969年生于南通市通州区川港镇。1998年，通过在南非经商的老乡朋友介绍，来到南非。在南非第二大城市开普敦，与人合作经营长毛绒玩具销售，赚得第一桶金。1999年成立"家骏（南非）国际贸易公司"，几年时间公司年销售额达1000多万元，成了当地有名的"儿童玩具大王"。之后，亲属和朋友来到南非与其合作，经营床上用品、房地产等，与人合资开创了"中国城"，事业发展顺利。此后2008年面临事业下滑挑战，陈平迅速转向约翰内斯堡，与宁波

---

① 南通市侨联：《南通新侨口述史》，北京：中国华侨出版社，2018年，第261页。

凯越国贸合作，创建"家骏百货"，公司年营业额达 300 万美元。之后筹资 3000 万元，独资创建"中国精品世界商城"，成为约翰内斯堡商业圈的一个购物热点。

林西村的郁家是当地有名的出国经商探路者和成功实践者。早在 20 世纪 90 年代，郁家的老五郁建祥、老六郁建华，首先大胆尝试出国做纺织品销售贸易，成为林西村出国经商探路者。郁家的另一成功代表是老四郁建元。1994 年，曾任海门市首个村办厂三星镇林西村五金厂业务厂长的老四郁建元也参与进来，他出股 10 万元（7 万现金和 3 万件枕头、被套产品），并派自己的儿子郁礼平跟随叔叔们中转土耳其后来到罗马尼亚首都布加勒斯特。之后郁建元又带上女儿郁礼花来到罗马尼亚，开办罗来福进出口贸易公司，后又从经销商转到直接经营门店。

根据郁建元的口述，郁家成功的经验有着特殊的时代背景："因为那时候东欧国家，包括我所在的罗马尼亚及周边国家轻纺产品稀缺，市场需求量大，而我们中国人销售的家纺新产品，又是国内大量生产的。……我用成本 10 多万元的一个布料货集装箱，运到布加勒斯特就能赚到 20 万元。仅 1997 年那一年，我家就先后发了 15 个货柜。"① 目前，郁建元家在南非和智利都有公司。

从更大的背景来看，南通海门林西村郁家的成功经验又是"通商模式"的缩影。阿联酋侨商葛学新正是林西村以外"通商模式"的代表。葛学新是南通市通州区界北村人。他也是 20 世纪 90 年代去东欧闯荡的南通商人群体之一。他于 1997 年来到罗马尼亚经商，当时和朋友在前往罗马尼亚的同时，从国内发了两个集装箱的货物（布匹和窗纱），价值 150 多万元。据其口述，"我们南通人做生意有个说法，叫作'带着集装箱出国去'。"② 在积累了一定经验后，葛学新又转赴阿联酋创业发展，后来创办了鑫隆置业南通有限公司、阿联酋迪拜金龙贸易有限公司，任董事长。目前，葛学新一家三口成为典型的跨国经商家族，三人奔波于四个国家——葛学新负责国内生产，儿子在俄罗斯，老婆在阿联酋和罗马尼亚来回跑。③ 除了"带着集装箱出国去"的特点，据葛学新口述自己在罗马尼亚的经历也能略窥到海外南通人的

---

① 南通市侨联：《南通新侨口述史》，北京：中国华侨出版社，2018 年，第 316 页。
② 南通市侨联：《南通新侨口述史》，北京：中国华侨出版社，2018 年，第 372 页。
③ 南通市侨联：《南通新侨口述史》，北京：中国华侨出版社，2018 年，第 374 页。

特点，他说："在罗马尼亚做生意的，除了南通人，还有浙江、福建和台湾人。但他们都是'背着双肩包'去打工的，我们南通人不一样，经过十几年的市场历练，大多数是以老板的身份出国经商的。……在罗马尼亚，华商能吃苦也是出了名的，大多数人既是老板也是伙计。"①

图3-3 被称为江苏省跨国经营第一村的"林西村"

综合来讲，无论是20世纪末"下海潮"中涌现的成功海外华商，还是通过留学后在海外创业成功的"儒商"，抑或是通过亲朋好友"连一帮一带"在东欧及亚非拉各地获得成功的"南通模式"，改革开放以后崛起的江苏海外新华商群体都闪耀着新时代的"江苏精神"。

三、江苏海外新华商群体面临的挑战及其应对

尽管存在一定差异，但无论是旅居发达国家，还是发展中国家，江苏海外新华商群体都有一些显而易见的共同特征。其一，从分布来讲，他们大多集中在工商业发达的大城市，呈一定的集聚性特征。其二，从经济地位来讲，无论是发达国家还是发展中国家，江苏华商在当地都处于中上水平。其三，新华商群体从事进出口贸易，特别是与中国相关贸易的比重较高。

旅居发达国家和发展中国家的江苏新华商群体也有一些不同的方面。从移民本身来讲，发达国家的江苏新华商中投资移民和留学移民等的比重较高，而发展中国家的江苏新华商通过"拉一帮一带"的连锁移民比重相对更高；从行业分布来讲，发达国家的江苏新华商除从事贸易外，科技、旅游、教育咨询等行业的比重也相对较高，而发展中国家的江苏新华商从事国际贸易则是主流；从新华商占当地江苏华侨华人的比重来说，亚非拉发展中国家的占比显然更高，

---

① 南通市侨联：《南通新侨口述史》，北京：中国华侨出版社，2018年，第372页。

在某些国家可能高达 90% 以上，而在发达国家这一比重一般在 40% 及以下。

当然，无论是旅居发达国家，还是发展中国家，新华商群体身上都体现了鲜明的"江苏精神"。

相对来讲，这些自 20 世纪 90 年代壮大起来的新华商群体在企业资本规模、管理方式与经验及对住在国社会的融入等各方面仍处于发展与转型之中，在金融风暴、政局变动、社会动荡和新冠肺炎疫情面前的抗风险能力还有待提高。

改革开放和冷战结束等国内外环境的变化，为敢于闯世界的江苏人提供了全新的发展舞台。尽管这些国家的商业机遇为新华商的兴起提供了宝贵条件，但随之也带来了一系列不可回避的问题。

相对于发达国家，发展中国家在政治和社会稳定性、对金融风暴和经济危机的抵抗能力、国家和地方治理体系和治理能力、国民素质等各方面都有较大的差距。因此，新华商群体在自身的发展过程中，几乎普遍遭遇一些挑战。

新冠肺炎疫情也给华商群体带来了严重影响。新冠肺炎疫情暴发以来，海外华商群体遭遇到了巨大的困境。据安哥拉江苏总商会工作人员介绍，首先是"生活上带来不便，在一些同胞确诊后，不能得到较好的治疗"；其次是对华人经济的影响，工作人员介绍说："对各行各业都带来了冲击，跟疫情之前相比，有很大的差距。"尽管如此，安哥拉江苏总商会仍感谢来自祖国的关怀，工作人员介绍："在新冠肺炎疫情防控期间，多次得到江苏省委省政府和各相关部门方方面面的支持和帮助。"① 与安哥拉的情形相似，据南非江苏总商会工作人员所说，新冠肺炎疫情暴发以来，旅居南非的华商群体受到比较大的影响，大多被迫停业。他们在海外的处境也得到来自家乡的关怀，"陆续收到侨联和国内有关部门发来的防疫物资"。②

江苏海外华商群体秉持江苏人的"创新"精神，在困境面前不气馁，不断寻求解决之道，积累了一些成功经验。其一，针对海外普遍存在的治安问题，主动加强自我保护。旅居南非的华商陈平就独辟蹊径在自己创办的"中国精品世界商城"建立了一支保安拳击队。拳击队经常组织一些表演，在"中国城"里亮相，还组织了拳击赛，对商城的治

---

① 海外江苏商会问卷调查与访谈：安哥拉江苏总商会，2021 年 5 月 22 日。
② 海外江苏商会问卷调查与访谈：南非江苏总商会，2021 年 5 月 22 日。

安保卫起到了助威作用。①

其二，加强与当地政府和警察部门的合作。南非华商群体与当地警察部门建立了南非华人警民合作中心。这是一个非营利性的华人社会服务机构。中心职责是通过与警方的合作，协助处理华人日常治安事件，为华侨华人服务。当地警署有3名警察常驻中心，中心的主任、副主任都由侨团领导担任，常务主任每天在中心值班，协助警方处理日常事务。陈平担任多个侨团副会长，兼任华人警民合作中心副主任。②

其三，遵守当地法律，转变经营方式，按照现代管理理念进行管理，聘请律师维护法律权益。在巴西经营企业的扬州华商孙月有自己的经营经验。孙月出生在扬州，后移民到巴西，在巴西创立了圣天使公司，后开办了一家塑料厂和圣天使服装公司。孙月表示：面对当前经济困难，华商不要气馁，要敢于创新，要转变经营方式，转型开办工厂。只有开办实体经济，利用巴西本地资源、人力和市场，才能有效规避美元汇率上涨造成的影响，才能开创华商经济的新局面。

总的来说，改革开放以来，江苏华侨华人普遍受到良好的教育，从事科教、文化、管理及新兴产业等较高层次的行业或职业，呈两大发展趋势。其一，就新移民来说，改革开放之初的劳工型移民较多，但自20世纪90年代起，知识型移民和工商业移民比例迅速增长，低层次劳工人员比例相对减少；其二，无论早期移民从事何种职业，海外华人的第二、第三代华裔也已大多发展为拥有一定资产、自主经营的企业主，或从事贸易、金融、房地产、律师、娱乐业等新兴行业。江苏新移民结构与职业分布的变化为其在海外的未来发展提供了更为有利的条件。

---

① 南通市侨联：《南通新侨口述史》，北京：中国华侨出版社，2018年，第353-355页。
② 南通市侨联：《南通新侨口述史》，北京：中国华侨出版社，2018年，第353-355页。

第四章 江苏海外华侨华人科教文化事业

19世纪中期以来，移居海外的第一代、第二代华侨华人在异国他乡的发展受到严重限制。他们一方面遭到住在国移民法律和种族歧视的打压，另一方面受到自身语言、文化和经济状况的束缚，不得不从事修路、开矿、种植业等重体力劳动行业，或者经营"三把刀"等低利润行业。随着近代中国民族意识的觉醒，尤其是中华人民共和国成立以来，中国国力不断提高，华侨华人的社会地位也获得提升。随着以江苏华侨华人为代表的知识分子阶层补充到移民群体中，海外华侨华人凭借自身的聪明才智和刻苦努力，逐步改变了自身的社会结构、职业构成、意识观念及其与主流社会的关系，成为教育、科技和文化等行业的精英，重塑了华侨华人在海外的形象。

第一节　江苏海外华侨华人的华文教育

华文教育是指对华侨华人进行中华语言及中华传统优秀文化的教育。① 近代以来，受到国际环境的影响，华文教育的发展较为艰难曲折。19世纪末20世纪初，许多江苏籍华侨华人移民海外，他们自发在聚居地创建华侨学校，帮助华侨后代继承中华文化传统，江苏华文教育由此兴起。20世纪30年代，海外华文教育逐步走向鼎盛，华文学校的数量空前增加，教学水平也有了长足的发展，涌现出李春鸣、刘宏谟等一大批优秀的江苏籍华文教育家。1949年中华人民共和国成立后，受到世界冷战格局的影响，海外华文教育的发展一度陷入停滞。20世纪70年代以后，以江苏籍华侨华人为代表的新一代侨胞克服困难，助推华文教育重新迎来了新的发展机遇。尤其是进入21世纪以后，在"中国热"和"汉语热"的双重推动下，江苏华侨华人兴办华文教育的热情空前高涨，华文教育再次迎来繁荣。

一、近代江苏海外华侨华人的华文教育

海外华文教育起源于17世纪，主要由福建籍和广东籍华侨华人发起。17世纪30年代，荷兰殖民者占领巴达维亚和马六甲等地区，促进了当地商业的发展，也吸引了一批福建和广东华侨华人在此聚集。为了传承中华传统文化，当地华侨华人在17世纪末成立了第一所华文私塾"明诚书院"，使用闽粤方言授课，主要教授四书五经等儒家典籍。

与福建籍和广东籍华侨相比，江苏籍华侨华人大规模移民海外的时间较晚，因此其发展华文教育的历史也较为短暂。根据目前掌握的资料，江苏籍华侨华人直到20世纪初才开始依托"江苏同乡会"等社团发展自己的华文教育。1903年江苏籍留日学生在日本东京成立"江苏同乡会"，下设教育部门。由于当时的华侨华人群体以留学生为主，因此该教育部门的主要服务对象是留日学生，职责是帮扶、指导和担保会员在日本的学习。② 此外，在日本横滨等地，江苏籍、浙江籍和江西籍华侨华人成立的"三江公所"也从社团经费中划拨一部分用于兴办华文教育。③

---

① 赵红英、张春旺：《华侨史概要》，北京：中国华侨出版社，2015年，第294页。
② 章开沅主编：《辛亥革命辞典》，武汉：武汉出版社，1991年，第144页。
③ 江门市政协文史组：《江门文史资料选辑·第6辑》，江门市政协内部资料，1979年，第46页。

20世纪20年代,日本工业化建设基本完成,需要大量的劳动力,江苏籍华工开始移民日本。华工为了应对歧视和压迫,1922年成立"留日中华劳动同胞共济会",其中江苏籍华侨马伯援是早期的21名委员之一。共济会在东京大岛町设立华工夜校,教授华工基本的文化知识,提高他们在日本的谋生能力。①

随后,世界其他地区的江苏华侨华人也开始发展华文教育。1919年在巴西里约热内卢成立的"里约中华会馆"中有不少江苏籍华侨华人。该社团建立了华文学校,招收会员子女入学,其中不乏海外江苏人。②

从总体上看,当时江苏籍华侨华人创办的教育机构数量较少,影响力十分有限。学者通过对这一时期4所日本华文学校中830多名华侨华人的教育情况进行分析,发现讲粤语的占比86%,讲宁波话的占比12%,而讲包括江苏话在内其他方言的人所占的比例极低。这从侧面反映出江苏民间华文教育发展水平较低。

与民间华文教育不同,江苏的官办华文教育成绩突出。在近代江苏,诞生了中国最早的官办华文学校暨南学堂。清末民初,中国对华侨华人国籍的认定遵从"血统"原则,客居海外的华侨华人仍然属于中国公民,必须效忠于中国,需要学习中国传统文化。因此,晚清和民国政府对海外华侨华人的教育问题十分重视。当时,政府意识到华侨华人学校普遍面临着师资短缺、发展水平较低等问题。为了提高华侨华人的教育水平,他们一方面在海外建立大清侨民学堂、中华侨民学堂等;另一方面在国内开办归侨学校,帮助海外华侨子女回国接受语言和文化教育。在众多归侨学校中,清政府1906年在南京薛家巷创立的暨南学堂最为著名。该校也是我国官方在国内创办的第一所华侨学校。

暨南学堂,对海外华侨华人产生了强大的吸引力,迅速成为分散在世界各地华侨学生回国"深造"的主要目标学校。以巴城中华会馆中华学校为例,1905年该校共有108名在校生,其中27名被选派前往暨南学堂学习。此外,荷印华侨学务总会也多次在华文报刊《教育日报》上刊发广告,招募华侨子弟回国赴暨南学堂读书。③ 在海外华侨华人

---

① 谢成佳:《华侨华人百科全书·社团政党卷》,北京:中国华侨出版社,1999年,第236页。
② 谢成佳:《华侨华人百科全书·社团政党卷》,北京:中国华侨出版社,1999年,第230页。
③ 周南京、黄昆章主编:《华侨华人百科全书·教育科技卷》,北京:中国华侨出版社,1999年,第6页、第90页。

的支持下，暨南学堂生源质量良好。据统计，仅 1907—1909 年，暨南学堂便接收了 6 批海外华侨学生，人数达到 175 人。①

1912 年清朝灭亡后，暨南学堂陷入瘫痪，被迫停办。直到 1918 年，在国内教育界人士和海外华侨的强烈要求下，北洋政府教育部恢复了暨南学堂，并改名为国立暨南学校。1923 年，该校迁往上海，1927 年再次改名为暨南大学。原来的南京旧校址继续保留，被称为暨南大学南京分校。

图 4-1　1907 年，荷属东印度（今印度尼西亚）爪哇岛华侨学生准备离开爪哇赴南京暨南学堂读书时的合影

图片来源：中国教育报刊社组编：《暨南大学》，重庆：重庆大学出版社，2008 年，第 9 页。

---

① 张晓辉、夏泉：《暨南大学史》，广州：暨南大学出版社，2016 年，第 27 页。

北洋政府时期，虽然国内局势动荡，但当政者依然关注海外华文教育。1917年北洋政府派遣江苏省教育司长黄炎培（1878—1965）对南洋华文教育问题进行调查。黄炎培在实地考察了南洋英、荷属殖民地后，提交《南洋华侨教育商榷书》，对发展海外华文教育提出了诸多意见和建议。他将华文教育的重要程度提高到国家兴亡的高度，指出"海外华侨子弟多受一分教育，即国民加高一分人格，国家增进一分地位"。① 为此，他建议为海外华文学校提供资金支持，积极发展师范教育、职业教育，呼吁加强教材建设，加强对华文教育的研究等。受到近代中国历史条件的限制，黄炎培的建议没有被采纳。但他关于海外华文教育发展的呼声及提出的发展路径为后世提供了参考。

总体上看，早期华文教育往往被看作"国民教育"的延伸，意在帮助学生了解祖籍国，弘扬中华民族文化传统、增强民族凝聚力和民族精神。但由于缺乏经费、师资和校舍，大部分华侨学校办学条件十分有限，教学内容简单，教学质量也难以保证。

二、现代江苏海外华侨华人的华文教育

20世纪20—40年代，辛亥革命、抗日救亡运动等一系列事件激发了海外华侨的民族意识，推动了爱国主义和民族主义精神在海外侨界空前高涨。国内动荡的局势迫使大量知识分子移居海外，充实到海外华侨华人群体中。这些知识分子大多接受过高等教育，不再从事体力劳动，转而投身于文化教育事业，补充了华文学校的师资力量，推动海外华文教育进入一个繁荣时期。

该时期江苏籍华侨华人拥有兴办教育的热情和经验。随着他们入职各地华侨学校，沉寂多年的海外华文学校有了新的活力。他们的到来不仅扩大了海外华文教育的规模，还大大提高了华侨学校的教学质量。从总体上看，这一时期江苏籍华侨华人发展华文教育的贡献及特点主要表现在三个方面。

第一，踊跃建设侨校，提高办学水平。

20世纪20年代前后，世界各国华侨华人总数约为500万人，其中90%分布在东南亚，② 他们在政治、经济和文化方面都与祖籍地保持着紧密的联系。③东南亚华侨华人对华文教育的需求十分迫切，

---

① 黄昆章主编：《华侨华人百科全书·教育科技卷》，北京：中国华侨出版社，1999年，第215-216页。
② 庄国土：《华侨华人与中国的关系》，广州：广东高等教育出版社，2001年，第185页；庄国土：《世界华侨华人数量和分布的历史变化》，《世界历史》2011年第5期。
③ 许梅：《二战前东南亚华侨与祖籍地的密切联系及其原因分析》，《东南亚研究》2006年第1期。

华文学校因此在印度尼西亚、马来西亚和新加坡等地得以快速发展。大批具有中华文化修养的江苏籍华侨华人在东南亚各国兴办华校,承担起弘扬民族文化的责任。

较早从事海外华文教育的教育家有苏州籍华侨余佩皋(1888—1934)、常州籍华侨卜蕴辉(1899—1992)以及苏州籍华侨程得一(1900—1989)等人。他们或多或少都有在中国接受师范教育或从事教育工作的经历。余佩皋1911年毕业于北平京都女子高等师范学校(今北京师范大学),1914年赴印度尼西亚和新加坡等地任教。1916年创办南洋女子师范学校,自任校长。① 卜蕴辉1920年经黄炎培介绍到印度尼西亚泗水中华会馆任教,1931年在当地侨领及中国领事馆支持下,创办泗水中国女学,任校长。此外,苏州籍华侨费振东(1902—1975)1928年到达雅加达担任八帝贯中华学校教师。② 但早期华文学校的开办并不顺利,1920年10月英国殖民当局颁布《学校注册条例》,限制华文教育发展,华文教育工作者极力反对,被驱逐出境。③ 卜蕴辉不得不在1921年回国,与丈夫在厦门创办厦南女子学校,结束了在海外创办华文教育的尝试。④ 程得一1923年赴南洋,旅居荷属东印度巴达维亚,先后在巴城中华会馆中华中学、广仁中学等华侨学校执教。他们进行的一系列教育活动促进了东南亚华文教育兴起与发展,为后来该地华文教育的繁荣打下了基础。

20世纪30年代,华文教育在印度尼西亚获得了良好的发展,为李春鸣等教育家大展宏图提供了机遇。李春鸣(1894—1976年)原籍江苏南通,1916年毕业于南京国立高等师范学校,曾在国内的江苏省立第七中学(今南通中学)任教。⑤ 1919年李春鸣开启自己的海外华文教育生涯,他先后在新加坡南洋华侨中学、马来亚华侨中学、印度尼西亚巴城(今雅加达)八华学校等任教。1939年3月,李春鸣与张国基(籍贯湖南益阳)、李善基(江苏南通)、陈章基(广东增城)创办巴城中华中学(亦称:椰城中华中学,简称:华中),后被称为"一鸣三基"。李春鸣担任校长。

---

① 顾明远主编:《教育大辞典·第四卷:民族教育、华侨华文教育、港澳教育》,上海:上海教育出版社,1992年,第503页。

② 杨保筠主编:《华侨华人百科全书人物卷》,北京:中国华侨出版社,2001年,第129页。

③ 顾明远主编:《教育大辞典·第四卷:民族教育、华侨华文教育、港澳教育》,上海:上海教育出版社,1992年,第503页。

④ 顾明远主编:《教育大辞典·第四卷:民族教育、华侨华文教育、港澳教育》,上海:上海教育出版社,1992年,第503页。

⑤ 黄昆章主编:《华侨华人百科全书·教育科技卷》,北京:中国华侨出版社,1999年,第161-162页。

该校长期是东南亚最大的华文学校,一直到 1966 年 4 月关闭,27 年间共培养了 20 届高中毕业生共 3000 多人、24 届初中毕业生共 5700 人、27 届小学毕业生 3500 人、14 届幼儿园毕业生 1500 多人。虽然华中办学历史只有 27 年,但却为印度尼西亚和中国培养了许多杰出的企业家、学者和各行各业精英。因此,李春鸣也被赞誉为"华侨进步教育的开拓者"。①

在李春鸣的带领下,南通籍华侨华人成为印度尼西亚华文教育发展的重要力量,他们在中华学校等执教杏坛,为东南亚的华文教育作出了重要贡献。根据 1959 年出版的《椰城中华中学二十周年纪念特刊》统计,中华中学共有 91 名教职工,其中教师 81 人。江苏籍教师 10 人(含当时隶属于江苏省的上海市),占教职工人数的 11%、教师人数的 12%,数量仅次于广东籍和福建籍教师。②

当时江苏籍华文教育家还有许敏(1909—1988)、刘宏谟(1902—1986)、赵维梁(1912—?)和黄照青(1886—1962)等人,他们也为东南亚的华文教育贡献颇多。许敏出生于苏州,1933 年赴印度尼西亚玛琅华侨中小学执教,后任该校校长。1949 年 7 月,任泗水中华中学校长,治校有方,成绩卓著,颇得当地华侨社会好评。③刘宏谟出生于徐州铜山,20 世纪 30 年代应聘赴印度尼西亚华侨学校执教。1945 年他与司徒赞、刘耀曾等侨领一起合并了雅加达联合广仁学校、华侨公学和福建学校三校,创办全新的巴城中学,在印度尼西亚华文教育界也具有重要的影响力。④赵维梁(上海人)1936 年前往印度尼西亚泗水华侨中学执教兼任教务主任。日本占领印度尼西亚后学校被迫停办,1944 年日本投降后,赵维梁得以继续开展华文教育事业,并在 1954 年受聘为副校长,1960 年秋升任校长,直至 1966 年 4 月该校被印度尼西亚政府下令封闭时卸任。⑤黄照青出生于南通海门,1930 年赴南洋任槟榔屿钟灵中学教务长,热心培育华侨子弟,在当地华侨社会颇有声誉。在上述教育家的共同努力下,印度尼西亚等东南亚国家华文教育十分繁荣,各国主要城市几乎都有华文学校存在。

---

① 张宏娟、胡小卿:《华侨教育家李春鸣》,《江苏地方志》1995 年第 1 期。

② 施学琴、居玛丽:《南洋明珠 侨教典范——雅加达中华中学校史(1939—1966)》,香港:生活文化基金会,2017 年,第 155 - 158 页。

③ 杨保筠:《华侨华人百科全书人物卷》,北京:中国华侨出版社,2001 年,第 583 页。

④ 林雨:《华人故事:印尼著名华侨教育家刘宏谟先生》,《国际日报》2021 年 1 月 1 日,第 2 版。

⑤ 杨保筠:《华侨华人百科全书·人物卷》,北京:中国华侨出版社,2001 年,第 693 页。

表4-1 印度尼西亚雅加达中华中学江苏籍教师（1959年）

序号	姓名	性别	年龄（岁）	籍贯	教龄（年）	教职务
1	李春鸣	男	70	江苏省南通市	20	校长兼任国文和史地教师
2	李善基	男	57	江苏省南通市	20	校长室主任
3	夏时行	男	52	江苏奉贤（今上海市奉贤区）	7.5	高中文地
4	李北昌	男	37	江苏省南通市	14	高中和初中数学、初中英语
5	丁宁运	男	53	江苏上海（今上海市）	11	高中语文、初中地理
6	孙守吾	男	59	江苏省南通市	3.5	高中语文
7	洪德本	男	21	江苏省南京市	1	高中和初中数学、初中印尼文
8	陈士南	男	51	江苏崇明（今上海市崇明区）	11	初中历史
9	李国瑛	女	30	江苏省南京市	6	高中和初中化学
10	李南昌	男	34	江苏省南通市	12	总教务处副主任

资料来源：施学琴、居玛丽：《南洋明珠 侨教典范——雅加达中华中学校史（1939—1966）》，香港：生活文化基金会，2017年，第155-158页。

图4-2 1953年雅加达中华中学教学楼照片

图片来源：李春鸣、陈章基主编：《印尼雅加达中华中学画史 1939—1966》，印度尼西亚雅加达中华中学教师联谊会，第26页。

图 4-3 巴城中学校歌

图片来源：巴城中学民国卅七年高初中毕业纪念刊编辑部：《巴城中学高初中毕业纪念刊》，巴城中学民卅七年高初中毕业纪念刊筹备委员会，1948年，第7页。

同一时期，日本的华文教育也有所发展。苏州籍华侨张慧琴在20世纪40年代前往日本大阪，任教于大阪中华学校，[①]传承和延续了日本的华文教育传统。

第二，华文教育逐步实现了本土化。

传统上，海外华侨华人都有"落叶归根"的思想，他们更倾向于将子女送回国内，在暨南大学等学校接受教育。随着东南亚等地华文教育水平不断提高，华侨华人开始改变观念，创新教育内容，以便融入住在国社会。雅加达中华中学校友李卓辉曾在其著作中提到，当时的华文教育虽然全力推行儒家思想，但其与"中国化"已没有关联。华侨华人更愿意发展充满印度尼西亚特色的华文教育，融入当地主流社会，落地生根。[②] 为此，中华中学总结出了新的"华中精神"，即热爱印度尼西亚、落地生根；接受本土语言文化教育；积极参加复苏经济，热心参与国民教育大业。[③]

第三，注重中文教学，提高教育质量。

部分华文学校办学条件虽然艰苦，但华侨华人并未降低师资力量和教育质量。刘宏谟在办学中十分重视师资力量和教学质量的提升。为了改变教师地位低下的状况，他倡导建立"中华教师公

[①] 杨保筠：《华侨华人百科全书·人物卷》，北京：中国华侨出版社，2001年，第667页。

[②] 李卓辉：《迎接落地生根时代：印尼华人文化教育史话》，联通华文书业有限公司，2003年，"序"，第8页。

[③] 李卓辉：《迎接落地生根时代：印尼华人文化教育史话》，联通华文书业有限公司，2003年，第51-52页。

会"，团结教师、改进教学、兴办福利，显著提高了教师的地位。"二战"后，印度尼西亚的民族思想开始觉醒，有人倡议将华侨学校的教科书，除中国文史地外，全部更改为印尼文，并曾组织研究小组进行讨论。刘宏谟力排众议，认为华侨因环境关系，学习印尼文易，学中国语文难；若华校更改教科书，华侨学生缺乏学习祖国语文的机会，将与祖国文化隔离，不成其为中国国籍华侨。经过多日据理力争，刘宏谟并未实施"印尼文"化。

为保证教学质量，刘宏谟对华侨学校进行了现代化改革。他起草高中课程改革方案，主持中小学课程改革会议；起草侨教方针、学制改革方案建议书；编写《小学算术》教科书、《书法实验》课本、《中小学语文语法教学改革方案》；主持中小学语文、外文教学改革会议，加强教材教法革新。在刘宏谟的主持下，学校办学认真、纪律严明、学风良好；坚持教学正规、严格考试升降；并设计自制教具、自编教材，领导教师学习，提高思想觉悟及业务水平，为办学建立了良好的规范。为了扩大华文教育的进一步改革，刘宏谟倡议成立"教育研究会"，打破华侨学校各自为政的局面，探讨教学质量改进问题，并数次主持召开各种教育研究会议，讨论侨教学制、课程、教材、教法等改革方案。他曾主持召开全印度尼西亚侨教会议，后又参加外埠侨教代表座谈会，讨论改进事宜，但因时局紧张多数举措未能实施。后来印度尼西亚政局发生变化，华侨学校被当局封闭，其改革并未能获得落实。[①]

面对困难的局面，同时为了适应本土化，有的华文学校选择了改制。在马来西亚，苏州籍华文教育家汪永年曾任马来西亚槟城钟灵华文中学及钟灵独立中学校长，因领导该校接受政府津贴并改制成国民型中学，使钟灵中学成为第一所改制的华文中学。虽然该做法一度受到华人社会的指责，但也为华文学校的转型提供了借鉴。

三、当代江苏海外华侨华人的华文教育

20世纪50—60年代，随着东南亚国家开始限制和排斥华文教育，华文教育被迫停办。1978年改革开放之后，中国国际地位不断提高，"汉语热"兴起，加之华侨华人移民数量不断增多，海外华侨华人再次踊跃将子女送进华文学校，海外华文教育迎来新的发展契机。

20世纪70年代以后，华文教育更加

---

① 雨林：《华人故事：印尼著名华侨教育家刘宏谟先生》，《印尼国际日报》2021年1月1日，第3版。

多元化，实现了遍地开花。海外华侨华人更倾向于以实用主义的态度学习汉语，将其作为有利于职业发展的"外语"。在这一时代背景下，新型的华侨学校不断出现，其中美国、欧洲等发达国家和地区的华文学校数量增长较快，而东南亚所占的比重有所下降。江苏作为经济和文化强省，在华文教育方面也有了长足发展，涌现出许多有代表性的海外华文教育家和华文学校，其发展特点主要表现在如下四个方面。

第一，欧美华文学校快速发展。

改革开放后，中国与西方国家政治和经贸关系日益紧密。欧洲和北美成为华文教育发展最快的地区。江苏华侨华人大量聚集在该地区，他们为了自身发展需要而建立了多所华文学校。

在欧洲，德国华人张丽华1995年创建的慕尼黑市巴伐利亚中文中心学校（简称慕尼黑华文学校）较有代表性。该校前身是张丽华在自己家中开办的中文班，随着学生人数的不断增多，张丽华开始租赁校舍，扩大规模，聘任南京籍华人迟鲁艺出任校长，负责组织教学活动、复印教材等。学校所教课程更加多元化，除了教授中文外，还开设中国民族舞蹈、中国歌曲、中国地理和中国诗词等课程。①

经过20多年的努力，慕尼黑华文学校规模不断扩大，由最初的24名学生发展成拥有700名学生、40多名教师的学校，成为德国南部规模较大、影响较广的中文学校。

慕尼黑华文学校的发展离不开祖国的大力支持。在中国领馆的协助下，学校与巴伐利亚州教育局紧密合作。自2014年起该校学生可以将中文作为德国文理中学毕业考试科目，至今已有四届学生因此受益。该举措大大提高了学生学习中文的积极性，也为在德国的华文学校融入当地教育机制起到示范作用。

除慕尼黑外，德国其他地区的华文教育也有了较快发展。南京籍女教育家李阿平20世纪90年代在法兰克福创办华茵中文学校，是当地最大的中文学校。经过25年的发展，该校大约有600名学生、40位老师。为了促进教育多元化，她还在法兰克福办了一家中德双语全日制幼儿园。

在北美，华文教育也获得了快速发展。随着中美两国科技文化和贸易交流日趋频繁，大量的华侨华人前往美国定居、工作、留学。他们对华文教育产生

---

① 周南京主编：《华侨华人百科全书·教育科技卷》，北京：中国华侨出版社，1999年，第206页。

了强烈的需求,开始兴建华文学校,希望中文学校和坦佩中文学校便在这样的背景下建成。

1993年,无锡籍华侨倪涛与多位马里兰大学的中国留学生一起创办了一所中文学校,起名"希望中文学校",倪涛出任首任校长。这是美国第一家以简体字教授汉语的中文学校。1994年5月,倪涛联合美国其他十几所中文学校发出倡议,建立全美中文学校协会。同年12月,协会在华盛顿成立,倪涛当选首任会长。协会现在有500余所会员学校,涵盖美国几乎所有大中城市。

1995年2月,聚集在美国亚利桑那州的江苏籍华侨华人召开江苏同乡会活动,其间有人提议创建华文学校,得到与会者的一致同意,于是发展华文教育成为该会的共识。在江苏籍华商的支持下,同乡会与亚利桑那州立大学"中国学生学者联谊会"合作,共同创办了坦佩中文学校。① 在成立大会上,学校推选江苏籍华商庞邦成为会长。该校的成立改变了美国华文学校多由广东籍华侨华人开办的局面,丰富了华文学校的类型。

第二,江苏籍华侨华人在海外华文教育中扮演着重要角色。

江苏素有重视教育的传统,江苏籍华侨华人也继承了这一传统,在各国踊跃发展华文教育。在美国,南京籍华人帅致若和邱岭是当地华文教育的代表性人物。帅致若1991年赴美,先后在加州大学和亚利桑那州立大学学习。后任亚利桑那州希望中文学校校长,同时担任美国亚利桑那州希望中文学校顾问、全美中文学校协会荣誉会长。由于她在发展华文教育方面的突出贡献而获得美国亚利桑那州州长签署的"教育杰出贡献奖"奖状。

邱岭于20世纪90年代移居美国洛杉矶。1995年1月创办"南加州希望中文学校",在海外推广普通话、汉语拼音、简化汉字,从事弘扬中华文化、推动中美文化交流的工作。她发起成立了"希望儿童艺术团",通过教孩子们唱中文歌、跳中国民族舞等方式,让孩子们接触和体验中华文化,激发海外青少年的学习热情。1997年7月,洛杉矶大学校董会授予邱岭"中美文化交流使者"称号。

在欧洲,江苏籍华侨王杰2001年在德国杜塞尔多夫创立了中文学校。王杰1979—1983年曾在徐州师范大学(今江苏师范大学,别称"汉园")求学,他在

---

① 唐晓宣:《美国亚利桑那州诞生一所中文学校》,《江海侨声》1995年第11期。

德国创立中文学校后,不忘致敬母校,将学校命名为"汉园中文学校"。经过20年的发展,学校从一个仅有十几个孩子的中文班发展成正规化、专业化、标准化的全课程中文学校,也是德国最大的中文学校。2016年在汉园中文学校的倡议下,由杜塞尔多夫市政府青少年局出资、该校协办的全德首个中德双语教学公立幼儿园建成,从此中文教育正式进入了德国的主流教育体系,进一步推动了华文教育在德国的发展。目前在校中文课程的学生有820余人。①

除上述两国外,华文教育在其他国家也获得快速发展。在挪威,盐城籍华侨许祥明曾任职于威斯塔万格大学科技学院生物科学与环境系,担任高级工程师。2016年,他创立挪威中文学校Stavanger分校,并担任该校校长,致力于推广中文教育和中国文化,使当地中断多年的中文学校重新得以发展。

在澳大利亚,无锡籍华人孙浩良1991年移居澳洲后发现当地学校主要用粤语和闽南语教学,因此他决定创立使用普通话和简体汉字的华文学校。经过筹备,孙浩良1995年创办新金山中文学校,学生很快达到500人。为了使教学内容符合海外的特点,该校选择使用国务院侨办的华文教材,并进行了一定的修订,以更加适应澳大利亚的教学实际。

原籍镇江的陈杨国生,1993年受中国教育部汉办委托建立了澳洲第一个汉语水平考试中心。1994年,她带领专家组完成亚洲语言的统一课程设置。3年间该系发展到20多个语种,成为当时亚太地区最大的翻译教学基地。

第三,海外华文学校与江苏的联系更加密切。

江苏省的教育教学水平在全国处于领先地位,海外华文学校为了发展的需要,通过多种方式加强与江苏学校的合作交流。一方面,他们访问江苏的教育机构,学习先进的教学理念。2011年,全美中文学校协会访华团在会长廖启红的带领下访问了南京游府西街小学,了解汉语国际推广试验部的情况,实现海外侨界资源与江苏资源的对接。②另一方面,海外华文学校依托江苏省的优质教学资源开展各类青少年夏令营活动。江苏省启动中国书画工程服务海外华文学校活动,聘请国内著名艺术家开展线上课堂,方便世界各地的华人接触到国内顶尖艺术名家,促进中华传统文化在海

---

① 江苏师范大学校友网:《王杰校友收到省委省政府慰问信》,2020年4月13日。
② 中国新闻网:《全美中文学校协会访华团与江苏基地校对接华文教育》,2011年4月8日。

外传承。① 在美国，南京籍华文教育家徐净植在新冠肺炎疫情防控期间加强与江苏省侨联和南京市侨联的交流合作，通过多种形式为坦帕湾中文学校、佛罗里达中华文化中心开设线上互动课程，把江苏的文化推广到坦帕湾当地，更好地传播中国声音、讲好中国故事。②

第四，江苏籍华侨华人推动海外华文教育融入主流教育体系。

随着 21 世纪中国国家实力的增强和国际地位的提高，中文教育逐步融入欧美国家的国民教育与考试体系之中，美国和澳大利亚等多国也将中文确定为"高考"（即大学入学考试）的外语科目。据学者研究，1988 年以前，美国几乎没有中小学开设中文课程，到了 2009 年美国开设中文课程的中小学超过 4000 所，学习中文的学生超过 14 万人。③ 许多江苏籍华侨华人被聘任为上述中小学的中文教师，他们在自己的工作岗位上兢兢业业，推动了中国语言和文化的传播。苏州常熟的刘芳 2006 年移居英国，在苏格兰东丹顿巴郡圣尼年斯中学担任中文教师。她将中国历史、戏剧、服饰、舞蹈、漫画、歌曲等融入课堂教学中，激发学生的学习兴趣。她也凭借优秀的教学成绩成为"终身教师"，获评苏格兰教育局颁发的"最佳新教师"，被媒体赞誉为"真正的中英文化使者"。④ 从刘芳的事迹看，随着华文教育融入各国主流教育体系，海外华文教育迎来了更好的发展空间。华侨华人作为海外华文教育的重要师资力量，他们通过不断的努力，进一步推动了中文教育的普及和教学水平的提高。

总之，海外华文教育是中华民族在海外的"留根工程""续缘工程""希望工程"。一代一代华文教育家通过推广汉语教学，弘扬中华文化，促进了中国与世界的人文交流。江苏籍华侨华人也充分挖掘了江苏丰富的文化资源，为推进海外华文教育发展作出了自己的贡献。

---

① 中国侨网：《江苏省委统战部启动中国书画工程服务海外华文学校》，2020 年 5 月 21 日。
② 江苏省侨联：《美国坦帕湾中文学校董事长徐净植到访省侨联》，2020 年 12 月 21 日。
③ 张瑾：《美国主流学校中的中文教育——历史与展望》，《福建论坛·人文社会科学版》2010 年第 S1 期。
④ 陈培元：《"真正的中英文化使者"——英籍华人刘芳传播中华文化纪实》，《华人时刊》2020 年第 8 期。

第二节　江苏海外华侨华人与科技发展

近代以来，江苏不仅是民族工业的发祥地，也是全国科技经济发展的中心，近代科学技术的发源地之一。开放包容的文化、发达的工商业以及新式教育的涌现相互作用，共同推动着江苏培养出一代代科技人才。近代以来，许多有识之士通过留学或移民等方式走出国门，成为海外著名的科学家。他们埋头研究，勇攀高峰，用一项项科技成就推动了世界的科技进步。

一、近代江苏海外华侨华人科技成就

自16—17世纪欧洲科技革命以来，西方国家在天文、数学、物理等方面取得了长足进步。18世纪末，英国人瓦特发明了世界上第一台有实用价值的蒸汽机，西方国家进入工业时代，国力日益强盛。相比之下，清政府十分排斥现代科技，蔑称其为"奇技淫巧"，导致科技发展水平远远落后于西方，最终在1840年鸦片战争中战败，中国逐步沦为半殖民地半封建国家。面对国家的危局，一批江苏华侨华人开始"睁眼看世界"，他们认识到科技的重要性，于是抱着"师夷长技以自强"的志向向西方学习，谋求中国的发展与进步，并在科技领域取得了一定的成就。

在通信工程方面，常州的王承荣（生卒年代不详）研制出新型电报机。王承荣早年赴法国经商，在法期间开始潜心钻研电信技术和电报机构造。他和福州的王斌通力合作，根据汉字的特点改造了莫尔斯电报机，研制成功第一台适用于汉字通信的新型电报机。该机效率极高，"以十六为纲，以十数为目，发则由字检号，收则由号检字，时许可拍千字，直达千余里"[①]。1873年王承荣携带电报样机回国，向清政府呈送建议书，提议尽快发展电报业务，以便增强防务、促进商务，抵御侵略。但他的建议没有获得采纳，其所发明的电报机也没能获得推广应用。

在飞机制造方面。镇江的巴玉藻（1892—1929）研制出多种型号的水上飞机。1911年，巴玉藻前往英国朴次茅斯学院和阿姆斯特朗学院学习机械工程和船炮制造等专业。第一次世界大战期间，巴玉藻发现飞机在战争中能够发挥重要作用，因而1915年他前往美国麻省理工

[①] 罗强：《从飞鸽传书到量子通信》，上海：上海科学普及出版社，2014年，第118页。

学院专习航空工程，获得硕士学位。毕业后受聘于美国波音公司担任工程师，设计出一架双浮筒、双翼的水上飞机，并成功通过了试飞。美国军方原本打算订购50架飞机用于开辟一条邮务航线。①但此时北洋政府致力于发展海军，要求巴玉藻回国任教。于是，巴玉藻放弃了波音公司的优厚待遇，前往福建马尾船政局担任教官。1917—1929年在福建任职期间，先后设计了甲、乙、丙、丁、戊、己等多种型号的水上飞机，开启了我国自行设计研制水上飞机的历史。

在化学化工方面。常州人沈步洲（1886—1932）早年毕业于东吴大学，后赴英国留学，获伯明翰大学硕士学位。曾受聘任职于英国迦诺克火药厂，并加入英国化学学会，是较早在海外进行化学研究的华侨华人。

在航海技术方面，无锡籍华侨徐祖善（1889—1957）1905年考入江南水师学堂，先学驾驶，后改学轮机技术。1911年赴美国麻省理工学院学习海军工程专业，4年后获造舰科硕士学位。毕业后，徐祖善在美海军兵工厂工作两年，其间对潜水艇产生兴趣，进行了深入的研究，写成《潜水艇》一书。该书是中国人关于潜水艇的最早论述。

总体上来看，近代江苏华侨华人取得的科技成就主要集中在通信、化工、飞机和舰船等领域，研究成果多有军事用途，体现出江苏海外华侨立志"师夷长技"、挽救民族危机的愿望。他们取得的部分科技成就虽然没有获得普及和应用，但在近代中国起到了"启蒙"的作用，为近代科学体系引入了中国，以及后世中国科学技术的发展奠定了基础。

二、现当代江苏海外华侨华人科技成就

20世纪20年代以后，世界科技发展日新月异，人类迅速进入了电气化时代和信息化时代。旅居海外的江苏华侨华人勇于探索、敢于创新，他们在多个科技领域取得了卓越的科技成果，引领科技进步的浪潮，促进了现代科技的发展与应用。其中，最具代表性的有李政道、朱棣文和高锟等诺贝尔奖得主、各国科学院和工程院院士，以及其他引领科技发展方向的科学家。

1. 江苏华侨华人中的诺贝尔科学奖获得者

在科学领域，诺贝尔奖被认为是全世界最高的荣誉之一，也是各国彰显科技实力的高端平台。目前，共有8位华

---

① 刘传标：《船政人物谱》上，福州：福建人民出版社，2017年，第4页。

人获得了诺贝尔科学奖，①他们分别是李政道、杨振宁、丁肇中、李远哲、朱棣文、崔琦、钱永健、高锟，其中李政道、朱棣文和高锟三位获奖者祖籍都是江苏。

李政道出生于1926年，祖籍江苏苏州。1946年赴美国芝加哥大学学习，博士毕业后留校任教，1956年晋升教授，成为该校校史上最年轻的教授。1956年他与另一位华裔物理学家杨振宁共同提出"弱相互作用中宇称不守恒理论"。这一理论很快被另一位江苏籍旅美女科学家吴健雄在实验室中验证。因此，1957年李政道和杨振宁共同获得诺贝尔物理学奖。

在"弱相互作用中宇称不守恒理论"提出之前，物理学界公认宇称是守恒的，但李政道和杨振宁的理论则颠覆性地认为："粒子的相互作用可能强也可能弱，在强的相互作用领域宇称守恒定律有严格证明，可是在弱作用领域中从未得到过真正的实验证明。"②他们的理论获得验证后，颠覆了过去被物理学界奉为金科玉律的"宇称守恒定律"，彻底改变了人们对对称性的认识，为探索微观世界打开了一扇新的大门，也为人类深入思考宇宙起源、时间等问题提供了新的视角。

图4-4　1957年李政道领取诺贝尔物理学奖
图片来源：蒋东明：《李政道传》，长春：长春出版社，2003年，第6页。

朱棣文，祖籍苏州太仓，1948年出生于美国密苏里州圣路易斯市。1978年获得加州大学伯克利分校物理学博士学位，随后进入贝尔实验室工作。在该实验室，他发明了"利用激光冷却和俘获原子"的方法，并因此获得1997年诺贝

---

① 科学奖主要包括：诺贝尔物理学奖、化学奖、生理学或医学奖。除科学奖外，诺贝尔奖还有文学奖、经济学奖和和平奖。
② 何国樑：《华人在美成就录》，上海：上海科学技术文献出版社，2014年，第34页。

尔物理学奖。

在朱棣文之前，已有科学家做过类似实验，但均以失败告终。朱棣文在总结前人经验和教训的基础上，利用互相垂直的三对激光束，在其交会区域内使原子受到六束驻波场的作用而形成对原子运动的黏滞性约束，这种光束安排称为"光学黏胶"。利用"光学黏胶"可有效地将微量气体束敷在一定的空间，大大地降低了气体原子的运动速度，为进一步冷却原子使之更接近绝对零度奠定了基础。①

图 4-5 朱棣文在进行科学实验
图片来源：李剑君、曹慧：《大洋彼岸的华裔巨星朱棣文》，北京：北京交通大学出版社，2009年，第2页。

高锟 1933 年出生于江苏省金山县（今上海金山区）。1957 年，高锟取得伦敦大学电子工程理学学士学位，前往国际电话电报公司下属的标准通信实验室工作。20 世纪 60 年代，高锟提出：在电话网络中以光代替电流，以玻璃纤维代替导线的构想，即"光纤"。这种新网络可以使网络的传送容量比传统技术高出上万倍，后来，高锟发现了"熔凝石英"玻璃提炼方法，能提炼出"无杂质"玻璃，推动了光纤的制造和大规模应用。②高锟也因此被称为"光纤之父"。

三位科学家在探索科学的道路上，都表现出"创新创优、争先领先"的精神。李政道在物理学界"初出茅庐"便敢于挑战传统的物理学定律，勇于探索新理论、新路径；朱棣文面对前人屡战屡败的"俘获原子"领域，勇于开辟新的研究思路；高锟在极为艰难的科研条件下执着前进，将光纤由不可能变为可能，把可能变为现实。

同时，他们又对祖（籍）国和家乡充满感念的情怀。李政道为了加快中国人才培养，向中国政府提议开办中国科技大学"少年班"，倡导"中美联合培养物理类研究生项目"，与中国联合培养了大批物理学博士。他对家乡苏州充满了眷恋，曾说："我不知道天堂是什么样

---

① 罗上庚：《走近核科学技术》，北京：中国原子能出版社，2015年，第192页。

② 刘树勇、韦中燊：《极端物质世界》，石家庄：河北科学技术出版社，2019年，第209页。

子，如果天堂有苏州十分之一的美丽，那就很好了。"① 朱棣文在获诺贝尔物理学奖第二天的记者招待会上说"按照科学术语的说法，我身上100%是中国人的基因"，②表现出对祖国怀有深厚的感情。

2. 江苏籍华裔美国院士

江苏人文底蕴深厚，近代以来，教育和科技水平一直领先，源源不断地孕育出高层次人才和创新型技术。在国内，江苏籍的中国科学院和中国工程院院士数量最多。③ 在海外，江苏籍华侨华人也涌现出许多各领域的拔尖科技人才，其中多人获评各国院士。其中，至少38人成为美国"三院"（美国国家科学院、美国国家工程院、美国国家医学院）院士（见表4-2）。他们科研硕果累累，集中体现了江苏籍华侨华人科技人才的成就和特点。

第一，顶尖海外科技人才数量多、成就高。

在海外科技人才中，江苏籍华侨华人占据重要地位。从美国"三院"当选院士的时间看，苏州籍华人吴健雄是最早当选美国院士的旅美科学家之一，④ 她凭借在核物理方面的研究，在1958年便当选为美国科学院院士，被称为"东方居里夫人"⑤；从他们取得的科学成就看，江苏籍美国院士在许多方面都创造了世界第一。常州籍院士王国金，在世界上第一次运用数控弯管机制造汽车排气管，并成为在大批生产弯管中用机器人代替人工操作的先驱者，他研究的"塑料注塑模"（Cornell Injection Molding Program）被公认为该领域的世界领袖。⑥ 南京籍院士张翔研制出世界第一块超透镜，第一次演示了突破光的衍射极限的成像效应，第一次实现了具有负弹性模量的声学超构材料和器件，第一个发明"表面等离元半导体激光器"。⑦ 南京籍院士鲍亦和、

---

① 韩飞：《李政道和他的苏州情缘》，中国江苏网，2021年6月10日。

② 罗上庚：《走近核科学技术》，北京：中国原子能出版社，2015年，第192页。

③ 盛慧妍：《江苏籍院士数量各省居首》，中国江苏网，2021年7月18日。

④ 1948年，浙江籍华侨林可胜当选为美国科学院外籍院士，1965年当选为美国科学院院士。江苏籍华侨吴健雄1958年当选为美国科学院院士。饶毅：《饶议科学1》，上海：上海科技教育出版社，2014年，第192页。

⑤ 陈正荣：《金陵佳人》，南京：南京出版社，2018年，第109页。

⑥ 东南大学机械工程学院网站：《王国金》，2015年11月3日。

⑦ 《这位南大人摘走美国科技最高奖项，创造至少四次世界第一》，搜狐网，2017年4月21日。

表 4-2 美国"三院"中江苏籍院士

类别	序号	姓名	学科	籍贯	当选年份
美国国家科学院院士	1	吴健雄	物理学	江苏苏州	1958
	2	李政道	物理学	江苏苏州	1965
	3	华罗庚	数学	江苏常州	1982
	4	许靖华	地质学、地球物理	江苏南京	1986
	5	冯元桢	生物学	江苏常州	1992
	6	朱棣文	物理学	江苏苏州	1993
	7	陈竺	生物学	江苏镇江	2003
	8	谢宇	社会学	江苏镇江	2009
	9	蒲慕明	生物学	江苏南京	2009
	10	周忠和	古生物学	江苏扬州	2010
	11	庄小威	生物物理学	江苏南通	2012
	12	张首晟	物理学	江苏扬州	2015
	13	杨培东	材料学	江苏苏州	2016
美国国家工程院院士	1	李天和	电力	江苏扬州	1975
	2	厉鼎毅	光纤通信	江苏南京	1980
	3	赵佩之	热传导	江苏苏州	1981
	4	吴耀祖	流体力学	江苏常州	1982
	5	鲍亦兴	力学、声学、机械工程、土木工程等	祖籍江苏盐城	1985
	6	王义翘	生物工程	祖籍苏州、生于南京	1986
	7	汤仲良	量子电子学	祖籍江苏南通	1986

续表

类别	序号	姓名	学科	籍贯	当选年份
美国国家工程院院士	8	戴振铎	电磁理论、天线辐射	江苏苏州	1987
	9	徐皆苏	工程力学	江苏苏州	1988
	10	王国金	制造工程	江苏常州	1989
	11	王可庆	机械工程	江苏无锡	1989
	12	高锟	光纤通信	江苏省金山县（今上海金山区）	1990
	13	王兆凯	水产工程	江苏南京	1995
	14	吴京	海洋学	江苏镇江	1995
	15	鲍亦和	水箭技术、风力发电等	生于南京、祖籍盐城	2000
	16	刘必治	数字信号处理	祖籍江苏盐城	2002
	17	刘锦川	材料科学与工程	祖籍江苏扬州	2004
	18	姚熹	电子陶瓷材料与器件	江苏苏州	2007
	19	张翔	纳米科学技术、材料物理	江苏南京	2010
	20	鲍哲南	材料科学、半导体	江苏南京	2016
	21	沈向洋	计算机视觉和图形学	江苏南京	2017
	22	邓中翰	微电子学、集成电路	江苏南京	2020
	23	翟婉明	铁路工程动力学	江苏泰州	2021
美国国家医学院院士	1	王存玉	口腔医学	江苏泰州	2011
	2	励建安	康复医学	江苏南京（就职地）	2014

本表根据文献及网络公开资料整理而成，主要资料来源：美国国家科学院官网；美国国家工程院官网；美国国家医学院官网；杨保筠：《华侨华人百科全书人物卷》，北京：中国华侨出版社，2001年。

厉鼎毅分别被誉为"水刀之父"和"光波分复用（WDM）之父"，①常州籍院士冯元桢则是学界公认的"生物工程之父"，②体现出他们各自在相关科研领域中的地位。

第二，积极推进与祖籍国科技交流，关心中国科技发展。

江苏籍美国院士取得科技成就后，都积极推动与祖籍国进行合作。一方面，他们积极申报中国"两院"院士。扬州籍院士李天和、南京籍院士厉鼎毅、南通籍院士庄小威、扬州籍院士张首晟、泰州籍院士王存玉等人在美国当选院士后，又分别当选为中国的外籍院士，加强与祖籍国科技界的融合交流。美籍物理学家张翔，1985年和1988年先后获南京大学物理学学士、硕士学位，1996年获美国加州大学伯克利分校机械工程系博士学位，后在宾夕法尼亚大学等高校任教，先后取得过多项科学成就。2010年，张翔当选为美国国家工程院院士，2015年当选中国科学院外籍院士。2018年7月，出任香港大学校长。祖籍扬州的刘锦川在2005年和2016年促成第六届和第九届先进材料国际研讨会在扬州召开，为世界顶级人才落户扬州创造条件，推动扬州高性能材料产业的发展。③

上述优秀的江苏籍海外科学家走向世界科技的舞台，取得科研成果，又为祖（籍）国科技和经济的发展做出了贡献。

第三，研究领域广泛，体现未来发展方向。

20世纪90年代之前，江苏籍院士多从事基础理论方面的研究，取得了令人瞩目的成就。随着20世纪末世界科技不断深入发展，江苏籍科学家艰辛探索，锐意拼搏，聚焦追踪世界科技诸多前沿领域，极具前瞻性地迈入纳米、微电子、新材料、人工智能等研究领域，并成为众多前沿领域的领军人物。

第四，21世纪以来华侨华人中青年科学家不断涌现。

以表4-2美国"三院"中江苏籍院士列表为例，在13位江苏籍美国国家科学院院士（含外籍院士）中，6位在2000年之后获评。23位江苏籍美国国家工程院院士中，9位在2000年以后获评。两位

---

① 于天竹：《海归梦·中国梦》，杭州：浙江工商大学出版社，2014年，第71页；任晓敏：《贝尔巨星 华人骄傲：厉鼎毅先生纪念画册》，北京：北京邮电大学出版社，2013年，第3页。

② 麦子：《美国华人群英录》，广州：中山大学出版社，2009年，第119-120页。

③ 扬州公共外交协会、扬州市侨联、扬州晚报编：《海外扬州人》，扬州：扬州侨联内部资料，2017年，第26页。

美国国家医学院院士均为2010年后获评。他们占江苏籍美国院士的44%，足以体现出江苏籍中青年科学家在科研方面取得的突出成就。

3. 其他国家的江苏籍院士

活跃在世界科学舞台的江苏籍科学家在其他国家也获得了卓越的科研成绩。根据目前查阅的资料，主要包括：

泰州籍旅瑞华人陈德亮是世界著名气候学家，他凭借对瑞典和中国气候变率和气候变化的高水平研究，当选为瑞典皇家科学院院士、发展中国家科学院院士、中国科学院外籍院士；南通籍旅加华人顾建军通过在机器人和人工智能等方面的研究成果当选为加拿大工程学院院士；常州籍旅加华人吴柯由于在微波理论方面取得的突出成就，先后获得国际无线电联盟青年科学家奖、法国—加拿大科学进步协会在物理科学、数学和工程领域的最高奖——Vrgel-Archambault奖，以及IEEE微波理论与技术协会首次颁发的杰出年轻工程师奖等，并当选为加拿大工程院院士；盐城籍旅英华人王仰华因在油藏地球物理学方面的开拓性贡献当选为英国皇家工程院院士；旅居新加坡的华人许国勤凭借在表面科学和纳米材料领域的研究而当选为新加坡科学院院士，并担任新加坡国立大学苏州研究院院长；[1] 徐州籍旅居挪威的许崇育因在水文和水资源方面的研究成果，2016年当选为挪威皇家科学院院士，2018年当选为挪威工程院院士。[2]

4. 在其他科学领域中发挥先导作用

江苏海外科学家富有创新精神，他们在基础科学研究、工程科技、医学和天文学等方面取得了突出成绩，一大批有实力的中青年科学家不断涌现，成为华裔科学家群体中的生力军。

在数学和统计学等领域，原籍扬州的丁玖，毕业于南京大学，1984年获数学硕士学位，1986年去美国密歇根州立大学攻读博士学位，师从世界著名数学家李天岩教授，多年来在学术研究上取得丰硕成果，因突破性地解决了"乌伦猜想"中一系列有关收敛性和收敛速度等问题，被同行誉为"20世纪90年代涌现出来的具有国际声誉的青年数学家"。[3]盐城籍华人科学家姚琦伟长期从事统计学研究，曾任职于德国海德堡大学和英国肯特大学，对当今统计学研究的热门

---

[1] 李楠：《许国勤：创新苏州要做新加坡的升级版》，《现代苏州》2017年第12期。
[2] 高雪琴：《许崇育：一片赤子心 满腔爱国情》，《华人时刊》2021年第4期。
[3] 北京大学图书馆：《"北大读书讲座"系列：美国的数学文化》，2022年6月20日。

课题——非线性时间序列方面的研究，取得了一系列开创性、突破性的成果。1982年出生于常州的恽之玮2004—2009年赴美国普林斯顿大学数学系深造，获得博士学位，先后在普林斯顿大学、麻省理工学院、斯坦福大学和耶鲁大学任教。凭借在"几何表现论"方面的深入研究，荣获"拉马努金奖""美国科学突破奖"等，成为"现代数学的一位青年领袖"。①

在通信领域，原籍苏州的丁兆璋，1959年毕业于清华大学电机系并留校任教，1978年获国家科学大奖。20世纪80年代初赴澳大利亚悉尼大学计算机中心从事电子通信和计算机网络研究，参与主持设计了该校第一条光纤通信和宽带通信网络系统，并终身受聘任悉尼大学计算机中心高级工程师。

在物理领域，原籍无锡的方大庆，1955年入读清华大学电机系，1962年去香港，翌年赴英国留学。1969年获英国牛津大学物理学博士学位。多年从事等离子及人工智能等方面的研究，曾任英国物理学会等离子体物理委员会委员、电机工程师学会气体放电科学委员会委员、利物浦大学电机工程及电子系教授。苏州张家港籍旅美华人科学家范章云，曾任美国芝加哥大学、阿根索大学、亚利桑那大学物理系教授，长期从事天体物理和太空科学实验研究，对空间粒子成分和能谱等有不少新发现。淮安籍美国华人陈举廉，1990年开创性发明印刷电路板自动修复技术，1992年获美国电镀与表面处理协会（AESF）年度金质奖章。

在医学领域，扬州籍科学家施履吉1946—1955年在美国留学和研究过程中，用高精度、高灵敏度定量定位法证实胚胎发育双梯度的理论，是国际上最早发现细胞质内DNA的科学家之一。苏州籍医学家鲍薇青，长期从事心脏病临床治疗、研究，并在多所大学任教。自20世纪60年代起研究婴幼儿心脏病治疗，发明儿童早期心脏缺陷手术矫正及手术仪器监视等医疗方法，成为世界著名的心脏医学和小儿心脏科权威，美国小儿科医学研究院院士，南加州中国医学会首任会长。90年代曾被美国总统里根任命为美国国家科学总统勋章审查委员会委员。

在太空领域，无锡籍科学家唐鑫源，1962年受聘于美国太空总署，先后在非金属材料实验室从事研究工作，担任休

---

① 涂贤平、邵雨林：《从常州天宁诞生的世界级数学家恽之玮》，《华人时刊》2020年第12期。

斯敦太空中心首席工程师和美国太空总署总工程师。先后获得200多项奖誉和20多项专利，曾获得美国太空总署授予的"太空实践奖"和美国政府设立的"最高贡献奖"，并获"太空衣之父"的誉称，名列美国发明家名人堂。

综上，从19世纪中后期到21世纪，一代代江苏籍华侨华人科学家在各自的研究领域中展现出非凡的探索精神和创造力。他们在蒸汽时代、电气时代奋起直追，不断追赶世界科学浪潮。到了信息时代，特别是21世纪以后，逐步跻身世界科技前沿，甚至在材料科学、通信技术等领域起到引领科技潮流的作用。未来，海外的江苏籍科学家也将继续进行科技研发和应用，获得更多关键研究成果和技术突破。

第三节 江苏海外华侨华人文化事业

江苏省历史底蕴深厚，文化气息浓郁，可供发掘和传承的文学和文化资源都极为丰富，为江苏华侨华人在文学和艺术等方面的创作提供了充足的素材。江苏华侨华人虽然身居海外，他们依然保留了江苏尊重文化、勇于探索的精神。他们在自己的创作和创业中积极发掘江苏的地域文化元素，将江苏文化和中华文化传播到世界各国，提升了江苏国际知名度，增强了中国的文化软实力。

一、江苏海外华侨华人与文化传承

近代以后，许多江苏华侨华人投身于各项文化和艺术事业之中，他们或在海外以文学形式诉说江苏故事，或展示高超的艺术技能，或传承发扬江苏的优秀文化，涌现出一批代表性的人物。他们不仅使世界更了解江苏，还赋予江苏更加开放包容的文化气质。

1. 江苏华侨华人与华文文学

在国际文坛中，不乏江苏籍的海外名家，他们的作品受到中国文化的熏陶，又在异国他乡的土壤上成长。他们对家乡的牵挂与思考，为他们提供了源源不断的创作动力。其中，张纯如是江苏华侨华人文学家的杰出代表，她以强烈的社会责任感创作出多部充满正义的作品，被称为"正义使者"。

张纯如祖籍江苏淮安，1968年出生于美国新泽西州普林斯顿市。在20世纪末日本右翼势力沉渣泛起、极力否认南京大屠杀罪行的背景下，张纯如出版了英文版 *The Rape of Nanking*（《南京暴行》），揭露侵华日军的罪行，以血淋淋的确凿证据让世界了解到南京大屠杀的历史真相。

童年时期,张纯如便经常听父母讲述南京大屠杀这段黑暗的历史。为了了解这段历史,她曾专门前往图书馆查阅资料,向外婆、姨妈等亲属求证。成年后,张纯如成为作家,她立志整理和挖掘南京大屠杀的历史,写成文学作品,并将其公之于西方民众面前。

为了完成这部作品,张纯如多次前往中国江苏、中国台湾地区和日本等地访问大屠杀受害者、目击者和施虐者,收集了大量的证据,最终在1997年以英文出版了《南京暴行》,并附有大量令世人震惊的历史照片。

《南京暴行》是第一部英语国家详细记载南京大屠杀的著作,在美国乃至全世界引发轰动。该书连续5个月位列《纽约时报》畅销书排行榜,先后印刷12次、30多万册。[1] 美国《新闻周刊》曾评价该书"对二战中最令人发指的一幕作了果敢的回顾,改变了所有英语国家都没有南京大屠杀这一历史事件详细记载的状况"。[2]哈佛大学历史系主任威廉·柯比也称"南京的暴行在西方已几乎被人们遗忘,所以,本书的问世尤显重要"。[3]

该书使美国主流社会真正了解到南京大屠杀真相,也衍生出一系列关于南京大屠杀的外文文艺作品。如纪录电影《张纯如,南京大屠杀》、电影《南京》、话剧《南京的冬天》、纪念文集《永远的张纯如》等。张纯如本人也获评"年度优秀妇女奖",成为美国《读者文摘》杂志封面人物等,被称为揭露南京大屠杀的"正义使者"。

除了《南京暴行》外,张纯如也十分关注美国的华侨华人群体。她写了《中国导弹之父——钱学森之谜》,讲述钱学森为美国火箭科技作出的贡献,记述了他受到麦卡锡主义迫害离开美国,以及在中国从事导弹研究的故事。后来又写了《美国华裔史录》,通过大量的华侨华人故事讲述了华裔美国人心酸的移民史、艰辛的创业史,展现了华裔为美国社会发展作出的重要贡献。

张纯如以自己的笔,抨击了日本军国主义在"二战"中的暴行,让西方主流社会认识到历史的真相。她又用自己的书歌颂了美国华侨华人的创造力和拼搏精神,为西方民众呈现了华裔追求梦想和进步的一面。她有着"执着、知性

---

[1] 单步友:《生如夏花之灿烂 逝如流星之迅捷——记著名美籍华裔作家张纯如》//淮安市侨联编:《淮上游子吟——淮安侨史人物剪影》,南京:南京大学出版社,2012年,第81页。

[2] 李性刚:《赤子 旅美杰出华人传略》,贵阳:贵州人民出版社,2018年,第303页。

[3] 李性刚:《赤子 旅美杰出华人传略》,贵阳:贵州人民出版社,2018年,第303页。

和追求真相的勇气"①,这也是一代代江苏籍华侨华人在异国他乡各行各业中普遍展现出来的精神。

图 4-6 张纯如在南京调研期间的照片
图片来源:李性刚:《赤子　旅美杰出华人传略》,贵阳:贵州人民出版社,2018年,第311页。

2. 江苏华侨华人与美食文化

江苏饮食文化源远流长,其中发源于淮安和扬州一带的菜系被称为"淮扬菜系",因制作精细、极具风味特色而成为我国的"国宴菜"②。2019年和2021年,扬州和淮安两座城市又分别被联合国教科文组织授予"世界美食之都"的称号,进一步提高了"淮扬菜"的国际影响力。改革开放以来有一批旅居海外的江苏籍美食家不遗余力地传播"淮扬菜",并以美食为名片弘扬江苏文化,起到了良好的成效。

扬州籍旅日美食家居长龙早在1988年便前往日本传播"淮扬菜",他通过"扬州厨房"和"淮扬名菜特别赏味会"等活动提高了"淮扬菜"在日本的知名度。③ 同样来自扬州的新加坡华人黄钰祥,在20世纪90年代创立了"大通旅游机构"和"新加坡超级旅游集团"等。依托在旅游业中的优势地位,他在2014年与扬子江集团接洽后在新加坡开设冶春茶社分店,通过多年的经营,冶春新加坡分店已经成为当地人品尝淮扬菜的首选餐厅,为淮扬菜在东南亚的弘扬发挥了重要作用。④ 扬州籍的美国华人程正昌将"淮扬菜系"进行产业化开发,创立了全球最大的中式快餐连锁品牌"熊猫快餐"(Panda Express),拥有2000多家餐厅、3万多名员工,年营业额近人民币200亿元,⑤ 为"淮扬菜"在国外打造创新餐厅、实现快速发展提供了重要借鉴意义。

---

① 蔡玉高、蒋芳:《国家公祭 你应该关注的八个问题》,南京:南京出版社,2014年,第103页。
② 陈肖静:《扬州文化与旅游研究》,合肥:合肥工业大学出版社,2007年,162页。
③ 扬州公共外交协会、扬州市侨联、扬州晚报编:《海外扬州人》(未出版),2017年,第75页。
④ 扬州市侨联:《侨界风采·海外扬州人 黄钰祥:海外拼搏30多年,不忘本源》,2022年1月19日。
⑤ 扬州公共外交协会、扬州市侨联、扬州晚报编:《海外扬州人》(未出版),2017年,第21页。

图 4-7　程正昌将"淮扬菜系"带到美国,创立了全球最大的中式快餐连锁品牌"熊猫快餐"(Panda Express)。

图片来源:慈世平:《"功夫熊猫"程正昌》,《全球商情》2013年第9期。

3. 江苏华侨华人与艺术

江苏作为文化大省,涌现出许多著名的艺术家。其中不少艺术家旅居海外,凭借对艺术的热爱,追逐世界潮流。他们用充满创造力的艺术作品介绍中国文化、讲述中国故事,将中华文化推广到世界各国,成为中外文明互学互鉴的推动者。

1949年之前,江苏华侨华人已经在国际艺术舞台上大放异彩。淮安籍旅法雕塑家滑田友1936年毕业于巴黎美术学院,后在法国生活十几年,代表作品有《沉思》和《女坐像》等。滑田友在掌握西方艺术技法的基础上,致力于研究中西技法的结合。他创作的作品充满了对祖国传统艺术的自信和尊重,将中国的"气韵生动"等传统技法运用到雕塑作品中,①得到法国雕塑大师德斯匹欧的赞赏。扬州籍女画家潘玉良(原名张玉良)1920年随吴稚晖赴法国入中法大学。翌年起先后在法国里昂美术学校、巴黎美术学校和意大利罗马美术学校研习绘画及雕塑。1929年回国后师从张大千,学习中国画各流派画艺。融合中外绘画技艺,博采众家之长,形成中西合璧的独

---

① 吕章申主编:《中国近代留法学者传》,北京:紫禁城出版社,2008年,第428页。

特风格，在艺术上卓有成就。曾参加巴黎万国艺术博览会和在欧洲许多国家举行个人画展，获得很大成功和多项奖誉；被称为"东方杰出女画家"，在国际画坛影响深远。

苏州籍书画家和收藏家王已千，20世纪30—40年代任教于上海美术学院。1947年为了提高绘画水平而赴美国学习西方绘画。在美期间一边从事艺术创作，一边进行中国画收藏和宣传工作。他的绘画作品"将油画中浓紫、艳蓝、嫣红和明褐各色点缀山林，以深灰、黝黑诸色表现水天，苍劲雄浑。跳出古人，又不同于时人，给人奇崛清新的风貌"。[1] 他利用美国丰富的人文资源，在艺术博物馆和拍卖会上将中国书画介绍给世界，引发"王已千效应"，[2] 大大提高了中国书画在美国艺术界的地位。

20世纪50年代以后，无锡籍画家程及和苏州籍建筑艺术家贝聿铭开始在世界艺术界崭露头角。程及1949年赴美，擅长画风景，他的画将中国传统技法与西洋画相结合，开创了自己的艺术风格。[3] 数十年的艺术生涯中，程及将祖国的美景以艺术的形式呈现出来，创作了《太湖烟波》《家乡古运河》《我念故乡》等充满江苏文化气息的作品，其中1953年的"全美艺术金像奖"及1976年的"美国独立200周年金像奖"最有分量。1965年，程及凭借超凡的艺术成就当选为美国国家艺术院终身院士。建筑艺术大师贝聿铭祖籍江苏苏州，他秉承着"越是民族的，越是世界的"[4] 思想，将中国风格融入现代派建筑之中，打造了香山饭店、苏州博物馆等一系列建筑精品，被誉为"现代建筑的最后大师"[5]。

改革开放后，更多的江苏籍艺术家迈出国门、走向世界，他们在美术、音乐和戏曲、服装设计等方面取得了巨大成就，成为世界了解江苏的窗口。

在音乐方面，祖籍常州的周文中1946年赴美国留学攻读音乐学位，后在哥伦比亚大学任教，创作有管弦乐《花月正春风》、钢琴独奏曲《阳关三叠》等代表作，将中国古典诗词传统文艺思想融于西方现代作曲技法，形成独特的音

---

[1] 杨维忠：《东山名彦 苏州东山历代人物传》，苏州：古吴轩出版社，2007年，第548页。

[2] 杨维忠：《东山名彦 苏州东山历代人物传》，苏州：古吴轩出版社，2007年，第549页。

[3] 麦子：《美国华人群英录》，广州：中山大学出版社，2009年，第195-196页。

[4] 中国文物学会20世纪建筑遗产委员会主编：《中国20世纪建筑遗产大典·北京卷》，天津：天津大学出版社，2018年，第239页。

[5] 中国文物学会20世纪建筑遗产委员会主编：《中国20世纪建筑遗产大典·北京卷》，天津：天津大学出版社，2018年，第240页。

乐艺术风格。曾获得全美文艺协会奖、华美协进会青云奖和多项国际大奖。扬州籍旅美音乐家季家锦创办了小提琴音乐学校，为美国培养了大批优秀艺术人才，2006年获得休斯敦政府的特别嘉奖。旅澳华人夏冰在担任悉尼当代交响乐团首席、独奏演员期间，积极把江苏的音乐推广到澳大利亚。2011年，他主动回到家乡扬州举办音乐会，搭建扬州与澳大利亚艺术文化发展交流的平台，让西方更加了解江苏悠久的文化和地方特色艺术。旅法扬州籍音乐家袁晨星2006年9月赴法国留学，获得欧洲最高声乐文凭"高级演唱家"博士文凭。2010年，她从380名应聘者中脱颖而出，签约法国巴黎国家歌剧院，成为近30年来首位进入该歌剧院的华人歌剧演员。

在美术方面，江苏籍华侨华人画家辈出，许多在欧美国家举办画展，对宣传中国绘画艺术作出贡献。

泰州籍旅美画家曹俊长期在新西兰、美国生活、创作，他力求在绘画中体现"中国画意境之灵动，造型之传神，笔墨之高妙，创作出一批让西方人看懂并喜爱的中国画"。① 他也因此被新西兰总理誉为"传播中国文化的使者"。② 扬州籍美国艺术家朱晨光创作出大量中国山水画、剪纸拼贴画，先后被美国纽约国际中心、美国罗彻斯特艺术博物馆、美国国会图书馆等收藏，促进了中美文化交流。扬州籍旅加画家杨沛将"扬州八怪"的画风体现在自己的绘画中。南通籍旅美艺术家丛志远在美国成立第一所高校主办的"中国艺术中心"，把中国传统和当代版画介绍到国际舞台。连云港籍旅日华人陈允陆20世纪80年代末赴日本学习绘画，他把中国画的绘画理论和日本画传统技法融合起来，独创出具有个性的中国绘画。其作品被日本、美国、加拿大和德国等国美术馆收藏，并屡获"日本内阁总理大臣奖""日本外务大臣奖"等奖项。

旅居美国的连云港籍国画家穆家善2011年首创中国焦墨山水画"千毫皴"，创作出一系列气象峥嵘、大气磅礴的作品，成为"中国当代焦墨画领军人物"，在国际上引发"穆家善现象"。③ 徐州籍艺术家翟优将"豪放旷达的大汉气象"融入他的艺术理念之中，博采东西众长，在其中国画作品中展现出"笔墨苍润、

---

① 中国新闻网：《新西兰华人画家曹俊：用"混血"中国画征服世界》，2009年2月22日。
② 中国新闻网：《新西兰华人画家曹俊：誓将中国文化入西方主流》，2011年5月16日。
③ 李惊涛：《穆家善：用焦墨为祖国山河立传》，《华人时刊》2021年第5期。

气势空灵的美学特质"。① 祖籍南通的旅法艺术家赵无极,凭借"卓尔不群、学贯中西"的艺术风格,在欧美刮起一股"赵无极狂风"。②

在戏剧方面,出生于江苏南京的日本京剧院院长吴汝俊,是目前活跃在日本的知名男旦演员,从表演到创作,样样精通,曾自编、自导、自演过轰动一时的《武则天》与《贵妃东渡》等京剧大戏。他还在旅居日本的20余年中,成功将数百年来处于伴奏乐器地位的京胡和时尚流行的音乐元素融会贯通,独创出风格鲜明的京胡轻音乐,促进京剧走向世界、走向年轻人。吴汝俊在日本政治、经济、文化界交友广泛,建立起了深厚人脉与较高声望,为传播中华文化、促进中日友好作出了贡献。

在服装设计方面,祖籍江苏徐州的美籍华裔服装设计师王薇薇以设计高级婚纱礼服和晚礼服而闻名,2005年获美国时装设计师协会(CFDA)颁发的"年度最佳女装设计师奖"。③

4. 传承和弘扬中国传统文化

海外华侨华人是传播中华优秀传统文化的重要使者。他们有着生生不息的家国情怀和守住中华文化根基的强烈意识,在异国他乡以所学所能弘扬中华文化,促进了世界对中国的了解,推动了文明交流互鉴。

(1) 在汉语研究和推广方面,常州籍语言学家赵元任为海外汉语推广作出了重要贡献。赵元任1910年受庚子赔款资助留学美国,1920年回国后赴清华大学任教,与梁启超、王国维、陈寅恪一起被称为"清华四大导师"。1938年定居美国,在夏威夷大学、哈佛大学、加州大学等高校教授汉语,并在1945年担任美国语言学学会会长,成为该学会历史上第一位非白人会长。④ 他用英文撰写的 *A Grammar of Spoken Chinese*(《中国话的文法》),针对美国人的语言习惯和学习特点对汉语的口语和语法进行解释,对推广国际汉语教育起到重要作用,被称为"汉语言学之父""现代语言学的奠基人"⑤。赵元任还对故乡的语言进行了研究,出版的《现代吴语的研究》体现出对家乡文化的热爱之情。

---

① 徐良文:《翟优:行走东西的民间"文化大使"》,《华人时刊》2021年第12期。
② 董正平:《濠河边长大的旅法2木家——赵无极》,《华人时刊》2021年第12期。
③ 卞向阳编著:《国际服装名牌备忘录·卷2》,上海:东华大学出版社,2008年,第69页。
④ 顾利程:《美国汉语教学动态研究》,北京:北京语言大学出版社,2019年,第16页。
⑤ 彭小云主编:《加州大学》,北京:军事谊文出版社,2006年,第94页。

苏州吴江籍旅美华人柳无忌是民主爱国人士柳亚子之子。他在抗日战争胜利后旅居美国，历任耶鲁大学、匹兹堡大学、印第安纳大学教授，长期从事中国文学研究和教学工作，并创建印第安纳大学东亚语言文学系，获美国孔子学研究奖。为汉语在美国的普及和推广作出了重要贡献。祖籍苏州的夏志清在美国从事中国文学理论和文学史研究，担任哥伦比亚大学教授，著有英文版《中国古典小说》《中国现代小说史》等。祖籍南通的澳大利亚华人刘渭平1955年在悉尼大学与戴维斯（A. R. Davis）教授一起创建东方学系（后改为东亚系），在澳洲讲坛首开中文课程，主讲中国古代文学、现代文学和中国历史达30年之久，成为著名澳华学者和澳洲汉学研究的开拓者，为传播中华文化不遗余力。他在长期收集的资料的基础上完成《澳洲华侨史》一书，目前仍是澳洲华侨史经典之作。

（2）在中国历史文化研究方面，祖籍泰州的澳大利亚华人学者王赓武长期从事中国历史、华侨华人史研究，曾在澳大利亚国立大学、新加坡国立大学和香港大学等任职，著有《南海贸易：南中国海华人早期贸易史研究》《社团与国家：中国，东南亚与澳大利亚》《海外华人：从落叶归根到追寻自我》《更新中国：国家与新全球史》等。[1] 他的研究成果对海外华人以及华人移民变迁、中国的世界秩序进行了深入解析，全面诠释了华侨华人在世界地位上的重要贡献。无锡籍旅美华人朱士嘉20世纪30—40年代利用在美国国会图书馆工作的便利条件，编写《美国国会图书馆藏中国地方志目录》，并复制美国档案馆1000多页中美关系档案资料胶卷，为国外的中国史研究提供了丰富史料。[2] 泰州籍美国华人钱存训曾担任芝加哥大学远东图书馆馆长（1969—1978年），他参与撰写李约瑟的《中国科学技术史》，承担造纸、制墨和印刷术等方面的内容。1982年他又出版《纸和印刷》一书，被誉为"世界上这一领域里最著名的权威之一"。[3] 徐州籍旅美华侨、夏威夷大学历史系教授秦玉成专注于美国华侨华人史研究，撰写了关于美国华裔、中美关系史研究领域的一系列论著。

---

[1] 中国现代国际关系研究所、世界人物大辞典编委会：《世界人物大辞典》上，北京：国际文化出版公司，1990年，第85页；郭镇之：《记海外华人学者王赓武教授》，《文化与传播》2012年第2期。
[2] 杨保筠：《华侨华人百科全书·人物卷》，北京：中国华侨出版社，2001年，第732页。
[3] 杨保筠：《华侨华人百科全书·人物卷》，北京：中国华侨出版社，2001年，第433页。

（3）在医药的海外推广方面，江苏籍华侨华人也发挥了重要作用。镇江籍华人王爵荣1951年获法国巴黎大学医学博士学位。后旅居越南行医，曾任越南卫生部顾问、西贡扶轮社社长、越南国际青商会主席、国际青商会亚洲区主席、中正医院董事长，推动了中医在东南亚的发展。

改革开放之后，中医药在欧洲各国获得较高程度的认可，这背后有江苏籍华侨华人的不懈努力和积极贡献。陈震是较早在欧洲开展中医院业务的江苏籍华侨华人。1988年他参与中国与匈牙利的中医合作项目，搭乘"东方快车"来到匈牙利首都布达佩斯，开始在中东欧地区推广中医药。从开小诊所开始，经过30多年的努力，发展成匈牙利东方国药集团。该集团的300多个产品获得了自由销售许可证，并在欧洲17个国家申请了90项专利。在救治病人之外，陈震也积极向当地社会推广中医药。他将中医诊疗方案翻译成匈牙利语，并将匈牙利崇尚自然的保健疗法与中医的辨证施治理论、匈牙利本土草药与中医中草药进行了融合，建立起欧洲唯一一家符合欧盟《药品生产质量管理规范》的天然药物制药厂，并推动了中医药在匈牙利成功立法。[1]

常州籍旅英华人汤淑兰1991年定居英国，1993年在曼彻斯特开办中医诊所。她白天在诊所工作，晚上则开设中医课程，改善了英国"针灸课程多，中医药课程少"[2]的局面。为了在英国弘扬中医，她主编或参编《中成药手册》《新编实用中医文库》《中医妇科学》等中英文书籍，为中医在英国的传播和推广作出贡献。

中医药学凝聚着深邃的哲学智慧和中华民族几千年的健康养生理念及其实践经验，是中国古代科学的瑰宝，也是打开中华文明宝库的钥匙。[3] 借助华侨华人的推广，中医及中医院在国际上的认可度不断提高，在欧美等世界各国出现了"中医热"。[4]

（4）在武术方面，江苏籍华侨华人在传播中国武术及其文化方面也作出了贡献。武术是中华民族传统文化的瑰宝，也是中国传统文化的载体。无锡宜兴的

---

[1] 中国侨网：《匈牙利中医师陈震的海外"拓荒"路》，2022年5月22日。

[2] 范建华：《汤淑兰：海外中医高等教育的开拓者》，《华人时刊》2021年第8期。

[3] 孙涛：《国医年鉴2017》，北京：中医古籍出版社，2017年，第120页。

[4] 广州市文化广电新闻出版局：《构建广府学：开展广府、广府人、广府文化三位一体研究》，广州：华南理工大学出版社，2017年，第315页。

费玉樑出生于武术世家，1985年赴欧洲传播武术，1988年在荷兰建立了第一家武馆。"从1986年至今，费玉樑指导了近3万名弟子，大部分都是洋弟子。"① 在费玉樑的推动下，1996年武术被正式纳入荷兰国家运动项目，由他担任武术队总教练。从2003年起，费玉樑领衔的武术表演队每年参加荷兰海牙市政府举办的中国年庆祝活动，2005年应邀参加荷兰女王登基25周年庆典表演。在费玉樑的努力下，武术成为西方国家民众认识中国的窗口，使他们通过武术了解中国文化的内涵。

（5）在书法方面，南京籍华人刘洪友1988年移民日本，同年在日建立"中国书法学院"，通过书法交流，为促进日中交流作出了杰出贡献。其书法篆刻作品被中国驻日本使、领馆，以及东京美术馆等国内外一流美术馆收藏，并载入《中国著名人物辞海·中国艺术家名人录》、日本《书道年鉴》等。2016年，因其对中日文化交流作出的贡献而获得"日本外务大臣表彰"。

综上所述，华文文学、"淮扬菜"、江苏特色的艺术，以及中国传统文化研究和推广等都是江苏的文化名片，体现出中国在海外的文化软实力。它们是一个民族长期的文化积淀，也是一个民族实现繁荣富强的重要精神财富。江苏籍华侨华人依托文学、美食、艺术和传统文化弘扬中国文化软实力，对于凝聚侨心、增强他们对中华民族和中国文化的认同具有重要意义。

二、江苏海外华侨华人与华文媒体

江苏籍华侨华人有着悠久的办报、办刊历史。早在1874年2月4日，江苏苏州籍文人王韬游历英、法、俄等国之后，在香港创办《循环日报》，宣传"强中以抑外，诚远以师长"，鼓吹学习西方治国之术，变法自强，成为中国报刊史上第一张以政论为主的报纸。② 1904年，侨居日本的苏州籍人士王荫潘先后在横滨、神户、东京创办《华侨公报》《日华新报》等，鼓吹推翻清政府统治，建立资产阶级政府。随后他又创办日华通讯社，"开创中国人创办通讯社之先声"，并成为国际新闻协会会员。③

在江苏籍华侨聚集的东南亚地区，

---

① 怡乔：《费玉樑：武林传奇丝路情缘》，《华人时刊》2020年第6期。
② 程曼丽、乔云霞主编：《新闻传播学辞典》，北京：新华出版社，2012年，第70页。
③ 李峰：《苏州通史·人物卷下 中华民国至中华人民共和国时期》，苏州：苏州大学出版社，2019年，第94页。

民国时期也涌现出许多华文报刊。无锡籍华侨周野荪曾担任槟榔屿《光华日报》和新加坡《星州时报》主笔①。徐州籍华侨陈子实在20世纪20—30年代担任《星洲日报》特约记者，报道了大量日本侵略者的暴行，最终在1933年被日本侵略军杀害。此外，无锡籍胡鉴民和朱一洲分别担任新加坡《新中华日报》和《新国民日报》编辑。扬州籍华侨吴南轩1922—1929年在美国留学期间担任《少年中国晨报》总主笔。无锡籍华侨吴研因曾在1924年兼任菲律宾马尼拉《华侨日报》编辑，苏州籍华侨费振东1926年在荷属东印度苏门答腊岛棉兰市担任《苏门答腊民报》主笔。泰州籍华侨刘延陵在20世纪30年代曾任吉隆坡《马华日报》主编、槟城《光明日报》主笔，1939年他又在新加坡任职于《星洲日报》《中兴日报》《华侨日报》等，成为东南亚著名媒体人。②

随着20世纪50年代中国不再承认双重国籍，大多数华侨加入当地国籍，逐步融入主流社会。但他们仍然说汉语、写汉字、保留中华文化传统。与此相适应，华文传媒业进一步活跃，成为与社团、华文教育并列的"华侨社会三宝"之一。《星岛日报》《大公报》《文汇报》等一批较有影响力的华文报刊相继创办。

苏州籍华侨费彝民从1948年起历任香港大公报社经理、社长。常州籍华侨王平陵1955年迁居泰国和菲律宾后，曾任曼谷《世界日报》总编辑，并为马尼拉《大中华日报》文艺专栏撰稿。祖籍苏州的美籍华裔宗毓华，年轻时便进入美国主流新闻媒体，逐渐崭露头角，成为当地著名的电视节目主持人，1974年当选为"全美十大杰出妇女"，同时获得电视"艾美奖"和"金锤奖"等奖项。③

20世纪80年代以后，传统媒体受到网络和新媒体的冲击，失去了往日的辉煌，但一部分江苏籍华侨华人还是创办了许多报刊，用以传播中国文化、维系华人之间信息和情感。2000年华侨华人在罗马尼亚创办《欧洲侨报》，江苏籍华侨高进曾担任社长。江苏南通籍华人陈辉1998年赴南非经商，2004年他投资200万元在南非创办《非洲时报》，成为传播国内发展信息的重要媒体。还有许多江苏籍华侨华人创办了专业性报纸，

---

① 协商宜兴县委员会文史资料研究委员会：《宜兴文史资料·第18辑：宜兴文教集萃》，宜兴内部资料，第174页。
② 杨保筠：《华侨华人百科全书·人物卷》，北京：中国华侨出版社，2001年，第374页。
③ 麦子：《美国华人群英录》，广州：中山大学出版社，2009年，第254-255页。

美籍华人陆卫平为了在美国推广中医药，创立科学杂志《科技导报》。① 近年来，非洲地区江苏籍华侨华人不断增多，华文传媒也有了更多的发展空间。徐州籍旅居肯尼亚的华侨韩军创办了《非洲之声》，为中非文化交流和民间友好作出积极贡献。2017年11月，央视国际频道《华人世界》曾作过专题报道。

随着中外文化交往不断加强，以及江苏华侨华人媒体人自身实力不断增强。无锡籍美国华人倪涛1997年9月创办了全美首家中文简体字报纸《新世界时报》。2009年，他接管了始于1983年的老牌华文报纸《华府邮报》，改名为《华盛顿中文邮报》。2014年，他又与旅美工程师张泽东创办了华盛顿华语网络电视台，促进了华文媒体在美国的整合和发展。

南京籍华侨汪鹏也在华文媒体整合方面颇有建树。2002年汪鹏赴希腊留学，2005年创办了希腊华文报纸《中希时报》。该报纸是希腊及其周边南巴尔干半岛国家和地区的首份华文媒体报纸。本着"植根异土，善传生机"的办报宗旨，该报纸凭借深度时效的新闻、媒介的传播和精美的印刷，为希腊乃至巴尔干半岛国家和地区的华侨华人提供了良好服务。汪鹏2010年又创办希腊中文门户网站"希中网"，将新闻、资讯、文化、旅游、商务、黄页以及论坛整合于一体，更快更全面地为华侨华人提供新闻及实用信息。② 汪鹏创造的媒体为广大读者提供着及时、客观、深度和准确的报道，也为中希两国的交流与发展架起一座沟通的桥梁。

为了更好地融入主流社会，部分海外华文媒体开始走出华人社区，向主流传媒平台迈进。其中，苏彦韬和陈静较有代表性。祖籍苏州的旅美华人苏彦韬20世纪末在洛杉矶创建鹰龙传媒有限公司，1996年他在洛杉矶创办了美国中英双语电台"洛城双语广播"，吸引了美国多个族裔的关注。进入21世纪后，苏彦韬通过收购和整合等方式不断将鹰龙传媒做大做强，成为拥有多家电视、电台、杂志和报纸等的主流媒体，苏彦韬也成为来自中国大陆的首位拥有美国主流广播频道的美籍华人。③ 因他多年来致力于中美文化交流，美国共和党国会委员会授予他"全国领袖奖"，美国加州政府任

---

① 杨保筠：《华侨华人百科全书·人物卷》，北京：中国华侨出版社，2001年，第390页。
② 杨秦、梅彬、黄诗琳：《中国海归 侨界篇》，广州：广东人民出版社，第108页
③ 陈涛：《苏彦韬："中国机会"正成为国际影坛焦点》，《北京日报》第12版，2015年4月20日。

命他为加州众议院第60选区国际贸易顾问委员会主席。2012年美国加州政府将12月26日命名为加州"苏彦韬日"。

扬州籍海外华人陈静20世纪90年代初移民阿根廷,通过经营小商品贸易成为当地杰出侨领。为了促进中国文化在阿根廷的传播、树立华人移民新形象,陈静2012年成立了阿根廷金长城国际文化媒体公司。并与阿根廷主流媒体METRO电视台合作,共同制作了一档中文教学和文化节目《跟我学中文》,为阿根廷中文爱好者提供了轻松学中文的平台。该节目深受当地民众喜爱,在METRO电视台的收视率排名前五,提升了当地民众对中国和中文的兴趣,陈静也因此获得阿根廷电视最高奖项"马丁·菲耶罗奖"提名奖。[1]

综上所述,从19世纪末至今,江苏籍海外华侨一直致力于华文传媒的发展。在他们的推动下,华文媒体经过百年发展,不再仅仅满足于加强华侨华人自身文化认同,而是肩负着传承中华文化、塑造华人形象、提升中华文化影响力的新使命。

---

[1] 中国侨网:《阿根廷华人女性陈静:获政府授予杰出移民奖》,2014年9月13日。

下篇

第五章　江苏华侨华人与中国民主革命

华侨华人是中华民族根系中一条跨洋越海、绵延不绝的特殊分支，他们一直与祖（籍）国和家乡保持着紧密的血缘和亲缘关系。江苏作为文化大省，历史底蕴深厚，更是牵动着华侨华人的思乡情愫。近代以来，江苏华侨华人虽在海外，但他们时刻关心祖（籍）国的发展与建设。从旧民主主义革命时期到新民主主义革命时期，再到社会主义建设和改革开放新时期，华侨华人爱国、爱乡、爱自己的家人，积极参与江苏乃至全国的发展建设，为实现中华民族伟大复兴的中国梦贡献侨心侨力。

第一节　江苏华侨华人与旧民主主义革命

1840年鸦片战争以后，中国逐步沦为半殖民地半封建社会。随着晚清政府签订《天津条约》《马关条约》等不平等条约，南京、镇江和苏州成为开放口岸，江苏也被动融入世界殖民体系之中。一直到1949年中华人民共和国成立之前，江苏籍华侨华人都渴望祖国强大，他们踊跃投身祖国的反帝反封建斗争，在维新改良、辛亥革命、抗日战争中发挥着重要作用。

一、江苏华侨华人与维新变法

19世纪中期，清政府政治腐败，国穷民弱，无力保护广大华侨华人，导致海外华侨的处境甚为凄惨，经常被住在国民众视为"劣等民族"。在民族存亡和政治动荡的紧要社会转型时期，江苏华侨华人产生了强烈的民族危机感，坚定了救亡图存的决心，坚决投入反帝反封建的斗争之中，在19世纪末20世纪初试图通过支持中国的维新改良实现救亡图存。

1898年6月11日—9月21日，以康有为、梁启超为代表的维新派人士通过光绪帝发动了戊戌变法，积极倡导学习西方，改革清政府的政治和教育制度，发展农业、工业和商业。但变法被慈禧太后镇压，康、梁分别逃往法国和日本，历时103天的变法失败。

维新变法开始前，江苏民众十分支持变法运动，曾有252名江苏籍举人参与"公车上书"①。同时，江苏华侨华人也十分关注时局动态，积极进行宣传和报道，希望借助这场变革帮助清政府摆脱落后局面，使国力走向强盛。苏州籍华侨秦力山积极支持变法运动。他1897年加入长沙时务学堂，师从谭嗣同，参与维新派活动。②苏州籍华侨王韬游历英、法、俄等国之后，在香港创办《循环日报》，宣传维新自强。此外，苏州籍秀才陈去病在同里镇组织了"雪耻学会"，响应维新运动。③

维新改革失败后，部分江苏华侨华人继续大力支持康、梁二人，试图以和平改良的方式挽救祖国危亡。但受到历史时代的限制，他们所采取的措施较为

---

① 王瑞成：《维新变法》，昆明：云南人民出版社，2001年，第205页。
② 章开沅主编：《辛亥革命辞典》，武汉：武汉出版社，2011年，第328页。
③ 章开沅主编：《辛亥革命辞典》，武汉：武汉出版社，2011年，第246页。

单一,主要借助"保皇会",以"救圣主"的方式救中国。但"保皇会"将"爱国"与"忠君"混为一谈,企图通过保全光绪皇帝来达到救国的目的,从而陷入封建主义的"忠君报国"泥潭之中无法自拔,导致各项变革事业成效甚微,直接证明了通过维新改良的方式难以救中国。随后,秦力山和陈去病等江苏华侨华人更倾向于通过革命运动推翻清政府,他们不再支持维新和保皇党,逐步走上了革命道路。①

维新变法运动的失败使江苏华侨华人逐步认识到,只有通过革命推翻清政府的统治才能唤醒民众的民族危亡意识,因而抛弃了温和改良思想,接受了武力革命思想,从而为以孙中山为代表的革命派走上历史舞台创造了条件。

二、江苏华侨华人与辛亥革命

1911年10月10日,辛亥革命爆发,成为中国资产阶级民族革命的开端。在革命酝酿与发展阶段,华侨华人积极参加革命活动,为孙中山领导的推翻帝制、建立民国等革命斗争作出了重要贡献。因此,孙中山指出,"华侨有功革命""华侨是革命之母"②。

在辛亥革命之前,已经有众多江苏华侨华人支持孙中山的革命事业。据学者根据现有资料统计,1905—1906年同盟会成立早期的964名会员中,江苏成员有37人,数量虽然少于广东、湖南、四川、湖北等省份,但多于直隶、云南、福建、浙江等省。③ 在37名江苏成员中,具有海外留学和生活经历的达到20余人,④ 他们积极参与同盟会建设,参加革命活动,为辛亥革命的胜利作出了重要

---

① 江苏省地方志编纂委员会:《江苏省志·侨务志》,南京:江苏人民出版社,2007年,第114页。
② 郑万里、苏小红、陈恒才:《梦回东方 华侨华人百年心灵史》,广州:广东人民出版社,2011年,第265页。
③ 周新国:《江苏辛亥革命史》,北京:社会科学文献出版社,2011年,第154页。
④ 据《辛亥革命辞典》《中华民国史大辞典》和《民国人物大辞典》等进行统计,早期参加同盟会的江苏籍华侨华人主要包括高旭(江苏金山人)、秦力山(苏州人)、陈陶遗(原名陈剑虹,江苏金山县人,今上海市)、汪东(苏州人)、钱兆湘(江苏人,具体籍贯不详)、张效良(无锡人)、龚树威(江苏人,具体籍贯不详)、朱少屏(江苏上海人,今上海市)、吴炳生(常州人)、吴稚晖(常州人)、沙淦(南通人)、陈去病(苏州人)、赵声(镇江人)、钮永建(江苏上海人,今上海市)、黄炎培(江苏川沙人,今上海市)、韩恢(宿迁人)、章梓(南京人)、俞子夷(苏州人)、杨俊生(淮安人)、施方白(南通人)、俞锷(苏州人)、汪同尘(盐城人)、沈迪民(祖籍浙江杭州、定居江苏苏州)等人。参考文献:张宪文、方庆秋、黄美真:《中华民国史大辞典》,南京:江苏古籍出版社,2001年;章开沅主编:《辛亥革命辞典》,武汉:武汉出版社,2011年;李大星、杨永林:《民国人物大辞典》,石家庄:河北人民出版社,2007年。

贡献，具体表现为以下五个方面。

第一，进行启蒙宣传，抨击清政府的专制统治。在辛亥革命之前，封建忠君思想已经根深蒂固，民众普遍认为"发动革命、推翻皇帝是大逆不道"。① 为了使民众早日接受孙中山的革命思想，江苏华侨华人发挥自身文化方面的优势，创办报刊、发表文章，进行革命启蒙。江苏金山籍高旭等人在日本东京创办《醒狮》杂志，提出"美哉黄帝子孙之祖国兮可爱兮，北尽黑龙西跨天山东南至海兮，皆我历代先民之所经营拓开兮，如狮子兮奋迅震猛雄视宇内兮。诛暴君兮除盗臣兮彼为狮害兮，自由兮独立兮博爱兮书于筛兮，唯此地球之广漠兮尚有所屈兮，我黄帝子孙之祖国其大无畏兮"。②

1905年日本政府协助清政府扼杀留学生的革命活动，驱逐了一大批留日学生。遭到驱逐的留学生不仅没有放弃革命，反而继续在国内创办革命报刊，引发更大规模的革命宣传浪潮。江苏籍留学生朱少屏1906—1907年先后创办了《民呼日报》《民吁日报》《民立报》。无锡人张效良、南京人章梓和常州人吴稚晖等人创建了《中华日报》。此外，陈去病、汪东、汪同尘等人还分别担任过《警钟日报》《民报》《民苏报》等报刊编辑工作。他们的宣传活动不仅促进广大海外华侨华人接受孙中山的革命思想，也使国内民众认识到推翻清政府、建立新型政府的必要性，为辛亥革命爆发扫清了障碍、打下了坚实的民意基础。

第二，组建革命组织。江苏籍华侨华人直接参与了中国同盟会的筹建工作，并为同盟会在江苏省的发展作出了重要贡献，其中高旭所作的贡献尤为突出。1905年7月30日，黄兴、宋教仁等人在东京邀请70多名留学生召开会议筹建中国同盟会。正在东京法政大学留学的高旭受邀参会。8月6日，高旭在会议召开期间正式加入同盟会，成为该会第一位江苏籍成员。8月30日，他又被大会推举为同盟会江苏省主盟人。③ 1906年春，受同盟会总会委派，高旭正式担任江苏分会会长。高旭到任后，在上海老西门秘密创办分会机构"健行公学"，聘请朱少屏、柳亚子、陈陶遗等人讲解外国革命史和中国文化，培养革命青年，倡导学生参加革命活动。

---

① 周南京主编：《华侨华人百科全书·总论卷》，北京：中国华侨出版社，2002年，第94页。
② 周新国：《江苏辛亥革命史》，北京：社会科学文献出版社，2011年，第152页。
③ 郭长海、金菊贞编：《高旭集》，北京：社会科学文献出版社，2003年，第3页。

1907年秋,"健行公学"受到两江总督端方的蓄意破坏而被迫解散。高旭、陈去病等人转而在苏州虎丘张东阳祠建立了新的团体"南社"。"南社"表面上是文学团体,实际"借诗文唱酬提倡民族气节,宣扬民主爱国思想,反对清王朝专制统治"。① "健行公学"和"南社"一脉相承,它们共同为革命思想在江苏传播提供了平台,壮大了革命队伍,扩大了革命思想的传播范围。此后,"广社""辽社""越社""淮南社"等相继成立,为辛亥革命的发动做好准备。

第三,参与武装起义。孙中山历来将发动武装起义和夺取政权看作其革命事业的首要任务。在国内受到清政府严密管控的情况下,孙中山主要倚重华侨华人的力量。受到孙中山革命思想影响,不少江苏籍华侨华人踊跃参与武装起义。苏州人秦力山曾参加1900年的唐才常自立军起义,失败后流亡日本。在日期间加入中国同盟会,并从1901年起创办了多份报纸,与"保皇党"和清政府争夺舆论阵地。在返回安徽主持同盟会工作后,在安庆联合巡抚卫队营管带孙道毅发动起义。起义失败后,他不得不再次流亡海外,直到辛亥革命成功后才得以回国。宿迁人韩恢1908年曾加入清政府组建的"新军",在军中受到进步思想影响秘密参加同盟会,后追随黄兴参加镇南关起义和黄花岗起义。在黄花岗起义中,韩恢所在的"敢死队"被大批清军包围,72名起义者战死,史称"黄花岗七十二烈士"。韩恢保护黄兴突出重围,②保护了革命的火种。

1911年南昌起义爆发后,韩恢等人随即在南京发动起义,策应南昌起义军。在1912年袁世凯窃取辛亥革命果实后,吴炳生、沙淦、陈去病等江苏华侨华人又参与到"二次革命""护法运动""北伐战争"中,讨伐袁世凯,维护革命成果。

第四,参与经济建设,发展实业。孙中山在辛亥革命胜利后,曾一度认为"民族"和"民主"已经实现,"民生"是未来的主要任务,他打算集中力量发展实业,振兴中国经济。江苏华侨华人顺应这一构想,走上了实业救国的道路。淮安人杨俊生1907年加入同盟会,1911年回国参加辛亥革命。在辛亥革命结束后,经孙中山指点,他重返日本攻读东京帝国大学船舶工业专业,1926年在上海创

---

① 张宪文、方庆秋、黄美真编:《中华民国史大辞典》,南京:凤凰出版社,2001年,第1341页。
② 茅家琦、吴志明、江君谟:《江苏名人传》,南京:江苏文史资料编辑部,1997年,第28—29页

建大中华造船机器厂，成为中华民族造船工业先驱。①

中华民国的建立令海外华侨华人备受鼓舞，他们踊跃回国，参加新政府的经济建设。许多祖籍是福建和广东的华侨华人主动选择在南京及周边地区定居，先后在南京、无锡、昆山等地兴建了"华兴村""蔡皇村""振东乡""维新村"等归侨聚居村。他们抱着"实业救国"的使命，借鉴海外新思想，积极发展产业，对于振兴中国乡村经济发挥了的积极作用。

第五，教育报国和科技救国。辛亥革命后，华侨华人认识到发展教育和文化在国家发展中的重要作用。许多华侨知识分子怀着"科学救国""教育救国"的理想和热情陆续回国服务。沈迪民在革命胜利后曾出任江浙都督府秘书和上虞、宁波民事长等职，1932年定居苏州，潜心著述，试图在文化上发展江苏。常州籍华侨吴稚晖1905年在伦敦会见孙中山，并加入同盟会。辛亥革命后归国，他应教育总长蔡元培之约，主持推行汉语拼音字母，任国语读音统一会会长，编辑《国音字典》。还有不少人回国后受聘于全国各地的高等学校、科研院所和有关专业部门，运用世界先进科技文化知识开创我国科技、教育事业。据不完全统计，在20世纪上半叶回国服务的江苏籍归侨知识分子中，见载于有关史籍、方志和文献、辞书的知名科学家、教育家及其他各类专家、学者达150多人。②

总之，江苏华侨华人对辛亥革命的支持是多方面的，他们不仅组建革命团体、积极加入革命队伍，还在革命结束后进行各种救国活动。广大华侨华人通过多种形式支援孙中山的革命活动，为辛亥革命的成功提供了坚实的社会基础。对此，孙中山指出："我海外同志，昔与文艰苦相共，或输财以充军实，或奋袂而杀国贼，其对革命之奋斗，历数十年如一日，故革命史上，无不有华侨二字。"③

三、江苏华侨华人留学报国

19世纪40—50年代，经过两次鸦片战争，中国的国门被西方列强打开。随着江苏多座城市成为通商口岸，江苏快速发展成为中外科技文化交流的中心，

---

① 中国民主同盟上海市委员会编：《沪盟先贤》，北京：群言出版社，2016年，第6页。

② 江苏省地方志编纂委员会：《江苏省志·侨务志》，南京：江苏人民出版社，2007年，第93页。

③ 张赛群：《南京国民政府侨务政策研究》，北京：中国言实出版社，2008年，第29页。

许多家境富裕的江苏学子得以离开家乡,前往美国、日本和欧洲等国和地区留学。在诸多留学生中,以"留美幼童"为代表的早期留学生为近代中国的发展作出重要贡献,他们以实际行动诠释了留学人员的爱国本色。

1."留美幼童"及其科技贡献

1872—1875年,在两江总督曾国藩的支持下,清政府选派四批共120名幼童赴美留学,他们成为中国首批公派留学生。据统计,江苏籍幼童(含上海)共有22人,占总人数的18%。① 在近代中国半殖民地半封建的时代背景下,中国的科技水平远远落后于西方国家。留美幼童肩负着了解、学习西方科技和文化,缩小中国与世界差距的重任。

1881年,清政府以"外洋风俗流弊多端,各学生腹少儒书,德性未坚,尚未究彼技能,实易沾其恶习"② 为由,召回上述四批全部留学生。虽然只有少数留学生获得学位,但大多数人仍然凭借娴熟的专业技能,参与到中国的近代化建设之中。

据统计,在江苏籍22名留学生中,除1人病逝于美国外,其余21人中,8人从政、从商、担任律师和外交官,其他13人全部从事科学与技术相关职业。其中,从事电信业5人、医学5人、铁路建造3人,他们分别服务于江南制造局、唐山煤矿工程公司、上海电报局、直隶武备学堂等企业和机构,参与京奉铁路、宁汉电报线路、滇黔电报线路的建设。③ 其中,沈嘉树曾任民国第一任电报总局局长,成为中国电报事业的奠基人。周万鹏曾任民国邮传司司长、邮政总局局长。

总体上看,"留美幼童"并不算成功。"幼童"逐渐西化而引起清朝官员的不满,最终导致留学计划提前结束。不过,"留美幼童"在当时起到了重要的示范作用。他们通过留学亲身体会到了西方世界的发达,同时利用自己在西方学到的先进技术服务于中国近代化发展,为中国在电信、交通、医学、军事等多个科技领域发展进步发挥了重要作用。

---

① 钟真:《美国华工》,贵阳:贵州教育出版社,2014年,第160页。

② 谌旭彬:《中国1864—1911》,杭州:浙江人民出版社,2012年,第122页。

③ 石霓:《观念与悲剧:晚清留美幼童命运剖析》,上海:上海人民出版社,2000年,第266-274页。

表 5-1 江苏籍留美幼童名单

批次	序号	姓名	籍贯	从事行业或职业	备注
第一批	1	钱文魁	江苏上海	外交官	
	2	牛尚周	江苏嘉定	电信、造船业	
	3	曹吉福	江苏川沙	律师	
第二批	1	陆锡贵	江苏上海	铁路工程师	
	2	张祥和	江苏吴县	外交官	
第三批	1	祁祖彝	江苏上海	政府官员	
	2	朱锡绶	江苏上海	电报业	
	3	曹茂祥	江苏上海	军医	
	4	康赓龄	江苏上海		病逝于美国
	5	沈嘉树	江苏宝山	铁路	
	6	周万鹏	江苏宝山	电报业	
	7	朱宝奎	江苏常州	政府官员	
	8	宦维城	江苏丹徒	商业	
第四批	1	沈寿昌	江苏上海	海军	
	2	陆德彰	江苏川沙	电报业	
	3	吴焕荣	江苏武进	电报业	
	4	周传谏	江苏嘉定	铁路工程师	
	5	周传谔	江苏嘉定	军医	
	6	朱汝淦	江苏华亭	军医	
	7	金大廷	江苏宝山	军医	
	8	王仁彬	江苏吴县	军医	
	9	陈金揆	江苏宝山	海军	

资料来源：石霓：《观念与悲剧：晚清留美幼童命运剖析》，上海：上海人民出版社，2000年，第266－274页。

2. 留学高潮的出现及其对科技的带动作用

20世纪初,随着中国融入资本主义世界体系的程度进一步加深,中国政府和民众对赴海外留学的认可度不断提升,留学成为一种社会新风尚。除了清政府和民国继续公派"庚子赔款"留学生外,还有大批江苏籍学子通过各种方式前往美国、日本和欧洲等国家和地区学习。根据其留学时间及留学方式不同,可以分为三种类型。

第一类:"庚子赔款"等公派留学生。1908年,为了弥合中美之间的对立、增强美国在中国的影响力,美国国会决定退还部分庚子赔款,用于资助中国学生赴美留学。从1909年起,中国平均每年选派约60人赴美留学。由于在支付庚子赔款时江苏省被摊派的数额最大,因此获得的留学名额也较多。加之江苏文化发达,学生受教育水平高,因此江苏留学生所占的比例较高。在前三批(1909年、1910年、1911年)的180名"庚子赔款"留学生中,江苏籍学生数量达到65人,占36%,远超其他省份。1912—1929年的18年间,清华大学(即"庚子赔款"留学预备学校)共选派了1089名留美学生,其中江苏籍学子209人[①],占19%,仍在全国处于领先地位。

"庚子赔款"留学生数量不多,但人才辈出,对全国的科技发展产生了积极的推动作用。上述1200多名留学生绝大多数学习理工科,特别是机电、化工、采矿、造船、农林、土木工程等专业,为后来中国的科技发展提供了强有力的人才支持。其中,无锡籍第一批留学生胡刚复不仅在国内创办了《科学》杂志,还在中国第一个从事X射线研究,将镭应用在医学之中。[②] 常州武进籍留学生赵元任1909年考取第二批留学生,在美主要从事物理和哲学研究,回国后在清华大学从事语言学研究,完成了《现代吴语的研究》《国语新诗韵》《广西瑶歌记音》《粤语入门(英文版)》《中国社会与语言各方面(英文版)》《中国话的文法》《中国话的读物》《语言问题》《通字方案》等著作。[③] 第二批"庚子赔款"留学生竺可桢虽然是浙江绍兴人,但他长期在南京高等师范学校、东南大学等任教,

---

[①] 缪进鸿:《长江三角洲与其他地区人才比较的研究》,引自缪进鸿、郑云山主编:《中国东南地区人才问题国际研讨会论文集》,杭州:浙江大学出版社,1993年,第228页。

[②] 江苏省地方志编纂委员会:《江苏省志·科学技术志》,南京:江苏人民出版社,2007年,第6页。

[③] 方梦之、庄智象主编:《中国翻译家研究·民国卷》,上海:上海外语教育出版社,2017年,第573页。

为我国的气象学发展作出了重要贡献。

第二类：江苏省公派留学生。

随着1907年清政府颁布《西洋游学章程》以及1916年北洋政府颁布《选派留学外国学生规程》，留学活动得到了规范和监督。作为教育大省的江苏，开始采取多种措施鼓励出国留学。

1912年孙中山在南京建立中华民国临时政府，为了表彰有功之臣、储备建设人才，临时政府稽勋局先后公派150人赴欧美留学，被称为"稽勋留学生"，苏州吴县籍留学生谭熙鸿位列其中。他1919年获得法国图卢兹大学硕士学位后，回国获聘北京大学教授，1925年筹办生物学系，并担任第一任系主任，成为北大生物系的创始人。

江苏省内高校也纷纷划拨经费用于资助学生出国留学。据不完全统计，1916年江苏省派遣25人赴欧美留学，1921—1925年又派遣了173人。① 1914—1915年派遣46人赴日本留学，其中学习医学、农学和工科37人，占总人数的65%。近代中国土木工程学家、苏州人凌鸿勋就是通过该资助留学美国，后担任上海南洋大学（即交通大学）校长，并主持修建了陇海铁路、粤汉铁路等工程。

此外，江苏地方政府也在支持留学行动。泰兴人丁文江1902年受到泰兴知县的资助前往日本留学，1904年又转赴英国，1911年回国后担任农工商部地质调查所所长、北京大学地质系教授等职，是我国地质学的奠基人。

第三类：自费留学。

清末民国时期，江苏民间赴海外留学的热情很高。由于政府资助金额十分有限，大量留学生通过自费前往国外留学。学者统计了1854—1953年江苏留美的3000名学生中，公费生仅占很小一部分，大多数为自费留学生。

自费留学生身份较为多元，回国后从事的职业也差异较大。他们或为清末民初的达官贵人，如宋氏三姐妹等；或为了相关目的而留学，如无锡和南通的民族企业为了培养实业人才，都曾自费派遣留学生赴日学习；或在教会学校的帮助下前往海外，回国后继续服务于教会学校。但总体上来看，自费留学生中投身于科学研究的人较少，从事教育事业、革命事业的人较多。

总体来看，江苏籍留学生为旧民主主义时期中国科技发展发挥了积极的作用。在清末民初的社会环境下，包括江

---

① 姜新、小雨：《江苏留学史稿》，长春：吉林人民出版社，2006年，第43-45页。

苏在内的整个中国依然处于传统的农业社会，导致中国很难通过自我发展来推动近代科技进步。大量留学生赴海外学习，为中国带来了现代科技，推动了中国开始从封建落后中走出来，走向近代文明。江苏留学生在推动科技发展方面的作用主要体现为以下四个方面。

其一，为中国引进国外先进技术。常州武进籍留日学生诸楚卿，1923—1935年先后任职于上海启明染织厂、常州大成纺织染公司，他竭尽全力吸收借鉴国外先进的印染技术，将阴丹士林、凡拉名蓝、海昌蓝等染料及染色技术引进江苏，生产出可以与舶来品媲美的名牌产品。无锡籍留德学生孙君立，引进毛纺技术，留学英国的钱宝钧引进化学纤维技术，为近代中国工业发展发挥了重要作用。

其二，进行发明创造，填补技术空白。常州武进籍留日学生诸文绮，在江苏工业学校任教时，自行设计棉丝光机和丝光线生产流程。后来，运用这项技术生产的"双童牌"光丝线在巴拿马博览会上荣获特等奖。此外，就职于南通纺织学校的留美学生雷炳林成功研制出粗纺机双喇叭喂入装置和精纺机弹簧销牵引装置，获得中、美、法、意、德等国的专利。

其三，对存在缺陷的技术进行改造。苏州吴江籍留日学生费达生将手工丝机改造为足踏丝机，大大提高了生产效率。诸文绮改提花木织机为铁木动力织机。他们都立足中国实际，提高了新技术与中国产业发展的匹配程度。

其四，推广新技术。许多归国留学生将掌握的技术传授给企业。诸文绮曾任无锡实业学校校长，邓邦逖曾担任苏州工业学校校长，张朵山也曾代理南通学院纺织科主任，[①] 他们通过一系列教学活动分享新技术，提高了近代中国的总体科技发展水平。

第二节　江苏华侨华人与新民主主义革命

1917年，俄国十月革命爆发，建立了苏维埃政权，为世界各国无产阶级革命、殖民地和半殖民地的民族解放运动开辟胜利前进的道路。受到俄国革命的影响，中国无产阶级从1919年五四运动开始领导中国革命，中国革命进入了新民主主义阶段。旅居在世界各地的江苏华侨华人率先接触到马克思主义思想，

---

① 姜新、小雨：《江苏留学史稿》，长春：吉林人民出版社，2006年，第285-286页。

并将其介绍到中国，推动了新思想在中国的传播，促进了中国革命和解放事业进一步发展。其中，旅苏江苏留学生和华侨发挥积极作用，他们为中国共产党的建立和发展发挥了重要作用，也为中国人民赢得抗日战争作出了贡献。他们和国内人民一起推动中国革命走向新的历程。

一、江苏华侨华人与中国共产党的早期发展

1917年11月7日，俄国爆发十月革命，俄共（布）在列宁的领导下建立了无产阶级政权，将马克思主义由理想变为现实。随着五四运动的发展，马克思主义思想开始在中国加速传播，为正在探索民族解放事业的中国先进知识分子带来希望。在这一时期，许多旅居海外的江苏华侨华人接受、宣传和践行了马克思主义思想，他们搭建起中国与共产国际的桥梁，建立党的机构，保护革命成果，为中国共产党的建立和发展作出了重要贡献。

1. 江苏籍旅俄华侨与中国共产党早期发展

俄国苏维埃政权建立伊始，便遭到帝国主义国家的联合绞杀。为了摆脱孤立的局面，俄共（布）与共产国际极力推进"世界革命"①，帮助东西方国家建立共产党。为此，共产国际热情邀请各国共产主义者赴苏俄学习生活。出生于江苏的张太雷、瞿秋白、张闻天、孙冶方、秦邦宪（又名博古）、嵇直、杜吉祥②等人先后受邀前往苏俄工作或学习。他们回国后带回共产国际和苏联的许多革命经验，为中国共产党的建立和早期发展做出了努力。

20世纪初，张太雷和瞿秋白两人曾赴苏俄工作，为加深苏俄与中国之间的相互了解、促成国共合作等发挥了积极作用。

1920年，张太雷加入北京共产主义小组，成为中国最早的共产主义者之一。1921年1月，他受邀赴苏俄访问和学习，出任共产国际远东书记处中国科书记，建立起中国与共产国际之间的联系。同年6月，张太雷以正式代表身份出席共产国际第三次代表大会，在会上介绍了中国共产主义运动开展的情况和面临的主

---

① 薛衔天、李玉贞：《旅俄华人共产党组织及其在华建党问题》，《近代史研究》（北京）1989年第5期。

② 张太雷：常州市武进人；瞿秋白：江苏常州人；张闻天：江苏省南汇县人（今上海浦东新区）；孙冶方：江苏无锡人；秦邦宪：江苏无锡人；嵇直：江苏镇江人；杜吉祥：江苏徐州人。

图 5-1 1921年6月22日至7月12日，瞿秋白参加共产国际三大期间与参会人员的合影。后排左四为瞿秋白，左五为张太雷

图片来源：课题组2020年8月28日拍摄于常州市瞿秋白纪念馆。

要困难，建议共产国际加大对中国的援助，将中国革命引到正确的道路上来。① 张太雷在苏俄期间，中国共产党成立。回国后，他多次担任共产国际驻中国代表马林的翻译，加强共产国际与中国共产党的沟通。此外，张太雷对促进国共第一次合作也发挥了积极作用。1921年12月23日，马林和张太雷一起在广西桂林会晤孙中山，向孙中山介绍了俄国革命，并向孙中山提出改组国民党和建立革命武装、创办军官学校的问题。会晤后孙中山对苏俄及中国共产党有了更深了解。马林也进一步了解了孙中山，认为"孙中山比甘地更有战斗性"②，大大增强了未来国共两党合作的可能性。张太雷在苏俄及回国后的一系列工作，为共产国际了解和帮助中国革命架起桥梁，为中国共产党赢得共产国际支持，实现国共合作创造了条件。③

瞿秋白是中国共产党的早期领导人之一，他曾两次赴苏俄工作和任职。1920—1922年，瞿秋白以《晨报》和《时事新报》特派记者身份前往苏俄采访，成为"中国知识界中第一个直接感触、直接报道俄国的人"④。1928—1930年，瞿秋白再赴苏联，担任中共驻共产国际代表团团长。在中国共产党成立初期，瞿秋白两次旅俄经历对联络苏俄与中国共产党发挥了重要作用，主要体现在三个方面。

其一，瞿秋白首次向国内真实全面地介绍了苏俄及俄共（布）的情况。旅俄期间，瞿秋白在苏俄进行了一系列社

---

① 中国共产党编年史编委会：《中国共产党编年史1》，太原：山西人民出版社，2002年，第117页。

② 中国共产党编年史编委会：《中国共产党编年史1》，太原：山西人民出版社，2002年，第137页。

③ 权好胜：《华侨为中共建立做出了重要贡献——读新近出版的〈中国共产党编年史〉》，《侨务工作研究》2005年第3期。

④ 张亮亮：《瞿秋白的苏俄观》，复旦大学社会科学基础部硕士学位论文，2010年，第15页。

会考察，发表了《自赤塔至莫斯科的见闻记》《莫斯科之中俄外交》等文章，对俄共（布）的执政和社会主义制度进行了细致报道。同时，他坚定了自己的共产主义信仰，在莫斯科经张太雷介绍加入中国共产党。1921年3月8—16日，俄共（布）召开第十次代表大会，瞿秋白对会议进行了深入报道，写成3万字的新闻报道稿《共产主义之人间化——第十次全俄共产党大会》，系统介绍了苏俄的政治、经济、文化和外交等状况。该报道在《晨报》上连载了27次，在中国引发强烈关注，成为"第一个走向苏俄、报道苏俄、联络苏俄、传播苏俄革命观的中国人"。[1] 他的报道对中国人民全面了解十月革命后苏俄的社会主义制度及其优越性发挥了积极作用。

其二，瞿秋白为中国共产党革命队伍培养作出了重要贡献。1921年4月，俄共（布）建立了莫斯科东方大学，为苏俄境内各共和国以及东方被压迫民族培养干部，其中该校的"中国部"专门培养中国留学生。瞿秋白旅俄期间曾入职该校，担任"中国部"俄文课翻译，教授俄语课程，并任唯物辩证法、政治经济学等课程助教，刘少奇、任弼时、罗亦农、萧劲光、胡士廉、梁柏台、蒋光慈、曹靖华、韦素园、彭述之、许之桢等都是当时的学员。瞿秋白"以通俗易懂的方法，有针对性地讲解。替俄国老师翻译时，他的发音清晰，用词准确，举止斯文，待人又热情，在学员中赢得很高声誉"。[2]

其三，瞿秋白向苏联和共产国际介绍了中国的革命形势。1928—1930年旅俄期间，瞿秋白在《真理报》《消息报》《共青团员报》《共产国际》等苏联重要报刊上发表大量介绍中国的文章，如《广州暴动意义》《国民党改组派问题》《反对陈独秀与托洛茨基主义问题》《东方劳动人民为反对帝国主义战争而斗争》等，[3] 为共产国际了解中国发挥了重要作用。

20世纪20年代，中外反动派对社会主义苏联极力进行封锁、干涉和破坏，散布"共产公妻""妇人国有之奇闻"，企图煽动人们对苏俄的不满和厌恶，杜绝十月革命的影响。[4] 瞿秋白通过大量的

---

[1] 张亮亮：《瞿秋白的苏俄观》，复旦大学社会科学基础部硕士学位论文，2010年，第1页。
[2] 王铁仙、刘福勤：《江苏历代名人传记丛书：瞿秋白》，南京：江苏人民出版社，2015年，第48页。
[3] 蓝鸿文、许焕隆：《瞿秋白》，北京：人民日报出版社，2005年，第163页。
[4] 刘元林、周显信：《瞿秋白对毛泽东思想形成的重要贡献》，北京：中央文献出版社，2005年，第50页。

新闻报道和宣传,揭露了国内的虚假宣传,消除了中国社会对俄国革命的许多误解,吸引更多的中国人关注社会主义运动,推动了马列主义在中国的传播。

2. 江苏籍旅苏留学生与中国革命道路探索

在张太雷和瞿秋白之后,大量中国共产党党员赴苏联学习。1925年,苏联建立莫斯科中山大学,专门为中国的革命事业提供帮助。1928年9月,苏联将莫斯科东方大学中国部与莫斯科中山大学合并,成立"中国劳动者共产主义大学"(简称劳动大学)。此外,莫斯科列宁学院、伏龙芝军事学院等也招收中国留学生。上述学校累计为中国培养了1000多名留学生。① 从目前掌握的史料看,多位江苏籍中共党员曾在上述学校留学。他们在校期间熟练掌握了苏联的马列主义理论,回国后探索马列主义与中国实际相结合之路,为实现马列主义的中国化作出贡献。其中,张闻天和秦邦宪两人探索了中国革命道路,李济平等人用鲜血和生命捍卫了中国共产党的理想和信念。

张闻天1925年经党组织安排前往莫斯科中山大学留学,后在劳动大学担任教员,一直到1931年回国。在近6年的时间中,他系统学习了社会发展史、中国革命运动史、俄国革命运动史、西方革命史、政治经济学、列宁主义等课程,对马列主义有了深入的研究。在学习过程中,张闻天十分注意运用马列主义分析中国的现实问题。1929年他完成学年论文《哲学战线的当前分歧和马克思主义方法论的任务》,指出"中国共产党人因为不懂辩证法而在1925—1927年的革命中放弃领导权,以后又犯了盲动主义。只有唯物辩证法将帮助我们找到坚定不移的阶级路线"。② 1930年完成论文《论两条路线的斗争》,提出中国共产党必须"经过群众、依靠群众",提出反对普遍存在的右倾错误,又要反对"左"倾错误③。

在苏联的学习经历,为张闻天打下了深厚的理论基础,使他成为党内杰出的理论家。然而面对极其复杂的中国革命形势,张闻天依然犯过"左"倾错误。回国后,张闻天曾先后担任党中央宣传部长、中央苏区宣传部长、中央书记处书记等职务。因深受斯大林革命观点的影响,且过于迷信和盲从共产国际的指

---

① 宁艳红:《旅俄华侨史》,北京:人民出版社,2015年,第249-261页。
② 张培森主编:《张闻天年谱》,北京:中共党史出版社,2000年,第97页。
③ 张培森主编:《张闻天年谱》,北京:中共党史出版社,2000年,第107页。

导,张闻天一度将可以争取的中间派看作危险的敌人,犯了"左"倾错误。① 但深厚的马克思主义理论功底使他迅速走出"左"倾错误,在1935年1月遵义会议上坚决拥护毛泽东的领导,在中国革命重大历史转折关头发挥了重要作用。

秦邦宪也有类似的思想转变经历。秦邦宪1926年10月遵照组织安排到莫斯科中山大学学习,1930年回国参加革命。一方面,他系统地接受了马克思列宁主义的基本原理,拥有优秀的组织才干。另一方面也深受苏联模式的影响,认为只要熟读马列主义本本,就能解决中国革命问题。同时,受到苏共党内斗争影响,接受了党内斗争"残酷斗争,无情打击"的错误方法,走上"左"倾冒险主义的错误路线。②

在后来的革命实践中,秦邦宪认识到苏联模式的局限性,深刻领悟到"农村包围城市、武装夺取政权"等中国特色革命道路的正确性,突破了思想和认识上的局限性。他在领导新华社和解放日报社工作时期"不断地从人民群众的创造性的活动中汲取思想力量,从而在开创党的新闻事业中作出重要的贡献"。③

李济平出生于无锡江阴,1927年加入中国共产党,担任中共江阴县县委委员。同年6月,受中共江苏省委委派,李济平前往苏联留学,就读于东方大学,成为军事政治训练班的学员。在苏联留学期间,李济平系统学习了党史、工人运动史等文化课程,还完成了重机枪训练等野外军事实习,各科成绩十分优秀。

1927年年底,广州起义失败后,国内十分缺乏革命领导人才。李济平得知消息后便产生了尽快回国参加革命的想法,他多次提到"学习重要,但工作更为重要,何况国内极需要人"。④ 次年6月,党的第六次代表大会在莫斯科召开,李济平借机多次恳请党组织批准他回国,他主动放弃前往苏联炮兵学校深造的机会,最终如愿在1928年冬与同乡缪世友等人一起回到祖国,在上海加入

---

① 杨振亚:《民国史研究散论》,北京:生活·读书·新知三联书店,2014年,第183页;徐玉凤:《张闻天与共产国际》,北京:中共党史出版社,2014年,第24页。

② 富耀南:《略论秦邦宪的历史地位》,邹贤敏、秦红:《博古和他的时代秦邦宪(博古)研究论集》,北京:当代中国出版社,2016年,第3页。

③ 陈夕:《博古的曲折思想历程》,邹贤敏、秦红:《博古和他的时代秦邦宪(博古)研究论集》,北京:当代中国出版社,2016年,第18页。

④ 缪世友:《回忆烈士李维选》,载中国人民政治协商会议江苏省江阴县委员会文史资料研究委员会:《江阴文史资料·第3辑》(内部资料),1983年,第51页。

革命队伍。

1929—1930年，李济平历任中共扬州特委负责人、中共江苏省委巡视员、中共南京市行动委员会书记等职务，负责指导南京、镇江、常州等京沪沿线地区的革命工作。受到当时党中央"城市中心论"错误思想的影响，① 李济平在南京组织示威斗争和罢工等活动，不幸于1930年7月29日被国民党特务逮捕，同年8月18日在南京雨花台就义，年仅22岁。

20世纪20—30年代赴苏俄留学的江苏籍中国共产党人经历了在思想上和实践中英勇探索的曲折经历，他们的经历是自身的思想发展，也是"中国社会、中国共产党一段历史的缩影"②。他们用实践证明，中国革命应自觉地把握理论与实际相结合，不断进行理论探索，推动实践发展，走出了一条具有中国特色的革命和建设道路。他们践行初心使命、唯图努力报国，让侨界红色基因在他们身上代代传承。③

二、江苏华侨华人与抗日救亡运动

1931—1945年日本军国主义发动侵华战争，把中国拖进战争的深渊。同时，日军不断入侵东南亚、西南太平洋地区，企图建立所谓的"大东亚共荣圈"，甚至"称霸世界"，严重破坏了包括中国在内的世界和平与发展。在长达十几年的战争中，中国受到的损失最为严重。据不完全统计，中国军民伤亡3500余万人。按1937年的币值计算，日本侵略者给中国造成的直接经济损失达1000亿美元、间接经济损失5000亿美元，④ 整个中华民族到了亡国灭种的边缘。尤其是在江苏，日本侵略者制造了惨绝人寰的南京大屠杀，杀戮了30多万名同胞，进一步加深了江苏华侨华人对日寇的深恶痛绝。在抗战过程中，他们纷纷挺身而出，通过各种方式支援祖国抗战，掀起一场争取中华民族解放的爱国高潮，支援了祖国的抗战，也为世界反法西斯战争的胜利作出了贡献。

1. 在军事战线上支持祖国抗战

抗日战争爆发后，大量旅居海外的

---

① 中国侨联文化交流部、江苏省侨联、南京市侨联编著：《百年风华 雨花侨魂》，北京：中国华侨出版社，2021年，第48页。

② 富耀南：《略论秦邦宪的历史地位》，载邹贤敏、秦红：《博古和他的时代秦邦宪（博古）研究论集》，北京：当代中国出版社，2016年，第2页。

③ 中国侨联文化交流部、江苏省侨联、南京市侨联编著：《百年风华 雨花侨魂》，北京：中国华侨出版社，2021年，序言，第2页。

④ 李巨涛主编：《赤子丰碑——华侨与抗日战争》，云南归国华侨联合会、云南华侨历史学会（内部资料），2005年，第8页。

华侨华人返回国内，加入中国军队赴前线杀敌。据学者统计，仅广东籍华侨华人参战人数就超过4万人。① 江苏籍华侨华人虽尚不及此，但他们以军官或士兵的身份投入抗日救亡运动之中，涌现出许多优秀的抗日英雄。盐城籍华文教育家黄逸峰1934年从东南亚回国参加抗日救亡运动，他曾组建"上海职业界救亡协会"，又在苏北建立"鲁苏皖边区游击指挥部直属纵队"和"鲁苏战区苏北游击指挥部纵队联合抗日司令部"（简称"联抗"部队），担任总司令，与新四军一起抗敌。常州人朱绍良早年曾留学日本，1935年晋升为国民党二级上将。抗日战争全面爆发后，他率部参加淞沪会战，1940年在绥远省（今内蒙古中东部及周边地区）指挥军队取得绥西战役胜利，守住了中国的西北大门，保卫了抗战大后方的安全。苏州人钱大钧20世纪初曾留学日本，后担任国民党陆军上将，1938年参与组织"武汉空中保卫战"，该战争累计击落日军飞机60多架。1938年5月，钱大钧组织中国空军驾机飞入日本本土，在东京、大阪、长崎等地上空投放大量宣传单，激励了中国军民的抗战信心，也赢得了国际社会的赞誉。②

除了江苏籍人士外，还有许多外省籍华侨战士也在江苏进行抗日斗争。祖籍为福建的菲律宾归侨叶飞曾在无锡、扬州和泰州等地参加抗战，参与开辟新四军"苏北抗日根据地"。祖籍为广东的菲律宾归侨林友映率领军队开辟了新四军"苏中根据地"，1942年在郭氏桥战斗中为掩护群众撤离不幸中弹牺牲。还有福建籍马来西亚归侨庄子中曾任苏浙军区特务营营长，在1945年张家岗战斗围歼日寇时牺牲。纪振纲原籍湖北英山县，1904年考入南京讲武堂，曾参加辛亥革命。1913年6月赴南洋新加坡等地经商。1917年回国后在常州金坛创办茅麓公司。1938年新四军第一支队挺进茅山地区，受到新四军抗日精神的感染，纪振纲坚定了抗日救亡的信心，组建并担任镇江、句容、金坛、丹阳四县抗敌自卫委员会主任，后将其自卫武装全部改编入新四军。1938年7月，年仅15岁的泰国归侨谭岚，放弃了泰国学业和较好的生活条件，离开父母毅然回国，经历了种种艰难险阻，抵达革命圣地延安，曾参加过晋察冀根据地反日寇大扫荡、保卫延安、淮海和渡江等战役战斗。1960年5月被授予中校军衔，荣获三级独立自由勋章、

---

① 任贵祥：《华夏向心力：华侨对祖国抗战的支援》，桂林：广西师范大学出版社，2015年，第97页。
② 沉度、应列等编：《国民党高级将领传略·第2版》，北京：华文出版社，1995年，第61页。

三级解放勋章、二级红星功勋荣誉章等。作为归侨女战士,她既是历史的见证者,又是红色基因的传承者和弘扬者。1936年春,归侨林有声从马来西亚回国,以华侨生身份进入集美中学读书。1938年奔赴延安参加抗战,后跟随刘邓大军先后参加挺进大别山、打过长江、进军大西南等战役。曾两次在战斗中负伤,逐步成长为团首长、师副参谋长。中华人民共和国成立后,林有声荣获三级独立自由勋章、二级解放勋章。抗美援朝时,林有声所部入朝作战,任中国人民志愿军第12军第31师参谋长,荣获"朝鲜二级国旗勋章""朝鲜一级独立自由勋章"等称号。1960年被授予大校军衔,荣获中国人民解放军独立功勋荣誉奖章。

回国参战的华侨华人增强了祖国的抗战力量,激励了中华民族的意志和信心,推动了抗日民族统一战线的形成和巩固,成为中国取得抗战胜利的重要力量。新加坡《星洲日报》副刊主编郁达夫在《送答华机工回国服务》中指出:参战华侨誓死争取民族的自由与独立,代表了中华民族的正气,证明了中华民族绝不做亡国贱奴的民族。①

2. 在后援战线上支持祖国抗战

抗战时期,中国的社会经济遭到严重破坏,财政收入锐减,物资短缺,已经完全无法承受庞大的战争开支。这时,海外华侨华人纷纷伸出援助之手,为祖国的抗战事业提供了人力、财力和物力方面的支持。据统计,抗战期间,全世界共有800万华侨华人,其中400万曾为祖国捐款,捐款总额达到13亿元。他们还购买了超过11亿元的救国公债,组织了3900多个抗日团体回国服务。抗战前3年,华侨华人便捐献了200多架飞机和3000多批物资,② 有力地推动了祖国抗战事业的发展。

江苏籍华侨华人在支援祖国抗战方面同样不遗余力,许多人甚至献出了自己的生命。镇江籍旅日华侨高国盘在日本发动"九一八"事变后回归祖国,1941年集资开设永昌炭行,投身抗日救国事业,为抗日武装转运武器、物资,配合地方民主政权剪除汉奸、土匪,为民除害,不幸在1945年遭汉奸告密被捕牺牲。③ 还有许多华侨华人在"隐蔽战线"上进行抗日斗争。徐州铜山籍归侨

---

① 曾瑞炎:《华侨与抗日战争》,成都:四川大学出版社,1988年,第214页。
② 周南京主编:《华侨华人百科全书·总论卷》,北京:中国华侨出版社,2002年,第112-115页;裴援平:《华侨华人与抗日战争》,《求是》2015年第19期。
③ 镇江市润州区地方志编纂委员会:《润州区志》,上海:上海社会科学院出版社,1995年,第365页。

蒋自明曾是"一战"时赴法劳工，1934年应中共地下党和爱国将领杨虎城的资助在西安开办莲湖食堂，掩护革命活动，为抗日根据地提供了大量急需物资，被林伯渠和徐彬如等党的领导同志称赞为"做生意为了革命，为了党的地下工作，是党外布尔什维克"①。苏州昆山籍华侨陈定达14岁保送进入清华留学预备学校（今清华大学），在20世纪20年代赴美国留学和工作，抗日战争期间从事地下工作，曾策划刺杀汪精卫。1940年7月在上海被捕，严词拒绝汪伪对其劝降，同年10月牺牲于南京雨花台。②此外，还有许多华侨华人因参加抗日活动而遭到不公正待遇。苏州籍华侨华人王芝九1932年因参与当地华侨募捐支援淞沪抗战活动，被荷兰殖民当局取消教师资格，被迫离校。

在抗战中，江苏籍华侨医生承担起救死扶伤的责任，救治了大量抗战勇士。镇江籍华侨吴惠民曾在日本神户行医9年，抗日战争爆发前夕回国，积极支持新四军在当地的抗日斗争，掩护救治伤病员。③无锡籍女华侨顾淑型曾先后赴美国、德国和苏联留学，1932年在上海协助宋庆龄开展支援"一·二八"抗战活动、参加宋庆龄领导的保卫中国同盟，先后在美国、中国香港、桂林地区和印度从事抗日救亡和难民救济工作。④还有原籍浙江、后在苏州定居的张卜熊，曾赴美国、德国和英国学习医学，获评英国皇家医学会会员，抗日战争期间组织成立"中国红十字会吴县分会救护纵队"⑤，积极参加战地伤兵医院工作，辗转衡阳、柳州等地为抗战队伍提供医疗服务。

上述抗战华侨仅是江苏籍华侨华人的部分代表，在14年抗日战争中，包括江苏华侨在内的世界各地爱国华侨以满腔的热情投入反法西斯斗争，给国内人民极大鼓舞，为抗战胜利打下了物质和精神基础。

3. 在科学文化艺术战线上支持祖国抗战

江苏籍华侨中高级知识分子、高技术人才众多，他们充分发挥自己的专长，在各领域积极支持祖国抗战。

---

① 董献吉：《徐州历代人物》，徐州市人民政府地方志办公室（内部资料），1987年版，第243页。

② 李姝林、李怀忠主编：《百年清华》，合肥：安徽科学技术出版社，2011年，第31-33页。

③ 江苏省地方志编纂委员会：《江苏省志·侨务志》，南京：江苏人民出版社，2007年，第125—126页。

④ 马洪武等主编：《中国近现代史名人辞典》，北京：档案出版社，1993年，第535页。

⑤ 池子华：《中国红十字运动史散论》，合肥：合肥工业大学出版社，2019年，第152页。

在文化领域，华侨华人十分注重运用舆论的力量，在海外加强抗战宣传。据学者统计，侨胞创办了150多家抗日报刊，动员团结抗战、揭露日寇罪行，在世界多地发起声势浩大的抗日救亡运动。① 江苏华侨华人在抗战舆论宣传方面贡献颇多，创办了多份报纸杂志，其中影响力较大的有无锡籍华侨徐仲年创办的法语杂志《科学、艺术、文学》、常州籍华侨邵宗汉在马来亚槟城主办的《现代日报》、连云港华侨朱凡主编的《新民主报》和《江淮日报》等。此外，苏州籍华侨费彝民在抗战期间担任上海《大公报》副经理兼社评委员，他在上海沦陷后留守报社，坚持抗日救国斗争，被日寇逮捕入狱，遭受酷刑折磨始终坚贞不屈。

江苏籍华侨华人创办和编辑的上述报刊杂志在政治舆论上声援了祖国抗战，向海内外宣传了中国英勇的抗战斗争，凝聚了国内民众和华侨华人的抗战决心，为提升中国抗战在世界反法西斯斗争中的地位作出了贡献。

在艺术领域，江苏籍华侨艺术家纷纷用自己的作品痛斥日寇的侵略罪行，赞扬中华民族的英勇抗争精神。他们还积极参加各类筹赈、义卖活动，为抗战筹集资金。无锡宜兴籍艺术家徐悲鸿在抗战期间创作了歌颂淞沪抗战的《壮烈的回忆》、象征呼唤光明的《风雨鸡鸣》和《愚公移山》等作品，寄寓了对民族危亡的忧愤、对光明的渴求，展现了崇高的爱国主义思想和威武不屈的战斗精神。他多次在国内外举办个人画展，将收入所得全部用于赈济难民，支援抗日。无锡江阴籍艺术家张大烈曾在法国国立巴黎高等美术学校学习雕塑，1936年回国后担任江阴县长泾中学校长，拒绝当地日伪政权要求学校开设日语课程的要求，积极响应和支持江南抗日救国军开展的爱国抗日活动，1940年遭敌人暗杀。② 还有常州籍艺术家刘海粟，抗战期间被阻隔在东南亚，他多次在雅加达、万隆、新加坡等地举办义赈画展，共募集到数百万元，全部捐献给贵阳万国红十字会。③

---

① 裘援平：《华侨华人与抗日战争》，《求是》2015年第19期。
② 江苏省地方志编纂委员会：《江苏省志·侨务志》，南京：江苏人民出版社，2007年，第116页。
③ 施立松：《民国风度 黑暗处的明灯》，杭州：浙江文艺出版社，2014年，第347页。

1945年8月15日,日本宣布无条件投降,中国赢得了抗日战争的胜利,江苏华侨华人在抗战中的贡献值得后人永远铭记。在抗日战争中,江苏籍华侨华人不再对政治冷漠,他们心系祖国,热切关注国内局势,关注祖国抗战,与祖国人民一起同仇敌忾,结成举国御敌的坚强力量。江苏华侨华人在抗战中的付出与牺牲增强了民族凝聚力,提高了他们的国际地位,帮助他们赢得了祖国和世界各国的尊重,"对于一向视中国人是一盘散沙的外国人,至此,无不目瞪口呆、感叹不已"[1]。

图 5-2　徐悲鸿在南阳举办赈灾画展时的留影,背景为其作品《愚公移山》
图片来源:王效军:《生命的光彩——徐悲鸿画作集》,银川:宁夏人民出版社,2019年,第70页。

---

[1] 华侨协会总会编:《华侨与抗日战争论文集》(下),华侨协会总会,1999年,第620页。

第六章　江苏华侨华人与中国社会发展

　　1949年10月1日，中华人民共和国成立，结束了中国百年来任人宰割的屈辱历史，实现了民族独立和人民解放。在中国共产党领导下，中华民族迎来了从站起来、富起来到强起来的伟大飞跃。祖（籍）国的强大为海外华侨华人提供了强有力的支持，也更加唤起了他们强烈的自豪感。在新的历史征程上，包括江苏华侨华人在内的广大海外华侨华人伴随着中国崛起而不断发展，在国际上获得更多尊严与自信。他们发挥融通中外的优势，积极参与祖（籍）国建设，促进中外交流，不断推动"一带一路"倡议在世界各国落地，与祖（籍）国同呼吸共命运。

第一节　江苏归国华侨促进科技事业发展

中华人民共和国成立后，中华民族开启了历史新纪元，江苏籍海外科学家备受鼓舞，他们怀着报效祖国的情怀踊跃回国，积极参与国内科技事业。为新中国科技发展提供强大的支持。其中，江苏籍"两弹一星"功勋人物、各科技领域的领军人物是归侨科学家群体的代表。

一、国防科工领域的代表人物

在冷战格局下，以美国为首的敌对势力对新中国采取围堵的战略，使新中国面临严峻的国际局势。虽然苏联一度对新中国科技进行了援助，但1960年中苏交恶，苏联撤回所有专家，中国国防科技毅然走上自力更生的发展道路。江苏籍归国华侨在国防科技领域中发挥了重要作用，1999年党中央、国务院、中央军委表彰的23位"两弹一星"功勋人物中，江苏籍获奖者共有6位，其中5位拥有海外留学和工作背景，即王淦昌、王大珩、钱骥、程开甲、杨嘉墀、姚桐斌。他们利用自己掌握的科学技术为新中国原子弹、导弹和人造卫星的研制工作作出了重要贡献。

王淦昌（苏州常熟人），1930—1933年留学德国柏林大学，回国后参与了中国原子弹、氢弹原理突破及核武器研制的实验研究，奠定了我国核武器研制的基础。王大珩（日本华侨，祖籍苏州），1938—1948年赴英留学和工作，1949年新中国成立前夕回国，参与大型光学观测设备的研制，为中国的光学事业及计量科学的发展发挥了重要作用。程开甲（苏州吴江人），1946—1950年赴英国爱丁堡大学留学。1950年回国参加社会主义建设，开创了国内抗辐射加固技术等研究新领域。杨嘉墀（苏州吴江人），1946—1956年在美国留学和工作。1956年回国后致力于中国自动化科学技术和航天事业的发展。姚桐斌（江苏无锡人），1946—1956年赴英国和德国留学，并从事科研工作，1956年回国，随后投入导弹与航天的材料、工艺技术工作，成为国内该领域的奠基者。在他们的共同努力下，1964年10月16日，中国原子弹爆炸成功；1966年10月27日，导弹核试验成功；1970年4月24日，人造卫星发射成功。

图 6-1　23 名"两弹一星"功勋中，江苏籍占 6 位

资料来源：《"两弹一星"先进群体——勇于攀登、彪炳史册》，中国共产党员网，2021 年 12 月 2 日。

江苏华侨华人在我国的其他国防科工产业中也发挥了重要作用。连云港灌云县板浦镇的汪德耀、汪德昭、汪德熙都曾赴国外留学，回国后为我国的科技事业贡献力量，被誉为"汪氏三杰"。其中，汪德昭成为我国著名水声学家、大气电学家和中科院院士，制造了我国第一台近海岸水下预警声呐，结束了敌对国潜艇在我国近海海域非法活动的局面。南通籍无线电技术专家蔡金涛 20 世纪 50 年代起从事导弹与航天技术工作，曾主持仿制成功液体近程弹道导弹的控制系统，并主持研制成功我国第一枚自行设计的中远程导弹的控制系统，为我国导弹与航天事业的发展作出了重要贡献。扬州籍归国科学家吴大观从美国回国后出任重工业部航空筹备组组长，参与了新中国航空工业的筹建，是我国航空发动机事业的奠基人和创始人。他领导研制了我国第一个喷气发动机型号，创建了我国航空史上第一个发动机实验基地；主持建立了航空发动机研制第一套有效的规章制度，建立起了新中国第一支航空动力设计研制队伍；主持编制了我国第一部航空发动机研制通用规范，被誉为"中国航空发动机之父"。苏州籍女科学家陆士嘉1942年获得德国哥廷根大学博士学位，长期从事空气动力学和航空工程的研究和教学工作，参与筹建了北京航空学院（现名北京航空航天大学），创办了中国第一个空气动力学专业，为中国培养航空工业科技人才作出了贡献。

总之，以"两弹一星"功勋为代表的国防科工成就是新中国成立初期科技发展的缩影，诠释了"热爱祖国、无私奉献、自力更生、艰苦奋斗、大力协同、勇于攀登"①的精神，这也是江苏籍科学家爱国主义精神的写照。在严峻的国际形势下，中国打破了美苏等大国的讹诈和垄断，在重大相关技术中实现突破，提高了国家的政治、国防和外交地位。

二、其他科技领域代表人士

中华人民共和国成立后，以美国为首的西方国家对中国进行经济封锁、政治孤立和军事包围。但新中国成立对广大海外华侨华人特别是青年群体具有极大的感召力。许多人放弃海外优越的生活和工作条件，怀着报国之心回到"一穷二白"的祖国，参与社会主义建设。据统计，在新中国成立的五年内，各行各业共有18万华侨华人回国。②相比于广东和福建籍华侨华人，江苏籍归国华侨华人数量较少，但专家、学者所占的比例较高，他们回国后为祖国的建设发挥了重要作用。

（1）在理学领域，江苏归侨在数学、物理、生物学等多个学科推动了新中国科技的进步。数学作为"所有科学的基础"，在科学领域中占有十分重要的地位。江苏籍归侨中涌现出许多数学大师，为其他学科的发展打下了坚实基础。常州金坛籍数学家华罗庚1950年回国，成为我国解析数论、矩阵几何学、典型群、自守函数论、多复变函数论的杰出创始人与开拓者；南通籍数学家严志达回国后在世界上最早算出特殊单纯李群贝蒂（Batty）数；扬州籍归侨许国志建立了我国第一个运筹学研究室及管理、决策与信息系统开发实验室，成为我国运筹学和系统科学研究的主要创始人；扬州籍女数学家黄兰洁将其偏微分方程数值解和计算流体方法运用到大庆油田开发之中，取得良好的社会效益；苏州籍数学家程民德奠定了我国模式识别、图像处理研究方面的基础。

在物理学方面，无锡籍物理学家王补宣创办了我国热物理专业；宿迁籍归

---

① 王复隆：《历史的记忆》，兰州：敦煌文艺出版社，2010年，第109页。
② 周南京主编：《华侨华人百科全书·总论卷》，北京：中国华侨出版社，2002年，第119页。

侨胡宁奠定了我国基本粒子理论和广义相对论研究；常州的汤定元在半导体领域推动了我国的科技进步。无锡的朱洪元、南京的杨立铭、常州的杨澄中、镇江的程晓伍等人在核物理和量子力学等科技领域作出重要贡献。常州籍谈镐生在流体力学、稀薄气体力学和应用数学方面成就斐然。无锡籍的周培源是我国近代理学奠基人和理论物理奠基人之一。无锡籍孙仁洽回国先后从事液态金属传热、混合对流传热、自然对流传热、多孔性物质传热和超音速风洞再生式加热器等项研究取得重要成就。① 常州籍华侨华人吕保维以及苏州籍物理学家何怡贞回国后，分别成为我国电磁学科与光谱分析技术的开创者之一。② 物理学家、江苏如皋人胡济民回国后，主持筹建了我国第一个专门培养原子能科技人才的物理研究室，在原子核物理、重离子核物理、等离子体物理等研究领域多有重要建树。③ 南通籍归国科学家闵乃本推动了微结构功能晶体的发展及应用，引领了我国凝聚态物理学、非线性光学等学科发展，产生了重要的国际影响。祖籍浙江闽侯的张钰哲1923—1929年留学美国，中华人民共和国成立后出任中国科学院南京紫金山天文台台长，领导该天文台进行了恒星、行星、人造卫星、空间天文、射电天文、实用天文、历算和天文仪器等多方面的观测和研究工作。因其在天文学方面的卓越成就，1978年美国哈佛大学天文台将国际编号为2051号的小行星命名为"张（钰哲）星"。美国归侨、中国科学院资深院士、南京大学教授魏荣爵，是我国声学学科创始人。1970年，他创立南京大学声学研究所，是中国声学事业奠基人之一。

在生物学方面，江苏籍归侨也取得了很高的成就。苏州人邹树文1908—1915年赴美国攻读经济昆虫学学位，回国后完成《昆虫》《中国昆虫史》等著作，成为中国近代昆虫学的奠基人与开拓者之一。无锡人邹承鲁是近代中国生物化学的奠基人。苏州人沈善炯在微生物生化研究中取得了卓越成果。苏州人唐进1935年至1938年任英国皇家植物园访问研究员。1949年中华人民共和国成立后任中国科学院植物分类研究所、植

---

① 江苏省高等学校教授录编委会：《江苏省高等学校教授录》，南京：南京大学出版社，1989年，第181页。

② 清华大学校史研究室编：《清华人物志·第4辑：校友中院士专辑》，北京：清华大学出版社，2009年，第242页。

③ 叶取源主编：《上海交通大学校友院士风采录》，上海：上海交通大学出版社，2000年，第144-148页。

物研究所研究员，是我国单子叶植物，特别是兰科、百合科、莎草科等研究的创始人之一。苏州人郑国锠成为我国植物细胞生物学的开拓者。常州归侨吴汝康是我国研究古人类学的先驱，对禄丰古猿、蓝田猿人、北京猿人、马坝人、丁村人、柳江人、资阳人等都作过系统研究。苏州归侨刘健康1945—1949年留学美国，回国后长期致力于鱼类学和淡水生态研究，是我国淡水生态学开创人之一。

（2）在工学领域，许多江苏籍归侨将世界最前沿的技术运用到机械、电子、仪表、能源、矿产、建筑、农林、交通等各个领域中，推动了科学向技术的转化。在电子、通信和计算机工程方面，无锡的胡汉泉参与建立了我国的真空电子工业；常州归国留学生陈涵奎对我国微波、天线、电磁场等方面研究和应用作出重要贡献；无锡籍半导体专家黄敞对我国半导体器件理论和超大规模集成电路理论的研究卓有成就。苏州籍电子专家王守武回国后成为我国半导体科学技术的奠基人和开拓者之一。① 祖籍扬州的吴征铠是我国著名的物理化学、放射化学专家和分子光谱领域的开拓者之一。泰州籍科学家支秉彝1944年获得莱比锡大学物理学博士学位。他在20世纪70年代发明了"见字识码"编码方法，率先解决汉字进入电子计算机的难题，为建立中文计算机网络和数据库打开了大门。

在仪器仪表工程方面，扬州籍归侨科学家朱良漪是我国仪器仪表工业的奠基人之一；常州科学家刘豹创立了我国化工仪表与自动化专业；扬州籍物理学家黄兰友回国后研发了第一台中型电子显微镜、第一台自行设计的大型电子显微镜、第一台微米电子束爆光机、第一台离子探针质谱分析仪和DX-4电子显微镜/1000-B扫描电子显微镜。② 苏州籍归侨王守融1955年研制成功"津仪01型半自动刻线机"。该刻线机的刻线精度达到了国际水平，成为中国自行设计、制造的第一台计算尺刻线机。无锡籍归侨钱临照长期从事压电效应和金属晶体形变机理研究，在中国国内首先用电子显微镜研究单晶体形变，推动了全国晶体缺陷和电子显微学研究。

在土木建筑工程方面，镇江籍归侨茅以升是土力学学科运用于工程的开拓者，主持修建了中国人自己设计并建造的第一座现代化大型桥梁——钱塘江大桥，1957年又参与设计了武汉长江大桥。

---

① 江苏省苏州市吴中区东山镇志编纂委员会编：《东山镇志》，北京：方志出版社，2017年，第200页。

② 江苏省地方志编纂委员会：《江苏省志·侨务志》，南京：江苏人民出版社，2007年，第373页。

苏州籍土木专家张光斗主持设计了密云水库、渔子溪水电站等工程，为黄河和长江水利工程规划设计和葛洲坝、丹江口、三门峡、小浪底、二滩、三峡、龙滩等多座大型水利水电工程建设提供技术指导。镇江籍专家何广乾在薄壳结构简化计算方面成果卓著；无锡籍工程学家周镜为我国路基岩土工程理论与技术的发展作出了杰出贡献；苏州抗震专家汪闻韶在我国土动力学、岩土工程及抗震防护的科研中取得了卓越成就。苏州籍黄文熙是中国土力学与岩土工程学科的主要奠基人之一。

在能源矿产工程方面，泰州石化专家朱亚杰为我国煤炭化工综合利用及人造石油工业的发展作出重要贡献；无锡的郑炽在国内率先提出石油发酵生成单细胞蛋白；南京籍有机化学家蒋锡夔领导了我国多种氟橡胶、氟塑料的研制工作，并将产品广泛应用于民用和军工生产之中。苏州籍科学家徐维铧开创了我国金属有机化学研究；苏州籍工程师陶令桓在我国稀土应用事业方面取得了突出成果。苏州籍材料学家殷之文是中国开发锆钛酸铅压电陶瓷的首创者。

在机械和航空工程方面，无锡的史绍熙是我国工程热物理学和内燃机燃烧学的主要开拓者；常州造船工程专家袁随善在船舶总体设计和研制方面取得突出成就；江苏籍吴仲华和李敏华夫妇共同创立了叶轮机械三元流动理论，成为我国塑性力学研究的创始人；泰州的卞荫贵进行了高超声速方面的研究，为我国发展航天飞行器作出了重要贡献。在化学工程方面，无锡环保工程专家顾夏声在处理高浓度有机废水方面达到国际先进水平；泰州籍生物化学家王德宝是我国生产核苷酸类助鲜剂的创始人。

（3）在农学领域，江苏籍归国科学家开展了一系列遗传育种和高产栽培方面的研究，大大提高了粮食产量。镇江籍水稻专家杨守仁在水稻籼粳杂交育种、水稻超高产育种等方面取得重大成果。南通籍归侨徐冠仁在中国农业科学院创建了国内第一个原子能利用研究室，开创和发展了我国原子能在农业上的应用，被学界称为"核农学家"。苏州籍农学家邹秉文回国后，建立了中国最早的农业试验田建设、病虫害防治机构和进出口商品检疫机构。苏州籍归侨李竞雄1949年从美国留学回国后，长期致力于植物细胞遗传和玉米育种研究，成为我国利用杂种优势理论选育玉米自交系间杂交种的开创者。无锡籍倪达书1946年远赴美国宾夕法尼亚大学从事原生物研究，获得美国科学家协会终身会员称号。中华人民共和国成立后，任职于中国科学院水生生物研究所，主要从事鱼病研究，同时建立了稻田养鱼、鱼养稻的鱼稻共生理论，为我国的淡水渔业和鱼病学研究作出重要贡献。

（4）在医学领域，江苏籍归国华侨在临床医学、药学、中医学等方面颇有建树，开创了多个国内"最先"或"首例"。扬州籍疫苗学家刘永纯 1922—1928 年赴法国留学，新中国成立后担任中国人民解放军医学科学院细菌系主任，最先在国内分离出强毒性狂犬病毒和假性狂犬病毒。无锡籍骨科专家过邦辅曾先后前往哈佛大学和伦敦大学骨科学院进修，1959 年提出"中西医结合治疗骨折"，1963 年参与国内首例断肢再植，为我国开创在国际上居于领先地位的显微外科作出了贡献，受到周恩来总理的接见。① 无锡籍肿瘤生物学家姚鑫首创甲胎蛋白琼脂扩散和放射免疫检测方法。扬州籍化学家黄鸣龙从事甾体化合物的合成研究，是我国甾族激素药物工业奠基人。泰州籍生化学家钮经义在国内首创多肽合成催生素，是 1965 年我国在世界上最先人工合成结晶牛胰岛素的主要创造者之一。苏州籍生化专家张为申为我国青霉素、土霉素、红霉素、链霉素等抗生素的试制、生产作出重要贡献。无锡籍植物学家赵承报则用现代科学方法进行中草药研究，为发掘中国的医学遗产作出贡献。② 无锡的诸福棠 1927 年获得美国纽约州立大学医学博士学位，1931 年赴哈佛大学医学院进修。他在 20 世纪 60 年代成功研制出麻疹减毒活疫苗，在中国推广应用后，使麻疹的发病率和死亡率大大降低。

"华侨华人是中华民族一个重要的人力资源宝库。"③ 江苏籍归国科学家在祖国最艰难和最需要的时候回到国内，投身科技事业，在国家重点发展的原子能、电子学、半导体、自动化、计算机和火箭技术等领域为祖国的科技事业追赶世界水平作出了重要贡献。其中，江苏籍华侨华人作为归国科学家的主力军，发挥的作用尤为明显。1955 年和 1957 年评选的中国科学院院士（学部委员）共有 190 人，江苏籍占 39 人，数量高于浙江的 33 人和上海的 12 人。④ 正是在他们以及各行业劳动者的共同努力下，中国拥有了原子弹、氢弹和导弹等维护国家安全的"国之重器"，建立起完整的工业体

---

① 上海第二医科大学校友会网站：《过邦辅》，2021 年 5 月 21 日。
② 麦子：《美国华人群英录》，广州：中山大学出版社，2009 年，第 690－691 页。
③ 中国侨务通论课题组编：《中国侨务通论》，广州：暨南大学出版社，2012 年，第 69 页。
④ 叶小丽：《中国院士制度的历史演进分析及启示》，华中师范大学硕士学位论文，2016 年，第 31－32 页。

系，也印证了科技兴则民族兴、科技强则国家强这一真理。

第二节　江苏华侨华人参与社会建设

中华人民共和国的成立结束了中国百年来任人宰割的屈辱历史。在中国共产党的领导下，中国不断走向繁荣富强，在国际上获得更多尊严与自信。祖国的强大为海外华侨华人提供了强有力的支持，也唤起了他们强烈的自豪感。江苏华侨华人纷纷回国，施展抱负，在各领域努力耕耘，生动诠释了国运兴、侨运兴的历史必然。

一、促进文教事业发展

1949年后，一大批在国外留学和工作的江苏华侨华人陆续回国，参与到社会主义建设中。他们服务于各高等院校，创建大量科研院系，发展教育事业，为我国培养了大批人才。

1. 投身高等教育，培养高科技人才

1949年初期，在江苏省数千名的中高级知识分子中，在学术上对我国科教事业卓有贡献的归国华侨有400多人，[①] 许多江苏归侨身兼科技和教育工作，培养了一大批高科技人才。

在工程技术领域，无锡归侨钱伟长主要从事力学研究，他参与创建了中国大学里第一个力学专业——北京大学力学系，开创了理论力学的研究方向和非线性力学的学术方向，被称为中国近代"力学之父"。南京籍建筑学家吴良镛1950年从美国回国后前往清华大学建筑系任教，先后主持和参与设计北京人民英雄纪念碑、北京饭店、北京图书馆、北京亚运村、佛子岭水库、毛主席纪念堂，以及天安门广场等重大建筑工程，当选中国科学院院士和中国工程院院士，并荣获2011年度"国家最高科学技术奖"。镇江归侨周志宏1928年留学美国，新中国成立后任教于上海交通大学，首先提出了氧气顶吹转炉炼钢法，成为我国金属学与金属热处理的带头人和中国合金钢与铁合金生产的奠基人之一。

在理化和生物等教育领域，常州归侨吴定良1926—1934年在英国留学，研究生物统计学和人类学研究，新中国成立后任浙江大学和复旦大学教授，成为我国体质人类学的创始人和奠基者。苏州归侨冯新德1945年赴美国留学，获印第安纳州诺脱丹大学化学博士学位。1948年归国后，长期从事高分子化学及其基础理论的研究与教学工作，成为

---

① 江苏省地方志编纂委员会：《江苏省志·侨务志》，南京：江苏人民出版社，2007年，第12页。

我国高分子化学的开拓者及奠基人之一。镇江籍科学家戴安邦提出"硅酸聚合作用理论"原理，是中国配位化学的奠基人之一，先后担任金陵大学和南京大学化学系任教，为国家培养了一大批高水平化学人才。扬州籍归侨科学家王葆仁 1935 年从英国伦敦大学帝国理工学院毕业后，先后在同济大学、浙江大学和中国科学技术大学等任教，成为我国有机化学研究的先驱者之一和高分子化学事业的主要奠基人之一。

在医学领域，宿迁的陆裕朴 1949 年 5 月赴美国依阿华州立大学进修骨科医学。1955 回国任职于中国人民解放军第四军医大学，1976 年指导世界首例完全离断十指再植全部存活手术。扬州籍医学家黄鸣驹 20 世纪 20—30 年代先后在德国和法国留学和工作，中华人民共和国成立后，曾在浙江医学院、中国人民解放军军事医学科学院、第二军医大学等任职，主要从事药学教学和毒物分析化学的科学研究工作，是我国近代毒物分析化学的奠基人和开拓者。苏州籍的王淑贞 1918 年获清华学校庚款奖学金赴美国留学，1925 年获霍普金斯大学医学院医学博士学位，并在该院附属医院任妇产科医师，1926 年回国。1949 年中华人民共和国成立后，长期担任上海第一医学院（今复旦大学上海医学院）妇产科医院院长等职务，是我国现代妇产科医学的奠基人之一，为我国妇产科医学及计划生育事业的开拓、发展作出了重要贡献。美国归侨彭司勋 1950 年回国后，在南京药学院任教，为推动中国新药研究和药学教育事业发展作出重大贡献。扬州籍归侨、中国工程院院士王广基，曾在 1982—1984 年赴英国和瑞典留学，1993—1995 年赴新西兰从事博士后研究，回国后任教于中国药科大学，长期从事药代动力学研究，创建了"靶细胞药代动力学—药效学结合研究"新理论及新模型，解决了中药现代化与国际化进程中的关键难题。

此外，许多江苏籍归侨奔赴全国各地，特别是前往东北、西北和西南地区进行社会主义建设，把自己的技术和热情奉献给"北大荒"和"大三线"地区。光学家王大珩，祖籍苏州，出生于日本东京，1948 年从英国回国，随后辗转前往东北，先后创建了大连大学应用物理系、中国科学院长春光学精密机械研究所和长春理工大学等，培养了一大批人才，将长春理工大学打造成"中国光学英才摇篮"。[1] 无锡籍归侨唐敖庆在 1952 年

---

[1] 李峰：《苏州通史·人物卷（下）中华民国至中华人民共和国时期》，苏州：苏州大学出版社，2019 年，第 442-443 页；卢连大主编：《吉林省高等学校校园规划 发展蓝皮书》，长春：吉林人民出版社，2010 年，第 52 页。

全国高校院系调整时带领团队前往东北人民大学（吉林大学前身）任教，创建该校化学系，"使理论化学专业人才遍及祖国大地"①。无锡籍归侨朱既明1950年从英国归国，曾长期在卫生部长春生物制品研究所工作，成功研制高度减毒麻疹活疫苗等。还有许多江苏籍归侨跟他们一样，在祖国和人民需要的时候前往艰苦地区，奉献自己的智慧和力量。

2. 推动中国文化事业的发展

文化事业是社会主义建设的重要组成部分，对提高全社会的精神文明水平、培养全民族的文化素质等都具有重要意义。江苏籍华侨华人和归侨侨眷为促进中国文化事业发展作出积极贡献。其中较有代表性的有：

常州归侨周有光是我国著名语言学家。1946年，他在欧洲工作期间发现欧洲人对字母学很重视，于是购买了大量字母学书籍进行研究。1949年回国后，陆续发表了多篇关于拼音和文字改革的论文和书籍。1955年受邀担任汉语拼音方案委员会委员，主持制定汉语拼音方案，被誉为"汉语拼音之父"，为中国语文现代化的理论和实践作了科学阐释。

南通归侨魏建功早年曾参加新文化运动，1928—1929年赴朝鲜任教于京城大学。中华人民共和国成立后，历任北京大学教授、副校长，新华辞书社社长，中国文字改革委员会委员，中国科学院社会科学部委员等职务，主持编纂了《新华字典》及《简化字总表》等，为中国文化普及事业作出积极贡献。

常州归侨程曼叔20世纪20—30年代长期在法国里昂艺术专科学校研习雕塑艺术，作品曾获法国巴黎春季沙龙展三等奖。新中国成立后，任中央美术学院华东分院教授，创作了《方志敏胸像》和《中国人民志愿军纪念碑群像》等许多体现革命精神的艺术作品。

南京归侨李小缘是我国图书馆学的先驱者和中国近代图书馆事业的奠基人之一。1920—1925年，他在美国纽约留学并担任美国国会图书馆编目工作。新中国成立后，先后任南京大学图书馆副馆长，在图书馆学、目录学、历史学和古文物研究等方面形成了很深的学术造诣，著有《图书馆学》《云南书目》等著作。

3. 在基层为祖国发展添砖加瓦

中华人民共和国成立后，党和政府鼓励归国华侨在统战、教育、文化等各条战线上发挥作用，积极保护归国华侨

---

① 理化所：《唐敖庆先生生平及成就简介》，参见吉林大学新闻中心网站，2009年2月15日。

的各项权益。江苏许多归侨在基层工作岗位上施展才干,建功立业。1959年7月10日清晨,一场突如其来的火灾,打破了南京大学校园的宁静。中文系归侨陈万里第一个冲向火场,抢夺教学仪器、物资,不幸被一根燃烧着的木桩砸中,壮烈牺牲,被授予"革命烈士"称号。

许多华侨回国后利用自己掌握的知识,投身于科教和医疗卫生行业,为我国发展默默奉献。日本归侨周桑漪1955年回国,先后在江苏省苏州市第二中学、江苏师院(现苏州大学)从事教学和研究工作。1992年1月致公党江苏省委成立,周桑漪当选为主委。他主动联系广大海外侨胞和归侨侨眷,与其他涉侨部门联手维护华侨华人权益。马来西亚归侨彭钊安20世纪50年代初回到祖国读大学,毕业后被分配在镇江气象局,为基层气象事业发展和侨务工作耕耘不辍。忆及归国历程,他激动地表示,六天六夜的曲折归国路和在渡轮上远远望见飘扬五星红旗的欣喜,跨越半个世纪仍历久弥新。1960年,印度尼西亚归侨黄翠玉回国求学,后从事侨务工作,与海外侨胞有着一条情感相通的精神纽带。她说,在海外的人对祖国的感情是我们在内地所难以感受到的。在印度尼西亚上中学的时候,每天下课,我们都要骑很长一段路的自行车,到中国大使馆去看五星红旗。那种感情,是长期在国内生活的人难以想象的。

总之,中华人民共和国成立后百废待兴,急需各方面的人才。华侨华人的归国,弥补了社会主义建设人力资源不足,推动了国家和江苏科技、教育、文化、卫生等各项事业迅速发展。中国特色社会主义建设取得瞩目的成就,华侨华人功不可没。

二、积极建言献策

中华人民共和国成立后,特别是改革开放以来,江苏华侨华人、归侨侨眷与祖(籍)国在经济、文化方面的联系更加密切。祖国的快速发展为他们带来了巨大的发展机遇。他们在"国运兴则侨运兴"的背景下,积极建言献策,分享先进的经营管理和社会治理理念,发挥侨界智慧。

1. 为改革发展出谋划策

改革开放后,许多江苏归侨侨眷和华侨华人利用自己的所学所能,分享先进的改革和发展经验,为中国的发展贡献智慧。其中,比较有代表性的有:

南京大学校友、美籍华人李耀滋曾协助钱学森、赵忠尧等科学家回国。1979年他写了一封题为《用计划经济的政策,实行市场经济》的建议书信,并转送给当时的中国领导人,解释了计划经济与市场经济并行的方针。① 他又在1982年提出了"一个国家,两种制度"的概念,为我国推进改革开放、实现祖国和平统一提供了思路。

苏州的钱昌照1919—1924年在英国伦敦经济学院和牛津大学留学,回国后长期从事水利相关工作,1947—1949年出国考察。1949年6月回国后,钱昌照应邀出席中国人民政治协商会议第一届全体会议,成为全国政协委员。他积极参政议政,为海南岛开发、教育事业发展、改革开放和现代化建设等建言献策。1987年,钱昌照赴海南岛调查考察,撰写《海南经济技术开发考察报告》,提出6项意见,得到中共中央和国务院的重视和采纳。即便在病危之际,仍不忘祖国统一、开发海南和发展教育,留下三条遗愿:一是增加教育经费,加强教育工作;二是加速开发海南岛;三是抓紧促进祖国统一的工作。②

印度尼西亚归侨郁美兰曾担任江苏省侨联主席。她在工作中发现,受到当时政策的影响,我国企业每年捐赠额仅有50亿元人民币,相当于中国当年GDP的0.05%,远低于美国的2.17%,英国的0.88%,加拿大的0.77%。因此,她建议提高捐赠纳税抵扣比率,完善企业捐赠公益事业所能享受的优惠政策,提高企业捐赠的积极性,从而推动我国收入分配体制改革。③ 郁美兰的建议对于我国加大税收减免力度,完善我国公益性捐赠减免税政策产生了积极影响。

2. 为科技发展建言献策

江苏华侨华人群体中,高科技人才和企业高管的数量较多。他们利用自己的专业特长,为国内行业的发展提供建议。东南大学集成电路专家王志功教授曾旅居德国多年,为了使中国的集成电路赶上世界先进水平,王志功将自己在国外多年从事集成电路设计的经验、国内创业过程中的实践,写成一份长达13页的计划书——《关于国家设立集成电路设计人才培养专项基金,开展中国芯片工程的建议》。这份建议书引起了党中央和国务院的高度重视。随后,科技部、教育部、中科院、原信息产业部等部门迅速制订微电子和软件的计划,并在上

---

① 王夏宇:《兄弟远别离 齐心系桑梓——李耀滋与钱学森的中国情怀》,淮安市侨联编:《淮上游子吟——淮安侨史人物剪影》,南京:南京大学出版社,2012年,第65页。

② 张维民:《永留一片丹心在 好为人民服务来——记原全国政协副主席、民革中央副主席钱昌照》,《华人时刊》2020年第8期。

③ 李润文:《郁美兰代表:捐赠纳税抵扣比率还可更高》,《中国青年报》,2007年3月10日。

海设立集成电路设计产业化基地。① 开启了我国集成电路设计与制造的攻坚战。

3. 为维护祖国和平统一建言

维护祖国领土完整、早日实现祖国和平统一是华侨华人共同的夙愿。江苏华侨华人积极投入海内外反"独"促统事业。泰州籍旅英侨领单声1954年获得巴黎大学国际法博士专业，了解以法理反"台独"的重要性。他在2000年筹备成立"全英华人华侨中国统一促进会"，同时发表多篇文章，在世界各地演讲，号召以法理反"独"促统。2003年7月，单声参加第七次全国归侨侨眷代表大会，在会上率先提出了制定"统一法"的建议，② 表达了华侨华人促统一的坚定与热切。2004年5月9日，时任国务院总理温家宝访问英国，与当地华侨华人和旅英人士座谈时，单声向温总理提出："国家应该制定法律，也是探讨和平解决台湾问题可以考虑的方案之一。"③ 在单声的积极推动下，2005年3月14日全国人大以全票通过《反分裂国家法》，该法的出台实现了单声"法律报国"的心愿。

总之，在中国特色社会主义建设和改革开放历史进程中，江苏华侨华人发挥独特优势。他们胸怀报国之志，发挥侨心侨力侨智，为中国和江苏带来了国际领先的技术、成熟的管理经验、维护祖国统一的良策。

第三节 江苏华侨华人支持公益事业

江苏华侨华人素有热心公益、造福桑梓的传统，改革开放以来，他们积极捐资助学、扶贫济困、募捐赈灾、弘扬中华文化，助推华侨华人公益事业发展。他们用实际行动展现了浓浓的赤子情怀。

一、支持祖国公益事业

江苏华侨华人对祖国和家乡公益事业的贡献良多，他们为教育事业提供经费支持，推动祖国和家乡教育发展；他们积极回祖国投资、帮扶贫困地区，加强各地经济发展；在祖国遭遇灾情和疫情时，他们踊跃捐款捐物，与祖国共渡难关；他们还参与文物保护工作，促成大量流失海外文物回归。

1. 捐资助学，支持教育事业发展

中华民族一直有尊师重教的传统，

---

① 中共江苏省委先进性教育活动办公室：《飘扬的旗帜 江苏优秀共产党人风采录》，北京：中央文献出版社2005年，第117-118页。

② 林明江主编：《中国侨联》，北京：人民政协报社，2010年，第146页。

③ 余玮、吴志菲：《出入中南海的高层智囊3》，北京：中国社会出版社，2005年，第282页。

江苏华侨华人也一向重视教育事业。他们从自身的经历深刻认识到,要造福整个民族,必须发展教育,特别是提高青少年一代的文化水平。为此,他们积极捐资兴办学校、捐赠教学设施、设立奖助学,支持江苏乃至全国的文化教育事业。

1949年以前,已有不少江苏华侨华人开始在家乡捐资助学。1934年无锡籍旅日华侨、上海大中华橡胶厂创始人薛福基在家乡塘头桥捐资10万银圆创办"尚仁初级商科职业学校"。抗战时期校舍被毁,他再次捐资5000银圆修复学校,建造了图书馆、实验室和实习商店一系列设施。①

中华人民共和国成立初期,虽然中外交流有所减少,但江苏华侨华人依然不时为家乡捐款。1965年,在日本经营餐饮业的无锡籍华侨蔡世金向其家乡玉祁镇捐赠11万元,兴办了镇小学和托儿所。1978年又向玉祁中学捐赠了13.3万元,改善学校设施。②同年,旅居海外的华侨李景良也向无锡县洛社镇先锋中学的扩建工程捐赠5万元。③

改革开放后,华侨华人捐资助学的热情进一步高涨,成为华侨华人群体中的一种风尚。江苏籍旅美"钢铁大王"唐仲英1995年在美国创立"唐仲英基金会"。他本着"教育是人生中最重要的环节,德育又是教育中的关键"的原则,在国内高校设立"唐仲英德育奖学金"、在中学设立"唐仲英爱心奖学金",通过捐资助学提升青少年学生的民族责任感和社会责任心,目前已有数千名学生获得资助。④唐仲英因此获得2008年"江苏友谊奖"⑤。常州籍华侨张永珍自1994年至2001年先后为江苏省捐款超过1亿元,用于内地的教育、扶贫、救灾等事业。扬州籍新加坡华商牛大鸿,2005年在美国成立"新希望教育基金会",每年募集10万美元的资金,用于支持中国贫困地区的教育事业,共资助了近千名学生。2014年他又在扬州设立"中华广文公益慈善(香港)基金会",资助扬州籍学子的学业。⑥

---

① 中共江阴市青阳镇委员会,江阴市青阳镇人民政府编:《青阳镇志》,苏州:苏州大学出版社,1999年,第393页。

② 陈乃鑫:《爱国侨胞蔡世金先生》//无锡文史资料委员会编:《无锡县文史资料·人物专辑1》,无锡:中国人民政治协商会议江苏省无锡县委员会,第132-134页。

③ 江苏省地方志编纂委员会:《江苏省志·侨务志》,南京:江苏人民出版社,2007年,第304页。

④ 唐仲英基金会官网:《唐仲英基金会中心》,2021年6月29日。

⑤ 麦子:《美国华人群英录》,广州:中山大学出版社,2009年,第82-83页。

⑥ 扬州一中官网:《我校举行中华广文公益慈善(香港)基金会奖教金、助学金发放仪式》,2016年2月24日。

图 6-2 位于苏州吴江区的唐仲英基金会中心
图片来源：唐仲英基金会官网。

祖籍扬州江都的朱恩馀 1953 年赴英国曼彻斯特大学攻读硕士学位，学成后回国在中国香港创立了香港翔龙有限公司。1992 年，朱恩馀在苏州高新区投资 100 万美元成立了苏州立锵制衣有限公司，成为苏州高新区引进的第一家外资企业。在苏州经营工厂期间，朱恩馀将更多的精力放在了支持江苏省的教育等公益事业方面。1987 年，朱恩馀偕夫人谢玲玲到苏州大学考察，第二年 6 月在苏州大学设立以其父亲命名的奖学金"朱敬文奖学金"。随后，他先后在南京师范大学、扬州师范大学、徐州师范大学（今江苏师范大学）、江苏农学院、扬州工学院、南京中医药大学、安徽师范大学等高校设立朱敬文奖学金，资助家庭贫困的优秀学子完成学业。他还在上述高校建立敬文图书馆，提高学校的育人水平和教育质量。此后，朱恩馀夫妇又把助学范围进一步扩大，先后在苏州捐资敬文实小、平江实小、东山实小等 15 所小学。1994 年，朱恩馀和谢玲玲启动了支持农村小学的"筑基计划"，在苏北沭阳、江都、盱眙、滨海、丰县、涟水、泗洪、灌南、宿豫等9个县解决小学危房问题，为江苏省成为全国第一个九年义务教育达标省作出了贡献。据统计，从20世纪80年代起，朱恩馀个人生活简朴、省吃俭用，却带领朱氏家族先后在江苏省内外捐资助学等累计超过1亿元。为了表彰朱恩馀的捐资助学义举，1995年苏州授予他"荣誉市民"称号，2007年再次授予他"苏州骄傲——2007年度新闻人物"称号。2020年8月，第五届"江苏慈善奖"评选他为"最具爱心慈善捐赠个人"。2021年9月，民政部授予他第十一届"中华慈善奖"。① 无锡籍旅美华人吴南燕2002年在家乡的江阴峭岐实验小学设立以父亲名字命名的"吴文政奖学金"和"教师进修基金"，分别用于奖励品学兼优的学生、资助教师出国进修。为了改善学校的办学条件，2005年，她捐款55万元在峭岐实验小学捐建吴文政图书馆，2007年又捐款12万元建设了电子阅览室，② 使该校的办学条件大大提高。

除了在江苏省捐资助学外，江苏华侨华人还在全国各地支持教育事业发展。南通籍日本华人邢鉴生，曾任日本大阪学院经济学教授、语言文化中心研究所副所长。1983年以来多次回国访问、讲学，受聘担任苏州大学等三所高等学校客座教授，支持祖国高等教育发展。他还热心故乡经济、教育事业发展，曾先后在母校和南通市捐资设立以其已故夫人命名的"周紫丽奖学金"和"南通邢氏教育基金会"。镇江籍旅美华侨朱伯舜在厦门大学政治、经济、新闻三系设立奖学金。③ 苏州籍旅法华侨汪漱芬1992年创立"法国华侨教育基金会"，慷慨捐献20万法郎给中国的"希望工程"，赞助10个省的1000名失学儿童重返校园。1995年，她又耗资40万元在四川省兴文县久庆镇创办"法国华侨教育基金会第一小学"，在该校的命名问题上，她坚持反对命名为"汪漱芬小学"。④

为了改变河南省教育落后状况，1985年5月江苏籍旅美华侨程君复在河南郑州建立中国第一所中外联办综合性高等学府黄河大学（1991年并入郑州大学），该校是我国第一次在现有体制内建立与世界接轨大学的尝试。⑤ 常州籍旅日

---

① 陈克潜：《为国储材 自助助人》，苏州：苏州大学出版社，2012年，第278页。
② 孔琴、成锐：《吴南燕：飞燕衔泥只为情 助学缘起爱乡心》，《华人时刊》2017年第1期。
③ 杨保筠：《华侨华人百科全书·人物卷》，北京：中国华侨出版社，2001年，第727页。
④ 杨保筠：《华侨华人百科全书·人物卷》，北京：中国华侨出版社，2001年，第496页。
⑤ 杨保筠：《华侨华人百科全书·人物卷》，北京：中国华侨出版社，2001年，第101页。

华侨盛毓度 1986 年设立"留园——盛毓度奖学金"资助优秀青年教师或研究生赴日攻读学位。①

江苏华侨华人乐于为祖国的教育事业发展慷慨解囊。他们在海外都有着艰苦创业的经历，经营状况改善后都不忘自己是炎黄子孙，通过支持家乡教育的方式回报哺育他们的祖国和家乡。

2. 支持家乡改善民生

实现共同富裕是全体中华民族共同奋斗的宏伟目标。在海外经商致富的江苏华侨华人凭借着造福桑梓的热情，积极支持家乡的经济发展，改善落后的局面，为家乡的脱贫致富作出了自己的贡献。

淮安籍旅日华侨宋胜雄从 1963 年开始便不断向家乡捐款捐物，支持家乡发展。1963 年第一次探访家乡时期，他向村民捐赠了一台拖拉机，同时购买了上千斤大米和近百斤糖果分发给村里的乡亲。改革开放后，他多次回乡探亲考察，为经济发展提供帮助。多年来，累计为家乡的教育事业和基础设施建设捐款 200 多万元。2005 年，他又投资 5000 万元，将其在上海的纸箱企业搬到淮安区工业园，支持家乡的经济发展。② 南通籍塞尔维亚侨商黄国培 2004 年在家乡成立慈善基金会，捐款 16 万元，为困难家庭献爱心，为村里铺路。

进入 21 世纪以来，江苏籍华侨华人在支持家乡经济发展方面的热情依然不减，江苏省也连续多年成为接受华侨华人捐赠超亿元的省份，③ 在全国处于领先。

3. 华侨华人救灾赈灾

江苏华侨华人素有热爱故土、回报桑梓的历史传统，每当家乡需要，江苏华侨华人都会挺身而出，踊跃提供援助，帮助家乡渡过难关。

1991 年江苏多地发生百年不遇的特大洪灾。旅美华商王正本听到新闻报道后，立即从美国打电话给江苏省侨办，向江苏捐赠 10 万元用于赈灾。随后，华侨华人的捐款纷纷到来。以单位和社团名义捐款赠物的有：泰国华侨社团向省民政部门捐赠大米 500 吨，旅日华侨大阪江苏同乡会、和歌山华侨总会各向扬州市侨办捐赠 250 万日元。以个人名义向江苏捐款赠物救灾的海外侨胞有：美籍华人杨存国向苏州市捐赠 2 万美元，

---

① 杨保筠：《华侨华人百科全书·人物卷》，北京：中国华侨出版社，2001 年，第 460 - 461 页。

② 淮安区侨联：《为了这一片热土——旅日侨胞宋胜雄的桑梓情怀》//淮安市侨联编：《淮上游子吟——淮安侨史人物剪影》，南京：南京大学出版社，2012 年，第 179 页。

③ 赵红英、张春旺、巫秋玉：《华侨史概要》，北京：中国华侨出版社，2015 年，第 613 - 614 页。

旅日华侨林其根向扬州市侨办捐赠100万日元，旅日侨胞蔡秉宪向无锡市捐赠10万元，旅日华侨方步洲向淮安市捐赠20万日元。据不完全统计，江苏通过各种渠道收到的港澳同胞、海外侨胞捐赠款物总数达到1亿多元。①

2008年四川汶川大地震发生后，江苏籍华侨华人踊跃捐款，支持灾民重建家园。江苏省各级侨联以及广大归侨侨眷、海外侨胞和侨商企业家在半个月左右时间中向四川地震灾区捐赠款物合计7855万元。这些救灾款物通过各种渠道源源不断地送到了四川灾区，在抗震救灾中发挥了积极作用。②还有部分华侨华人亲身参与到救灾活动中，南通籍旅日华侨葛汉彬在震后立即与100多名华人专家成立"四川汶川大地震专家委员会"，为地震救援提供建议，并先后4次前往灾区，了解灾区情况，分享防震和灾后重建经验。同时，联络华侨向灾区捐款300多万日元。

2014年江苏省华侨公益基金会正式成立，在组织华侨华人公益事业方面发挥了积极作用。2016年江苏盐城发生特大龙卷风灾害，在基金会的带动下，美国江苏经贸文化联合会、美国夏威夷北京商会、世界华人妇女精英联合会、美国华人妇女联合会及其他海外江苏籍侨团第一时间组织捐款，短时间内筹款10万元支援盐城阜宁。2021年河南发生洪涝灾害，基金会推出"侨界助力河南洪灾"项目，筹集资金达60万元。根据河南新乡、安阳等地需求第一时间采购发电机、水泵等物资驰援灾区，得到当地党委政府和群众一致好评。

华侨华人积极参与祖国和家乡的救灾赈灾，体现出他们对家乡乡亲的深厚情怀。正如常州籍美国华人程远所说"当我有一点钱的时候，就想到回报祖国"。③祖国发生自然灾害时，江苏籍华侨华人往往把自己、祖（籍）国和故乡视为一个整体，将三者的前途和命运紧紧联系在一起。可以说，越是在灾难和困难面前，越能体现他们与祖国"血浓于水"的深情。

4. 华侨华人捐赠文物

江苏籍华侨华人群体中不乏文物收藏家，他们热爱中国历史文化，不忍中国文物流落海外，于是纷纷在国外抢购文物，捐给祖国和家乡，让更多流失海

---

① 江苏省地方志编纂委员会：《江苏省志·侨务志》，南京：江苏人民出版社，2007年，第318页。
② 江苏省侨联：《江苏省侨联系统向地震灾区捐赠款物累计7855万元》，中国侨网，2008年6月3日。
③ 周德新：《程远：我的根在中国》，《华人时刊》2020年第11期。

外的文物"回家"。

泰州籍旅英侨领单声自20世纪70年代开始在英国收集中国文物。2011年他将自己收藏的300多件顶级文物捐赠给家乡,这批古董总估价超过14亿元。其中,很多是估价过亿元的珍品,如牙雕八仙摆件、翡翠台屏、金丝九龙地毯等。① 泰州市政府专门建立"单声珍藏文物馆"保护这些珍贵的海外回流文物。

南通籍华商吴培1993年赴比利时留学,后经营中餐厅。他经过20多年的努力,在海外收藏了4000多件明清外销瓷器。2014年在家乡如皋举办"明清外销瓷博物馆",将中国文物重新带回祖国。

图6-3 单声向家乡泰州捐献的部分文物

2020年10月21日拍摄于泰州单声珍藏文物馆。

---

① 徐云:《纪念改革开放40周年系列 情系故里梦归乡 华侨华人与中国改革开放40周年图文集》,广州:暨南大学出版社,2018年,第211页。

无锡籍武术家费玉樑旅居荷兰 30 多年间，共收藏了 2 万多件流失海外的中国文物。为了实现"海外文物回归"，2016 年宜兴博物馆刚建立时，他捐献了自己珍藏多年的明万历年间青花大盘、英国陶艺家所制仿的宜兴提梁壶、两把清代茶壶、两把民国茶壶以及 5 幅 18—19 世纪欧洲油画等藏品。2017 年，费玉樑在中国园林博物馆、北京北海公园先后举办"瓷之尚——费玉樑先生藏瓷器展""丝路归来——费玉樑先生藏瓷器展"。2019 年，又在家乡宜兴举办"沧海遗珍——费玉樑夫妇收藏精品展"，办展期间再次向宜兴市博物馆捐赠了清代青花瑞兽双狮耳对瓶等 6 件藏品，以此向中华人民共和国成立 70 周年献礼。①

海外文物寄托了华侨华人对祖国割舍不断的感情。正是由于华侨华人对中华文化的高度认同，才促使他们花费毕生心血在海外收集文物并无偿捐赠给家乡。海外华侨华人的捐赠活动对中华文物的回流发挥了积极作用，也为保护中华文化遗产作出了重要贡献。

总之，"华侨华人是近现代以来中国公益慈善事业的引领者；是当代中国公益慈善事业的生力军；也是当今世界公益慈善事业的贡献者。"② 包括江苏华侨华人在内的海外华侨华人在祖国和故乡扶危济困、乐善好施，集中体现了他们心系故乡、回报桑梓的高尚情怀。

二、江苏华侨华人的抗疫行动

2020 年年初，新冠肺炎疫情暴发，包括中国在内的世界各国深受影响，经济发展陷入停滞，国际关系受到冲击，民众的生命安全面临极大挑战。面对疫情，世界各国的当务之急是携手共同战胜疫情。华侨华人作为连接中国与世界的桥梁和纽带，既为祖（籍）国疫情忧心，又受住在国疫情困扰。他们受到两方面的考验，在全球抗击疫情中发挥了独特作用。

第一，疫情暴发初期支援祖（籍）国抗疫。2020 年年初，中国的新冠肺炎疫情形势十分严峻，感染人数不断增多，但医用口罩、防护服和药品等十分紧缺。此时，江苏籍华侨华人纷纷伸出援助之手，向祖（籍）国捐款捐物。由于飞往国内的航班均已停航，多数物资几经周折，辗转十几天才运到国内，补充到抗疫第一线。新冠肺炎疫情暴发后，南通如皋籍旅法华人季波第一时间从瑞士通过多种渠道，采集到一批高质量的防护口

---

① 怡乔：《费玉樑：武林传奇丝路情缘》，《华人时刊》2020 年第 6 期。

② 乔卫：《华侨华人在公益慈善事业中发挥着独特作用》，《公益时报》2020 年 12 月 29 日，第 8 版。

罩到武汉第一医院。随后又安排自己的子女季恩沛和季恩显在巴黎举办钢琴义演音乐会为武汉筹集资金。①

与南通籍华侨一样，江苏各地的华侨华人都在以各种形式踊跃捐款捐物。据江苏省侨联统计，从2020年1月23日到1月31日不到10天时间中，江苏籍华侨华人通过江苏省侨联共捐1.6亿元善款和8493万元的物资。② 同时，也涌现出许多感人事迹。加拿大江苏华人联合总会副会长沈亮"人肉"从国外背回5000只口罩，还联系加拿大江苏华人联合总会，组织华侨华人捐款，短短三天就募集到10多万元，用于购买口罩、护目镜和防护衣等医疗物资。③扬州籍巴西侨商王德荣购买了5万只口罩，随后委托回国的残疾人羽毛球队队员带回国内，捐赠给高邮红十字会。④此外，法国南通籍华侨季恩显、旅日华侨王滨等人都在当地举办义演，筹集资金用于支援祖国抗疫。在英国从事中医药行业的南京籍华侨张海在新冠肺炎疫情暴发后，第一时间以个人名义捐款10万元，又在中国驻英国大使馆、东方航空公司、江苏驻英国经贸代表处、江苏省政府驻上海办事处等机构的帮助下将10多万元的抗疫物资运往祖国。⑤

疫情发生后，部分国家发生了攻击中国、歧视华裔的行为，江苏籍华侨华人给予坚决回击。奥地利欧中教育协会会长、常州籍华侨常晖在欧华传媒上刊登文章《理性，永远是危难的尚方宝剑》，指出"病毒无国界，我们防的是病毒，不是中国人。越是危难之时，越需要冷静、理智、人性、团结、友爱"。⑥

许多江苏籍华侨华人还发挥自己的专业特长，以实际行动进行抗疫。徐州籍旅美画家翟优在新冠肺炎疫情暴发后立刻创作了《鹤寿》《岁寒同心》《春消息》等三幅作品。其中，《春消息》在美国纽约时代广场的迪士尼大屏幕上播放，用"报春归来的小燕子在桃红柳绿的春风中上下翻飞"⑦ 的场景体现出对美好生活的向往。

---

① 郭博文：《中欧民间大使——季波》，《华人时刊》2020年第11期。

② 江苏省侨联：《大爱无疆 侨爱无限——江苏省侨界抗击疫情进行时》，2020年2月1日。

③ 江苏省侨联：《大爱无疆 侨爱无限——江苏省侨界抗击疫情进行时（二）》，2020年2月3日。

④ 孙波、刘辉：《华夏同根 共抗疫情——江苏华侨华人战"疫"记》，《华人时刊》2020年第1期。

⑤ 郭博文：《张海：传承家国情怀 肩负使命担当》，《华人时刊》2021年第8期。

⑥ 孙波、刘辉：《华夏同根 共抗疫情——江苏华侨华人战"疫"记》，《华人时刊》2020年第1期。

⑦ 徐良文：《翟优：行走东西的民间"文化大使"》，《华人时刊》2021年第12期。

图 6-4　2020 年 2 月 3 日，首批由加拿大江苏华侨华人捐赠的紧缺医用物资到达南京禄口机场

图片来源：江苏省侨联：《侨在战疫｜心系白衣战士 乘风万里驰援——首批加拿大江苏侨胞医疗物资顺利抵宁》，2021 年 12 月 3 日。

第二，华侨华人在住在国积极参加抗疫活动。2020 年 3 月，国外疫情日益严峻。此时，江苏华侨华人投身到住在国的抗疫中。一方面，华侨华人加强自我防护，履行社会职责。在疫情较为严重的时期，华侨华人采用多种方式参与抗疫工作，主动选择居家隔离，坚决做到"非必要不出门"。另一方面，华侨华人社团及侨领发挥模范带头作用，积极做好整个华侨华人群体的抗疫工作。2020 年年末，欧洲疫情大规模反弹和蔓延，意大利江苏总商会通过微信公众号和微博等方式发布《关于防控新冠肺炎疫情的温馨提示》，对各类防疫措施进行了全面解析，为当地华侨华人及住在国民众抗疫提供了指导。① 此外，他们援助住在国抗疫，积极向当地医院和民众捐赠抗疫物资。在疫情暴发期间，华侨华人住在国的医疗资源十分紧张，甚至是医护人员也得不到充足的物资供应。江苏籍华侨华人积极

---

① 意大利江苏总商会：《关于防控新冠肺炎疫情的温馨提示》，意大利江苏总商会微信公众号，2020 年 11 月 15 日。

行动,将自己的医疗物资转赠给住在国相关机构,发扬了同舟共济的精神。2020年4月,澳大利亚疫情日益严重。为了支援当地抗疫,江苏省侨联向澳大利亚江苏总商会捐赠了3.5万个口罩。在分发口罩过程中,澳大利亚江苏总商会发扬了无私精神,仅留下7500个自用,将其他2.75万个全部捐给留学生和澳大利亚医疗机构。①柬埔寨的江苏籍侨胞董丁成等人在该国抗疫艰难时刻伸出援助之手,及时联系中国的企业购买20万个口罩,赠送给金边市政府,受到柬埔寨政府和民众的热烈欢迎。②还有新西兰南京总商会的华侨华人也向当地学校和医院等机构捐赠口罩等防疫物资。③

第三,江苏籍归侨侨眷、华侨华人在中国侨联、江苏省侨联等机构带领下,将力量拧成一股绳,在抗疫中发挥更大作用。2020年1月26日,中国侨联发出《关于号召海内外侨胞为打赢"新型冠状病毒感染的肺炎"防控阻击战捐赠款物的倡议书》。发出当天,江苏省华侨公益基金会立即响应并发出倡议,呼吁江苏籍海内外侨团和海外侨胞、归侨侨眷行动起来为疫情防控捐款捐物。江苏省侨商总会、江苏省侨联青年委员会等侨界社会组织和各设区市、县级侨联也迅速行动起来,在海内外侨界广泛倡议,持续开展爱心接力,得到了积极响应。广大归侨侨眷、侨商、侨企和来自40多个国家(地区)的80多家海外侨团纷纷献出爱心,体现了广大侨胞爱国爱乡、情系桑梓的赤子情怀。南通市年逾九旬的独居侨眷龚明龄把儿子刚刚送来的1000美元生活费交给侨联工作人员;刚刚参加江苏省2019年"中国寻根之旅夏令营"的西班牙华裔青少年纷纷捐出自己的压岁钱、零花钱;自2020年1月24日武汉宣布紧急建设"火神山""雷神山"医院,南京侨企天加公司火速成立"驰援武汉新建医院紧急工作组",向武汉"火神山""雷神山"医院捐赠了ICU、负压隔离病房、检验室等核心净化区域的专业医用净化空调,展现了侨资企业的坚强担当。针对国内防疫物资紧缺的实际,江苏各级侨联发动海外侨胞通过各种渠道在全球筹集防疫物资。肯尼亚江苏商会暨同乡会在非洲筹集了27万只医用口罩,为了尽快让口罩运回国内,在南方

---

① 澳大利亚江苏总商会:《心心相连 共克时艰》,澳大利亚江苏总商会微信公众号,2020年4月21日。
② 柬埔寨江苏总商会:《爱心捐赠显真情,同舟共济抗疫情》,柬埔寨江苏总商会微信公众号,2020年4月21日。
③ 新西兰南京总商会:《心手相连,风雨同担》,新西兰南京总商会微信公众号,2020年5月28日。

航空公司的支持下,将内罗毕飞往广州的 CZ634 航班变成了"口罩专机",该则新闻被《人民日报》《新闻联播》等报道。

第四,华侨华人反对种族歧视、争取华侨华人的合法权益。在有些国家不断借疫情污蔑和甩锅中国的背景下,各地对华侨华人的种族歧视问题十分严重。2020 年 4 月 20 日,全球共有 142 个国家和地区的 1200 多位亚裔社区领袖共同发出《声援亚裔反歧视抗议活动全球亚裔共同维护种族平等倡议书》,呼吁全球亚裔团结一心、积极行动,共同维护种族平等,维护合法权益。[①]

新冠肺炎疫情发生后,江苏华侨华人纷纷行动起来,同祖(籍)国、住在国站在一起,携手抗击疫情。华侨华人们在面临巨大的压力同时,以实际行动为抗疫作出贡献。2020 年 3 月 29 日,《人民日报》刊登文章指出"疫情无国界,在应对全球新冠肺炎疫情的重大挑战中,华侨华人这个特殊群体的善行义举,令人击节赞叹。侨胞的付出,祖国不会忘记"。

第四节 江苏华侨华人、归侨侨眷增进中外交流合作

1978 年,党的十一届三中全会,开启了改革开放历史新时期,中国经济发展水平不断提高,与西方国家的关系不断改善,中外科技交流也日益密切。江苏华侨华人有了更多机会加强与祖(籍)国的联系,他们用实际行动促进中外文化交流和科技合作。在新时代,包括江苏华侨华人在内的广大海外华侨华人伴随着中国崛起而不断发展。他们积极牵线搭桥,主动讲好中国故事,不断推动"一带一路"合作,为中华民族伟大复兴贡献力量。

一、发挥"民间大使"作用,促进中外交流

20 世纪 60—70 年代,在国内外政局的影响下,回国参与建设的华侨华人明显减少,华侨华人与中国的互动也走入低谷。据统计,该时期每年因私人事务从境外获准前来江苏的港澳同胞和旅外侨胞一般仅有 1000 多人,[②] 远远低于此前每年数万人的规模。随着 20 世纪 70 年代中美关系改善,特别是中国实行改革开放政策后,中国与西方国家建立了更

[①]《坦桑尼亚侨界和全球侨领一起声援亚裔反歧视活动》,参见环球广域 GMMG 微博,2020 年 4 月 23 日。

[②] 江苏省地方志编纂委员会:《江苏省志·侨务志》,南京:江苏人民出版社,2007 年,第 223 页。

多的联系。江苏华侨华人较好地发挥"民间大使"的作用,促进中国与世界各国的友好交流,涌现出许多典型的人物和事例。

1. 拓展中国的对外友好

许多卓有成就的江苏籍华侨华人受邀回到祖国探访,在中西之间架起了友好交往的桥梁。在中美正式建交之前,诺贝尔奖获得者、苏州籍华人科学家李政道在 20 世纪 70 年代先后四次受邀回国①,为祖(籍)国的科技发展和人才培养建言献策。淮安籍加拿大华人科学家卢维高、苏州籍美国华人科学家吴健雄、常州籍美国华人冯元桢以及语言学家赵元任等也相继回祖(籍)国访问,为中美科技文化交流打开了一扇大门。无锡籍华人李翠英是已故旅美黄埔校友会国民党将军詹道良先生的遗孀,后定居于美国阿拉米达市。她积极与阿拉米达市民、市政府以及中国驻美国旧金山总领馆沟通,排除反对势力的干扰,帮助阿拉米达市与江阴市在 2008 年 10 月 1 日签订友好城市协议,并举行了升旗仪式。②原籍连云港的杨天全 1944 年去美国求学,先后在哈佛大学和纽约大学获得硕士、博士学位。1949 年赴法国巴黎联合国教育科学文化组织总部工作,历任处长、副局长、局长、助理总干事、总干事特别顾问等职。为了促进中国与联合国教科文组织的交流,1975—1982 年,杨天全曾三次陪同联合国教科文组织总干事来华访问,促进了中国与该国际组织的交流合作。

2. 宣传中国文化,促进民间友好

20 世纪 80 年代末 90 年代初,正是中国出国潮高涨的时候,南京籍旅俄华侨吴昊也在这个时候赶上了出国留学的这趟"列车"。他于 1993 年被扬州师范大学(今扬州大学)派往白俄罗斯戈梅利国立大学留学,以全优成绩获俄罗斯语言文学硕士学位。1999 年 10 月在俄罗斯著名学府莫斯科高尔基文学院攻读博士,获俄罗斯最高学位评审委员会颁发的哲学(文学)博士学位证书。2003 年 6 月他开始在莫斯科创业,为中俄两国文化、教育、科技等领域的交流牵线铺路。在俄罗斯,吴昊还创办了一本名为《中国新闻》的俄文版杂志,确定了不做短新闻,也不造神话,就讲中国发展的故事的办刊定位。吴昊还与中国国内媒体《中国新闻周刊》及俄罗斯主流媒体都建立起密切的合作。他从中国国内媒体的

---

① 孟宪明:《李政道传》,郑州:河南文艺出版社,2017 年,第 142 - 149 页。
② 成锐:《爱国侨领李翠英:心系中美友好、致力友城合作》,《华人时刊》2016 年第 8 期。

报道中选取生动的故事,翻译成俄文,也与俄罗斯主流媒体开展合作,采访俄罗斯的官员、学者,写成中文报道为中国媒体供稿。吴昊说华侨华人比较通晓当地语言、了解当地情况、熟悉当地法律,要经常为两地官方合作和民心相通牵线搭桥。常州籍归侨殷娟1997年赴日本攻读硕士和博士学位,回国后任教于常州大学。她利用精通日语的优势,促进中日两国的文化交流。常州大学每年都招收多批日本交流生,殷娟在给他们上课或交流时把五千年的中华文明史进行了概括浓缩、挑选重点、创新形式,以"讲好中国故事"的方式进行呈现,作为教学的重要组成,融入课程教学,① 让日本学生逐渐认识中日文化之间的内在联系与不同,从内心深处认识到中日友好的重要性。常州籍侨胞姚中彬2002年赴法国学习,获法国高等经济与商业研究学院硕士。留学期间的见闻及经历,让他格外关注海外华人的生存状态,并反思"出国热""移民热"等社会现象,创作了《左岸右盼》《巴黎地下铁》等小说。他创作的《左岸右盼》曾获得第四届盛大文学榕树下原创文学大赛优秀长篇奖。《巴黎地下铁》相继被译成法语和荷兰语在欧洲出版发行,并被比利时鲁汶大学收录为教材。旅居荷兰的连云港籍女企业家刘莎莎曾长期在荷兰政府任职,后成立了咨询顾问公司,为中国和荷兰的友好交往提供服务。在刘莎莎的策划下,荷兰乌特勒支市举办了2014年"自贡中国龙灯展",将中国的"龙文化"介绍到西方,改变西方民众固有的"龙是邪恶化身"的观念。② 这次展览吸引了9万多人参观,帮助他们更深入地了解中国文化。

3. 促进中外科技交流

盐城籍华侨江应澄1940年赴美国留学,获得美国哥伦比亚大学博士学位。在美任教30余年,历任美国伊州大学教授、教学会主任,美国"中国学社"社长。1972年以来,多次回国讲学和率地理专家来华考察交流,还积极致力于两岸和平统一事业。原籍常州金坛的吴京生,在1959年获美国普林斯顿大学博士学位后留美任教,先后担任加州理工学院高级研究员、马里兰大学教授、纽约科学院院士等。1974年,吴京生作为我国第一批邀请的12位美国华人科学家之一来华访问,应中国科学院和国家科委、教委、国务院侨务办公室及地方邀请,

---

① 殷娟:《殷娟:会讲故事的中日交流文化举者》,《华人时刊》2020年第12期。

② 荷兰:《刘莎莎:中荷文化交流的民间大使》,《华人时刊》2021年第2期。

先后20多次回国访问、讲学，并受聘为中国科学院名誉教授、中国等离子体研究会顾问。

4. 推动中外经贸交流

加拿大枫叶能源集团董事长姜睿多次推动并深度参与加拿大安大略省政企代表团访问江苏，推动江苏省与加拿大安大略省30多年友好关系，促成两省企业的数十项合作。自2004年起，姜睿所属企业率先进入江苏，投资5000万美元在江苏南京设立中国总部，并陆续设立4个研发中心，两个生产基地及30多家办事处。促成会员企业投资。南京籍旅德华人侯军20世纪90年代赴德国创业，创立了飞元实业有限公司、专营节能环保新材料的ZHLL公司等。2017年侯军担任德国江苏总商会会长后，时常不忘做家乡和祖国的"代言人"。除了通过旗下传媒公司平台宣传祖国的建设成就、经济发展动态、风土人情以及在德华人企业的发展情况外，还致力于促成中德城市和项目"联姻"，促成德国丁斯拉肯与扬州缔结友好城市，还促成丁斯拉肯城市能源公司与飞元合作投资的清洁能源及环保项目在中国启动。①

江苏津通投资建设有限公司董事长贡毅在美国有着优越的工作和生活条件，但他决定将所学知识融入创业实践中，开启从学者到创业者的人生新历程，在家乡常州创建了津通集团，倡导以现代服务业带动先进制造业的"双轮驱动"发展模式，建设并成功运营了津通国际工业园、津通国际智慧谷等载体。他表示，作为华人，他更大的梦想在中国。南通籍旅法华人季波1994年赴美国留学，2009年定居法国，曾担任多家世界500强企业的总部高管，后担任长江商学院助理院长、驻欧洲首席代表职务，负责长江商学院在欧洲的事务。为了展现中国文化的深厚底蕴，他在欧洲开设了"赢在中国"系列讲座。该讲座针对不同群体，进行了内容上的优化，面向英国贵族学校的高中生开设"你好中国"课程，面向公司高管开设"今日中国"早餐会，面向欧洲商业精英会——青年总裁协会的2.7万多名行政总裁讲好中国故事，帮助他们正确认识中国、客观评价中国，鼓励他们到中国投资。②

5. 以"寻根之旅"为载体带动青少年文化交流

1999年8月，邱岭女士带领158名在美国出生的华裔青少年开展了"美国

---

① 刘菁：《侯军：做中德两国苏商的"摆渡人"》，《江苏经济日报》官方账号，2019年5月21日。
② 郭博文：《中欧民间大使——季波》，《华人时刊》2020年第11期。

华裔青少年99寻根之旅"活动，在人民大会堂受到全国人大常委会副委员长许嘉璐等国家领导人的亲切接见。通过寻根之旅，这些华裔青少年第一次回到祖（籍）国，亲历祖（籍）国的发展变化，激发了民族自豪感。办学十多年来，她在注重华裔青少年的汉语教学的同时，更加注视中华文化的传承，培养了一批又一批认同自己祖国、民族和文化的华裔青年，被中国驻洛杉矶总领事馆总领事冯树森称为"洛杉矶的一面旗帜"，在美国主流社区及南加州侨界都享有盛誉。

江苏省侨联积极承办和参与到"中国寻根之旅"活动之中。2019年6月至12月，江苏省侨联承办了"中国寻根之旅"夏（冬）令营活动，来自美国、加拿大、英国、法国、意大利、西班牙、比利时、瑞士、澳大利亚、日本、印度尼西亚、马来西亚等15个国家和地区的近百所华文学校及侨社团的1000多名海外华裔教师和青少年学生，赴江苏各地学习中华文化，体验江苏风采。因新冠肺炎疫情影响，2020年至2021年，江苏省侨联面向世界各地的海外华裔青少年学生承办了"亲情中华"网上夏令营活动，来自美国、加拿大、英国、法国、意大利、西班牙、德国、荷兰、比利时、瑞士、瑞典、澳大利亚、日本、印度尼西亚、马来西亚、菲律宾、缅甸、柬埔寨等32个国家和地区的120多家华教机构（组织）的1万多名海外华裔青少年和家长，在云端领略城市风采、游览名胜古迹、品尝地方美食、追寻历史文脉、了解名人故事、体验风俗民情、感受非遗传承。

总之，江苏籍华侨华人凭借丰富的学识与见识，构建了中西方理解、合作与关爱的桥梁。虽然他们不是外交大使，却以开放包容、谦和谦逊的形象，搭建了中西方之间的桥梁，发挥了"民间大使"的作用。

二、江苏华侨华人与"一带一路"倡议

进入21世纪后，特别2013年"一带一路"倡议提出以来，我国对外开放格局提升到一个新的发展阶段。"一带一路"倡议连通亚欧非三个大洲，同时积极吸引美洲和大洋洲国家参与，对于促进全球基础设施建设和贸易增长、推进全球化转型发展以及完善全球治理提供了历史性的机遇。目前，约有4000万华侨华人生活在"一带一路"沿线国家,① 他们发挥中外交流使者的独特价值，加

---

① 徐惠喜：《华侨华人是"一带一路"建设重要力量》，《经济日报》2017年2月9日，第11版。

强中国与沿线各国之间的交流合作，实现政治沟通、设施联通、贸易畅通、资金融通和民心相通。

在风险防范方面，江苏籍华侨华人帮助中国企业防范和化解对外投资的风险。在"一带一路"背景下，通过"走出去"，我国企业与沿线各国分享优势产能，共商项目投资、共建基础设施、共享合作成果，实现双赢发展。① 然而，我国企业在世界各国进行海外投资的时间较短，缺乏国际合作经验，对东道国政治、经济、法律、宗教等国家层面的风险缺乏深入了解，在"走出去"过程中面临着较高的风险。扬州籍旅比华人陈默在帮助中国企业化解危机方面提供了大量帮助。陈默 2002 年移民比利时后，担任比利时安特劳国际律师事务所大中华事务部主任，专门开辟了为中欧交流提供法律服务和支持的业务，协助江苏乃至中国企业家"走出去"，在欧洲市场开拓光伏产业、新能源、LED、玩具和旅游等产业，对推进"一带一路"倡议在比利时、荷兰和卢森堡落地提供了服务和支持。

在基础设施建设方面，江苏籍华侨华人在促进"一带一路"沿线国家基础设施建设方面发挥了重要作用。华侨华人是我国企业参与各大洲基础设施建设的"铺路人"，他们在世界各国分布广泛，占据"天时地利"优势，通过将自身经营的各项产业在"一带一路"沿线拓展，推动"一带一路"倡议落地落实。同时，华侨华人与国内企业联系密切，他们在各大洲基础设施薄弱地区充当"联络员"，通过与具有海外工程承包经验的中国企业合作，为关键项目落地提供支持，推动各国发展与"一带一路"对接。

在中国与"一带一路"沿线国家贸易便利化方面，江苏籍华侨华人推动作用明显。江苏籍华商长期在各国从事商贸经营，已经建立起发达的商业网络和雄厚的社会资本。他们熟悉各国市场，可以降低我国企业进行市场早期开发的难度和成本，从而为"走出国门茫然四顾的企业提供了便捷的渠道，也大大降低了中小企业跨国经营的壁垒和障碍"。② 在这方面，旅居巴西的江苏华商做了大量工作。巴西是南美的发展中国家，经济秩序相对混乱，不利于中国商品进入该国销售。巴西江苏同乡会常务会长孙

---

① 张秀娟：《大国金融 大国经济需要大国金融》，北京：经济管理出版社，2016 年，第 143 页。

② 龙登高：《跨越市场的障碍：海外华商在国家、制度与文化之间》，北京：科学出版社，2007 年，第 136 页。

月等人在巴西成立了伦琴塑料制品有限公司、巴西圣天使服饰有限公司等，将中国的服装设备运输到巴西进行本土化生产，大大提高了经济效益。江苏同乡会副会长唐维主要在巴西经营数码产品，创建"维扬"手机品牌。为了呼应"一带一路"倡议，唐维利用一切机会向巴西推介江苏产品，带领巴西侨领到扬州考察投资，并多次协助扬州政府代表团在巴西召开推介会，帮助家乡企业在巴西开拓市场。

在沟通民心方面，江苏籍华侨华人在与住在国居民融合过程中，积累了丰富的交往经验，形成了多元的文化观念，善于以住在国居民喜闻乐见的方式推广"一带一路"倡议，宣传中国的和平发展理念和大国担当，充分传递了"一带一路"的"公共产品"属性，有助于帮助当地人了解新时代的中国，引导他们认可并支持"一带一路"倡议。旅居荷兰的江苏籍华人卢德传曾担任荷兰华文报刊《联合时报》记者，他利用这一媒体平台搭建了沟通中国与荷兰的桥梁。通过他的报道，帮助当地华人读者群体了解荷兰社会，也有利于中国企业走向荷兰和欧洲，拓展海外市场。同时，通过该平台，华侨华人获得传播中国声音，讲述中国故事、宣传中国形象，见证中国发展的窗口。

总之，在"一带一路"建设过程中，江苏籍华侨华人充分发挥了"五通"的作用，着力增强"一带一路"在政治互信、经济融合、文化包容方面的价值，充分体现出"一带一路"共商、共建、共享的特点，为中国与沿线各国未来的友好合作关系打下民间基础。

第七章 华侨华人、归侨侨眷与江苏经济发展

从20世纪初开始,就陆续有非江苏籍的海外侨胞在江苏境内投资兴办企业,还有不少归国知识分子、旅外华工在江苏生活和定居,投身祖国的革命和建设事业;中华人民共和国成立后,江苏先后分三批接收、安置了来自日本的归侨,同时还接收了数千名东南亚国家的归侨青年来苏学习,这些侨生毕业后大多就地定居和安排工作,成为这一时期江苏归侨的主要群体;改革开放后,在"留学潮"和"出国务工潮"的双重推动下,江苏华侨华人数量迅猛增长,全省归侨侨眷数量也相应增加,目前约有200万海外侨胞和归侨侨眷,其中改革开放后出国的新侨、侨商和新归侨侨眷占绝大多数。

归侨侨眷作为一个特定的社会群体,虽然在江苏全省总人口中所占比例不大,却荟萃大量专业人才,对近代以来江苏经济、教育和科技发展产生了重要的影响。特别是改革开放后,江苏一直是侨胞归国投资和创新创业的重点区域,归侨侨眷在促进改革开放之初江苏与海(境)外经济合作方面作出了重要贡献。近年来,江苏经济发展和营商环境不断提升,全省各地更加注重"引智"与"引资"结合,纷纷出台多项人才引进和优惠政策,吸引了越来越多的华侨华人新移民选择在江苏生活定居和创新创业,推动江苏产业转型,为经济发展注入活力。

第一节　中华人民共和国成立之前归侨投资江苏的实践

鸦片战争后，西方列强"敲"开了中国大门，两千多年的封建经济体系迅速瓦解，中国被迫卷入资本主义世界市场，成千上万的契约华工和自由华工流散到美洲、欧洲、大洋洲、非洲、东南亚等地区，直至中华人民共和国成立，此阶段为中国历史上规模最大、分布最广、影响最深的海外移民时期。海外华侨经过数代人的辛勤劳动、艰苦努力，逐渐在居住国立足并发展壮大。他们的实力在世界各国尤其是东南亚经济中占有重要地位，至晚清，海外华侨经过历代发展积累，已经具备了一定的经济实力。自清末始，在孙中山"振兴中华"的号召下，为实现民族复兴和国家富强，广大旅外侨胞陆续归国，积极投身祖国的革命和建设事业。其中有一群怀有"实业救国"理想的爱国归侨，他们虽非江苏籍，但在江苏境内安家定居并投资兴办企业，这些投资涉及农业、工商业等各领域，为振兴民族经济、促进社会生产发展作出了重要贡献。

一、归侨投资江苏农业的实践

有记载最早在江苏投资的归侨，是清宣统二年（1910）来江浦县桥林镇投资创办万丰堂农场并定居该镇的广东籍俄罗斯华侨李海如。此后，从辛亥革命至1937年全面抗战爆发的20多年间是归侨投资江苏的发展和兴盛期，不少非江苏籍的华侨分别在江苏省的金坛、苏州、南京、无锡、昆山和上海（当时隶属江苏省）等地定居，投资农业，其中最具代表性的就是原籍湖北英山的南洋归侨纪振纲在金坛投资的茅麓公司，以及一批原籍广东的爱国归侨在南京投资的华兴农业有限公司和在昆山投资的振东农垦公司。

茅麓公司创始人纪振纲原籍湖北英山县，1906年考入南京讲武学堂，三年后毕业回到湖北，在黎元洪部担任一名军事参谋。1911年，纪振纲追随孙中山参加辛亥革命，1913年，因发表反对袁世凯的言论而遭通缉。随后，他被迫经水路流亡国外，先在南洋经商，其间曾转道德国学医。1916年，袁世凯因病去世，在国外的纪振纲知道消息后决定回国。1917年春，纪振纲回到上海，他怀着"实业救国"的抱负，在上海工商界名流聂云台、李国杰、谢纯祖等人的资助下,来到茅山东麓,先后以40万元的投资,购买了山地一万三千多亩,雇了一批工人,开荒造林,兴建茶园,成立了"茅麓茶农公司"。此后20年,纪振纲一直苦心经营,植桑养蚕、栽种瓜果、榨油酿酒、碾米缫丝。公司以主要精力制造茶叶,有名的"茅麓旗枪"畅销海内外。他们在金坛建立货栈,在镇江开办经销商店,在上海国货公司设立经销分部和进出口办事处,生意一直做到日本、东南亚。①

除了茅麓公司,20世纪20年代一群广东籍华侨分别在江苏南京投资的华兴农业有限公司和在昆山投资的振东农垦公司也取得了空前的成功,并在江苏省内建成了极具特色的"侨乡"和"华侨村"。

南京华兴农业有限公司始建于1921年,第一次世界大战后,欧美等国经济萧条,一些国家掀起了排华浪潮,华侨普遍受到歧视和凌辱。在当时实业救国的浪潮下,孙中山向散居全球的华侨宣扬回国建乡的思想,同时为了摆脱洋人的欺侮,1921年,在美国旧金山从事药材生意的广东台山籍华侨李殷宏联合同在旧金山的邓仙石、李元平,旅居墨西哥以及加拿大的李雨洲、李端伟、曾石权、李云龙等人以洪门致公堂的名义,发起了振兴中华运动,成立华兴农业股份有限公司,号召各国华侨踊跃认股,集资回国振兴农业,以增强国力。倡议发出后,得到了各地华侨的响应,当时股票每股为100美元,共集711股,于1921年11月在旧金山成立了"华兴农业有限公司"。取名"华兴",寓意为中华兴盛。②

华兴农业有限公司成立后,李殷宏、李雨洲和李云龙等人先行回国筹办择地置业,于1922年5月选择了南京作为发展基地,在中华门外板桥镇购置田地1800余亩,开始建立公司和村庄。同年,"华兴农业有限公司"正式运营。华兴公司发展最兴盛的时期是在1926年到1936年,公司最初兴办了"华兴蚕种制造场",派人到四川、湖南购来桑树苗木,经过精心培育,不到两年就已是桑叶飘香、桑树成林。然后公司从日本引进了优质蚕种,兴建了两幢蚕种制造场大楼以及蚕舍数间。为了提高生产技术,公司和南京蚕桑试验场密切联系,聘请蚕桑专家潘中白为蚕桑场主任、留法理科博士常宗会为技术主任。两个制造场有职工180名,大部分系股东子女。主要是育蚕结

---

① 金坛县政协文史资料研究委员会:《金坛文史资料》第4辑,1987年,第72页。
② 古雄社区华兴村侨史馆:《百年华兴百年风雨》,古雄社区华兴村侨史馆提供,第2页。

茧，培养优良蚕种。公司生产的"长城牌"和"斗鸡牌"蚕种纸成为中国当时首屈一指的名牌产品。每年春秋两季收改良蚕种纸约3万张，收入3万元。蚕茧全年收7500担，获利相当可观。①

此外由刘孟伦负责的养蜂场，每年收纯蜜几十担；由江镇修办的养鸡场和陈文礼办的拦河养珍珠蚌业也都很发达，各业获利可观。同时公司一些股东还纷纷到南京城里，在游府西街、丹凤街、尖角营、湖南路、中央路、山西路、卫巷等地购买地皮营造商业大楼出租，在丹凤街、新街口、杨公井、大石桥等地分别开设有"李培钟表店""太平洋蓄电池厂""羊城酒家""民兴衬衫店""岭南酒家"等。股东李乾享、李荣衍等人还在上海虹口合营"保和堂中药店"，该药店兼办接待海外华侨回国事务。②

与南京华兴农业公司同一时期，归国华侨投资江苏农业的另一个实践是昆山振东农垦公司。民国时期，昆山地广人稀，尚有部分荒地，加之地理位置优越，一度吸引海内外侨胞、商贾前来投资开发，相继创办了一批私营农场。据《昆山市农业志》记载："民国十二年（1923）以广东台山县归侨为主，由曾任孙中山先生正副卫士大队长的加拿大归侨黄湘、马湘二人为首发起，美国归侨、时任职南京侨务委员会的邝卓生负责经办，吸收一批希望归国定居的海外侨胞入股，投资56000余元，在今新镇东方村以5000元代价，从岑春煊后辈手中收购一家停办多年的垦殖公司，创办振东农垦公司，土地面积1008亩，建立居民点，开垦荒地，浚辟鱼池，建造议事大楼、振东学校、农产品加工厂、仓库、浮水码头等，并为私人建造西式住宅62幢，来此参加生产和定居的侨胞共62户、297人，其中美国归侨28户、129人，加拿大归侨28户、142人，从墨西哥、澳大利亚、新加坡、日本、缅甸，中国香港地区归来各1户、共26人。"③

南京华兴农业公司和昆山振东农垦公司可以说是20世纪上半期归国华侨投资国内农业实践的典型。闽、粤两省早期在海外求生的华人，生活艰难，备受歧视，他们通过做洗衣工、开餐馆、种菜、开杂货铺等才有了一定的资本积累。

---

① 古雄社区华兴村侨史馆：《百年华兴百年风雨》，古雄社区华兴村侨史馆提供，第4页。
② 吴正华：《华兴村的辉煌与跌宕》，古雄社区华兴村侨史馆提供。
③ 吴洁人、王振声：《昆山市农业志》，上海：上海科学技术出版社，1994年，第322页。

图 7-1 华兴村落布局复原图
图片来源：南京古雄社区华兴侨史馆提供。

海外华侨深受孙中山先生的影响，不仅出钱支持推翻清政府的革命事业，而且回国投身革命和祖国建设，在民国时期掀起了华侨回国兴办实业的热潮。不少祖籍闽粤的归侨回国后看到家乡因常年军阀混战动荡不安、土匪猖獗、社会风气败坏，因而另寻他处落地生根。江苏则因自古即是富庶的鱼米之乡，又靠近上海，交通便利、经济繁荣，因此他们便选择在江苏省内购地，既开垦农荒，又建设自己的家园。南京华兴农业有限公司和昆山振东农垦公司对当地的社会和经济产生了重要影响。

首先，他们吸收国外先进的城镇规划理念，建立了现代化的公用设施，为当地社会带来了新的生活方式。华兴村建村之后，华兴公司在村里建造了仿欧美风格的房屋70幢左右，别墅的设计都出自墨西哥华侨、建筑工程师李云龙之手，这些别墅洋房运用一定跨度的砖拱结构代替传统的木制框架，不但在建筑材料和施工技术上采用砖混结构，而且在建筑外观上模仿巴洛克式建筑风格，颇具艺术价值。华兴村的规划十分合理，布局也科学实用，每幢楼前都设计了花圃，并有道路相连，路边有排水沟，村南面有一口水井，供生活用。华兴公司还努力发展文教体育事业，创办了"华兴小学"，在村中兴建了一座体育场，开展排球、篮球、棒球等运动。[①] 考虑到让逝者安息，归侨们还在离华兴村不远的原鼓楼大队马岗村的一座小山坡上购买了一块墓地，侨胞仙逝后，均被归葬在

---

① 吴正华：《华兴村的辉煌与跌宕》，古雄社区华兴村侨史馆提供。

"华兴公墓"。华兴农业有限公司取得如此卓越的成就,在海内外产生了巨大的影响,也吸引了当时民国政府的要员前来参观视察。比如原南京市长刘纪文、马超俊,孙中山之子孙科、汪精卫等。①

振东农垦公司也是如此,在创办初期,私人建造的住房有30余幢,后来扩大至62幢。在荒地上矗立起的洋式红房子,"四面多开窗户,空气新鲜充足,市内有卧室二处到四处,都有浴室、厨房、厕所、会客室。门前有花园,四周围以竹篱或短墙,碰到婚嫁丧集会,有公共礼堂"。别有特色,引人注目,振东侨乡也被看作"乡村建筑的模范,可作社会建设借镜"。②除了私人住房外,公共设施建造了议事楼、振东学校、浮水码头,架设了两座木桥,购买了木船当交通工具,还在屋前铺设水泥人行道。议事楼为公共活动场所,订有《申报》《新闻报》《大美晚报》及各种画报以供大家阅览。③

其次,这些归侨采用股份制组建公司,用现代化的运作模式来经营,为当地农业生产方式注入新鲜元素。华兴村总共建了70幢左右的房子,房子是按照投资者股份的多少来修建,每出资1股就可分到5分亩的建房基地。④ 同时,华兴农业有限公司由李殷宏为总经理,邓仙石、李元平管理财经和内务。公司首先经营农业,聘请南京东南大学的农科系常宗会教授为技术主任,以科学方法种植小麦、甘蔗、葡萄、桑树。⑤

振东农垦公司亦采用股份制,设会长一名,还设财务管理、监察、文书各一名,他们印发招股章程,寄往美、加的华人团体吁请投资入股。入股条件规定:入股者必须是归侨,介绍者亦必须是归侨,凡品德不良、吸毒嗜赌者不得入股。公司股份分两种:一种为基本股,每股股金为200元;另一种为地股,每股亦为200元。入股者能享受振东农乡一切公有权利。所谓地股是建造私房一幢划给一亩土地供造房之用。⑥ 振东农垦公司通过这种方式筹集基金购买土地,安置

---

① 古雄社区华兴村侨史馆:《百年华兴百年风雨》,古雄社区华兴村侨史馆提供,第4页。

② 吴俊人:《振东乡村参观记》,《新闻报》,1936年6月12日。

③ 中国人民政治协商会议江苏省昆山县委员会文史征集委员会:《昆山文史》第2辑,1983年版,第82页。

④ 古雄社区华兴村侨史馆:《百年华兴百年风雨》,古雄社区华兴村侨史馆提供,第3页。

⑤ 吴正华:《华兴的辉煌与跌宕》,古雄社区华兴村侨史馆提供。

⑥ 中国人民政治协商会议江苏省昆山县委员会文史征集委员会:《昆山文史》第2辑,1983年,第82页。

日益增多的归侨和侨眷，逐步扩大公司的规模和格局，到了1927年，当时的振东农垦公司已经与今天的振东侨乡的方位大体一致。①

最后，华兴农业有限公司和振东农垦公司丰富了当地和周边城市的物质生活。根据华兴村老人黄卓宁的回忆，当时这批广东归侨来南京兴建华兴农业公司是为了发展养蚕业，同时也带来了先进的农业。"像洋葱、西红柿、土豆都是我们广东人带过来的。我听父亲讲以前这里没有人吃西红柿，因为大家都不认识，这是我们广东人从日本带来栽种的，后来他们把西红柿送到南京大使馆，并借此获得收益。"②昆山的振东农垦公司则主要生产香稻、花旗棉、麦、豆、瓜果等，同时他们还设有养鱼的池沼及饲养牲畜的牧场。丰富的产出除了供应全村人的生活外，还售运至南京、上海各地，以应各粤菜馆和酒家的采用。③

海外归侨在江苏投资置地，发展农业，希望能在祖国的土地上安逸生活以度晚年，不再受背井离乡和被外人欺侮之苦。但好景不长，日本侵略者的枪炮打乱了这些归侨安定富足的生活，也粉碎了他们的创业雄心。毗邻上海的昆山振东农垦公司在1932年"一·二八"事变时就已经在日寇的炮火中岌岌可危，

1932年3月16日，日军敌机在振东农垦公司上方投掷炸弹，振东侨乡归侨惊恐异常，不得不向上海华侨救国经济委员会求助。1937年全面抗战爆发，上海"八一三"事变后，昆山沦陷，被日寇敌机侵犯，连遭轰炸，平民惨死，房屋被毁，振东农垦公司也没有免除厄运，公司楼房被焚17幢，归侨中有50多户再次离开祖国，④振东侨乡因此走向了衰落。

在淞沪会战上海沦陷后，南京华兴村归侨林梅、梁鸣稳、黄信洪等八大家族共40余口人开始了"跑反"，⑤后于安徽省和县南义镇耿家嘴村落脚，另外一部分归侨则被迫重又漂洋过海，去异国他乡谋生，华兴村只剩下了7户老弱病残者。1937年12月13日，南京沦陷后，日本侵略者为了达到"以战养战"的目的，对板桥附近的凤凰山、牛首山等地的矿产资源进行了疯狂的掠夺式开采，

---

① 刘军：《江苏昆山振东侨乡变迁述评》，《苏州教育学院学报》2019年第3期。
② 《江苏华侨华人史》课题组：《华兴村访谈——黄卓宁》，2020年8月4日。
③ 刘军：《江苏昆山振东侨乡变迁述评》，《苏州教育学院学报》2019年第3期。
④ 吴洁人、王振声：《昆山市农业志》，上海：上海科学技术出版社，1994年，第322页。
⑤ "跑反"旧时指人们为躲避兵乱或匪患而逃亡别处。

而华兴村由于其重要的地理位置，就成了当时日寇开采矿产的技术工程人员及其家属的驻扎地。日寇进驻华兴村后，对华兴村进行了毁灭性的破坏，六七百亩的桑树林被他们砍伐精光，蚕种大楼、蚕社及华兴小学的房屋以及部分民宅也被拆毁，甚至连公墓也被损毁。为了供日本人享乐，他们在村里建了两座日式洗澡堂，占领了一号楼用作实验室，建造了警卫室用来关押村民。为了保护日本人的安全，日寇还在华兴村四周拉起了铁丝网，设岗布哨，对进出村民严加盘查、监视。① 华兴农业有限公司办公大楼因日寇驻扎，才免于被毁，然内部设施悉数被破坏。华兴村遭到日寇的摧残后，田地荒芜，股东在南京城里进行的事业俱被破坏，"华兴农业有限公司"已经名存实亡。抗战胜利后，部分村民陆续返回家园，归来的侨民们在公司发起人之一李雨洲长子、时任华兴总经理李晋卿、归侨黄信洪等带领下，不但将"利民商号"恢复经营，而且开设了"华兴粮行"及百货店，被毁的桑田土地由股东侨属耕种。但不久后解放战争开始，国民党军队驻扎华兴村，很多房屋再遭破坏。加上时局动乱、物价上涨，村中的经营渐难维持，许多侨民不得不再次选择离开，华兴村走向了衰败。

图 7-2　归侨黄信洪护照

纪振纲的茅麓公司虽然经过了顽强的反抗，但在战火纷飞的年代和动荡的时局中也不可避免地受到冲击。1937年卢沟桥事变爆发后，日本发动全面侵华战争，上海、南京相继沦陷，茅山地区也因政治真空一片混乱。为了应付混乱的局势和保护自己"20年经营，40万投资"的茅麓公司，纪振纲决心建立自卫武装，从外地购买了一批步枪、机枪、迫击炮，收容了一批淞沪战士后，强令后撤而散落到茅山地区的十九路军广东兵，以及当地的一些青壮年乡民近300人，成立了"茅麓公司自卫团"，延请教官，加紧训练，整肃纪律，保境安民。1938年

---

① 古雄社区华兴村侨史馆：《百年华兴百年风雨》，古雄社区华兴村侨史馆提供，第4页。

春,茅麓公司自卫团打垮了当地一股力量较大的土匪武装,为民除害,稳定了社会秩序,纪振纲也得到了当地群众的拥戴,成为茅山地区有权有势、举足轻重的实力派人物。①

但是即便如此强硬反抗,在当时的局势下,纪振纲也无法保全他一手创建的茅麓公司。1939年春节前后,日寇对茅山地区加紧了扫荡,并在当地成立了维持会。同年冬,日军进占茅麓公司,把纪振纲骗到金坛县软禁起来,逼其出任金坛县县长。纪振纲不答应,但又无法脱身,只得装病、绝食,与敌周旋,并暗中写信秘密托人交给新四军第一支队司令陈毅。陈毅则想方设法,组织句容、金坛两县的士绅联名作保,才使纪振纲得以保外就医。②后来纪振纲在陈毅劝说下离开茅麓,悄悄转移到上海,一边养病,一边支援新四军抗日。抗战胜利后,纪振纲创办的茅麓公司被一位国民党要人的亲戚霸占了,纪振纲愤慨地到镇江向国民党省政府与法院提出申诉,要求收回茅麓公司的产权。但此时纪振纲病情恶化,在他本应去镇江法院出庭的前一天,在上海去世。

综上所述,一百多年前归侨在江苏投资农业,开荒拓殖,可以看作爱国华侨从海外带回来的最早的中国梦的雏形。

这批爱国侨胞在江苏省内投资农业,不仅为当地农业生产方式注入新鲜元素,同时,他们吸收国外先进的城镇规划理念,兴建仿欧美风格的洋式房屋,修建公共下水道、铺设水泥路、创办小学,为当地社会带来了一种新的生活方式。然而,民国时期政局动荡、战乱频仍,他们落叶归根、安度晚年的心愿也被日本帝国主义侵略的炮火所灭。时至今日,随着新城建设,南京华兴村被拆迁,仅有原华兴农业有限公司办公楼作为文物被保留下来,门前有一块字迹略显斑驳的石碑,上书"华兴农业有限公司旧址";昆山振东侨乡部分老建筑已经拆除,但还有保存完好的别墅28栋,一幢幢灰墙红瓦的小洋房,成为江南水乡一道独特的风景线。这些保存下来的洋楼见证了归侨为实现自己的梦想作出的努力,同时也见证了爱国华侨投资江苏农业的兴衰历程。

二、归国留学生与江苏民族工商业发展

第一次世界大战后,随着近代中国民族资本主义的发展,江苏境内无锡、

---

① 金坛县政协文史资料研究委员会:《金坛文史资料》第4辑,1987年,第72-73页。

② 徐树法:《江苏抗战人物传略》,北京:中共党史出版社,2015年,第157页。

南通、常州、镇江等地民族工商业的发展也达到了鼎盛时期，涌现出了张謇、刘国钧、刘鸿生等一批爱国实业家，在被誉为"中国民族资本的摇篮"的无锡，相继崛起了以杨、周、薛、荣、唐蔡、唐程等六大家族集团为龙头的民族工商业群体。[1] 与此同时，在当时西学东渐的风潮下，素有"人文荟萃"之称的江苏地区也开始兴起一股"留学潮"，不少人通过国家庚子赔款、省费派遣和自费等渠道出国留学，以留学生为主体的知识分子成为民国时期江苏海外移民的一个重要群体。在这批留学生中，不乏当地富商巨贾和实业大亨的子弟，如被誉为"棉纱大王"的穆藕初曾先后在美国威斯康星大学、伊利诺伊大学、得克萨斯农工专修学校学习农科、纺织和企业管理，他曾几次拜访过被后人尊称为"科学管理之父"的泰罗，是唯一跟这位伟大的管理学家有过切磋的中国人；[2] 张謇的独子张孝若曾留学美国，就读哥伦比亚大学商学院；无锡"实业大王"薛南溟的三子薛寿萱曾赴美国伊利诺斯州立大学学习铁路管理和经济管理；无锡纺织业巨头唐保谦的次子唐星海曾入美国麻省理工学院攻读纺织专业，并获得纺织、纺织企业管理硕士。与一般留学生不同，他们主要留学欧美，学习西方先进的生产技术和经营管理理念，归国后将其引入家族企业中，从而推动了中国民族工商业的进一步发展。这其中以薛寿萱、唐星海尤为典型。

薛寿萱是江苏实业大王薛南溟的三子，也是荣宗敬的女婿，早年就读于苏州东吴大学附中，1925 年从伊利诺伊州立大学毕业回国。1926 年薛南溟将永泰丝厂由沪迁锡，薛南溟即以熟悉业务为名，让薛寿萱到厂问事，担任永泰及锦记等厂的协理，后来薛南溟将永泰系统各厂的经营权交给了薛寿萱。薛寿萱在美国曾学到了一些近代西方工厂的管理制度，进永泰后，他见到其"金双鹿"牌生丝已打开国际市场，但由于设备老化和管理落后，产量和质量都无法提高。于是他从 1928 年起，对永泰丝厂的设备、技术和管理等进行了改革。

为了筹划改革方案，薛寿萱曾到日本考察，并劝说永泰丝厂的其他主要经营者去日本考察。考察了日本缫丝厂后，

---

[1] 即杨氏集团（杨宗濂、杨宗翰兄弟）、荣氏集团（荣宗敬、荣德生兄弟）、周氏集团（周舜卿）、薛氏集团（薛南溟、薛寿萱父子）、唐蔡集团（唐保谦、蔡缄三）、唐程集团（唐骧庭、程敬堂）。

[2] 陆阳、沈云福：《激荡岁月——锡商 1895—1956》，北京：团结出版社，2015 年，第 150 页。

"乃知我国工厂机械陈旧，不适现代之用"①。1929年，永泰从日商增泽商店购进长工式煮茧机，并开始改小篾扬返，到1933年永泰系统各缫丝厂全部改为小篾扬返。为了培养熟练工人，建立"模范实验"工厂，1930年，薛寿萱以永泰丝厂名义出资40万元，在无锡兴建了"华新制丝养成所"。所谓"养成所"实际上就是丝厂，主要招收女工加以培训。至于"养成所"的缫丝设备，薛寿萱决定自行仿制日本最先进的御法川式立缫车。该立缫车为20绪，是坐缫车的4倍。日本为了保持缫丝业的优势地位，禁止出口这种御法川式立缫车。永泰丝厂留日学生邹景恒等技术人员，从画报上得到了该机的图样，在上海环球铁工厂的协助下，试制成功了中国第一台立缫式丝车。此后，华新制丝养成所均使用这种先进的立缫车。②

薛寿萱管理下的永泰丝厂在改造旧设备的同时，还注重培养和吸收人才。尚在华新制丝养成所成立以前，薛寿萱即在永泰丝厂开设练习班，训练练习生，练习班共办了8期，每期毕业约20人。1931年，"华新制丝养成所"正式开工，该所招收的女工，在进行为期6个月的培训后，即可正式进入永泰丝厂工作。在华新制丝养成所成立后的五六年内，共培训女工3000多人。③

在经营管理方面，薛寿萱将其在美国学到的管理经验运用到工厂管理中。他召集一批专家，聘任为工厂的技术管理骨干，其中主要有经营蚕茧方面的专家周元勋（时任江苏省无锡县蚕桑模范区副主任）、收茧行家袁端甫、工人生活管理行家朱钰宝（留美女学生，曾在上海工部局任职）、缫丝专家邹泰仁（毕业于日本东京高等蚕业学校），等等。薛寿萱等一批留学生将国外的先进管理方法带到永泰丝厂，他们重视技术与管理，注重产品质量，层层把关，在工厂实行奖惩制度，使永泰系丝厂在江苏缫丝业不景气的情况下，仍坚持生产，最终渡过了难关。④

薛寿萱还对永泰丝厂的经销方式进行了改革。以往江苏生丝的外销，大多通过上海的洋行。这种销售方式存在两大弊端，一是厂家与国际市场相脱离，市场信息不灵；二是生丝价格操纵在洋

---

① 高景岳、严学熙编：《近代无锡蚕丝业资料选辑》，南京：江苏古籍出版社，1987年，第326页。
② 孙宅巍、王卫星、崔巍：《江苏通史》（中华民国卷），南京：凤凰出版社，2011年，第187页。
③ 高景岳、严学熙编：《近代无锡蚕丝业资料选辑》，南京：江苏古籍出版社，1987年，第329页。
④ 孙宅巍、王卫星、崔巍：《江苏通史》（中华民国卷），南京：凤凰出版社，2011年，第188页。

行手中。为了改变这种受制于人的状况，1929 年至 1939 年，永泰、乾甡、瑞纶丝厂先后与上海通运公司合作，各厂分别在通运公司投资 5000 元，由通运公司运丝到美国，直接销售给各家丝织厂。为了进入国际市场，1933 年，无锡永泰丝厂投资 5 万元，在美国纽约成立"永泰公司"，直接销售永泰生丝。此后，永泰公司又在纽约交易所购得经纪人席位一个，直接介入美国的生丝交易。此外，永泰公司还在法国、英国、澳大利亚等国确定了销售代理人，作为永泰产品的代理商。经过销售方式的改革，无锡的一些丝厂获利颇丰。1931 年，华新丝厂外销的一批 300 件生丝，经外汇结算后的纯利润，比经过洋商销售的其他同业超过一倍以上。①

与薛寿萱差不多同时，在无锡另一家纺织业巨头庆丰纱厂中，留美归来的唐星海也在进行一系列改革。唐星海是庆丰纱厂创始人之一唐保谦的次子，在 1920 年赴美国麻省理工学院就读。在美留学期间，他不但把枯燥的机械制造学得生动有趣，听说家里的纱厂投入生产，他又主动攻读第二学位企业管理。1923 年，学成的唐星海回国，在看到庆丰纱厂工人懈怠、车间管理松弛混乱、机器设备没有维修保养程序之后，开始对庆丰这台"老牛破车"进行"西装取代马褂"的改革。②

上任伊始，唐星海就确立了"忠实勤奋，励精图治"八字厂训。他首先"大修"了这台"老牛破车"，对管理制度进行改革，积极推进工程师负责制和厂长领导制，并自任厂长。下设工务、事务两处，分领三部六科，建立了符合现代企业管理特点的组织架构。

唐星海还不惜重金聘请人才，在他管理庆丰纱厂数年间，以月薪 500 元聘用获美国麻省理工学院硕士学位的骆仰止任纺织总工程师，负责全厂工务；聘用美国科罗拉多矿冶大学学士、麻省理工学院硕士薛桂轮为电气工程师，范谷泉为电机工程师，日商内外棉厂厂长魏亦久任副厂长兼总工程师；聘用东吴大学毕业的吴敬人担任养成所教育长等。其中，"挖"来魏亦久的代价是 10 根金条和一栋洋房。唐星海对所聘人员中贡献卓著者，予以重奖鼓励，他就曾送给工程师骆仰止一幢洋房别墅。同时，唐星海几乎将庆丰以往的规章制度全部推倒重来，制定了一套非常细密的规章制度，

---

① 高景岳、严学熙编：《近代无锡蚕丝业资料选辑》，南京：江苏古籍出版社，1987 年，第 361 页。
② 陆阳、沈云福：《激荡岁月——锡商 1895—1956》，北京：团结出版社，2015 年，第 159 - 160 页。

对厂里所有工种的操作以及职工的衣食住行等都作了明确的规定，包括车间机器的保全保养检修维护制度、对各工种工人的操作规定、本厂职员规则、膳厅规则、工卡制度、请假规定、奖惩制度等。①

要纺出好纱、织出好布，制度建立了，还必须有好工人。1930年，唐星海在广勤二支路设立私立无锡纺织人员养成所，专门培训纺织工人。养成所招生对象为高中毕业生，经考试及格后，每个学生还必须有两名铺保（担保人），才能被录取，并须缴纳保证金50银圆，毕业后要为庆丰服务满三年才无息发还，其目的在于纺织学生毕业后"跳厂"。虽然条件苛刻，但报名者十分踊跃。第一期招生考试言明只收36人，因为毕业生在厂里待遇很高，报名者竟然不下千人。养成所聘请当时的纺织、电气工程师以及大学教授授课，设数、理、纺织、印染、电气和企业管理等课程，学制三年。从1930年至1937年的8年内，庆丰先后开办了三届棉纺织班、一届漂染班和一期财会训练班（未毕业），共培养150多名技术管理人才，加上多期艺徒训练班培养的人员，为庆丰的技术改造提供了大批有用人才。唐星海还在毕业生中选拔了一些人，如陶之谦、关振民等，赴日本留学深造，为庆丰培养高一级的技术人才。后人如此评价："在培养管理和技术人员方面成就最大者当推庆丰纺织厂"，②并把唐星海誉为"泰勒管理思想在中国的最早实践者之一"。③

薛寿萱和唐星海的改革，分别将永泰和庆丰的发展推向了一个新的高度。1936年，薛寿萱联合无锡36家较大的丝厂，发起组建兴业制丝股份有限公司，自任经理。至此，已经形成以永泰为中心的丝茧垄断集团，生丝总产量占无锡丝厂业的60%以上，出口生丝占当时上海出口总数的50%。薛氏的"永泰"系统在抗战前夕至鼎盛，丝车达6674台，员工逾万人，奠定了在无锡乃至在全国蚕丝业的龙头地位。而唐星海在庆丰的改革也使庆丰纱厂成为无锡纱厂的后起之秀，创出了"双鱼吉庆"牌棉纱等名牌产品，成为沪宁线上的畅销货，使唐蔡集团在当时无锡棉纺行业中所占比重与荣氏集团基本接近。再加上在其他行业的投资，唐蔡集团在1922年时的总资

---

① 陆阳、沈云福：《激荡岁月——锡商1895—1956》，北京：团结出版社，2015年，第162页。

② 陆阳、沈云福：《激荡岁月——锡商1895—1956》，北京：团结出版社，2015年，第164页。

③ 唐齐千：《泰勒管理思想在中国的实践者唐星海》，《世纪》2004年第1期。

本额在无锡工业资本中所占比重达到17%左右，成为一个横跨棉纺、缫丝、面粉三大支柱产业的资本集团。①

通过上述可以看出，以薛寿萱和唐星海为代表的归侨知识分子，在海外学成归国后投身民族工商业的发展中，他们视野开阔，将西方先进的技术和管理理念运用到传统的民族工商企业中，摆脱了旧式商人的桎梏，从而让民族资本工商业在当时官僚和买办资本的夹击下有了进一步发展，也让江苏在中国近代民族工商业的发展史上写下了浓墨重彩的一笔。

第二节 中华人民共和国成立至1978年归侨侨眷与江苏经济建设

一、中华人民共和国成立后江苏归侨侨眷概况

中华人民共和国成立后，大批华侨青年陆续回国，在江苏求学和参加工作；不少原籍江苏侨居美欧等国多年的专家、学者也毅然放弃在海外的优厚待遇，相继回国献身祖国的建设事业。同时，东南亚一些国家连续发生排华事件，大量侨胞回国内求学、工作或回国避难、定居。江苏省按照国家"统筹兼顾，全面安排"，"妥善地照顾在国内的侨眷和安置归国的华侨"的方针，先后接纳安置了包括外省籍侨胞在内的大批归国华侨和侨生。据统计，从1949年起至1958年的9年间，由世界各地零散回国，在江苏定居的归侨共226人。同时，从印度尼西亚及其他东南亚地区国家陆续回国求学、就业的华侨青年，先后有数千人进入南京、苏州、无锡等地的十几所中等学校及大专院校就读。1961年，全省在校华侨学生为1538人（其中大专院校学生574人）。②很多华侨学生从中学到大学都在江苏度过，毕业后也大多就地定居和安排工作。

由于连年都有华侨学生在江苏就地安排就业，还有零散归侨来江苏定居，加之出境者甚少，因此全省归侨人口相应连年增加，这一趋势一直持续到20世纪60年代中期。"文革"期间归侨人口基本处于冻结状态，1973年，据当时兼管侨务工作的江苏省革命委员会人事局统计，江苏省全省归侨共2772人，分布于当时6个省辖市和7个地区。其中归侨人数较多的省辖市和地区是：南京市1261

---

① 李海阳：《近代中国民族工商业的代表——无锡六大集团》，《休闲读品》2018年第3期。
② 江苏省地方志编纂委员会：《江苏省志·侨务志》，南京：江苏人民出版社，2007年，第92页。

人，占全省归侨总数的45.5%；扬州地区363人，占13.1%；无锡市297人，占10.7%；苏州市和苏州地区180人，占6.5%；常州市154人，占5.5%；镇江地区135人，占4.9%。其余6个地、市共382人，占13.8%。①

2018年，为进一步做好老归侨工作，江苏省侨联对1978年12月31日之前回国老归侨的信息进行普查。据统计，当时江苏省有老归侨1229人，分布在省内13个设区市。其中，南京地区550人（包括省直单位和在宁高校老归侨165人）、无锡市159人、徐州市54人、常州市80人、苏州市148人、南通市37人、连云港市37人、淮安市9人、盐城市13人、扬州市43人、镇江市85人、泰州市13人、宿迁市1人。老归侨中年龄最大的101岁，年龄最小的43岁；90岁以上的39人，80~90岁的491人，80岁以下的699人；老归侨原侨居国涉及24个国家和地区，分别是印度尼西亚、柬埔寨、日本、朝鲜、泰国、缅甸、菲律宾、新加坡、越南、马来西亚、英国、法国、美国、德国和中国香港、中国澳门等②。

中华人民共和国成立初期，随着江苏籍海外移民的增多，省内侨眷的数量也在增长，其中不少是20世纪三四十年代移居海外的民族工商业者。20世纪初，江苏以现代轻纺工业为主的民族工商业虽然有了较大发展，但仍然受到来自国内外多方面的束缚和压迫，尤其是日本帝国主义的全面入侵和全国范围的长期内战，严重威胁民族工商业的生存发展。因此，从30年代开始，部分民族工商业企业相继移资海外以谋求生存发展，随着资本转移和企业外迁，不少工商业者及其亲属和企业从业人员也随之移居海外。例如有"丝茧大王"之称的无锡民族工业家薛寿萱，在日本侵华战争中，其在无锡的企业大部分被毁，当年即携所剩资产100万元及生丝2600多件，举家移居美国经商。原籍吴县东山镇的周文轩、周忠继兄弟，日本侵华战争期间在上海经营工商业，战后赴香港创业。原籍吴县东山的另外几名知名工商业者席正林、邱良荣、施耀祖等，也都是在三四十年代在上海经营工商业，进而移资香港，并创业有成。原籍武进县焦溪镇的徐朗星原在上海经营九丰、广大两家搪瓷厂，40年代末将上海的企业托付侄儿徐国杰代理经营，本人携资赴香港创业，进而又陆续在泰国和塞内加尔、

---

① 江苏省地方志编纂委员会：《江苏省志·侨务志》，南京：江苏人民出版社，2007年，第93页。
② 江苏省侨联：《江苏省老归侨基本资料手册》，2018年。

马里等国投资办厂。①

此类情况在江苏一些拥有雄厚实力的大家族、大企业中尤为普遍。无锡唐氏家族的著名工商业家唐保谦及其子唐肇农、唐晔如、唐星海等相继在无锡、上海、昆山等地创办了10多家近代工商企业，但日本侵华战争及其后的解放战争，特别是国民党政府所谓的"经济戡乱"，致使唐氏家族企业，尤其是无锡的庆丰厂一再遭受严重挫折，以致被迫采取"放弃无锡，保住上海，发展海外"的应变措施。20世纪40年代后期，唐星海将部分资产转移至中国香港，创建南海纱厂，进而其子唐骏千、唐骝千和唐骅千又分别去巴西、美国创办经营橡胶园和投资公司。唐晔如及其六叔唐纪元也举家移居香港，不久唐晔如又携资转赴南美。原籍江苏靖江的实业家刘国钧及其家族成员在常州创建的大成纺织企业集团和苏州严氏家族投资经营的苏纶纺织厂，在1948年前后，均将部分资产及企业管理人员转移香港，分别创办东南纱厂、中国染厂和怡生纱厂，并投资于美国和巴西等国，刘氏、严氏家族的大部分成员也相继移居香港和国外。苏州贝氏家族也有不少成员在海外，并不断繁衍、扩展，已形成四个支裔，分布于美国、加拿大、巴西等国和中国香港地区。据50年代初无锡、常州两市的一项调查统计资料，当地28家大型民族工业企业中，侨居海外的股东达180户。苏州市最大的一家民族工业企业苏纶纺织厂旅居海外的股东，所控资本占该厂资本总额的60%以上。

除此之外，在解放战争后，随着国民党的溃败，江苏省内还有不少知识界、军政界人士随国民党赴台或转至港澳地区，自20世纪50年代以来这批江苏籍同胞及其后代又不断转徙海外各国，再加上许多外省籍归侨陆续在江苏定居，因此，自新中国成立至改革开放前，全省侨眷人数持续大幅度递增，根据1973年的统计，江苏全省侨眷人口为145465人。②

二、中华人民共和国成立后归侨侨眷参与江苏经济建设

如上所述，中华人民共和国成立后，大批海外华侨陆续回国，其中有部分归侨在江苏求学和参加工作，随后在江苏定居；同时，随着江苏籍海外移民的增多，省内侨眷的数量也在增长。在中华人民共和国成立初期百废待兴，这些归

---

① 江苏省地方志编纂委员会：《江苏省志·侨务志》，南京：江苏人民出版社，2007年，第38页。
② 江苏省地方志编纂委员会：《江苏省志·侨务志》，南京：江苏人民出版社，2007年，第94页。

侨侨眷为中国特色社会主义建设和江苏经济发展作出了重要贡献。

首先，江苏省内归侨积极投身江苏社会经济建设。中华人民共和国成立前后，一批江苏籍的专家学者毅然回国参加建设，他们中许多人后来成为世界上或我国各领域一流人才、领军人物，对我国的科技事业做出了重要贡献，如王大珩、何泽慧、张光斗、钱伟长、程开甲等，都是祖籍江苏的归侨，在此不再赘述。除此之外，还有不少分配到江苏工作的外省籍归侨，他们在各自平凡的工作岗位上也作出了出色的成绩。例如祖籍福建永春的马来西亚归侨颜福星，他于1950年回国后在永春读书，1960年考入福州大学无线电系学习，1968年分配到南通电子仪器厂任设计师。1974年，南通电子仪器厂向空军部门的雷达修理车提供产品供应，颜福星作为主设计师负责的XC-38距离刻度校准仪研制成功，获得了部队领导的认可，也为南通电子仪器厂赢得了信誉。此后，颜福星调入南通市应用电子仪器厂，负责锅炉测氧仪的研制并取得了成功，由于锅炉测氧仪器是与原子能研究院合作的应用类电子产品，颜福星也因此获得核工业部科技进步二等奖。① 1958年，在马来西亚听到新中国成立和正在建设，少年李文泉不惜与父亲闹僵，放弃在马来西亚还算优渥的生活回到中国。1963年，李文泉高中毕业后被分配到当时的镇江造船厂，成为船厂第一批产业工人。在船厂，李文泉车、钳、刨、铣，什么活都干过。在生产一线的劳动锻炼，李文泉成为一名真正的祖国的建设者。②

其次，江苏省内归侨侨眷积极参与工商业的社会主义改造。江苏是近代民族工商业发展的发源地和集中地之一，自20世纪30年代开始，部分民族工商业企业相继移资海外以谋求生存发展，民族工商业者群体构成了这一时期江苏海外华侨华人的一个重要组成部分，他们在省内的亲属也成为侨眷。1953年10月，中共中央公布了国家在过渡时期的总路线和总任务，要在一个相当长的时期内，逐步实现国家的社会主义工业化，并逐步实现国家对农业、手工业和私营工商业的社会主义改造。江苏省内的归侨侨眷，同时也是民族工商业企业家积极响应国家号召，申请公私合营，参与工商业社会主义改造。例如当时省内拥有纺织印染全能的常州大成和无锡丽新两家棉

---

① 南通市侨联：《南通老归侨口述史》，北京：中国华侨出版社，2018年，第231页。
② 《老侨故事——李文泉，我的中国我的家》，江苏省侨联提供资料。

纺织厂的负责人刘国钧和唐君远,他们作为江苏省代表参加了1953年10月在北京举行的全国工商联会议,在回到常州后,刘国钧即将其经营主持的大成申请公司合营。唐君远从北京参加全国工商联会议南归后,也积极参加公司合营的筹备工作。① 1954年,常州大成纺织印染公司公私合营获得政府批准,成为江苏地区第一批实行公私合营的企业,无锡协新毛纺织厂也于1955年1月1日实行公司合营。公私合营后的工厂进行了体制改革,制定和健全了计划管理、财务管理、技术管理制度。同时,加速技术革新,扩大生产规模,开展劳动竞赛,健全基础管理,确保产品质量的稳步提高和生产计划的顺利完成,发生了翻天覆地的变化。②

最后,江苏省内侨汇在中华人民共和国成立之初克服国民经济暂时困难和社会经济建设中发挥了重要作用。中华人民共和国成立初期,由于当时特殊的国际环境,我国难以通过正常的国际贸易获取外汇,而我国又急需大量外汇来支持国内的经济建设,在这种情况下,侨汇就成了我国外汇收入的主要来源。基于此,国家提出"便利侨汇,服务侨胞""外汇归公,利益归私"等一系列鼓励和保护侨汇的政策原则。1953年江苏恢复建省后,省民政厅作为分管侨务工作的职能部门,会同国家银行和商业、物资等部门共同贯彻国家侨汇政策,监督管理侨汇工作。在土地改革、农业合作化等群众性社会改革运动中,以及在物资供应短缺,国家实行对粮、棉、油等物资统购统销和计划供应的情况下,尤其是在20世纪50年代末60年代初的经济困难时期,江苏全省范围内较好地贯彻执行了国家的侨汇政策,保持了侨汇商品物资的正常供应,促使全省侨汇收入稳定增长。到1965年,江苏侨汇收入达到195万美元,占当年全省外汇使用总额的59.1%。③

总体上来看,中华人民共和国成立后,海外掀起了一股回国热潮,许多海外华侨华人怀着激情和梦想回到祖国,投身国家建设中,为国家和江苏的经济发展作出了重要贡献。但是,在中华人民共和国成立初期,整个社会处于急剧的变动之中,政治、经济局势不稳定,

---

① 上海爱建集团股份有限公司:《唐君远与唐氏家族传奇》,上海:今日出版社,2018年,第75-76页。

② 上海爱建集团股份有限公司:《唐君远与唐氏家族传奇》,上海:今日出版社,2018年,第81-82页。

③ 江苏省地方志编纂委员会:《江苏省志·侨务志》,南京:江苏人民出版社,2007年,第286页。

特别是在党和国家的侨务政策中出现了"左"的错误,再加上意识形态分歧,海外华侨对中华人民共和国情况缺乏了解,导致华侨华人投资有限、归侨侨眷在国家经济建设中的作用未能充分地发挥。1978年党的十一届三中全会召开,中国迎来改革开放的历史新时期,江苏也发挥省内归侨侨眷和海外侨胞的特点和优势,为江苏的四个现代化建设服务。

第三节 1978年至20世纪末归侨侨眷与江苏经济发展

以1978年党的十一届三中全会为标志,我国开启了改革开放的历史新时期,侨务工作的重心转移到推动华侨华人与中国的经济、科技合作上,侨务工作要为加快改革开放和现代化建设服务。在1978年的全国侨务工作会议上,廖承志表示"要解放思想,办好华侨事业、企业;欢迎华侨回国参加社会主义建设",并指出"广大华侨、归侨、侨眷在国内外有许多亲戚朋友,他们遍及世界各地,这是十分宝贵的条件,要发展这个条件,充分利用这个条件,向世界上一切先进国家学习,引进先进技术、先进设备和科技人才"。

1979年4月7日,江苏省第一次归侨代表大会召开,会议主要任务除了成立江苏省侨联外,还学习贯彻中发〔1979〕7号文件和全国侨务会议精神,认真落实党的侨务政策,把侨务工作重点转移到社会主义现代化建设上来,动员广大归侨侨眷为四个现代化贡献自己的力量。

一、归侨侨眷在江苏改革开放中的经济桥梁作用

江苏自1974年建立直接经营进出口业务的对外贸易口岸开始,海外侨胞、港澳同胞就成为省内对外经贸合作的重要伙伴,从最初的进出口贸易发展到与省内市、县和企业开展"三来一补"①的对外经济合作,再到直接投资兴办合资、合作企业,在大量引进资金、技术,广泛兴办"三资"企业的同时,也开拓了江苏对外经济技术合作与对外贸易和劳务输出,推动了全省经济的不断增长与向外发展。在改革开放初期江苏发展对外贸易、引进侨资企业的过程中,省内归侨侨眷起到了重要的信息联络和沟通桥梁作用。

首先,在省内各级侨务部门内从事侨务工作的归侨侨眷利用自己的海外关

---

① "三来一补":"来料加工""来件装配""来样加工"和"补偿贸易"的简称。

系和信息渠道,将海外从事工商业的华侨华人和港澳同胞的经济信息介绍给经贸部门,并配合全省经贸活动进行联络引荐。前述中华人民共和国成立初期回到祖国的归侨,在国家安置政策下定居江苏,或者在江苏读书以及大学毕业后由国家"统配"来江苏工作的归侨学生,就此安家落户并融入本地。他们始终秉承报国之志,勤奋工作在各个领域,其中有不少归侨在江苏省内各级涉侨部门任职。例如印度尼西亚归侨洪宗义曾任省侨办主任、首届省侨联主席,印度尼西亚归侨章臣桓曾任省政协副主席、省侨联主席,印度尼西亚归侨黄翠玉曾任中国侨联副主席、省侨办主任和省侨联主席,印度尼西亚归侨彭钊安曾任省侨联主席、泰国归侨吴秩华曾任无锡市侨联主席、马来西亚归侨庄荣辉曾任苏州市侨联主席等。根据2018年省侨联统计的老归侨基本信息,在现今仍在世的1229名老归侨中,有53名曾在省内各级侨办、侨联、致公党委员会工作。①

20世纪70年代末,侨务工作恢复正常后,相关涉侨部门的工作也相继走上正轨,江苏各级涉侨部门本着为侨服务、为地方经济建设和对外开放服务的宗旨,希望与海外华侨华人和港澳同胞开展广泛联络,以帮助国内经济贸易部门和有关且提供外贸信息,协助开辟对外经贸渠道。但在80年代初期,国内对海外的经济信息还相当缺乏了解,在涉侨部门中工作的归侨侨眷在这一时期借助出境探亲、访友的机会,发挥了牵线搭桥作用。

1985年,苏州吴县市侨联兼职副主席、相城区侨联兼职副主席钱开明随父母去香港旅游和探亲,他利用各种机会向海外亲友宣传国家的改革开放政策,消除了一些海外同胞的疑虑,并同专做夜礼服的实业家严福明先生接触,谈妥了来料加工业务。在吴县侨联、侨办的支持下,1985年6月,吴县第一个"三来一补"项目——吴县珠绣衣厂成立了。吴县珠绣衣厂成立后也辉煌一时,是北桥乡连续8年出口额最大的企业,还创造了可观的社会和经济效益。② 钱开明回忆说:"在上世纪80年代,外商投资企业基本上都是侨资企业,而这些侨资企业大部分都是通过侨联组织引进来的,可以说吴县的开放事业与侨联的努力是密不可分的。"吴县不仅第一个"三来一补"项目是通过侨联努力争取来的,而且海

---

① 数据根据江苏省侨联2018年统计的《江苏省老归侨基本资料手册》整理所得。
② 吴中区归国华侨联合会:《侨缘——吴中区归国华侨联合会成立三十周年纪念文集》,苏州侨联提供,第18页。

外华侨第一项捐赠是通过侨联穿针引线的；第一个外商投资企业是通过侨联牵线搭桥的；吴县组建第一个出境考察团的行程是通过侨联安排的；吴县接待的第一个外商考察团也是由侨联通过海外华侨组织的。①

1983年印度尼西亚归侨钟思维担任无锡县侨联主席期间多次出国，为地方引进中国港澳台地区和国外资金、技术和人才，并发动侨界举办了"海外小商品展览会"。展出当时内地尚不多见的海外许多新颖、小巧、适用、实惠的生活小商品。琳琅满目的小商品，给刚刚兴起的乡镇企业找到模仿、借鉴的机会，推动了乡镇企业的兴起，带动地方经济的复苏，为"华夏第一县"出一份力。与此同时，他们还在全县兴办了30多家侨联企业，解决众多侨眷就业和经济收入问题，为地方经济注入一股活力。

从1981年起，省内部分市、县侨办先后介入当地对外经贸活动，并取得了相当大的成绩。例如1984年，江阴县周庄乡办工业根据该乡旅居香港同胞沈鸣远介绍的信息，与香港乾丰塑胶制品厂有限公司建立联系，共同投资32万美元兴办了全省第一个乡镇合资企业"江南模具塑化有限公司"，并引进国外较先进的模具生产线及自助注塑机，当年就有塑料定时器等两项辅助产品投产，1985年年产值达500多万元，获利100多万元。1987年，苏州市侨办在接待香港立德制衣有限公司董事长朱恩馀夫妇过程中，了解到他有与内地服装行业合作的意向，立即将这一信息传递给市有关服装厂，并帮助联系洽谈工作，促成双方达成了多项"三来一补"的协议。1992年，苏州市各级侨办共为经济部门和有关企业提供对外合作信息130余项，达成协议签约的有40项，协议利用外资金额8300万美元。无锡市各级涉侨部门向经济部门介绍了80个对外合作项目，成功签订了19个项目协议。常州市各级侨办为企业介绍了119个项目，经批准办成的合资企业有22家。扬州市各级侨办当年累计为轻工、经贸、纺织、机械、化工等行业的60多个企业提供了120余项信息，帮助企业与投资者签订了合资合作协议9个。②

其次，通过民间渠道，归侨侨眷和社会团体为当地和海外华侨华人牵线搭

---

① 吴中区归国华侨联合会：《侨缘——吴中区归国华侨联合会成立三十周年纪念文集》，苏州侨联提供，第16页。
② 江苏省地方志编纂委员会：《江苏省志·侨务志》，南京：江苏人民出版社，2007年，第335-336页。

桥，引进先进技术和设备，促进地方外向型经济的发展。20世纪80年代以来，江苏省侨界先后成立了各种类型的联谊会、海外交流会和专业协会。自成立以来，这些侨界团体广泛联系港澳同胞、海外侨胞及其他团体，传播介绍祖国大陆，尤其是江苏省的改革开放、经济建设和发展等方面的情况，积极推进海内外同胞在经济、科技、文化和教育方面的交流与合作。1988年8月，无锡市80多位科技教育界的归侨侨眷知识分子首创成立"无锡市华侨科技经济协会"，还邀请了一些海外华侨华人和港澳同胞参加，会员张茂昌利用自己在国外的亲友关系牵线搭桥，促成泰国在无锡市投资兴建"华侨城"的大型项目。1989年11月，江苏省华侨科学技术经济协会成立，从1990年起逐步开展了对外科技、经济、文化信息交流，当年就向省内有关经济部门和企业发布了50多个海外寻求合作的项目信息。1992年3月，常州市成立华侨科技经济协会，当年即开展了多方面信息技术咨询，通过侨眷潘江同联系，促成美国伯林盖姆工业公司和常州康达工业总公司合资成立了"常州华美建筑材料工业有限公司"。①

省内归侨侨眷还与境外亲友联系并进行宣传，为当地企业穿针引线，介绍项目。例如日本归侨周学莲不仅介绍日商来连云港市洽谈地毯、贝雕画、柳编织、剪刀、香水、宜兴的竹笋等贸易项目，还推荐日商与经济开发区签订了开办涂料厂和联合经营对虾养殖等协议。1989年，扬州市归侨侨眷、港澳同胞眷属为当地企业牵线搭桥289个项目，协助邀请海外亲友来该市洽谈合作和科技交流194人次，向海外寄送宣传材料17397件。1991年，新沂市侨办通过美籍华人臧其忠先生牵线搭桥，促进美国ATD公司和新沂机械公司达成联合生产节能水泵的协议。1992年6月，江苏省侨联举行归侨侨眷为江苏发展外向型经济作贡献动员大会，倡导开展"提供一条计策、传递一条信息、介绍一位客户、引进一个项目、推销一种产品"的"五个一"活动。到当年年底，全省归侨侨眷、港澳同胞眷属为地方利用外资、发展外贸、促进外径牵线搭桥累计3600多项（次）；为地方举办的34次海外产品样展会提供样品4500多件；协助邀请海外亲友来江苏进行经贸洽谈和科技交流2500多人次；向海外亲友寄送宣传品5.8万多件。②

---

① 江苏省地方志编纂委员会：《江苏省志·侨务志》，南京：江苏人民出版社，2007年，第341页。
② 江苏省地方志编纂委员会：《江苏省志·侨务志》，南京：江苏人民出版社，2007年，第342页。

最后，江苏省内归侨侨眷、港澳同胞亲眷赴港访问交流，推动了港商率先回内地和家乡投资、引进国外先进设备、开办合资企业，为苏港经济交流做出了重要贡献。近代江苏海外移民的一个重要特征就是移民层次较高，尤以留学生为主体的知识分子群体和工商业者极具地域特色。如前所述部分民族企业家在三四十年代因国内战乱和政局动荡而携资移居港澳，他们在战后以国际金融中心中国香港为基地，向东南亚和欧美地区发展，很快崛起成为资本雄厚的跨国公司和财团。这部分江苏籍港澳商界人士多出身于商业世家，在移居港澳并在海外投资发展后，仍与内地有着密切的联系，例如无锡荣氏家族，在中华人民共和国成立前夕，荣鸿元、荣鸿庆出走海外，后在中国香港地区经营纺织和房地产事业，但荣毅仁、荣漱仁则留在内地，继续经营荣氏家族企业；同样出身无锡商业世家唐氏家族的唐翔千，在1950年赴港后联合原籍苏州吴县的周文轩、周忠继兄弟合办中南纱厂，很快成为香港最大的纺织业集团，而其父唐君远、其弟唐寿千则继续留在内地，在1955年公司合营后，唐君远担任丽新纺织印染公司董事长，唐寿千任无锡协新毛纺织染厂厂长；靖江籍著名民族工商业家刘国钧在中华人民共和国成立后从香港返回内地，但其女儿女婿刘璧如和查济民则留在了香港，创办了中国染厂，后进军地产界，成为香港商界巨擘。

在改革开放初期，内地经济建设需要大量的资金，但大多数港商和外资企业都还在观望形势。为引进外资，促进经济发展，这些工商界前辈同时也是归侨侨眷、港澳同胞亲眷赴港进行交流，让他们在港澳和海外的亲友了解祖国的改革开放政策。唐君远在《赴港访问志感》一文中回忆道："我们在港两星期，接待了150多位香港朋友，他们都有一定名声地位。我们与他们接触，使他们对内地的情况和党的政策有了亲身体会和明确认识，通过他们再影响到海外，作用是很大的。"① 通过多次访问交流，香港和内地工商界认识逐步建立了信任感，奠定了合作基础。

为了打消港商和海外华商的担心，他们还积极鼓励在港澳的亲属带头回内地投资。有位老朋友曾对唐君远说："到内地去投资，只要翔千先生带个头，我们就会跟上来。"改革开放后，唐翔千在深圳做成第一批补偿贸易；在新疆成立

---

① 上海爱建集团股份有限公司：《唐君远与唐氏家族传奇》，上海：今日出版社，2018年，第114页。

全国纺织业第一家中外合资企业；拿到第一家沪港合资企业的"00001号"工商执照，后来还发展成为第一家中外合资的上市公司。在香港的唐君远胞弟唐宏源也十分关注家乡建设和教育发展，先后在无锡投资和创办无锡中萃食品有限公司、南洋彩印包装有限公司、太平针织有限公司、佳福国际贸易有限公司，并以个人和唐氏家族的名义为家乡和母校的教育发展捐赠了700万元。①

改革开放初期，先进的技术设备和管理人才也是紧缺资源，通过省内港澳同胞亲眷的牵线搭桥，江苏籍的港商和海外华商不仅率先投资家乡，还捐献并帮助引进先进的技术设备。1985年9月，在无锡举办了著名民族工商业者荣德生诞辰110周年纪念活动，分布在世界8个国家和地区的荣氏后裔代表88人参加了活动，在荣毅仁的倡导下，荣氏海外亲属向无锡市有关单位捐赠了一批资金和设备，并与无锡市经济部门就引进集成电路后道封装线、改造纱锭棉纺设备、开发生产德国菲恩特公司生产的"飞虎牌"自行车等项目进行了洽谈。② 另外，1993年香港中信泰富集团董事局主席荣智健先生投资江阴兴澄特钢有限公司，并从德国引进的"四位一体"生产线，被国家冶金工业局称为国内"特钢生产第一线"，从而创造出中国第一、世界第三的佳绩。③

综上所述，在改革开放初期，江苏归侨侨眷充分利用自己的海外关系和资源，通过各种渠道，向海外侨胞宣传改革开放新政策，鼓励海外侨胞归国投资，为江苏发展"三来一补"贸易、引进外资、创办合资企业起到了重要的穿针引线、牵线搭桥作用。

二、华侨投资对江苏经济发展的作用与影响

自改革开放以来，"侨缘禀赋""资源禀赋""市场禀赋"对不同时期对海外华商投资大陆的影响力也有差异。④ 1978年之后，江苏除上述通过家乡情感纽带，即所谓的"侨缘禀赋"吸引侨资外，江苏雄厚的工业基础、异军突起的乡镇企业、低廉的劳动力和土地、政府优惠的税收政策，再加上邻近上海的地缘

---

① 上海爱建集团股份有限公司：《唐君远与唐氏家族传奇》，上海：今日出版社，2018年，第367页。
② 江苏省地方志编纂委员会：《江苏省志·侨务志》，南京：江苏人民出版社，2007年，第338页。
③ 吴沛林：《江苏侨资企业巡礼》，《华人时刊》2003年第9期。
④ 龙登高、赵亮、丁骞：《海外华商投资中国大陆：阶段性特征与发展趋势》，《华侨华人历史研究》2008年第6期。

图 7-3 2003 年，江苏侨商总会成立，时任省委副书记任彦申（左）与江苏省侨商总会首任会长庄启程（右）为商会揭牌

图片来源：江苏省侨联提供。

优势，使得不少海外华商非常看好江苏市场。作为非传统侨乡的江苏省，在改革开放之初便吸引了大批华商前来投资。例如与改革开放同步启程的参与者、祖籍福建晋江的菲律宾华侨庄启程先生在1978 年第一次来到江苏进行考察，随后于1981 年在无锡创办了"中国江海木业有限公司"，这成为江苏省第一个中外合资企业的项目。1981 年，国家工商行政管理局向"中国江海木业有限公司"直接颁发了编号为"10001"的营业执照，这也是中国改革开放诞生的第 1 号中外合资企业商照。而之所以选址无锡，庄启程先生说是因为"附近有张家港这个长江下游码头。因为我们做的是木材加工，用的原木批量大，单位重量也重，除了水运，用其他方式运输既不方便成本又高。所以我当时一再申明，作为在无锡投资的先决条件，张家港的建港是要执行的"。①

除此之外，在 1978 年，香港庄士公司董事长庄重文与常州市达成了来件装配电子表的协议，成为江苏省第一项来

---

① 陈和金、杜津、吴沛林：《持中国江苏第一号商照的华商庄启程》，《华人时刊》2001 年第 9 期。

件装配的对外合作项目。同年10月，香港溢达企业有限公司董事长杨文龙与江苏纺织品进出口公司及无锡、常州、苏州等地有关服装厂签署补偿贸易协议，投资240万美元为江苏引进12条服装生产线（无锡6条、常州4条、苏州2条）。这是江苏在改革开放之初最早利用的海外投资。1979年，香港黄浦江纺织有限公司董事长陈瑞球投资110万美元，提供2.6万锭设备和国内织机600台，对无锡国棉一厂进行技术改造，要求无锡国棉一厂在6年内每年提供涤棉坯布1500万码、涤棉纱2400万件进行补偿。这是当时江苏签订的利用外资进行贸易补偿的最大项目。①

1990年4月，中央决定开发开放浦东，实施以上海浦东为龙头，带动长三角地区经济向更高层次发展，进而促进整个长江流域经济发展的战略。江苏及时抓住浦东开发开放的重大发展机遇，江苏南部的苏州、无锡等地区在竞争中走出了一条以吸收FDI进行加工贸易的国际化道路，越来越多的外资来江苏投资，海外华商对江苏投资也进入活跃期。从1991年至2000年可以说是华商投资大陆的高速发展期，这一时期华侨投资呈现新的特点。

一是投资规模扩大，一批实力雄厚的明星企业脱颖而出。例如由印度尼西亚华侨黄志源1992年投资的金东纸业（江苏）有限公司为全球造纸业所注目，总投资18.23亿美元，年产纸量110万吨，已成为中国规模最大、产量最高、技术最先进的造纸企业，也是世界上单厂规模最大的铜版纸企业之一，它的纸机车速度两次刷新世界纪录。1992年，美籍华人王恒投资的南京金鹰国际集团，是南京市首家批准成立的大型多元化外资企业集团。下设金鹰国际房产、连锁百货、商业流通、汽车营销、软件科技等集团业务，致力于在中国最具消费潜力的城市深度发展。这些大而强的侨资企业，其规模、效益和全球化业绩都令人注目。

二是投资领域扩大，科技含量不断提高。在改革开放之初，海外华侨投资主要涉足的是商业、食品、服装、纺织、华工、机械、家电、房地产等行业；此后又扩大到了木业、纸业、冶金和基础设施建设；从20世纪90年代末开始，侨资开始进军IT、生物制药、新材料、光电子、电力等领域，形成行业门类广泛的侨资企业群。另外，外商直接投资带

---

① 江苏省地方志编纂委员会：《江苏省志·侨务志》，南京：江苏人民出版社，2007年，第345页。

来先进适用技术，填补国内技术空白，许多行业的大批产品得以更新换代，新兴产品得到发展壮大。这种情况在江苏最具外资投资吸引力的苏州市表现得尤为明显，侨资在苏州的外商投资中，形成三分天下有其一的格局，一批在海外有较大影响的华侨华人和港澳同胞企业在苏州市沿江开发、重大基础设施、高科技项目中发挥了重要作用，例如金华盛职业有限公司、九龙集团、维德木业有限公司、AEM（苏州）电子有限公司、俐马化纤纺织工业有限公司等。这些侨资项目涉及轻工、纺织、机械、医药化工、电子、旅游餐饮、房地产等十多个行业。①

三是新华侨华人和海外留学生创办的高新技术企业不断增多。随着第二代、第三代华侨华人在海外崭露头角，新华侨华人和留学生创办的以高新技术企业为主的新型侨资企业增多，为新一轮侨资企业发展增添了活力。1997年，留美博士王振明心怀强烈的爱国热情和创业梦想，只身来到异乡苏州，在苏州高新区创办了苏州捷美电子有限公司。2001年，捷美成为苏州新区留学人员创业园里第一家成功孵化企业。② 2001年，旅美华人、美国雷神公司首席科学家黄振春率领两位同窗好友回到他的家乡镇江，创建了江苏奥雷光电有限公司，在光通信和半导体照明两个领域获得突破性创新。③ 自20世纪90年代后期以来，越来越多的"海归"人才来江苏创新创业，根据江苏省侨办的统计，江苏在2002年已拥有上千名"海归"人士创办了近千家科技企业，可以预期，凭着这群高素质和国际化视野的"海归"派，江苏的侨资企业必将进入一个新的发展阶段。

随着改革开放的深入，江苏顺利实现了从封闭型、半封闭型经济到外向型经济的转变，引进和利用外商直接投资是江苏快速实现这一转变并最有成效的动力源之一。到21世纪初，在江苏省2万多家外资投资企业中，由华侨、华人、港澳同胞投资兴办的侨资企业12000多家，占外资企业的一半以上。在江苏经济建设的辉煌成就中，侨资写下了一个个"第一"的辉煌篇章：中国第一、世界第三的轴承钢生产企业，江阴兴澄特钢铁

---

① 《侨资企业数据库开发与应用研究》课题组：《侨资企业数据库开发与应用研究》，国务院侨务办公室委托项目，2009年，第93页。

② 张波、杨天笑：《侨界金桥通世界——市海外交流协会十年纪事》，《苏州日版》，2007年1月16日，A01版。

③ 乔雨：《知本和资本装机的赢家——访奥雷广电公司首席执行官黄振春》，《科技创业》2002年第7期。

有限公司是侨资；中国最大、亚洲第一的木材深加工基地，苏州维德工业城是侨资；中国化纤行业中最大的企业——苏州俐马化纤工业有限公司亦为侨资等。①

海外华侨华人作为中国对外开放、发展对外经贸合作和科技交流中最积极热情的一支力量，在改革开放初期百废待兴的情况下，给中国带来了大量资金、技术和先进管理经验。大量侨资企业的兴办和发展，促进了地方经济发展和社会稳定，加速江苏对外开放进程。

首先，弥补了改革开放初期江苏省内发展资金不足的问题。改革开放以来，江苏积极吸引外资，给全省经济发展注入了大量急需的资金，1978—1990年，江苏实际利用外资金额17亿美元，1991—2000年，江苏利用外资累计达到439亿美元。② 其中港澳同胞和海外侨胞投资项目和出资额，占外资总额的2/3左右，有效缓解了改革开放初期江苏建设资金严重不足的困难。许多重大投资和项目，由于海外华商的投资，建设速度加快，经济效益提高，大大增强了江苏省的经济实力。例如，南京自1984年兴办了南京第一家外商投资企业后，十多年间，侨资企业已经成为发展南京开放型经济的先行者。被视为南京对外开放标志的金陵饭店是新加坡华人企业家陶欣伯兴建的；20世纪90年代南京地标性建筑金鹰国际商城是由美籍华人王恒投资的；南京第一家中外合资的房地产开发公司华夏大厦是侨资企业；中国港口第一个合资企业暨南京国际集装箱装卸有限公司是由美籍华人创办的；总投资近亿美元的金城机械有限公司是由华人财团参与投资。除此之外，海外华侨华人在直接投资兴业的同时，也为南京引进外资牵线搭桥，促成了多家海外大财团和企业投资南京。总投资达4.6亿美元的华飞彩色显示系统有限公司的成立，荷兰侨领的牵线搭桥发挥了至关重要的作用。③ 这些项目的投产，对于提高南京地区的综合投产能力具有积极的推动作用。

其次，促进了省内企业设备更新技术进步，提高了全省工业的技术水平。20世纪八九十年代，中国与世界的差距巨大，港澳台同胞和海外华商的技术恰

---

① 刘东平：《从"百家明星"看侨资企业发展之路》，《侨园》2003年第6期。
② 江苏省地方志编纂委员会：《江苏省志·发展改革志》，南京：江苏凤凰科学技术出版社，2014年，第145页。
③ 鲁宁：《侨资：滋润出经济好风景》，《华人时刊》2001年第1期。

好适合中国企业与市场的水平,通过他们的投资,兴办合作合资企业,大陆引进先进技术,调整产品结构,缩短了与世界先进水平的差距。在"九五"期间,江苏利用外资开始从主要集中在轻工、纺织、建材等传统行业向电子信息、光电机一体化、生物医药等高新技术产业转变,侨资亦成为江苏产业结构调整、升级的主要杠杆。如苏州电子系统的捷嘉电子有限公司,通过引进先进的表面封装技术设备,实现了产品的升级换代。此外,在2000年苏州高新技术企业中,外资企业占45%;在电子及通信设备制造业中,外资企业产值占85%,[1]其中侨资企业占1/3。

最后,提高了省内企业经营管理水平。在计划经济下,国有企业与集体企业的经营管理缺乏激励与约束机制。改革开放后,在市场化的冲击下,中国企业管理理念和模式面临着根本性的转变。西方管理模式与中国制度和文化存在相当的差异,海外华商经营管理模式,不仅融汇西方经验,而且具有中华文化特色,在市场经济的大潮中形成富有效率的机制,加之同文同种,成为中国企业学习的对象。[2] 常熟通润机电有限公司是一家具有20多年历史的老厂,一度濒临倒闭,1989年和香港华润机械有限公司合资后,引进国外先进的管理制度和管理经验,面貌焕然一新,自1990年起连续多年被列入全国外商投资企业500强。太仓的苏州泰利电器照明制造有限公司,合资前是生产反光镜的村办小厂,侨资进入后,引进国外先进管理经验,经过10年的努力,企业资产从当初的200多万元增至7000万元,纳税超过1000万元。[3] 侨资企业现金的管理经验和现代企业组织模式对提高省内企业的管理水平和转换经营机制起到了推动作用。

总体上看,在改革开放的艰难起步阶段,海外华侨华人凭借"资源禀赋"和"市场禀赋"率先在江苏投资,为江苏经济发展注入了大量急需的资金;此后随着江苏改革开放的深入发展,侨资企业规模和投资领域都在逐步扩大,科技含量也在不断提高,从而推动了江苏工业科学技术的进步和企业经营管理水平的提升。在世纪之交,中国即将加入WTO之际,掀起了"海归"人才归国创新创业热潮,新华侨华人和留学生回国

---

[1] 杭特:《外资促使苏州经济大发展》,《国际经贸消息》,2000年12月11日,第2版。

[2] 龙登高:《海外华商投资中国40年:发展脉络、作用与趋势》,《华侨华人历史研究》2008年第4期。

[3] 吴沛林:《江苏侨资企业巡礼》,《华人时刊》2003年第9期。

创业者纷纷落户江苏，成为海外华侨华人投资的一个新特征和新趋势，这必将对21世纪后江苏经济转型和产业升级产生重要影响。

第四节　21世纪以来
新华侨华人与江苏经济发展

21世纪后，江苏经济发展进入转型升级阶段，全省各级政府注重"引智"与"引资"结合，出台优惠政策、采取多种举措大力招揽人才，越来越多改革开放之后"走出去"的新华侨华人来江苏谋求发展。2003年，江苏省成立了首家民间侨商组织——江苏省侨商总会，开启了江苏省侨商事业发展的新征程。随着越来越多的科技新华侨华人和留学归国人员在江苏创新创业，为了服务新华侨华人创新创业，为他们提供更好、更高的创业交流平台，江苏省侨联于2019成立了江苏省侨联新侨创新创业联盟（简称"省侨创联盟"），目前共有235家新侨企业、机构、科研院所负责人加盟。新华侨华人在江苏投资创业不仅对省内企业提高自主科研创新能力、促进产业结构优化升级、推动产业集聚和区域经济协调发展起到了积极的促进作用，而且加快了江苏外向型经济发展，为江苏经济社会持续、快速、健康发展不断注入新活力。

一、21世纪以来新华侨华人在江苏创新创业

在国际留学蓬勃发展的大潮中，我国已经成为名副其实的留学大国。根据教育部公布数据，1978—2015年中国出国留学的人数累计已达404.21万人。2000年后，出国留学人数增长迅速，2015年我国出国留学人员总数为52.37万人。2000—2015年，中国留学人员数量以年均18.9%的增长率迅速增长。根据教育部公布的数据，2019年，我国出国留学人员总数为70.35万人。与此同时，学成归国留学生人数明显增加，2015年，留学回国人数达到40.91万人。[①]

在留学归国人员中，政府引进的海外高层次人才尤为受到关注。20世纪90年代以来，随着我国实施人才强国战略，各类吸引海外高层次人才计划频繁出台，推动了中国"精英型"海归的回流。从20世纪90年代末开始，就已经有不少高层次海外归国人才在江苏创新创业，如留美博士王振明在苏州创办苏州捷美电子有限公司、旅日华侨吴小松在

---

① 王辉耀、苗绿：《中国海归发展报告（2013）》，北京：社会科学文献出版社，2013年版，第10、12页。

苏州创立了爱环吴世等。到了2002年，江苏已拥有上千名"海归"人士创办了近千家科技企业。进入21世纪后，为配合"科教兴省""人才强省"战略，进一步吸纳海外智力为江苏经济和社会发展服务，江苏各级政府先后出台了各项引进人才措施。在2006年年底，江苏省委、省政府出台了《关于加强高层次创业创新人才队伍建设的意见》，江苏省委组织部于2007年出台《关于印发〈江苏省高层次创新创业人才引进计划实施办法〉和〈江苏省高层次创业创新人才培育计划实施办法〉的通知》，正式启动江苏"双创引才计划"。2008年，江苏省正式启动"江苏万名海外高层次人才引进计划"，决定从2008年到2012年，将采用多种方式引进不少于10000名海外高层次人才，集聚不少于50名具有世界领先水平的科学家和科技领军人才。① 省内各地方政府也相继跟进，出台海外人才引进计划，例如2007年，常州出台《常州市签名海外人才集聚工程实施意见》，计划5年内引进1000名海外人才；2011年，苏州实施"海鸥计划"和"姑苏人才计划"；2011年，南京推出"321"计划等。②

上述这些政策措施吸引了一大批海外侨胞中的高层次人才、高科技企业落户江苏。例如自2006年至2020年，江苏省已连续成功举办14届"百名海外博士江苏行"活动，共163人落户江苏创新创业，其中7人入选国家重大人才工程，25人入选江苏省"双创引才计划"，24名海外博士成为江苏省高校科研院所学科带头人，创办了81家民营企业，总投资超过20亿元。③ 近些年来，全省各地更加注重"引智"与"引资"结合，出台优惠政策、采取多种举措大力招揽人才，海外华侨华人中的大批高层次人才纷纷来江苏谋求发展，至2015年年底，在江苏工作生活的科技新华侨华人就有近10万人，而在引进的精英人才中华侨华人是主体，80%具有海外留学或工作背景，拥有国内外著名大学或者科研机构的博士学位，他们带动了一系列的创新创业活动。

在来苏创新创业的海外高层次人才中，不少是怀有家国赤子情的江苏籍归国人才回乡创业。2005年回国创办创斯达

---

① 江苏省正式启动"万名海外高层次人才引进计划"，2021年8月7日。

② 关静：《关于我国海外人才引进政策的比较研究——以江浙沪为中心展开》，复旦大学硕士学位论文，2013年，第34－36页。

③ "百名海外博士江苏行"，江苏省人力资源和社会保障厅网站，2021年8月7日。

图7-4 2012年6月4日至8日,中国侨联、江苏省侨联并联合南京、南通和昆山市侨联共同举办"创业中华·创新江苏——2012侨资侨智对接洽谈会"

图片来源:江苏省侨联提供。

公司的南通籍旅美博士刘佳炎,在2000年之后看到国内进入高速发展阶段,便萌生了回国创业的想法。他说:"我每次回国,看大陆发展很快,但在制造业尤其是高端领域的发展依然十分落后。我总觉得自己有责任,也有能力用我的专业所长,在中国制造业的某一方面赶超世界先进水平。"2006年回到家乡南通创办百奥迈科生物技术有限公司的旅美博士朱远源在谈到为何选择回国、回家乡创业时坦诚地说道:"我回国创业的决心离不开母亲情结(她因缺医少药而过早去世)。我的使命恰恰是研制出让国人用得起的新一代原创生物新药,直接造福国内的病患。为此,我作出了人生中最有意义的抉择,决定把具有自主知识产权的科研成果'生物导弹'核酸干扰疾病靶标技术带回国内,在祖国的大地上研发生产,做中国核酸药业第一人。"①

---

① 南通市侨联:《南通新侨口述史》,北京:中国华侨出版社,第395、385页。

2007年徐州籍旅英博士张祥成在2007年对徐州进行考察后，认为徐州地区的工业基础雄厚，但更需要发展高附加值的科技工业来提高竞争力，于是开始筹办徐州英剑纳米科技有限公司。他经常说"我的梦想起源于徐州，非固于徐，亦不限于中，而乃世界之事"。怀着深深的桑梓之情，张祥成在家乡徐州开启了纳米科技之门。①

除此之外，还有很多非江苏籍的海归高精尖人才落户江苏，截至2015年，在江苏创新创业的非江苏籍侨商侨领及各类中高端人才有50万人。② 良好的区位优势、高素质的人才优势、良好的工业基础优势和政府诚信品牌优势，使江苏对海外高层次人才回国创新创业具有强烈的吸引力。如来自浙江天台的俞德超博士，在2006年从美国归国创业，领导研发出中国首个具有全球知识产权的单克隆抗体——康柏西普，在江苏创新创业环境吸引下，俞德超和团队于2011年在苏州创立了信达生物制药（苏州）有限公司。祖籍江西上饶的世和基因创始人、CEO邵阳在2012年和团队决定从加拿大回国创业，就公司落户哪里问题，他和团队花了25天专门考察国内各城市，最终选择了落户南京。来南京创业后，邵阳和团队发现了南京更多的创业优势：教育和人才资源充沛、交通便利、生活成本适中，更可贵的是南京政府部门对公司发展实在、高效、优质的服务和帮助。经过6年的奋斗，世和基因已成长为国内肿瘤基因测序精准医学领域的佼佼者，邵阳本人也放弃了加拿大国籍，恢复中国国籍并落户在南京。③ 来自湖南的旅美博士张乃千，在2007年回国后在西安创办了中国第一家生产第三代半导体器件的企业——西安能讯微电子有限公司，并成功研制出氮化镓产品原型。2010年，能讯以此原型产品成功融资后，张乃千开始思考，要想将实验室变成一个以实现效益最大化为主的企业，就要放眼全国，选择去最有利于企业发展的地方。此时，国内许多城市和开发区都向能讯公司递上了橄榄枝，条件颇为优厚。张乃千对比了长三角经济区、珠三角经济区、京津冀城市圈等多个区域经济发展核心区，最终选择落户昆山。谈

---

① 徐州市侨联：《徐州市侨界风采录》，徐州市侨联提供，第9页。
② 张秀明：《侨务资源在"长江经济带"战略中的作用初探》，李其荣主编：《协同发展：华侨华人与"长江经济带""一带一路"》，广州：暨南大学出版社，2016年，第5页。
③ 戴六华、毛庆：《恢复中国国籍的世和基因首席执行官邵阳：做中国人原创的基因测序产品》，《工会信息》2019年第24期。

及自己选择昆山的原因,张乃千总结了在昆山创业的极大优势:产业链完善,配套能力强大;地理位置优越,交通便利;政策优厚,落实到位;厂址便利。①"江苏省高层次创新创业人才引进计划"资助对象、徐州海吉亚生物制品有限公司董事长周京石在谈到为何选择徐州睢宁作为投资兴业的福地时,深有感触地说:"我们考察了很多投资备选地址,最后选择睢宁这块风水宝地,更重要的原因是来自这里的投资环境,来自当地政府对人才的渴求和重视。徐州海吉亚从建设到投产,不到一年时间,在欠发达地区,能有如此高的工作效率,让我非常感动,也使我充分认识到这是一个高度尊重知识、尊重人才、注重科技创新的地方,是一个能够实现理想、施展才华,可以尽情创新创业的地方。"②

除了国家和地方政府引进的海外高层次人才外,还有更多不同层次的海外归国人员,特别是 21 世纪之后出国留学的"小海归"回江苏创新、创业。近年来,在留学出国人数持续走高的同时,归国留学生人数也在同步迅速增长,其主要原因是相较于欧美地区经济低迷的状况,中国国内经济保持稳定增长,生机勃发的经济活力让越来越多的海外留学人员看到了施展才华的机会和平台。

江苏省是教育和留学大省,现在每年各类出国留学人员达 4.5 万人,回流人才每年 3 万人。据统计,江苏作为吸引留学人员回国创业的先进省份,吸引了 14.8% 的海归在江苏创业。③

越来越多的"小海龟"在江苏实现自己的创业梦,如来自宿迁的海归周禹冰在日本留学时,看到国内互联网经济蓬勃发展、网络创业如火如荼后萌生了回国创业的想法,2013 年在家乡沭阳创办了宿迁波波猴食品有限公司。公司以互联网为依托,利用 B2B、B2C 平台的电子商务模式,开创了新型食品线上、线下批发及零售的销售模式。在创业过程中,周禹冰得到了当地侨联的大力支持,沭阳县侨联联系政府免费帮她招工,动员工商联成员帮她联系代工厂,在经开区低价租售厂房给她。她的公司从 2 人、15 平方米的办公场所规模逐步发展到 1 万平方米的仓库,在 2016 年总营收达到 6000 万元,直接带动就业百余人,

---

① 赵梅、谢全林:《昆山玉 燕归巢——侨商创新创业路》,北京:清华大学出版社,2017 年版,第 30-32 页。
② 徐州市侨联:《徐州市侨界风采录》,徐州市侨联提供,第 39 页。
③ 王辉耀、苗绿:《中国海归发展报告(2013)》,北京:社会科学文献出版社。2013 年,第 10 页。

2019年波波猴销售收入突破2亿元大关，周禹冰的企业也被评为省巾帼电商创业示范基地、连续4年获评省电子商务示范企业。① 同样是在宿迁土生土长的邬国园，2012年南京工业大学毕业后留学英国诺丁汉大学并取得硕士学位，2016年在家乡王官集镇创办了宿迁奇瓦丽电子商务有限公司。公司最初只有几个工人，但随着待遇不断提高，越来越多的人进入他的公司捧上了牢靠的饭碗，带动了当地经济的发展。2018年公司总营业额近5000万元，2019年计划突破8000万元。在谈到自己的创业梦时，邬国园说："当初我并没有什么大的目标，只是想自己要拼搏、要创业、要让青春闪光，将来不要因虚度年华而悔恨。随着企业壮大起来，我意识到自己的一切不仅属于我个人，还属于社会。我们要勇敢承担社会责任，用实际行动回报社会各界对我们的关爱。"②

由上述可以看出，21世纪以来，随着中国改革开放进一步深入，江苏进入经济发展转型阶段，一方面，江苏省内各地政府通过各项人才引进政策，吸引海外高精尖人才回流；另一方面，在近年来全球经济持续低迷的情况下，中国经济社会持续发展，越来越多的江苏籍留学生选择回到家乡或在省内创新创业。在良好的创业环境和政策支持下，高科技新华侨华人能够在国内和国际舞台上最大限度地施展自己的才华；而众多怀有创业梦想的"海归"们，则搭载着中国和江苏经济战略转型的东风，充分利用中国互联网和物流行业优势，实现自己的创业理想。

二、21世纪以来江苏新侨商的发展——以通商为例

自改革开放始，与出国留学潮同时发生的是一波出国务工、经商潮。20世纪90年代初以来，在南通、苏州、无锡等地更是有不少人敢为人先，走出国门远赴世界各地从事商业贸易，其中来自南通的"通商"尤为引人注目，从南通走出去的新侨商不仅数量多，而且在海内外影响力大，甚至在并非传统侨乡的江苏省内形成了"新侨之乡"。

南通被称为"中国近代第一城"，也是中国近代纺织业的发源地，在20世纪70年代以前就兴起绣品热，个体私人经济也比较活跃。从1992年起，通州的界北村、文山村，海门的林西村就有大批

---

① 胡杨、齐强：《周禹冰：新时代的追梦人》，《华人时刊》2021年第3期。

② 邬国园：创业梦想从宿迁启航，宿迁侨联网，2021年月9日。

农民出国做生意,他们最初以纺织绣品打入罗马尼亚市场,并以此为跳板在东欧市场立足;到了在 2000 年之后,因东欧市场饱和,遂转战拉美和非洲,经营的商品也由单一的家纺产业转向工矿产业、建筑业、运输业、服务业、百货业等多业并举,并且充分利用拉美和非洲国家土地、水电和人力成本较低、资源丰富的有利条件,在当地兴办工矿企业,在这一时期江苏新侨商逐渐做大做强;2010 年之后,这些新侨商开始将目光投向商业环境已相当成熟、市场化程度也很高的欧美发达国家,在美国、日本经商、办企业,其经营渠道和产业也更加多元,有的侨商为了满足当地农副产品需求,甚至在当地开办高级农场,向当地市场供应粮食、蔬菜和果品。

通过 30 多年的筚路蓝缕、艰苦奋斗,南通涌现出了一批资本实力雄厚,在海内外都有广泛影响力的新侨商。如智利江苏商会会长、南通东方巨龙纺织品有限公司董事长郁飞,靠 100 万顶针织帽获得资金积累,先后在罗马尼亚、南非、尼日利亚、智利、厄瓜多尔等国从事纺织商品贸易,在海外设立 13 家销售公司,数十家经销商店,实现海外年销售额超亿元;被称为赞比亚华人"首领"的宣亚标,1997 年去罗马尼亚做家纺生意,后又去赞比亚经商,先后到过南非、津巴布韦、乌干达、刚果等许多国家,现在在赞比亚建有 8 家国际贸易有限公司连锁超市、4 家商贸城连锁店和 2 家东方雁大酒店;① 中国远东国际投资集团董事长陆建飞,在 2001 年赴南非经商,从事纺织品贸易,2006 年开始进军建筑和房地产业,率领南通建筑"铁军"在安哥拉从事房地产开发,承建一系列工程及开发项目,产值达 3 亿美元;旅居南非、现任南非非洲江苏总商会会长的陈辉,是 20 世纪末最早到非洲经商的南通人之一,2006 年与人合伙投资 1 亿元,在南非约翰内斯堡皇冠区建起了一座商城,2008 年竣工开业时,为当地经商者提供了 350 个经营商店,进驻中国商家 300 家,其中 50%的经商者是陈辉的南通老乡。此后,陈辉又投资 1 亿多元,在毗邻商贸城的区域,向当地政府购买土地,新建了一座拥有 200 多套住所的华人公寓,以利于在商贸城同胞的工作方便和居住安全。② 这些成功的新侨商的例子可以说举不胜举。

---

① 南通市海门区归国华侨联合会:《走遍五洲林西人》,会议资料,海门区侨联提供,2020 年,第 78 页。
② 南通市侨联:《南通新侨口述史》,北京:中国华侨出版社,2018 年,第 265、291—292 页。

南通新侨商在将家乡家纺产品源源不断地输送到世界各地的同时，也带动了当地纺纱、面料、包装、物流等诸多产业的发展，助力乡村振兴。南通市海门区的林西村是极具江苏省特色的"华侨村"之一，目前全村有1418家农户、3495名村民，这个1400多户的小村有600多户出国做生意，是南通名副其实的"跨国经营第一村"。早在20世纪90年代末，林西村的农民就成功地跨国经营，极大地带动了本村经济的发展，仅林西村出国经营第一人郁建祥的奥珍绣品有限公司，就解决了本村和外村一部分农民的生计问题，就连60多岁的老太也可以在厂里谋到一份轻巧的工作，戴上眼镜剪剪线头每月可挣600多元。不仅如此，该公司还将整车整车的原料发到全村各家各户加工，然后公司进行检验、整理、包装。据介绍，一人跨国经营，可以带动几十人，甚至上百人脱贫致富。林西村村民的跨国经营同时也带动了周边村组、乡镇、县市的农民浩浩荡荡地走出国门，走向国际市场。① 现在林西村村民在全球20多个国家和地区，办起了180多家公司，年创汇逾2亿美元，即使没有出国的，也在家里做着国外生意，家家户户过上富足的生活。国内、国外联动，经商者们少的年挣数十万元，多的挣几百万、上千万甚至上亿元。每年光从村里卖到国外的绣品就超过了数十亿美元，还不包括从国内其他市场销往国外的百货。

南通新侨商在海外做大做强之后，将赚回的大笔外汇在家乡继续投资建设，加强国内和国际市场联系，从而形成了一个广泛的跨国商贸网络。如南非侨商朱仲辉从2001年起，先后筹措3亿元巨资，承担了海门叠石桥国际家纺城一、二期的建设工程，同时还建起了苏北最大的家纺托运城以及多条集生产、销售于一体的家纺街。2009年，朱仲辉又参与开发建设了总投资25亿元的叠石桥国际家纺城三期工程。三期工程竣工后，叠石桥国际家纺城总建筑面积达到120万平方米，拥有2万多个商铺，为经营者创造提供了200多个系列、560多个品牌的家纺产品展览、陈列、交易空间。同时吸纳了10万人就业，带动30万人从业，成为名副其实的家纺之都、纺织之城。现在，叠石桥国际家纺城的产品销售到国内近250多个大、中城市，年成交额破600亿元，全国市场占有率达60%。由于成为中国最大的家纺市场，吸引了海内外

---

① 何惠石：《林西人：国际市场显身手》，《江苏农村经济》1999年第6期。

数万经销商来此经营从业,很多国际知名品牌落户叠石桥,与叠石桥的家纺产品互相嫁接,从而使叠石桥的家纺产品赢得了更广泛的国际市场,家纺城同时也成为了海外侨商的后方产业基地。①

整体上来说,从南通"走出去"的新侨商以纺织品起家,并凭借这一有竞争力的产品在东欧、拉美和非洲等发展中国家立足;随后利用当地并不健全的市场机制以及廉价的土地和劳动力,进一步拓展市场,实现多元化经营;最后以中国为依托,在家乡投资建设,形成了一个跨国商贸网络。近年来,南通新侨商发展迅速,遍布世界80多个国家和地区,海外创办的企业已有1200多家,从业人数达10万人。南通新侨商的发展壮大,不仅加强了国内国际市场的联系,而且推动了南通与世界经济接轨与融合,有力地促进了南通市对外经贸交流合作和经济社会发展。

三、新华侨华人对21世纪江苏经济发展的作用与影响

随着改革开放的不断推进,特别是中国加入WTO之后,中国扩大对外开放,经济发展速度加快,越来越深度地融入世界,国际资本和跨国公司纷纷投资中国。江苏凭借良好的区位优势、高素质的人才优势、雄厚的工业基础优势和政府诚信品牌优势,成为外资的聚集地,继续吸引海外华侨华人来江苏投资,并延续了20世纪90年代海外华商投资规模大、质量高的特征。自2003年之后,江苏利用外资规模一直领跑全国,据不完全统计,华侨、外籍华人在全省投资企业有5万多家,投资总额占利用外资总额的60%以上。②

在江苏投资、创新创业的新华侨华人与"落地生根"的早期华侨华人不同,新华侨华人大部分是改革开放后出国留学、经商"走出去"的。一方面,他们普遍接受过良好的教育,专业素质较高,从国外带回了先进的技术和管理理念,正如旅美博士、苏州泽璟生物制药有限公司总经理盛泽林所说,新侨商的优势在于:"其一,从发达国家回到中国,总能带回来一些先进的管理理念,而侨商本人的华侨华人身份,也能更好地让这样的管理理念落地;其二,新一代侨商能带回海外的先进技术;其三是引进资金,引入的资金不只是数量上的增加,更有模式方面的不同,国内的投资以成

---

① 南通市侨联:《南通新侨口述史》,北京:中国华侨出版社,2018年,第218-219页。

② 夏锴煜:《江苏省保护和促进华侨投资条例》解读,2021年8月7日。

本控制为主,可能会带来各种弊端,而海外资金在使用自由度和对创新的关切方面更有利。"① 另一方面,海外归来的新华侨华人能更快和更好地适应国内和省内发展环境,确定自身的优势与竞争力,抓住发展机遇。萨驰华辰机械(苏州)有限公司董事长、昆山市侨商联合会会长张赛虎可以说是江苏新华商的典型代表。张赛虎在海外闯荡20多年后,于2016年回国接手家族企业——萨驰华辰机械(苏州)有限公司。张赛虎非常重视自主创新和技术研发,依托中国汽车轮胎装备行业领先企业的优势和江苏制造业转型的有利契机,萨驰的全自动半钢子午胎一次法成型机项目得到江苏省产业转型升级项目资金支持;同时,萨驰响应国家"一带一路"倡议,积极为"一带一路"项目服务,2018年参与了国家在中东地区"一带一路"产能示范园的示范工业项目——阿布扎比轮胎项目,在2019年一举拿下了玲珑轮胎塞尔维亚项目技术含量极高的智能物流、智能化生产线重大国际项目订单,价值超过7亿元。虽然当前国际轮胎市场形势并不乐观,但萨驰目前在手订单35亿元以上,创历史纪录,萨驰也进入企业新纪元。②

中国的快速发展为新华侨华人带来了很多机遇,他们在江苏投资创业也呈现良好的发展态势,特别是科技新侨,这些"海归"在回国时大多携带先进的科技,他们利用在海外的多年积淀,凭着"出口转内销"的特殊优势,书写了一个个知识经济的财富传奇。留学日本的杨希尧回到老家南京创业,最初只有6个工人,现在公司员工数百人,年销售额达到2亿元。其易切削特殊金属材料领域技术,在全国同行中遥遥领先。"洋博士"吴小松到苏州创立了环保服务企业爱环吴世,经过几年努力,企业的环保产品已经成为华东地区可以和欧美、日本等国著名跨国公司产品相抗衡的品牌,200多家长期客户中,70%是外资企业,国际领先的污泥压缩机已经开始出口日本,公司的营业额每年翻番。③留美博士王振明在苏州高新区创办的苏州捷美电子有限公司是苏州新区留学人员创业园里第一家成功孵化的企业,自2001年以来,公司以每年50%～100%的速度发展,资本从注册时的30万美元发展到净资产人民

---

① 赵梅、谢全林:《昆山玉 燕归巢——侨商创新创业路》,北京:清华大学出版社,2017年,第95页。

② 杨宏辉:《新接7亿大订单,萨驰创新再续辉煌》,《中国橡胶》2019年10月。

③ 曹介森、吕妍、陈炳山:《"海归"创业潮涌江苏》,《人民日报》2006年7月8日,A01版。

币 7000 多万元，研发和管理人员达 120 人之多，已有数百个有自主知识产权的产品上市，产品全部销往国外，上缴税金达 860 万元。① 近年来，越来越多的归国创业人才及其高新技术企业在海外成功上市。例如南通籍留美博士刘佳炎，其创办的创斯达集团已经成为亚洲最大的 ATM 机柜、金融与安防设备研发制造企业，产品国际市场占有率达 25%，并于 2008 年在新加坡证交所敲响了企业上市锣声。②

归国创业的新华侨华人在取得个人成就的同时，也为江苏经济发展作出了重要贡献。据不完全统计，2007 年，江苏省侨商总会会员企业累计销售收入 260 多亿元，出口创汇近 21 亿元，纳税总额达 20.3 亿元；新增投资项目近 100 个，投资总额为 43.7 亿元；捐助公益事业 2430 多万元。③ 在全国百强县领头羊的昆山，新华侨华人的贡献尤为突出，自 1998 年设立首家县级留学人员创业园后，昆山留创园聚集了一大批海内外创新创业人才。至 2012 年，留学人员承担的科技项目累计 300 多项，累计带动就业近 2 万人，园区实现销售额 11 亿元，实现利税总额 12386 万元，研发投入 7431 万元。④ 除了税收和带动就业外，21 世纪以来，新华侨华人对江苏经济发展的推动作用还表现在以下几个方面。

首先，新侨企业科技含量高，科研投入多，极大提升了江苏省的企业自主创新能力和速度。出生于江苏宜兴的侨眷蒋立，1991 年创建侨资公司南京天加空调设备有限公司，经过 30 年的发展，蒋立把企业发展带上了新世纪的发展快车道。现在的南京天加环境科技有限公司 2018 年成功并收购全球最大的磁悬浮中央空调企业加拿大 Smardt；2019 年和 2020 年，天加与另一家知名侨企金鹰集团联合并购了全球第二大的地热发电企业意大利 Exergy 和全球最先进的生物质沼气发电企业意大利 Sebigas，向世界一流企业迈进。21 世纪以来，在江苏创新创业的不少是 20 世纪 90 年代初赴国外的留学生，他们具有较强的科研、开发和创新能力，能够及时跟进世界高新技术发展，并有机会接触或者参与某一领域紧靠世界科技前沿的先进技术，有些甚至已经在海外拥有自主知识产权的研究

---

① 张波、杨天笑：《侨界金桥通世界》，《苏州日报》2007 年 1 月 16 日，A01 版。
② 南通市侨联：《南通新侨口述史》，北京：中国华侨出版社，2018 年，第 382、392 页。
③ 蔡恩泽：《侨港商：异军突起 30 年》，《华人时刊》2008 年第 12 期。
④ 王辉耀、苗绿：《中国海归发展报告（2103）》，北京：社会科学文献出版社，2013 年，第 225 页。

成果。这些人才回国后创办的大多属于研发型高新技术企业，特别是近年来，随着江苏大力引进领军人才和高层次人才，江苏新华侨华人在自主创新创业方面成果丰硕，在 2007 年北京召开的中国侨联第二届归侨侨眷创业成果交流会上，江苏省有 7 名个人和 4 项成果分别荣获"科技创新人才奖"和"自主创新成果奖"，获奖人数和成果数量居全国前列。在省推荐上报的候选人和项目中，100%的拥有自主专利，80%的获得过国家级奖励，60%的科研成果已转化成较大规模的经济效益。① 并拥有多国专利。例如来自日本的"微波、天线技术及其应用"拥有美国、日本和欧盟的 10 余项发明专利；来自荷兰的"生物化学品产业化基地"获得欧盟以及美国、日本、中国等多项国际专利。② 正因如此，江苏省侨资企业在一些产业和行业的核心技术方面，产生了一批技术达到或者领先国际前沿水平、具有国际竞争力的高新技术和产品，如 2002 年，曾先后担任约翰霍普金斯大学热力学实验室执行主任、美国国家肿瘤研究所（NCI）生物物理实验室主任的谢东在回国后创办了前沿生物，经过 16 年的苦心研发，2018 年 5 月，艾可宁（通用名：艾博韦泰）获得 NMPA 颁发的新药证书，并于 8 月起在国内开始销售。艾可宁不仅是中国首个治疗艾滋病的原创新药，也是国际上第一个抗 HIV 长效融合抑制剂。华侨谢卫国博士创办的苏州华芯微电子公司，在国内首次开发出集成式多功能电源管理信息管理芯片，不仅填补了国内空白，芯片性能也远远优于国际同类产品。侨企苏州雷泰医疗科技有限公司研发的放射治疗系统，侨企泰州硕世生物科技有限公司生产的传染病病原体检测、女性生殖道微生态检测、肿瘤筛查等几十个产品已居于国际领先水平。

其次，新侨创新创业领域与新兴产业发展方向基本吻合，促进了江苏制造业结构优化升级。在 2006 年江苏省发布的"十一五"规划中，明确提出要积极发展技术水平和附加值高的先进制造业，加快产业基地建设，培育产业集群，重点发展装备制造、电子信息、生物与新医药、基础材料与新材料、现代纺织等产业。从整体上来看，21 世纪以来，海外高层次人才来江苏创立的企业主要集中于电子信息、新能源、新材料、集成

---

① 姚大鎣：《江苏新侨自主创新创业成果喜人》，《新华日报》2007 年 5 月 29 日，第 A02 版。
② 王遐：《实施人才强省、人才国际化战略，吸纳海外高层次人才为江苏服务》，《江苏科技信息》2008 年第 6 期。

电路、软件开发、生物医药和环保等高新技术行业、新兴产业等，涵盖了江苏"十一五"规划的重点发展领域。例如在2008年的"百名海外博士江苏行"活动，海外博士带来的180个项目中，电子信息领域的有35项、环境保护领域的有28项、生物技术领域的有26项、医药领域的有19项、新型服务业有15项、新材料和新能源领域各有14项。① 根据苏州市侨联提供的相城区侨资企业情况，该区现有侨资企业45家，在2010年之后成立的17家侨资企业中，有14家是电子信息技术、人工智能和生物医药领域的企业；太仓市有江苏省重点服务的侨资企业27家，无一例外都是在生物制药、人工智能、新材料和电子信息技术等高新技术产业。② 在新形势下，江苏由制造大省向制造强省的号角已然吹响，江苏在"十四五"规划纲要中明确提出"基本建成具有国际竞争力的先进制造业基地"，随着越来越科技新侨在江苏创新创业，也必然进一步促进江苏制造业的结构优化升级。

再次，新侨创新创业推动江苏创新企业集群和产业集聚链的形成。21世纪以来，随着江苏产业转型升级加快，工业配套能力在不断提升，研发人才专业化程度提高，且研发本土化趋势明显，在一些生产领域已经形成了创新企业集群和产业集聚链。在这一过程中，高科技新侨的"裂变效应"起到了重要的推动作用，2004年，中电电气提供资金，创建了中电电气（南京）光伏有限公司，并引进太阳能电池光电转换率世界纪录保持者、澳大利亚新南威尔士大学赵建华博士及其博士团队。此后，南京市以中电光伏为核心，投资55亿元着手打造国内最大的光伏生产基地。中电光伏的上游，将以工业园为载体，投资25亿元建一个年产3000吨多晶硅生产基地。下游则加快太阳能电池组件生产安装的载体建设，同时大力发展适合欧美市场的广电产品，形成产业集群。③ 2006年，苏州在全国第一个提出纳米技术应用产业生态圈的产业发展模式，此后10余年，苏州大力引进海外科技领军人才，并形成了"苏州纳米侨"，他们秉承"创业兴邦"的理念，创办了一大批高科技企业，在众多领域实现上游、高端、核心技术

---

① 王遐：《实施人才强省、人才国际化战略，吸纳海外高层次人才为江苏服务》，《江苏科技信息》2008年第6期。
② 《相城区侨资企业统计》、《太仓市江苏省重点服务侨资企业》，苏州市侨联提供。
③ 曹介森、吕妍、陈炳山：《"海归"创业潮涌江苏》，《新华日报》，2006年7月8日，第A01版。

突破，打破国际垄断，填补国内空白，并成功实现产业化。现在苏州的纳米技术应用产业已经具备了全方位的基础和优势，苏州也被国际上认为是全球微纳领域八大代表性区域之一。①

最后，新侨投资创业推动江苏区域协调发展。华侨投资企业和海外高层次人才的地域分布与江苏省内各地经济发展水平直接相关，江苏侨资企业主要集中在南京、苏州、无锡、常州及所辖市、开发（园）区，创新创业类的海外高层次人才也集中在这一地区，他们为推动江苏，主要是苏南制造业升级和产业转型作出了重要贡献，目前昆山的人才贡献率超过47%。②而随着江苏经济发展和产业结构转型，一方面，苏南和苏北地区实际利用外资、侨资规模也在不断扩大，例如在2000年，苏中和苏北地区实际利用外资占全省实际利用外资比重分别为4.9%和7.6%，到了2007年则分别增长到21.7%和10.7%。③2016年11月，在海外侨领侨商徐州综合投资推介会上，现场签约18个项目，总投资67.82亿元。④南通地区更是发挥新侨乡优势，通过"以侨为桥"，推动南通外向型经济发展。南通纺织业就以新华商为桥梁和纽带，以海门叠石桥市场和通州志浩市场为依托，产品远销150多个国家和地区，占据全国半壁江山，在2014年，南通新侨商共带动出口创汇25亿美元，带动回乡投资20亿美元。⑤另一方面，苏中、苏北各市、县（区）地方政府也加大引进高科技人才和项目力度。近年来，新侨创新创业在苏中、苏北经济发展中贡献了重要力量，例如在高邮市海归创业联盟的28家企业，涵盖五金机械、电线电缆、道路交通、光伏照明、生物科技、纺织服装、三产服务、农副产品等众多行业领域。据不完全统计，截至2020年联盟成员企业累计实现开票销售130亿元，纳税近4亿元，带动近万人就业。⑥在宿迁，也涌现了一批像江苏阿尔法有限公司、江苏格立特电子股份有限公司、江苏绿港现代农业发展有限公司等

---

① 《苏州纳米侨》，2017年8月，苏州市侨联提供。
② 赵梅、谢全林：《昆山玉 燕归巢——侨商创新创业路》，北京：清华大学出版社，2017年，第 vi 页。
③ 江苏省地方志编纂委员会：《江苏省志·发展改革志》，南京：江苏省凤凰科学技术出版社，2014年，第148页。
④ 陈啸：《海内外侨领侨商聚焦徐州》，《华人时刊》2017年第1期。
⑤ 侨经处：《南通新侨商近年来带动回乡投资超20亿美元》，《华人时刊》2014年第4期。
⑥ 扬州市委统战部：《高邮海归创业联盟基地带动近万人就业》，《华人时刊》2021年第5期。

图 7-5　2010 年海外侨商江苏沿海行开幕式
图片来源：江苏省侨联提供。

高科技新侨企业，涉及医药、集成电路、现代农业等领域。因此，总体上来说，新侨投资、创业已经在渗透并影响到江苏经济的大部分层面，在促进苏南地区产业升级，使其继续成为江苏经济的领头羊的同时，也加快了苏中、苏北地区产业结构调整，有力地推动了江苏区域经济协调发展。

第八章 江苏新侨乡的兴起

改革开放以来，中国侨务工作拨乱反正，逐渐走向正常化，海外华侨华人与祖（籍）国之间的联系也越来越紧密，并成为改革开放事业的坚定支持者，乃至主要的海外投资者，同时也是中国走向世界的向导和铺路架桥者。正是在广大海外华侨华人的支持和参与下，中国改革开放事业赢得了巨大成功，经济与社会持续繁荣发展，综合国力大幅提升，中国特色社会主义建设迎来了全面实现社会主义现代化和中华民族伟大复兴的重大历史契机。在这一时代背景下，华侨华人在中国与世界各国之间的跨国人口迁移流动也越来越活跃。而作为沿海发达地区和中国经济第一方阵重要成员，江苏国际人口跨国迁移流动情况十分具有代表性。改革开放以来，尤其是十余年来，江苏不仅对外移民人口迅速增长，且来苏定居生活、投资创业人口也大幅增加，使得江苏不仅成为江苏籍侨胞的"故乡"，更成为大量来苏工作生活的华侨华人的"第二家乡"，新时代江苏侨乡社会由此兴起。

第一节　中华人民共和国成立至改革开放初期江苏国际人口迁移

自清末以来直至中华人民共和国成立这百余年间，或为谋生，或为躲避战乱，以广东、福建等地为主的中国人被迫大量对外移民，从而形成了绵延近百年的大规模海外移民潮，使得广东、福建成为远近闻名的传统侨乡。而江苏省由于地处长江三角洲和华东平原地区，物产丰富，民生尚可，这一时期对外移民并不多，故归侨侨眷也为数甚少，其经济社会生活中"侨"的色彩并不明显。

1949年10月1日中华人民共和国成立，人民群众参与社会主义建设的热情空前高涨。在对新中国美好未来的热切憧憬之下，江苏民众中鲜有作移民国外、定居他国之想者，使得这一时期江苏海外华侨华人数量增长不多。据1954年3月中共中央华东局统战部办公室编写的《华东地区有关统一战线的基本情况》记载，当年江苏籍旅外华侨人数仅为333人。① 虽1962年2月江苏省人民委员会民族宗教事务局《关于江苏省归侨、侨眷、侨生、港澳同胞家属调查摸底情况》报告显示，当时江苏旅外华侨数量为1317户，分布在20多个国家，其中较集中的是：日本439户，美国242户，印度尼西亚113户，② 然为数仍然甚少，且这些人大多数乃为中华人民共和国成立前便已移居他国定居者，而非中华人民共和国成立后才移居，可见中华人民共和国成立后江苏移居海外人口仍甚为寥寥。

当然，与江苏民众缺乏对外移民动机的情况相比，中华人民共和国成立初期以来归国华侨来苏定居的热情则较高。由于深受新中国发展前景的吸引与鼓舞，加之印度尼西亚、马来西亚、越南等部分东南亚国家发生排华风潮，大批海外华侨华人选择了回国工作、求学或避难，其中也有不少来到了江苏定居生活。这使得中华人民共和国成立以来直至"文革"前，来江苏定居的归侨尚多于对外移民人口。

20世纪60年代中后期，中国社会政治环境日渐"左"倾，迫使那些有海外关系的人不得不试图通过各种方式移居海外，加之这一时期以美国、加拿大、澳大利亚等为代表的西方发达国家逐渐放弃种族主义，实施多元文化主义的移民政策，为其移居海外提供了便利，故

---

① 江苏省地方志编撰委员会：《江苏省志·侨务志》，南京：江苏人民出版社，2007年，第40页。
② 江苏省地方志编撰委员会：《江苏省志·侨务志》，南京：江苏人民出版社，2007年，第40页。

而江苏海外华侨人口数量有了一定幅度的增长。根据1973年江苏省对全省旅居境外（含港澳台地区）人口进行的一次内部调查统计：江苏旅居在50多个国家的华侨华人计27345人，旅居中国港澳地区、中国台湾地区的江苏籍同胞118120人，总量为14.5万人；①侨眷数量也从1962年的7.16万人增至1973年的14.5万人左右。②而1978年肇始的改革开放打开了国门，更进一步激发了国人（包括许多归侨及其家庭成员）为了自身或家族发展而对外移民的热情，这其中尤以江苏等沿海地区对外移民风气为甚。这一时期江苏人对外移民，主要选择留学移民方式，即先申请到移民目的国攻读语言课程或学位课程，毕业后再申请长期居留或移民。在留学移民风潮之下，江苏海外华侨华人数量迅速增长，至1987年时全省定居海外或境外的华侨华人数量已攀升至203432人，遍及世界95个国家和地区。③随着留学移民人口的增长，江苏侨眷数量也持续增加，1983年为14.9万人左右；1994年又增至18.4万人左右，这其中大多数集中在南京、苏州、无锡、扬州、镇江、淮阴、徐州等7个地级市。④而与此同时，由于特殊的政治环境以及与西方发达国家之间的发展差距，除因探亲旅游、项目投资与合作而回中国内地作短期或长期停留之外，这一时期几无海外华侨华人来苏定居。这使得从"文革"时期以来直至改革开放初期，中国已逐渐出现了人口外流的趋势。然即便如此，因这一时期江苏海外华人移民仍然较少，且归侨侨眷数量亦相对有限，经济社会生活中"侨"的作用并不突出，故而侨乡社会还远未形成。但这种情况在进入20世纪90年代之后便逐渐发生了变化。

表8-1 江苏港澳同胞和旅外华侨华人人数统计（1987年）（单位：人）

地区	港澳同胞	华侨华人	合计
徐州市	2711	4073	6784
无锡市	10800	35460	46260
苏州市	24943	15148	40091
南京市	2050	48500	50550
镇江市	11593	24159	35752
扬州市	17300	13625	30925
南通市	8660	21082	29742
常州市	9577	3720	13297
盐城市	7952	8982	16934

① 江苏省地方志编撰委员会：《江苏省志·侨务志》，南京：江苏人民出版社，2007年，第40页。
② 江苏省地方志编撰委员会：《江苏省志·侨务志》，南京：江苏人民出版社，2007年，第94页
③ 江苏省地方志编撰委员会：《江苏省志·侨务志》，南京：江苏人民出版社，2007年，第41页。
④ 江苏省地方志编撰委员会：《江苏省志·侨务志》，南京：江苏人民出版社，2007年，第94页。

续表

地区	港澳同胞	华侨华人	合计
淮阴市	8166	26834	35000
连云港市	1186	1849	3035
合 计	104938	203432	308370

资料来源：江苏省地方志编撰委员会：《江苏省志·侨务志》，南京：江苏人民出版社，2007年，第40-41页。

第二节 世纪之交江苏新侨乡的萌芽

一、20世纪90年代以来跨国移民潮与海外侨胞来苏投资创业潮

1991年年底至1992年年初邓小平同志南方谈话之于中国特色社会主义建设事业，是一次彻底的思想大解放。随之改革开放步伐逐渐加快，国门进一步打开，这一方面体现在政府逐步放宽了因私出国限制之后，中国社会由此掀起了一场持续至今的跨国移民潮；另一方面体现在海外侨胞投资中国内地的热情不断高涨，从而使得江苏社会对外人口流动越来越频繁，海外华侨华人在经济社会生活中扮演的角色越来越重要。

20世纪90年代以来至21世纪初，江苏移民潮是与出国留学潮、经商务工潮相伴生的。20世纪80年代中后期，为尽快提升中国科学技术水平，推动文化教育事业发展，中国政府开始大量公派留学生出国留学，并推动私人自费留学的发展，从而大大刺激了出国留学潮的高涨。①据统计，1979—1989年全国出国留学生总数尚仅10万人，1990—2000年便增至36万人。②20世纪90年代10年之内，出国留学人口增长了2.6倍，其增幅可谓惊人。而作为中国典型的教育发达地区，在这波出国留学浪潮中，亦不乏江苏学子的身影，其中尤以南京、苏州、无锡、常州等苏南地区留学生为多。与此同时，随着90年代国内市场经济改革走向深入，以南通、无锡、苏州等地为代表的江苏人开风气之先，掀起了出国经商务工潮，大批江苏人远赴世界各地从事商业贸易，如南通市界北村和林西村，从90年代初便有大批村民远赴俄罗斯、罗马尼亚、南非、纳米比亚、美国、英国等地经商务工，使得这两个村子已经成为江苏省闻名遐迩的华侨村。

---

① 尤其是1992年中国政府确立了"扩大开放，支持留学"总方针之后，对私人自费留学生的限制越来越少，诸如要求大学毕业后需在中国服务若干年后方可申请出国留学；在校学生不可申请出国留学；以及出国留学需要向国家缴纳培养费等。

② 宋健：《百年接力留学潮》，转引自章开沅、余子侠：《中国人留学史》（下册），北京：社会科学文献出版社，第636页。

事实上，也就是在出国留学潮和经商务工潮双重推动之下，90年代以来江苏海外华侨华人数量增长迅猛，仅常州一地，至1998年年底，便共有海外和港澳地区华侨华人、港澳同胞4.09万人，分布73个国家和地区；全市归侨、侨眷港澳同胞眷属及其他有"侨"关系4.23万人。① 二者之和超8万人。

在江苏对外移民潮方兴未艾之时，这一时期来苏投资兴业的海外侨胞数量也在不断增加，使得江苏侨资企业数量持续增加。1988年江苏侨资企业尚仅有359家，实际投资2.6亿多美元；进入20世纪90年代后，侨资企业数量呈爆发式增长，1990年年底便增至550多家，实际投资约5亿美元，分别占当时全省"三资"企业总数的70%和利用外资总数的60%。②1991年，江苏新批准由海外华侨华人和港澳同胞投资兴办的企业猛增到1700多家，协议外资金额12亿多美元。③之后，海外华侨华人和港澳台胞对苏投资企业数量和规模继续大幅攀升，至1994年侨资企业已达1.5万家左右，④1997年再增至2万家左右。⑤21世纪初，因江苏产业结构调整，侨资企业数量下降至12000多家，⑥但企业规模更大、技术和管理水平更高，是江苏经济发展当之无愧的领头羊与角逐国际市场重要力量。可见，20世纪90年代以来，江苏已然成为广大侨胞投资创业热土与事业发展的根据地，自然亦成为其生活上的第二家乡。

二、江苏与海外华侨华人经济、科技文化联系的加强

伴随着20世纪90年代以来跨国移民潮与海外侨胞来苏投资创业潮的兴起，江苏与海外华侨华人之间也建立起了越来越广泛而密切的社会联系，主要体现在如下几方面。

其一，民间访问交流不断增多。1987年，江苏省中旅社系统共接待来华旅游观光海外侨胞17万多人次，⑦之后全省中旅社系统每年接待人数都在20万

---

① 《常州侨联志》，南京：凤凰出版社，2019年，第331页。

② 江苏省地方志编撰委员会：《江苏省志·侨务志》，南京：江苏人民出版社，2007年，第346页。

③ 江苏省地方志编撰委员会：《江苏省志·侨务志》，南京：江苏人民出版社，2007年，第347页。

④ 刘东平：《从"百家明星"看侨资企业发展之路》，《侨园》2003年第6期。

⑤ 吴沛林：《江苏侨资企业巡礼》，《华人时刊》2003年第9期。

⑥ 吴沛林：《江苏侨资企业巡礼》，《华人时刊》2003年第9期。

⑦ 江苏省地方志编撰委员会：《江苏省志·侨务志》，南京：江苏人民出版社，2007年，第231页。

人次以上，既增进了广大港澳台同胞和海外侨胞对祖国故乡的了解与感情，也取得了较好的经济效益。与此同时，内地归侨侨眷和港澳台眷属赴境外探亲旅行的人数也大幅增加，至1993年由中旅社系统组办赴境外旅行团已多达130个，赴境外旅行人数达5056人。① 此外江苏每年接待海外侨胞来访也越来越多，越来越密集，如1993年3月，印度尼西亚大马集团董事长吴家熊及夫人等一行14人来江苏南京、扬州、常州、无锡、苏州等地参观访问；1994年10月，江苏常州历史名人唐荆川的后裔唐鑫源、唐森源、唐宏源等知名科学家、企业家一行唐氏族裔24人，分别从美国、巴西、泰国和中国香港、台湾地区及北京、上海等地前往常州祭祖扫墓，② 等等。而随着进入21世纪以来中国经济逐渐腾飞，主要以经济合作与交流为目的海外侨胞团体来访越来越多，如2007年6月挪威福莱德公司董事长马列一行到泰州考察投资；同年，众多侨商相聚南京参加第一届"相聚金陵"联谊活动，共签订外资项目30个。

其二，科技文化交流日益频繁。20世纪90年代以来，江苏对外科技文化交流逐渐呈现百花齐放的局面。在科技交流方面：1992年7月，著名美籍华人物理学家、诺贝尔奖获得者丁肇中博士受聘为南京大学名誉教授并接受东南大学授予的名誉博士称号；1993年5月，著名华侨历史学家、香港大学校长王赓武率香港大学访问团来江苏访问，与东南大学代校长陈笃签订了两校学术合作协议书；1994年6月，著名美籍华人物理学家、诺贝尔奖获得者李政道教授回到故乡苏州省亲；等等。在学术交流方面：1992年，美国密苏里大学土木工程教授郑毅作为美国科技代表团成员应邀出席中、美、日3国地震研究和控制会议进行了学术交流；原籍南通市的日本大阪学院经济学教授邢鉴生应邀来华在南通、苏州、南京、内蒙古等地讲学交流；1993年和1994年，原籍徐州市的亚洲蔬菜研究和发展中心泰国站主任杨又迪两次应邀回乡，在徐州市农业科学研究所和郊区进行了学术交流；等等。在文化艺术交流方面：1992年6月美国北卡罗莱纳州阿尔伯马学院教授、钢琴演奏家唐可女士来南京访问，在南京师范大学

---

① 江苏省地方志编撰委员会：《江苏省志·侨务志》，南京：江苏人民出版社，2007年，第232-234页。

② 江苏省地方志编撰委员会：《江苏省志·侨务志》，南京：江苏人民出版社，2007年，第257-262页。

表演钢琴演奏和讲学;1993年6月,新加坡影艺协会会长林光霖率新加坡摄影代表团一行8人来江苏苏州市进行摄影采风,回国后举办了一次"苏州风貌影展";等等。此外,海外侨胞与江苏之间的文化交流还广泛涉及华文教育、新闻传媒、文化出版等各大行业领域。21世纪以来,海外华侨华人与江苏的科技文化交流规模越来越大,如2005年8月来自美国、澳大利亚、新加坡、法国、英国、日本等国家和中国港澳台地区的华人专家、学者代表180人参加了由河海大学主办的第二届全球华人岩土工程学术论坛;2006年11月来自世界各地华人专家学者350余人齐聚金陵,参加由中国药科大学承办的第五届世界华人药物化学研讨会,共议药物化学研究国际前沿话题;2003年1月26日"首届海内外华人书画大展"暨"杰出华人书画家作品展"在南京博物院隆重开幕,来自世界数十个国家和地区的华人共300余幅作品参展;① 等等。

其三,华侨慈善捐赠增幅明显。华侨捐赠,是表达海外侨胞对乡梓之情与情感认同的重要方式。20世纪90年代,特别是进入21世纪以来,侨胞对江苏的捐赠越来越踊跃,捐赠数额迅速增长,从1989年约1660万元迅速增至1992年的7403.4万元,1994年又增至9733.7万元,② 且捐赠领域广泛,主要涉及教育、医疗卫生、赈灾、敬老助残、交通基础设施、经济生产等方面。例如,1990年,巴西籍华人詹沛霖捐赠60万元为苏州市社会福利院建造老人住宅楼;1991年华东地区发生特大洪涝灾害,海外侨胞通过中国国际减灾十年委员会接收转交江苏的首批赠款即达3500万港元,第二批捐款达1160万港元,遑论其他各类机构或个人捐款;1992年,美籍华人顾大宁向盐城市教育局捐赠350万元,用于兴办两所中学、一所小学;1993年,旅日华侨许朝坤、陈在馀捐赠10万元在家乡仪征市朴席镇铺筑一条"坤余路";同年,澳大利亚华侨范伯年向涟水县南集乡范荡村捐赠了15万元用于新建自来水厂;1994年,日籍华人邱信男向南京医科大学捐赠了一批价值约240万元的医疗设备;新加坡金鹰国际集团主席、著名华商陈

---

① 王继林:《首届海内外华人书画大展暨杰出华人书画家作品展隆重开幕》,《华人时刊》2003年第3期。

② 江苏省地方志编撰委员会:《江苏省志·侨务志》,南京:江苏人民出版社,2007年,第328页。

图 8-1　2007 年，无锡博物馆建成以来，馆藏不断丰富，其中无锡望族海外后人以及无锡籍华人画家的慨然捐赠起到了至关重要的作用。目前已获得海外侨胞无偿捐赠的书画艺术品 600 多件，价值数以亿计，充分发挥了华侨文化交流基地的作用

江和积极支持江苏教育和慈善事业发展，1996 年，捐资人民币 200 万元援助淮阴 25 所农村小学翻建，2001 年捐赠 1000 万元资助苏州大学生命科学发展，2005 年又向江苏慈善总会创始基金捐献 500 万元；等等。据统计，2003 年江苏接受海外侨胞、港澳同胞捐赠首次突破亿元，达 1.1988 亿元。①事实上，自 2000 年《江苏省华侨捐赠条例》实施以后直至 2005 年年底，江苏省各地共接受侨胞捐赠折合人民币 6.49 亿元，此外还有很多无法用货币统计的书画、器皿等文物。②

综上言之，20 世纪 90 年代以来至 21 世纪初，江苏跨国迁移人口的日益增多，和海外侨胞与江苏经济社会发展

---

① 许开洪：《江苏去年接受海外及港澳同胞捐赠首次突破亿元》，《华人时刊》2005 年第 12 期。
② 《情系故土造福桑梓 江苏省接受华侨捐赠逾十五亿》，中国侨务网，2005 年 12 月 21 日。

互动交流的日益频繁，为新时代江苏侨乡社会的兴起奠定了基础，并已初具雏形。

第三节　江苏新侨乡社会的形成

当代江苏新侨乡社会的形成，与10余年来中国经济社会的高度繁荣与高质量发展关系密切，更是全省各级涉侨部门主动作为、直接参与建设的结果。

一、江苏新侨乡社会形成的经济社会背景

2008年以来，由美国次贷危机引发的全球金融危机，令西方发达国家普遍陷入资金不足、增长乏力、失业严重的困境。与此同时，中国经济却一骑绝尘，其GDP总量于2010年一举超越日本，成为仅次于美国的世界第二大经济体；人均GDP亦从2008年的3468美元增长到了2018年的9771美元，① 10年间绝对增量高达6302美元，净增了近2倍。而江苏作为经济发达地区，2019年其人均地区生产总值更是高达1.8万美元左右，②已步入"中上等"发达国家水平。③ 经济社会的持续繁荣与飞速发展，进一步加速了中国国际人口迁移流动，尤其是江苏等沿海发达地区的国际人口流动，主要表现在以下两方面。

其一，江苏民众对外移民热情愈加高涨，海外侨胞数量大幅增长。瑞士学者安托万·佩库等在谈到国际人口迁移问题时曾说："发展并没有替代，反而加强了移民：它引起了原籍国的经济重构和城乡人口流动，激发了一种移民精神。"④ 10余年来，以江苏等沿海发达地区为代表的中国普通民众对外移民状况便深刻说明了这一点。根据2019年联合国人口司数据，当前约有1070万中国人定居他国成为海外华侨华人。⑤ 其中有100多万人原籍江苏，约占原籍中国海外华侨华

---

① 世界银行各国人均GDP（现价美元）统计数据［DB］，见http：//data.worldbank.org.cn/indicator/NY.GDP.PCAP.CD。

② "综合实力"，江苏省人民政府网，3月24日。

③ "江苏概况"，江苏省人民政府网，3月24日。

④ ［瑞士］安托万·佩库、［荷兰］保罗·古赫特奈尔主编：《无国界移民：论人口的自由流动》，武云译，南京：译林出版社，2011年，第10页。

⑤ "Department of Economic and Social Affairs Population Division", *International Migration* 2019 *Highlights*, ST/ESA/SER.A/439, United Nations, New York, 2019, p.8. 联合国移民人口统计口径相对宽泛，离开本国居于海外1年以上者通通计入移民人口。这种移民人口统计，并不计入在移居国出生，且已逐渐融入主流社会的移民二代或三代。这里的海外华侨华人，主要是指改革开放以来定居海外的第一代中国移民，并非血统意义上的华侨华人。

人数量的 1/10。① 与此同时，侨眷数量也有了大幅攀升，目前大约有 100 万人，使得江苏海外侨胞与归侨侨眷总量达到 200 万人左右。②

其二，来苏创新创业侨胞数量达到了历史最高水平。在全球经济持续低迷背景下，作为世界第二大经济体，中国经济社会持续繁荣与发展令其几乎成为海外华侨华人投资的不二之选。据不完全统计，2017 年海外侨胞在江苏省投资企业已达 5 万多家，投资总额占中国利用外资总额的 60% 以上。③ 侨资企业数量大幅增长，意味着来苏投资创业海外侨胞数量，尤其是高端人才数量亦必然十分可观。以苏南部分地市为例，近年来苏州全市引进"国家重大人才工程入选者"专家 157 人，99% 是华侨华人；省"双创"人才 403 人，85% 是华侨华人；来苏领军人才 606 人，85% 是华侨华人；来苏创业华侨华人 15700 多人，创办侨港资企业近 1 万家，华侨华人来苏创新、创业均为全国地级市首位。④ 无锡归国留学人员也高达 1.3 万人，创办侨港资企业高达 7000 多家。常州市 2016 年年底亦创办侨港资企业 3100 多家，主要涉及轻纺、机械装备、生物医药、医疗器械、节能环保、化工新材料等制造业和房地产、流通贸易等领域。⑤

由此可见，10 余年来江苏经济与社会的持续繁荣与发展，对于进一步推动江苏国际人口迁移流动意义重大，这为江苏新侨乡社会的形成奠定了坚实的华人移民人口基础。

二、江苏新侨乡社会形成的制度、机制作用与影响

10 年来江苏海外华侨华人的持续增长，以及来苏创新创业侨胞人口不断增加，不仅极大地丰富了江苏侨务资源，更为江苏进一步从制度、机制建设层面加强其与海外侨胞的联系与互动，挖掘海外华侨华人潜力，推动江苏经济社会高质量发展带来了更大的空间与可能，从而在客观上全面推动了江苏新侨乡的形成。这主要表现在两方面。

其一，全面建立为侨公共服务体系，努力扮演好海外侨胞的"娘家人"角色，为其在苏定居、工作、生活及创新创业

---

① 江苏籍海外华侨华人，绝大多数为改革开放以来迁徙定居海外的华人新移民。
② 民宗委：《江苏人大侨务立法工作情况介绍》，江苏省人民代表大会常务委员会，2017 年 3 月。
③ 民宗委：《江苏人大侨务立法工作情况介绍》，江苏省人民代表大会常务委员会，2017 年 3 月。
④ 《1.5 万余华侨华人苏州创业为江苏地级市首位》，腾讯网，2015 年 05 月 18 日。
⑤ 《常州现有海外侨胞 5 万多人》，《常州晚报》，2017 年 09 月 16 日。

提供了充分的后勤保障。为进一步解放和发展生产力,推动现代化经济体系的建立,确保"率先全面建成小康社会,开启基本实现现代化建设新征程,谱写好中华民族伟大复兴中国梦的江苏篇章"①,在国家关于建设国内为侨公共服务体系的总体战略要求下,近年来江苏努力提升为侨服务能力和水平,满足归侨侨眷和华侨华人对国内公共服务需求,密切党和政府与他们的联系,以更好地发挥侨智侨力,服务改革开放和经济社会建设,已初步建立了广覆盖、多层次、系统化、长效能的为侨公共服务体系,为归侨侨胞在苏工作与生活提供了高质量的公共服务,有力地保障了侨胞在苏创新创业。

其二,建立了各类人才互动交流平台与合作机制,常态化、制度化地加强了海外侨胞与江苏之间的经济社会联系。与以往侨务工作大多属于应时而动、相对被动地服务海外侨胞不同,近年来江苏侨务部门主动出击,着眼于长远发展,建立了一系列互动交流平台与合作机制,使得以往那种相对零散、被动应对式的对外合作交流,逐渐变成政府主动引导下的有组织的、有规划的合作交流,从而将海外侨胞与江苏之间的经济社会联系制度化、平台化、常态化,如2008年发起实施的侨务引智品牌活动"海外华侨华人高层次人才江苏行",②对促进海外人才、技术和资源与江苏乃至长三角地区的全面交流与合作发挥了重大作用和影响,至今已累计吸引全球20多个国家的各类海外高层次人才1200余人,达成项目或技术合作意向400多个,③对增强与沿线国家的教育文化交流,促进江苏与海外侨胞之间的民心相通,服务"一带一路"建设,有重要价值和意义。此外,江苏省还长期以夏令营、专题培训班、研修班、文化活动竞赛等多种形式吸引海外华侨华人及其后裔来江苏体验生活、领略江苏文化。尤其是,江苏省还不遗余力地加强侨务大数据建设,创建了江苏侨情数据库,录入侨情信息10万余条,以实时动态地准确掌握"一带一路"沿线国家乃至全球华侨华人的资本、科技、人才、商业网络等综合资源储备情况,从而为加强与海外侨胞的联系和交流,推动双方的互动合作,提供了强有力的

---

① 江苏省人民政府:《江苏省国民经济和社会发展第十三个五年规划纲要》,2017年3月,第16页。
② 每年举行一届,为海外有硕士以上学位、有自主知识产权、有回国创业意向的高层次人才到江苏创业发展提供了良好平台。
③ 《"海外华侨华人高层次人才江苏行"启程》,中国新闻网,2014年6月28日。

信息保障。

综上言之，江苏海外华侨华人与侨眷数量的持续增长，以及来苏创新创业侨胞人口不断增加，推动了江苏为侨公共服务体系以及海外侨胞与江苏之间合作交流平台与机制的建立与完善，从而制度性地强化了海外侨胞与江苏的经济社会联系，加强了二者之间的情感认同与亲缘沟通，使得江苏不仅是江苏籍海外华侨华人的故乡，更增强了来苏定居创业侨胞对江苏作为其"新家乡"的归属感与认同感。从这个意义上说，当前江苏新侨乡已经形成。事实上，近年来在一些出国留学、务工、移民或侨胞投资创业人口相对比较多的地区，越来越多地自我定位为"新侨之乡"，并将建设"新侨之乡"视为促进地方经济、社会建设的重要抓手，如苏州市、昆山市、常熟市、无锡市、南通市、海门市，等等。尤其南通市更是从 2012 年便开始着手打造"新侨乡服务工程"，探索出了一条有自身特色的新侨乡建设之路。

第四节 江苏新侨乡的类型、特点、意义和影响

长期以来，人们对"侨乡"概念的认知一直沿袭传统侨乡概念，即"侨乡"乃移居海外华侨华人之故乡，而未能把握当代许多经济发达地区因海外侨胞大量回流定居而成为其"第二家乡"这一客观现实，导致其对新时代侨乡的底蕴与本质的理解和把握既不符合当代侨乡发展现状，更无法契合当代中国特色社会主义建设对吸引海外高端人才回国创新创业，推动产业转型升级和构建现代经济体系的迫切现实需求。从这个角度上来说，考察江苏新侨乡的主要类型和基本特点，研究和分析其对当代江苏经济与社会发展的重要意义和影响，十分必要。

一、江苏新侨乡的类型与特点

与传统侨乡不同，当代新型侨乡社会的兴起与海外华侨华人回流投资定居、创新创业密切相关，这便使得其侨乡类型与特点的形成也与此密切相关。

（一）江苏新侨乡的主要类型

作为拥有多年丰富海外生活阅历和工作经验的海外人才，华侨华人来苏的主要目的在于创新创业，寻求个人或家族事业发展机会。故而，作为海外华侨华人来苏后定居、工作的"第二家乡"，根据其回流定居生活、创新创业的地区分布，江苏新侨乡大致可分为三种类型。

1. 都市新侨乡

海外华人华侨来苏后，相当一部分人定居生活于都市区，主要从事高等教育、科学技术研究与市场开发应用，以及自行创业，较少从事一般性的公司企业事务性工作、业务营销工作或普通文职工作。这类人才普遍拥有较高的学历知识背景，具有较高的科学研究与技术开发应用水平，且独自创业者往往拥有较为丰富的海外工作履历、企业管理经验和广阔的国际视野。随着江苏科教文卫事业的蓬勃发展，这些海外华侨华人来苏定居于各大都市区，不仅进一步提升了这些城市的国际化水平，推动江苏城市发展更好地与国际接轨，也切实地提升了这些城市的文化品位和创新气质，实实在在地与城市发展同频共振，使之成为地方科学技术研究基地和创新动力之源。这一类新侨乡中比较有代表性的是南京、苏州、无锡等地的都市新侨乡。在这些城市中，其都市区的普遍特点是，高等教育资源相对丰富，现代服务业发达，各类企事业单位研发机构较为集中，更是省内海外人才，尤其是各类高层次人才聚集之地。

2. 园区新侨乡

为了更好地吸引海外人才，国家十分重视为其在华发展提供各类服务与保障，尤其是搭建了各类创新创业服务平台，全方位保障其在华事业发展。作为我国沿海经济发达省份的代表，江苏省各地致力打造科技产业园、高新技术开发区、经济技术开发区和留学生创业园，充分发挥产业聚集优势，吸引海外人才来华创新创业，甚至专门针对海外华侨华人建立各类华商产业园、留学生创业园和离岸孵化器，为其来苏创新创业保驾护航，帮助其在聚集与整合社会资源、减少创新创业风险等方面发挥了重要作用，有效提升了创新创业成功概率，从而使得这些园区逐渐成为海外人才创新创业聚集之地，且因其工作生活、创新创业皆由园区提供统一服务、保障，使得这些园区也往往便是其生活居家社区。不仅如此，为了更好地服务华侨华人创新创业，近年来江苏还全面开展了侨务工作进园区活动，并在省内各地华侨华人较为集中的园区设立"江苏省华侨华人创新创业基地"，为海外人才创造更加宜居宜业的工作生活环境，从而使得这些园区已在完整意义上成为较为成熟的新时代江苏新型侨乡社会的另一种形态。

图 8-2 苏州工业园区

3. 农村新侨乡

20世纪90年代以来，随着出国经商务工潮、留学移民潮的兴起，江苏一些乡村地区也涌现了一批敢想敢干、有胆有识之士勇闯海外打拼，务工经商，并通过个人或家族的努力奋斗，最终获得成功，并获得海外合法居留身份，成为海外华侨华人。而在其获得成功后，又往往先富不忘带后富，积极回馈乡梓，或扶老助残，弘扬孝道；或修路筑桥，便利交通；或投资教育，培养人才；或投资办厂，带动就业，助力当地经济发展。这些回乡投资兴业的海外华侨华人，便成为本地乡村了解世界、沟通世界的桥梁与纽带，打开了人们的视野，激发了人们投身事业的热情，带动了整个地区经济社会的繁荣与发展，从而使得这些乡村地区便成为远近闻名的农村新侨乡，如扬州竹西街道，镇江高资镇，南通海门林西村、界北村等。尤其是海门林西村的村民更是农村新侨乡的典型。

（二）江苏新侨乡的基本特点

与广东、福建等传统侨乡不同，经过改革开放以来多年的发展与变迁，自当代兴起的江苏侨乡社会已打上了深刻的时代烙印，有着鲜明的时代特色，同时亦兼具江苏自身特点。

1. 丰富了传统"侨乡"概念与内涵，更具兼容并包的胸怀

江苏新侨乡的兴起丰富与发展了传

统"侨乡"概念与内涵，更具海纳百川、兼容并包的气魄与胸怀。作为沿海发达地区和中国经济第一方阵重要成员，"十三五"以来，为大力推进"强富美高"新江苏建设、促进产业发展提档升级、加快现代经济体系的建立，江苏不遗余力地推动为侨公共服务体系建设和海外侨胞与江苏之间合作交流平台与机制建设，创造优良的投资环境，通过各种途径加强与海外侨胞之间的事业与感情联系，积极吸引海外各类高层次人才来苏投资创业，助力江苏发展。这不仅吸引了大量江苏籍海外华侨华人选择归国回乡发展，亦使得越来越多的来自世界各国和地区的非江苏籍的海外侨胞将江苏视为定居投资、创新创业首选之地。这便使得在江苏形成的新时代侨乡，已经不再仅仅属于传统意义上因某地大量对外移民而形成的"侨胞故乡"概念上的侨乡，而叠加了时代所赋予的新内涵，即侨胞回国安居乐业之"新家乡"。换言之，江苏新侨乡，既是江苏籍海外华侨华人之故乡，更是不同省籍、不同国别和地区的海外侨胞人才创新创业的"第二家乡"，展现了新时代江苏社会发展对人才的渴慕、追求，对海外侨胞的热情接纳与包容，从而成为海外侨胞与江苏人民携手同进、共谋发展的友谊方舟与平台，蕴含着谋求中华民族复兴的宏伟远景期待。

2. 整体呈现新时代新型侨乡社会风貌，苏南、苏中各具特点

作为传统侨乡，由于特殊的历史沿革，广东和福建两省海外华侨华人来源地分布呈高度集中状态：广东籍海外侨胞主要来自潮汕地区和珠三角地区，福建籍侨胞主要来自闽南地区。与传统侨乡不同，改革开放以来江苏深度参与国际市场竞争，经济发展水平整体较高，使其省内各地人口跨国迁移流动皆比较活跃，各设市区皆有不少外流人口，从而使得江苏省内海外侨胞地区来源分布整体上看比较分散，且除了苏北地区的连云港、盐城和宿迁海外侨胞人口相对较少之外，余者绝大多数地市皆有相当数量的海外侨胞。与此同时，由于改革开放以来，海外人才回流江苏后大多选择定居在以南京、苏州、无锡、常州、南通、扬州等为代表的苏南、苏中地区的部分设区市，一方面使得江苏省整体上都呈现出新型侨乡社会特色，另一方面苏南、苏中地区的新侨乡社会特征则更为鲜明，且各具特点：苏南地区经济发达，产业结构优化升级早，产业体系完善，产业层次高，各类先进制造业和战略性新型产业发达，吸纳了大部分来

苏创新创业的海外科技人才，尤其是高层次科技人才，使得苏南地区侨乡社会更多地呈现出了"科技侨乡"或"智力侨乡"特色；而大部分苏中地区，尤其是南通地区，更加凸显出海外华侨华人投资对于地方经济社会发展的作用与影响，从而更多地呈现出"投资型侨乡"或"经贸型侨乡"的特色。

3. 科技人才创新创业特点尤为突出

与新中国成立之前广东、福建等地对外移民主要为被迫性移民不同，江苏省海外移民人口的增长主要是其自我主动选择的结果。20世纪七八十年代以来，美国、加拿大、澳大利亚等西方发达国家纷纷摒弃种族主义歧视政策，实施基于种族平等的多元文化政策，且尤其欢迎专业技术移民和商业投资移民。西方发达国家移民政策的转型为中国人移民提供了前所未有的历史契机，也就是在这一历史背景下，经济文化相对发达的江苏省地区以留学生身份或出国经商务工方式移民者的数量不断攀升。当时的出国人群，大多拥有大学以上学历，且职业性质主要是教师、医生、国有企业技术骨干或管理人员，乃至政府公职人员。这些人原本在国内大多属于单位技术骨干或企业中坚力量，只是为了寻求更好的个人事业发展或为家庭谋求更好的生活前景，而往往以留学、学术访问、经商投资方式谋求移民身份。这便使得江苏省海外华侨华人整体文化素养、知识视野、专业技术水平、英语语言能力都比较高，远非广东、福建等传统侨乡移民可比。尤其是20世纪90年代末以来，大量海外专业技术人才和管理人才回流江苏定居，且大多从事生物医药、智能机器人、大数据、高端装备制造、光伏、新材料、微电子与半导体等诸多高新技术行业和先进制造业的创新创业，使得江苏侨乡社会凸显出十分鲜明的海外人才科技创新、高端科技人才创业的特点。

4. 海外侨胞的经济社会互动关系和认同感较强

江苏籍海外侨胞绝大多数为改革开放之后移民海外者，且21世纪以来移民海外者尤多，这使得当前江苏籍海外侨胞主流人群为第一代或第二代移民，江苏籍海外华侨华人群体的主导话语权便掌握在他们手中。作为第一代移民或第二代移民后裔，大多数江苏籍侨胞对其原籍地仍然有着比较强烈的乡情与亲缘认同，且与原籍地之间亦大多保持着良好的社会亲缘关系和经济联系。事实上，改革开放以后，尤其是21世纪以来移民海外的中国人，大多没有放弃中国国籍。

以美国和澳大利亚华人为例，近些年来华人入籍比例仅 20% 左右。而作为当代中国对外移民人口的代表性群体，江苏籍海外侨胞入籍情况也不例外，这使得他们的祖国国家认同与民族文化认同更为清晰，与祖（籍）国和原籍地保持着密切的经济社会互动关系。

二、江苏新侨乡社会兴起的意义和影响

为了更好地推进产业转型升级和现代经济体系建设，"更加有力有效推动长三角一体化发展，为全国发展大局作出更大贡献"，① 长期以来，江苏省委、省政府关心重视全省侨务工作，大力支持各级涉侨部门转变工作思路，创新工作模式，充分调动各方面的社会资源，开拓多方面渠道，努力做好为侨服务工作和侨益保护工作，吸引海外人才来苏创新创业，有力地推动了江苏新侨乡社会的兴起与发展，增强了海外华侨华人对江苏作为其"新家乡"的归属感与认同感，从而不仅为侨务工作打造了一个前所未有的广阔平台，提供了十分便利的工作抓手，且更有利于凝聚侨心、汇聚侨智、发挥侨力，共同塑造一个温暖、和谐、友爱的华侨华人创新创业大家庭，形成群策群力、友好竞争、合作发展、互利共赢的创新创业社会环境，构建同心创业、合作创新的创新创业社会局面，从而更好地带动和促进了江苏经济与社会发展。具体而言，主要体现在如下几方面。

1. 有力推动了江苏经济转型与产业升级

21 世纪以来，为应对越来越激烈的国际市场竞争，推动经济社会可持续发展，江苏省便已屡次明确提出要优化经济结构，推动产业结构转型升级。② 而为了快速、高效地优化经济结构，推动产业结构转型升级，"十二五"期间，江苏省提出了创新驱动发展战略，努力推动更多的"江苏制造"向"江苏创造"提升。③ 实施创新驱动战略，必须充分发挥知识和人才的作用，以科技创新为先导，

---

① 《江苏省政府常务会议：扎实推进长三角一体化发展和"十四五"规划》，新华报业网，2020 年 8 月 25 日。

② 江苏省人民政府：《江苏省国民经济和社会发展第十个五年计划纲要》（2001 年 3 月）；《江苏省国民经济和社会发展第十一个五年规划纲要》（2006 年 1 月）；《江苏省国民经济和社会发展第十二个五年规划纲要》（2011 年 3 月）；江苏省人民政府：《江苏省国民经济和社会发展第十三个五年规划纲要》（2016 年 3 月）。

③ 江苏省人民政府：《江苏省国民经济和社会发展第十二个五年规划纲要》，2011 年 3 月。

着力发展创新型经济。① 大力培养、引进人才便成为实施创新驱动战略、推动产业转型升级的关键举措。随着近些年来江苏新侨乡的兴起和新侨乡建设的不断完善，各级政府对海外人才来苏创新创业扶持力度持续加强，权益保护措施日益完善，海外华人新移民回流创新创业者日益增多，这为江苏产业结构转型升级提供了强大的人才内驱力。

在强大的人才保障能力下，经过"十三五"期间的努力奋斗，2020 年江苏全社会研发投入占比已达 2.82%，高新技术企业总数超过 3.2 万家，万人发明专利拥有量达 36.1 件，科技进步贡献率达 65%；13 个先进制造业集群和 50 条产业链培育发展取得明显成效，有 9 个集群入围国家先进制造业集群决赛，占全国 1/5；现代服务业加快发展，服务业增加值占比达 52.5%；人工智能、大数据、物联网、区块链、车联网等技术创新与产业应用不断加强；战略性新兴产业、高新技术产业产值占规上工业比重分别达到 37.8% 和 46.5%，数字经济规模超过 4 万亿元。"大众创业、万众创新"深入推进，新产业、新业态、新模式发展势头强劲。② 而在经济转型、产业升级过程中，苏南地区的苏州、无锡等地表现尤为亮眼。作为拥有 1114 名省"双创"人才、1780 名"姑苏领军人才计划"人才和 2 万多名海外人才的历史文化名城和经济大市、强市，"十三五"结束后，苏州产业结构全面实现了由"二三一"向"三二一"转变，服务业增加值占地区生产总值比重达到 52.5%；规模以上工业总产值稳居全国城市前三，且高新技术产业、战略性新兴产业产值占规模上工业总产值比例分别达到 50.9% 和 55.7%（2014 年二者占比仅分别为 25.4% 和 47.5%③），④ 其中高端装备制造业、新材料行业占规模以上工业总产值已高达 12.7% 和 14.8%。⑤ 同一时期，无锡经济产业结构转型升级也取得了重大突破性成就。作为"中国最佳引才城市"，仅"十三五"期间，无锡市累计培育"太湖人才计划"创新创业项目 349 个，省级以

---

① 江苏省人民政府：《江苏省国民经济和社会发展第十二个五年规划纲要》，2011 年 3 月。

② 吴政隆：《江苏省政府 2021 年政府工作报告——2021 年 1 月 26 日在江苏省第十三届人民代表大会第四次会议上》，江苏省人民政府网站，2021 年 2 月 2 日。

③ 苏州市统计局、国家统计局苏州调查队：《苏州年鉴 2020》，"统计图：产业结构"模块。

④ 李亚平：《政府工作报告——2021 年 1 月 19 日在苏州市十六届人大五次会议上》，苏州市人民政府网站，2021 年 2 月 2 日。

⑤ 苏州市统计局、国家统计局苏州调查队：《苏州市情市力 2021》，第 61 页。

上领军人才、团队增至760个,净增规模以上工业企业2053家,规模以上工业增加值年均增长7.5%;且规模以上企业90%以上实施了技术改造;现代服务业增加值占比升至54.6%;科技进步贡献率由63%升至66%,保持全省第一;高新技术产业产值占比升至48.4%。① 总之,多年来,在大量海外人才的助力之下,以苏州、无锡为代表的江苏经济转型和产业升级成就斐然。江苏新侨乡兴起与发展背景下所吸引的海外人才之于江苏经济社会发展的贡献十分突出。

2. 海外人才引领创新创业潮流,推进高新技术与新兴产业集群式发展

多年来,江苏省一直坚持把加强人才队伍建设作为强省之基、竞争之本、转型之要,以高素质人才引领产业升级和经济转型。而打造世界级先进制造业集群,离不开人才,尤其是高层次人才,而江苏新侨乡的兴起与发展愿景又吸引了更多的海外高科技人才来江苏创新创业。早在2009年年底,省市县三级便已资助引进创新创业领军人才2000多名,组建创新团队550多个,有62人入选"国家重大人才工程入选者"计划。这些人才80%来自海外、70%拥有自主知识产权成果,大多分布在江苏重点发展的新能源、新材料、新医药、环保等战略性新兴产业,已申报专利1200多项,开发新产品960多个,② 相关新兴产业销售收入增长26%,占全部工业销售收入的21%,成为江苏经济增长的突出亮点。江苏同步绘制"产业地图"和"高层次人才地图",人才发展与产业发展同向发力、同频共振的良好局面正在形成。③ 可见,由于政府产业发展导向需要及其对海外人才创新创业的强力支持,在江苏全民创新创业热潮中,海外人才创新创业始终是一道独特的风景线,发挥着引领时代创新与发展潮流的标杆作用。伴随着海外人才来苏创新创业越来越多,在政府产业发展规划统一引导下,逐渐形成了一批高科技新兴产业、先进制造业集群,使得"江苏制造"切实地转变成为"江苏智造",如南京江北新区集成电路产业集群、苏州生物医药产业集群、扬州微电子产业集群、徐州智能制造产业集群、南通国际家纺产业集群和千亿元级豪华邮轮制造产业集群、连云港高

---

① 杜小刚:《2021年政府工作报告——2021年1月19日在无锡市第十六届人民代表大会第五次会议上》,无锡市人民政府网,2021年1月25日。

② 《江苏引进2000余领军人才促转型 80%来自海外》,腾讯新闻网,2010年7月2日。

③ 《"人才引擎"催生发展"加速度"——江苏"产才融合"促高质量发展》,新华报业网,2019年12月12日。

端装备制造产业集群、宿迁的电子商务产业集群,等等。

3. 积极推动了江苏企业和投资"走出去"

2002年党的十六大报告中,江泽民同志提出,中国将坚持"引进来"和"走出去"相结合,积极参与国际经济技术合作和竞争,不断提高对外开放水平。① 这预示我国"走出去""引进来"的双向开放向纵深发展。② 经过多年推动,中国企业"走出去"已取得了显著成绩,然由于"走出去"信息不对称,支撑服务体系亟待完善;境外融资难问题突出,企业"走出去"成本居高不下;国际化人才短缺等一系列问题,导致与发达国家和地区相比,我国企业国际化水平仍有较大差距。③ 在这种情况下,充分发挥新侨乡平台优势,充分利用海外华侨华人资源,特别是回流华侨华人的海外资源与侨资企业的海外资源关系,推动江苏企业"走出去"便成为不二之选。在江苏新侨乡兴起背景下,回流江苏的海外华侨华人数量高达数10万人,科技新侨亦有10多万人,④ 在推动江苏企业"走出去"过程中,实实在在地发挥了重要作用。

其一,侨资企业积极开展对外项目投资,发挥了国内企业"走出去"的示范引领作用。江苏成为外商投资热门地区,所吸纳的外商投资中60%以上为华侨华人投资,侨资企业总数高达5万多家。⑤ 21世纪以来,大批侨资企业利用自身与海外的天然联系和了解国际市场规则的特殊优势,积极响应国家企业"走出去"号召,到海外寻求合适的投资与发展机会,2009年外资企业对外投资项目数占江苏省海外投资项目总数比例高达28%,这其中大部分为侨资企业对外投资,且取得了重大成绩。在侨资企业的积极示范、引领下,江苏企业"走出去"步伐逐步加快,尤其是民营企业对外投资增长可观,其对外投资项目数从2005年的104项⑥迅速增至2016年的

① 江泽民:《全面建设小康社会,开创中国特色社会主义事业新局面——在中国共产党第十六次全国代表大会上的报告》,2002年11月8日。
② 吴新华:《江苏侨务工作服务"走出去"战略的现状和对策》,《侨务工作研究》,2012年第3期。
③ 《第0141号:关于发挥海外华侨华人作用,推动中国企业"走出去"的提案》,团结网,2015年1月13日。
④ 《江苏省内共有5万多家侨资企业,科技新侨近10万人》,中国侨网,2020年10月16日。
⑤ 《江苏省内共有5万多家侨资企业,科技新侨近10万人》,中国侨网,2020年10月16日。
⑥ 江苏省统计局、国家统计局江苏调查总队:《江苏统计年鉴2010》,北京:中国统计出版社,2011年,"12-23境外投资情况"模块。

814项,① 10余年间增长了6.8倍,并逐渐成为中国对外投资主力军。

其二,侨商企业家积极参与各类企业家协会、论坛或社团组织,与国内企业互通有无,共享海外商机,共谋长远发展。这方面最为典型的案例是江苏南通侨商抱团开拓海外市场的一系列举措。自20世纪90年代以来至今,南通侨商创办的企业已有数千家,从业人数约为10万人,主要集中在非洲和中南美洲地区。② 为了整合侨商资源、凝聚侨商力量,2009年南通世界通商总会成立,并在全球43个国家和地区成立分会。这些海外侨商不仅在海外创业投资中抱团取暖、互通有无,也积极回国投资、回馈桑梓,积极为南通企业"走出去"提供各种支持,从而使得南通侨商在世界上形成了一支凝聚力强、极富创业精神,且侨商数量高达2万余人的超级"通商航母"编队,令"通商"成为一支富有传奇色彩的侨商群体。

4. 大大提升了江苏科学技术研究水平

多年来,随着江苏新侨乡的兴起,为侨服务和华侨权益保护工作扎实推进,大量海外人才回流江苏创新创业,对江苏科学技术发展的推动作用十分明显。这方面的例证不胜枚举。1996年泰州华侨沈振亚由美归国,从无到有创建了苏州大学心血管学科,且其于2003年在苏大附一医院成立的心脏大血管外科仅用8年时间便成为国家临床重点专科;1997年著名脊柱外科专家邱勇教授回国任职于南京鼓楼医院,创建了国内规模和影响力最大的脊柱畸形矫治中心,并对脊柱畸形的三维矫形术作了符合中国病人的技术改造,研究创设了"多棒分段三维技术治疗严重复杂脊柱侧弯"的矫形理论,并曾两次荣获国家科技进步二等奖;作为首批江苏特聘教授和国际知名生物学专家,2010年王晗教授由美归国后,受聘任苏州大学生物钟研究中心主任,主持建立了江苏省最大的具备大规模生产和繁育斑马鱼能力的斑马鱼研究平台;作为中国工业机器人制造方面的领军人才,2011年王杰高博士回国发展后与他人合作在江苏南京创办了埃斯顿机器人工程有限公司,在他的带领下,其公司研发团队填补了国内机器人产业在伺服电机和运动控制器等多个核心部件上的

---

① 江苏省统计局、国家统计局江苏调查总队:《江苏统计年鉴2020》,北京:中国统计出版社,2021年,"8-26境外投资情况"模块。

② 江苏省侨办:《关于侨务工作服务"走出去"战略的调研报告》,《侨务工作研究》2013年第2期。

技术空白，① 使得埃斯顿成为中国为数不多的具有自主技术的控制器、伺服系统、减速装置等机器人核心部件的国产品牌机器人企业，进而迅速发展成为国产工业机器人龙头企业②；作为新时代科研新秀，2014年东南大学"80后"学者游雨蒙结束哥伦比亚大学博士后研究后加盟东南大学化学化工学院，先后于2017年和2018年两次在国际顶尖期刊《科学》上发表高端论文，并创新性地发现了一类具有优异压电性能的分子铁电材料，使具有实用性的柔性薄膜压电元件生产制造指日可待，且该研究成果不但解决了130年来制约分子材料发展的世纪难题，更是标志着我国在分子材料领域又一次走在了世界前列。③ 由此可见，新侨乡兴起背景下的海外高端人才回流，对江苏科技发展贡献卓著，在学科建设、产业发展与基础研究水平提升等各方面都发挥了至关重要的奠基作用或领军作用。而近年来随着细胞信号转导研究领域国际知名学者林安宁教授，国际生命科学领域顶尖级学者帅克教授和英国皇家工程院外籍院士、无线交通标志创建者苏才江教授分别从芝加哥大学、加州大学洛杉矶分校和英国伦敦大学回国就任南京大学、南京信息工程大学等江苏知名高校科研单位负责人，这意味着江苏对海外高端人才的吸引力在持续加大，亦必将对江苏科学技术研究的发展产生更大的作用和影响。

综言之，江苏新侨乡的兴起，既是创新创业人才回流的结果，亦是进一步吸引海外人才回流、促进江苏经济社会更好更快发展的驱动因素。作为沿海经济发达地区的代表和改革开放的桥头堡，江苏在吸引海外人才回流创新创业方面原本便拥有一定的优势，而伴随着江苏为侨服务工作体系和新侨乡建设工作的不断推进，海外人才来苏创新创业将蔚然成风，尤其高端人才的回流定居，这对江苏经济与科技发展影响深远，意义重大。

考察和梳理新时代江苏侨乡社会兴起的过程，可以发现，江苏新侨乡本质上是改革开放时代大背景下中国积极与世界接轨、参与经济全球化时代国际市场竞争的客观产物。正是这种全球化竞争引发了中国与世界之间的正常人才与

---

① 《带着核心技术回国创业，海归科学家王杰高——让"南京造机器人"在世界崛起》，新浪网，2013年3月30日。

② 《埃斯顿：国产机器人"优等生"驶入发展快车道》，证券时报网，2018年8年22日。

③ 《江苏80后男神教授：留美归国，破解130多年世纪难题，成果连续两年登上〈科学〉》，青塔网，2019年7月6日。

资源流动，并为普通民众提供了基于个人或家庭发展需要而作出移民理性选择的机会，最终催生了新时代江苏侨乡社会的兴起。故而与广东、福建等传统侨乡相比，江苏新侨乡不仅萌生与兴起的历史根源不同，其移民人口素质亦相对更高、移民省内地区来源分布相对更均衡、侨胞家乡身份认同更清晰，这便令其更倾向于关注家乡发展、更易于抓住国内发展机遇、更愿意选择回国发展，从而使得当代江苏不仅仅是江苏籍华侨华人的"故乡"，更是全体海外侨胞回归创新创业的"第二家乡"，进而丰富、扩大了"传统侨乡"的内涵，令"江苏新侨乡"饱含了更为丰富的欢迎海外侨胞来苏创新创业的意蕴。也就是从这个角度上来说，以推进和加强江苏新侨乡建设为平台和抓手，充分发掘、利用海外侨胞力量，吸引其精英人才来华创新创业，促使其更好地发挥沟通中国与世界的桥梁作用，进而提升中国经济、科技硬实力与文化软实力，以助力实现社会主义现代化和中华民族伟大复兴。

第九章　江苏侨务工作的历史与现状

中华人民共和国成立前，中国侨务政策和侨务工作历经近百年发展，走过了一段从无到有，并逐渐走向完备的过程。明代时期，政府明令禁止百姓移民海外，且将移居国外的华侨视为"贱民""弃民"，对其或镇压、招抚，或置之不理，故而当时只有华侨政策，而无侨务政策和侨务工作。有清一代，华侨政策逐步从禁止、限制移民转向海外侨民保护，初创了外交、侨政机构合一的近代中国侨务行政体制，并建立了海外领事机构，然其侨务政策和侨务工作主要是以侨民保护为手段，达到控制侨民为王朝利益服务的目的。民国时期，政府日益重视侨民权益保护，先后成立了侨工事务局、侨务局、侨务委员会等机构处理华侨事务，制定了诸如《令内务部禁止买卖人口文》《令外交部妥筹禁绝贩卖"猪仔"及保护华侨办法文》《内政部侨务局保护侨民专章》《华侨回国兴办实业奖励法》《华侨投资国内矿冶业奖励条例》《紧急时期护侨指导纲要》《回国侨民登记条例》等一系列法律法规，禁止人口买卖，保护侨民和侨商，劝导华侨回国投资以振兴实业、发展民生，等等，在较大程度上促进了海外华侨华人与祖国之间的联系和沟通，增强了海外华侨华人对祖国的向心力和海内外中华儿女的民族凝聚力。这一时期，中国共产党亦十分重视侨务工作，尤其是1937年以来，先后成立了海外工作领导小组、海外工作委员会、延安华侨救国联合会等诸多侨务工作领导机构，在联系海外侨胞、加强对侨抗日宣传、组织华侨归国抗战、建立统一战线，扩大中共在海外华侨中的影响、动员华侨参与边区经济建设等诸多方面，做了大量工作，产生了广泛的海内外影响，并为新中国成立后党的侨务工作积累了宝贵的经验，奠定了坚实的理论和实践基础。[1]

中华人民共和国成立后，中国共产党在新民主主义革命时期侨务政策基础上，总结侨务工作经验，结合国情与侨情变化，确立了保护华侨利益的侨务工作指导思想。国内以安置归侨侨眷工作为主，国外则将处理好与华侨住在国的关系摆在首位。然而在"左"的错误思想与"文化大革命"的不断冲击下，中国的国家形象、国民经济发展受到严重影响，我国侨务领域也遭遇重创，侨务工作蒙上深重阴影。"文化大革命"结束后，随着党的十一届三中全会的召开，中国实行改革开放，侨务工作作为党和

---

[1] 赵红英、张春旺：《华侨史概要》，北京：中国华侨出版社，2015年，第672-698页。

国家工作的一条重要战线，上升为中国总体发展布局的战略性工作，与时代发展同频共振。进入21世纪，侨务工作开始为我国"走出去"战略服务，推动中外经济、科技、文化的交流与合作。

江苏省是我国经济、文化发达地区，地理位置优越，历史上早有与海外的民间交往和江苏先民流寓海外的记录。江苏虽非传统侨务资源大省，然近百年来江苏华侨华人、归侨侨眷数量一直在不断增长，尤其是改革开放以来，江苏逐渐掀起了留学潮、出国经商潮、务工潮，使得海外华侨华人和归侨侨眷数量增长迅猛，目前海外侨胞和归侨侨眷数量已经达到200万人左右，其中以改革开放后出国的新侨、侨商和新归侨侨眷居多。他们为沟通中外文明交流，推动科技、教育和经济、文化的发展，促进社会进步和民族振兴，作出了重要贡献，在海内外侨界皆占有重要位置。作为全国侨务工作重点省份，江苏省以不同历史时期全国侨务政策、法规为指导，根据省内具体侨情变化开展侨务工作，切实维护归侨侨眷合法权益和海外侨胞正当权益，积极开展为侨服务工作，团结引导归侨侨眷与海外侨胞参与我国社会主义现代化建设，弘扬中华文化，促进祖国统一大业，增进中外民间友好，在新起点开创侨务工作新局面。

第一节　中华人民共和国成立后的江苏侨务工作

一、"保护华侨的正当权利与利益"的侨务工作指导思想

中华人民共和国成立初期，是新中国侨务工作从开始到发展的阶段。① 第二次世界大战期间，日本军国主义肆虐我国及东南亚各国，广大海外侨胞成为一支重要抗日力量，他们一方面不畏艰险以各种方式积极支援祖国抗日战争，另一方面投身于当地民族解放运动，为赢得抗日战争胜利作出了重要贡献。新中国成立后，人民政府对华侨这一背井离乡、远涉重洋，却又心系祖国的群体予以高度重视。同时，东南亚地区一些国家相继独立，国内外形势发生了根本变化，为适应这一变化，配合我国的对外政策，新生的人民政权"考虑和制定有关华侨的各种政策，作为国家总的政策中不可分割的部分"，② 适时地制定了新的侨务工作方针政策，将毛泽东在《论联合政府》中明确提出的"保护华侨利益，扶助回国的华侨"作为侨务工作根本指导思想。③ 1949年通过的《中国人民政治协商会议共同纲领》中重申了"尽力保护华侨的正当权益"的思想。1954年新中国首部宪法又进一步将党的侨务工作的指导思想以国家根本大法的形式明确规定为："中华人民共和国保护华侨的正当权利和利益，保护归侨和侨眷的合法权利和利益。"④ 这一时期的侨务政策，主要任务是团结、争取海外侨胞对新中国的认同和支持，在海外结成广泛的爱国统一战线，打击国民党的海外势力，摆脱帝国主义对中国的军事和外交封锁。面对海外华侨聚居的东南亚各国发生的深刻变化，中国政府努力维护海外华侨的正当权益。1955年，中国与印度尼西亚签订《中华人民共和国和印度尼西亚共和国关于双重国籍问题的条约》，标志着中国政府放弃在国籍问题上长期坚持的"血统主义"原则，使中国的侨务政策更加适应国际环境变化和华侨的实际处境，有利于增进华侨与当地

---

① 此处是强调新中国成立初期是新中国侨务工作的开始并发展的时期，而中国共产党成立的最早的侨务工作组织则可以追溯至延安时期的"海外工作领导小组"及其扩大而成的"海外工作委员会"，并非新中国成立以后才开始的海外工作。

② 《毛泽东选集》第三卷，北京：人民出版社，1991年，第1046页。

③ 中国政府网：《毛泽东作七大政治报告——〈论联合政府〉》，2008年6月30日。

④ 刘华：《评建国初期的侨务工作》，《华侨华人历史研究》，1994年第4期。

人民的信任和了解，为以后侨务工作的开展奠定了基础。

二、中华人民共和国成立至改革开放前江苏侨务工作的实践

自1953年恢复省建制后，江苏省便将"保护华侨的正当权利与利益"作为侨务工作的指导思想，积极开展各项侨务工作，较好地贯彻执行了中央政府的各项政策、法规、举措，妥善安置归国侨胞，安排华侨学生入学、就业，便利侨汇、投资，切实保障了归侨侨眷和华侨的各项权益。

1. 设立江苏侨务工作组织机构

（1）侨务工作政府办事机构的设立

新中国成立后，中央人民政府委员会根据《中华人民共和国中央人民政府组织法》第十八条之规定，在政务院直接领导下设立华侨事务委员会（简称"侨委会"），任命何香凝为中央华侨事务委员会主任委员，这是新中国成立后组织成立的首届侨务工作机构。① 1954年9月，根据《中华人民共和国宪法》和《中华人民共和国国务院组织法》，侨委会改称"中华人民共和国华侨事务委员会"（简称"中侨委"）。

江苏地区自1953年苏南、苏北两个行政区和南京市合并建省之初至1961年年底，省政府明确国内外侨务工作分别由省民政厅和省暨南京市交际处以及教育厅、人民银行等有关部门兼管。1956年9月，南京、无锡、苏州等侨务工作任务较重的6个市、县，也设立侨务机构或在政府民政部门指定专人主管侨务工作。1962年，省人民委员会增设华侨事务处作为政府主管侨务工作的专职机构，与省民族宗教事务局合署办公。江苏省人民委员会华侨事务处的职责为：贯彻执行党的政策和有关侨务工作的指示；做好侨眷、归侨和华侨学生的思想教育工作；争取侨汇和做好侨汇物资供应工作；配合做好华侨学生的教育、升学、就业等工作；配合省交际处华侨旅行服务社做好回国观光华侨的接待；接收安置归侨和华侨学生；协助公安部门处理侨眷、归侨和华侨学生的出入国（境）问题；接待处理来信来访。至1966年，省及南京、无锡、苏州等市形成了由政府侨务部门和侨联组织及外事接待部门（交际处）共同开展侨务工作的机构格局。②

然而，受"文化大革命"影响，省

---

① 国务院侨办侨务干部学校：《侨务工作概论》，1993年，第21页。

② 江苏省地方志编纂委员会：《江苏省志·侨务志》，南京：江苏人民出版社，2006年，第401-403页。

及各市侨务机构被迫取消，至20世纪70年代初，涉侨工作逐步恢复，分别由省革命委员会的外事、公安、人事等部门和省委统战部负责处理。改革开放后，各侨务工作机构才逐步恢复正常工作。

（2）侨联组织的建立

中华全国归国华侨联合会（简称"中国侨联"），是中国共产党领导的由全国归侨、侨眷组成的全国性人民团体，是党和政府联系广大归侨、侨眷和海外侨胞的桥梁和纽带。① 中国侨联是全国性的一级人民团体，是全国政协的组成单位，各级侨联与同级工会、青年团、妇联等人民团体享有同等待遇。中国侨联前身是"延安华侨救国联合会"，并先后改名为"延安华侨联合会"与"中国解放区归国华侨联合会"。② 中华人民共和国成立后，1950年7月8日，在北京成立了中华人民共和国归国华侨联谊会筹委会。1956年1月，第一次全国归侨代表大会在北京召开，全国归侨侨眷的群众团体——中华全国归国华侨联合会（简称"全国侨联"）宣告成立。不久，"凡有归国华侨和侨眷的市、县、镇基本上都设立了归国华侨联谊会，作为教育归侨、表达意见、互助互济的团体"③。

随着全国侨联的建立与发展，江苏省也逐步建立、完善了各级侨联组织。1958年12月，南京市率先在江苏省内建立了市侨联筹备委员会，并于1960年1月召开首次全市归侨代表大会，正式成立南京市归国华侨联合会。无锡、苏州两市也分别于1960年和1962年建立市侨联筹备委员会。但江苏省内各地方侨联的筹备与正常活动在"文化大革命"中陷入了停顿，且江苏省内已筹备建立的均为市级侨联，并未成立江苏省侨联。

2. 吸引并妥善安置归国华侨

中华人民共和国的诞生与"保护华侨正当权利与利益"的侨务思想，吸引了相当一批海外华侨回国，加之受东南亚地区一些国家排华风波影响，中华人民共和国成立初期大批侨胞前往国内求学、工作或回国避难、定居。其间，江苏省先后接纳安置了包括外省籍侨胞在内的大批归国华侨和华侨学生2000余人；南京、无锡、苏州等地为数千名回国华侨学生提供了升学、就业的机会。同时，一批旅居海外多年的江苏籍专家学者也

---

① 《中国侨联章程》（第七次全国归侨、侨眷代表大会部分修改，2004年7月23日通过）。
② 中华全国归国华侨联合会：《中国侨联简况》，2018年6月22日。
③ 刘纯一：《改革开放新时期（1978—1992）中国侨务政策之研究》，中共中央党校博士学位论文，2019年。

相继回归祖国,投身新中国建设事业。据不完全统计,此类专家、学者共 160 余人。据当时兼管侨务工作的省民族宗教事务局统计,至 1962 年,全省归侨共 1658 人(其中包括毕业后安排在当地就业的华侨学生 196 人)。

3. 鼓励华侨回国投资

中华人民共和国成立后,国家建设蓬勃发展,加之新中国政府实行保护华侨正当权益的政策,极大地鼓舞了旅居海外心系祖国的华侨。在爱国心的驱使以及战后国际局势的影响下,华侨多萌生了回到祖国投资、将资金投向中国大陆、参加新中国经济建设的愿望。在此背景下,中侨委于 1951 年 6 月召开第一次侨务扩大会议,主任何香凝在开幕词中指出:招致国外华侨资本,回国投资于各方面经济生产事业,参加人民祖国的建设,是侨务政策的另一个基本的而又是长远的方针。① 此后,党和国家根据当时经济发展需要,更为了团结海外华侨,制定了鼓励和便于华侨投资的政策,给予华侨投资一定的优待。② 中侨委于 1956 年 6 月提出指导华侨投资的方针为:"根据国家经济计划的需要,照顾投资人的愿望,以国家经营的投资公司为主,采用合作经营或公私合营的形式,并允许个别的私营经济(独资、合资或股份公司),以便华侨选择适合他们的意愿的方式参加地方工农业建设。"③ 我国还成立了全国性的"华侨投资总公司",通过这一国家经营的信托企业解决华侨资金出路,有计划地运用侨资发展地方建设,并将各地现有的和准备设立的华侨投资公司作为地方机构,受总公司统一领导。④

在这一基础上,国务院于 1957 年 8 月 2 日公布华侨投资国营华侨投资公司优待办法。据此,江苏南京、无锡两市于 1960 年 3 月和 6 月分别成立了华侨投资公司,吸收华侨、归侨侨眷以及港澳同胞及其家属以存款方式投入外汇资金,集中用于发展地方工农业生产和其他有利于国计民生的事业。受当时国内政治、经济形势的影响,这项方针和政策措施未能全面贯彻实施,至"文化大革命"则全部中断。因此在中华人民共和国成立后二三十年内,由于西方国家实行经

---

① 张赛群:《建国初期华侨投资政策探讨》,《华侨大学学报》(哲学社会科学版)2010 年第 1 期。
② 高远戎、张树新:《20 世纪五六十年代国家鼓励华侨回国投资的政策》,《当代中国史研究》2009 年第 2 期。
③ 张赛群:《建国初期华侨投资政策探讨》,《华侨大学学报》(哲学社会科学版)2010 年第 1 期。
④ 毛起雄、林晓东:《中国侨务政策概述》,北京:中国华侨出版社,1993 年,第 76 页。

济封锁和制裁，加之国内"左"的错误影响和"文化大革命"的冲击等，海外侨胞除以侨汇形式保持着与国内的经济联系，以及少数海外侨胞向国营华侨投资公司投入少量外汇存款外，不再有华侨回国直接投资和与国内的经济合作。①

4. 便利侨汇，服务侨胞

华侨汇款（简称"侨汇"）是我国旅外华侨从事各种职业所得的，用以赡养、供养或扶持其在国内的眷属发展生产、维持和改善生活等方面使用的汇款。侨汇是海外侨胞赡养国内亲属、保持经济联系的主要途径，是归侨侨眷合法收入的一部分，也是国家非贸易外汇收入的重要组成部分。侨汇不仅可以加强华侨与祖国的联系，而且对繁荣侨乡经济、提高归侨侨眷生活水平有着积极作用。②正是由于侨汇的重要作用，中共中央于1952年批转了《中国人民银行党组及中侨委党组关于侨汇及华侨投资的报告》，明确指出"不能侵犯侨眷的侨汇收入"，国务院于1955年颁布了《关于贯彻保护侨汇政策的命令》并特别强调："国家保护侨汇的政策不仅是国家当前的政策，而是国家的长远政策。"③实行了如"便利侨汇，服务侨胞""外汇归公，利益归私"等一系列鼓励和保护侨汇的政策。1953年江苏恢复建省后，省民政厅作为分管侨务工作的职能部门，会同国家银行和商业、物资等部门共同贯彻国家侨汇政策，监督管理侨汇工作。

总体而言，中华人民共和国成立后的侨务政策具有积极意义，侨务工作取得了一定的成效，安置了大批归侨，并鼓励动员华侨、归侨、侨眷投身于国家建设当中。但受当时存在的"左"的思想的影响和冲击，尤其是"文化大革命"开始后，侨务工作受到严重破坏，中侨委被撤销，中华人民共和国成立以来在侨务工作方面所取得的成就、总结出的经验被全盘否定。相应地，江苏的侨务工作同样受到了"左"的干扰，妨碍了对归侨侨眷"一视同仁，适当照顾"方针的贯彻落实，致使部分归侨侨眷的正当权益蒙受侵害或因所谓"海外关系"问题受到歧视。尤其是"文化大革命"期间，各级侨务机构普遍瘫痪或被撤销，江苏侨务工作中断达数年之久。

20世纪70年代初，侨务工作局面逐

---

① 江苏省地方志编纂委员会：《江苏省志·侨务志》，南京：江苏人民出版社，2006年，第329、330页。

② 毛起雄、林晓东：《中国侨务政策概述》，北京：中国华侨出版社，1993年，第179页。

③ 刘华：《评建国初期的侨务工作》，《华侨华人历史研究》1994年第4期。

渐有所好转，涉及归侨、华侨学生、侨汇及华侨接待等工作逐步恢复。1973年，国务院批转上海市革命委员会《关于上海市落实党的侨务政策的情况报告》，对落实有关侨务政策提出了意见。中共江苏省委根据当时省内组织机构状况，对涉及侨务工作的有关方面作了更为细致的分工规定。不久，又改由省革命委员会外事办公室主管侨务工作，并在省外办恢复建立华侨旅行社。① 随着阴霾逐渐退去，江苏部分侨务工作虽逐步恢复，但进程缓慢，直至党的十一届三中全会召开，江苏省的侨务工作迈进了新的历史发展阶段。

第二节 改革开放以来的江苏侨务工作

随着党的十一届三中全会的召开，中国拉开了改革开放的大幕，进入历史发展新时期。这一时期，侨务工作的重点是恢复正确的侨务政策，即"拨乱反正"。邓小平对海外关系的重要论断和对海外侨胞重要作用的充分肯定，冲破了林彪、四人帮的"海外关系复杂论""海外关系不可信任"等极"左"思想的禁锢，他表示"侨务工作过去的政策是毛主席、周总理定的，绝大部分要恢复起来，有些需要改正，不完善的要完善起来，不妥当的要改进"。并特别强调"我们现在不是海外关系太多，而是太少。海外关系是个好东西，可以打开各方面的关系"，② 成为侨务工作拨乱反正和制定实施侨务政策的指导思想。这些论述，是对毛泽东、周恩来有关侨务思想的继承和发展，为改革开放新时期侨务工作的开展奠定了重要的思想理论基础。③ 1978年，中央下发了《关于全国侨务会议预备会议的情况报告》，文件除重申恢复"文革"前关于正确对待"海外关系"问题等9项具体侨务政策外，还首次提出侨务工作的"十六字"方针，即对归侨侨眷采取"一视同仁、不得歧视、根据特点、适当照顾"的政策。

一、侨务工作"十六字"方针

"一视同仁、不得歧视、根据特点、适当照顾"是经过长期酝酿、发展后，由党和国家在这一时期确立的国内侨务

---

① 江苏省地方志编纂委员会：《江苏省志·侨务志》，南京：江苏人民出版社，2006年，第403页。

② 国务院侨务办公室、中共中央文献研究室编：《邓小平论侨务》，北京：中央文献出版社，2001年，第1-3页。

③ 赵健：《改革开放40年中国侨务政策的回顾》，《华侨华人历史研究》2018年第12期。

工作的基本方针。1957年,周恩来同志提出"一视同仁,适当照顾"的国内侨务工作方针,即对归侨侨眷,政治上予以关怀,生活上给予照顾,要正确对待和具体分析归侨的"海外关系"。至1977年,邓小平同志打破"海外关系复杂论",提出"海外关系是个好东西"的论断。这一论断,为制定新时期侨务工作方针政策提供了重要理论依据。1978年12月,在第二次全国归侨代表大会上,国务院侨务办公室主任廖承志明确宣告,对归侨侨眷实行"一视同仁、不得歧视、根据特点、适当照顾"的"十六字"方针,并指出这一原则的基本精神在今后比较长的时间内均是适用的。此次侨务工作会议全面开启了改革开放后侨务工作的新局面,国内侨务工作方针由"一视同仁、适当照顾"的"八字方针"发展为"十六字"方针。在此基础上,党和国家一方面检查过去侨务政策落实情况,平反冤假错案,清理历史遗留问题;另一方面,适应新的形势,制定了一系列新的政策和法规。[①] 1990年与1993年全国人大常委会和国务院先后通过了《中华人民共和国归侨侨眷权益保护法》及其"实施办法",将"十六字"方针以法律条文的形式确定下来,我国的侨务工作自此走上法治化道路。

二、江苏侨务工作再起航

1979年4月,为贯彻全国侨务工作会议要求,江苏召开了全省侨务工作会议和江苏省第一次归侨代表大会,重申了中央提出的国内外侨务工作的基本方针政策,明确要求在全省进一步贯彻以"一视同仁、不得歧视、根据特点、适当照顾"为基本原则的各项侨务政策,并重新恢复、建立各级政府侨务机构和侨联组织,江苏侨务工作及各级侨务工作机构迅速得到恢复和发展,为实现全省侨务战线的拨乱反正,全面开展新时期侨务工作揭开了序幕。

1. 恢复或健全侨务工作机构

(1)江苏省人大常委会民族宗教侨务委员会

各级人民代表大会常务委员会均设有负责侨务工作的专门委员会。全国人民代表大会华侨委员会,是全国人民代表大会下设的9个专门委员会之一。根据《中华人民共和国宪法》第七十条的规定,1983年6月召开的第六届全国人民代表大会第一次会议设立全国人大华侨委员会,并保留至今。华侨委员会的职

---

① 李向北:《侨务政策"十六字"方针的形成与完善》,中国侨网,2021年8月18日。

责是研究、审议和拟定与侨务有关的议案。全国人大华侨委员会在涉侨立法、执法监督等方面发挥了重要作用。例如，制定、实施1990年颁布的《中华人民共和国归侨侨眷权益保护法》等。1990年12月，江苏省第七届人大常委会第十八次会议决定增设江苏省人大常委会民族宗教侨务委员会，作为常委会的工作机构。1998年2月，江苏省九届人大一次会议决定设立民族宗教侨务委员会，作为省人大专门委员会，一直延续到2003年1月省第九届人大届满。2003年2月，江苏省十届人大一次会议决定设立省人大常委会民族宗教侨务委员会，作为常委会的工作机构，一直延续至今。省人大常务委员会民族宗教侨务委员会职责是：协助省人大常委会做好民族、宗教、侨务、对台等领域的立法、决定、监督、代表等工作。包括受主任会议委托，组织草拟向省人大及其常委会提出相关领域的议案；对省政府提请省人大常委会审议的有关议案进行研究，提出审查意见；协助省人大常委会听取和审议专项工作报告、开展执法检查，提交相关工作的调研报告或者执法检查报告。汇总整理常委会对专项工作报告和执法检查报告的审议意见，印送有关机关和部门，对反馈报告提出审查意见报告；协助省人大常委会开展询问、评议、满意度测评、质询、特定问题调查等工作；就相关领域工作开展调查研究，向主任会议或省有关方面提出意见建议；开展新法规宣传贯彻、法规实施情况报告、立法后评估等相关工作；开展规范性文件备案审查相关工作；加强与省人大代表的联系，建立专业代表小组，组织有关代表开展调研、视察等活动，协助督办重点处理的省人大代表相关建议；研究省人大常委会主任会议交办的省人大代表议案，提出处理意见报告；办理并答复省人大代表相关建议、批评、意见和政协相关提案；承办全国人大对口委员会对相关法律草案的征求意见工作，协助全国人大对口委员会来苏开展调研和执法检查等活动等。

（2）江苏省侨办

1978年1月，中华人民共和国华侨事务办公室正式成立，其职能与过去的中侨委基本相同。根据中共中央、国务院关于恢复侨务工作的指示精神，江苏省于当年6月在省革命委员会外事办公室增设侨务处，省侨务处的主要任务是：宣传和落实党的侨务政策，加强对华侨、外籍华人、港澳台同胞接待工作的领导，负责对地、市、县侨务部门进行指导。1980年4月，省革命委员会批准设置侨务办公室（简称"侨办"），主管全省侨务工作。此后1983年、1984年两年间，江苏省根据全国政府机构改革的要求与全国侨务工作会议指示精神，先后对全省各级侨办机构设置进行了调整：首先对省侨办进行了机构合并，与省外办合署办公，内设机构精简保留侨政处与对外处，人员编制有所缩减。同时，各地区、市、县政府的侨务机构及人员编制均不同程度地减少。随后于1984年根据中央指示，江苏省委、省政府联合召开全省侨务工作会议，明确恢复省侨办机关的领导体制独立设置。1992年9月，江苏省委、省政府联合召开第三次全省侨务工作会议，对健全全省各级政府侨务工作机构，加强侨务干部队伍建设进一步提出明确要求。这次会议之后，省和各地政府侨务机构及所属企事业的领导序列逐步理顺，人员编制有所增加，工作条件也得到改善。① 2009年公布的江苏省侨办"三定"方案明确，江苏省侨办职责是：（一）贯彻执行侨务工作的法律、法规、规章和方针、政策，起草侨务工作地方性法规、规章草案，拟定相关政策和规划并组织实施。（二）协助省政府领导办理侨务事项，统筹协调有关部门和社会团体开展涉侨工作，指导市、县（市、区）有关部门侨务工作，指导开展社区侨务工作。（三）调查研究国内外侨情和本省侨务工作情况，向国务院侨务办公室和省委、省政府提供侨务信息，组织开展侨务政策、理论和侨务工作重大问题的调查研究，负责向涉侨部门通报侨务工作情况。（四）指导全省归侨侨眷工作，依法组织协调归侨侨眷和华侨华人在国内的合法权益维护工作，配合有关部门研究处置涉侨突发事件，参与重大涉侨捐赠监督工作，协助有关部门做好归侨侨眷代表人士的人事安排工作。（五）负责指导、开展对华侨华人及其社团的联谊和服务工作，开展香港、澳门特别行政区侨界的联谊工作，会同有关部门开展侨务对台工作，承办有关审批事项。（六）指导、推动涉侨经济、科技合作与交流，协调涉侨经济投诉工作。（七）指导、推动涉侨宣传、文化交流和华文教育工作。（八）承办省政府交办的其他事项。

（3）江苏省政协港澳台侨（外事）委员会

江苏省港澳台侨（外事）委员会由省政协对台宣传工作小组发展演变而来。1980年更名为对台宣传工作委员会。

---

① 江苏省地方志编纂委员会：《江苏省志·侨务志》，南京：江苏人民出版社，2006年，第402页。

1984—1998年，先后改名为祖国统一工作委员会、祖国统一联谊与对外联络委员会、祖国统一与对外联谊委员会、海外联络委员会。1998年2月25日，江苏省政协八届一次常务委员会会议决定将省政协海外联络委员会更名为"台港澳侨联络委员会"和"外事委员会"，实行"一套班子、两块牌子"。同年4月1日，省政协八届二次主席会议参照政协第九届全国委员会常务委员会第一次会议将"台港澳侨联络委员会"更名为"港澳台侨委员会"的做法，决定将"台港澳侨联络委员会"更名为"港澳台侨委员会"。2003年2月省政协九届一次常务委员会会议决定将港澳台侨委员会、外事委员会合并，成立港澳台侨（外事）委员会，下设办公室为办事机构。港澳台侨（外事）委员会在省政协常务委员会和主席会议领导下开展工作。其主要职责是：学习宣传贯彻中央的港澳台侨和对外方针政策，推动内地同香港、澳门的交流合作，促进香港、澳门繁荣稳定；贯彻中央对台工作方针政策，推动海峡两岸经济、文化、科技交流与合作，共同反对和遏制"台独"分裂活动；加强与海外华侨华人和归侨侨眷的联系，做好凝聚侨心、汇聚侨智、发挥侨力、维护侨益的工作；开展对外交往活动，大力宣传中国特色社会主义政治制度和人民政协的地位作用，为推动世界和平与发展、实现祖国和平统一大业做出积极贡献。

（4）江苏省侨联

改革开放后，全国各级侨联组织迅速得以恢复。1979年4月，江苏省第一次归侨代表大会在南京正式召开，宣布江苏省归国华侨联合会（简称"江苏省侨联"）正式成立，此后，全省绝大多数市、县（区）以及归侨侨眷比较集中的乡镇和企业、科研、教育等单位也陆续建立了地方及基层侨联组织。至1984年第二次江苏省归国华侨代表大会召开时，除淮阴市、盐城市外，其他各市都建立了侨联。市、县一级的侨联组织已发展到28个。① 这一时期各级侨联组织代表和维护侨界利益，其主要工作为：配合各级政府侨务部门和有关单位落实有关侨务政策；为归侨侨眷和港澳同胞眷属平反冤、假、错案，帮助解决生活、工作等方面的困难问题；发挥团结广大华侨华人、归侨侨眷及港澳同胞眷属的作用，加强对外联谊。江苏省侨联的成立

---

① 洪宗义：《发扬华侨爱国爱乡的光荣传统 努力开创侨联工作新局面——在江苏省第二次归国华侨代表大会上的工作报告》，江苏省侨联内部资料。

图 9-1　江苏省第一次归侨代表大会在南京召开

在江苏各地的经济文化建设和对外交流合作中起到了重要作用。①

1991年正式实行的《归侨侨眷权益保护法》第八条规定:"中国侨联和地方侨联代表归侨、侨眷的利益,依法维护归侨、侨眷的合法权益。"第二十三条还规定:"归侨、侨眷合法权益受到侵害时,被侵害人有权要求主管部门依法处理,或者向人民法院提起诉讼。归国华侨联合会应给予支持和帮助。"江苏省侨联的根本宗旨是以侨为本、为侨服务;依法代表和维护归侨侨眷和海外侨胞在国内的合法权利和利益,关心海外侨胞的正当权利和利益;基本任务是服务经济发展、依法维护侨益、拓展海外联谊、参政议政、弘扬中华文化、参与社会建设。

（5）致公党江苏省委员会

中国致公党是以归侨、侨眷中的中上层人士和其他有海外关系的代表性人士为主组成的、具有政治联盟特点的政党,是中国共产党领导的多党合作和政治协商制度中的中国特色社会主义参政党。② 致公党由华侨社团美洲致公堂于1925年在美国旧金山发起成立。长期以

---

① 江苏省地方志编纂委员会:《江苏省志·侨务志》,南京:江苏人民出版社,2006年,第97页。
② 致公党江苏省委:《致公简介》,江苏致公党网站。

来，在争取国家独立、民族解放和维护华侨的正当权益的斗争中作出了重要贡献。1947年走上了接受中国共产党的领导、同中国共产党真诚合作、共同奋斗的道路。1982年9月，致公党中央主席黄鼎臣、副秘书长赵平赴江苏筹建组织。在中共江苏省委和南京市委支持下，致公党首先在南京发展18名成员，建立组织。1985年3月11日，在南京、无锡、苏州、常州、镇江、扬州、南通、连云港等8个市相继建立组织的基础上，中国致公党江苏省工作委员会筹备委员会在南京成立。1988年10月15日，致公党江苏省工作委员会成立大会在南京召开，周桑漪为主任委员。1992年1月23日，致公党江苏省委员会成立大会暨第一次代表大会在南京召开。目前为致公党江苏省第七届委员会。截至2022年5月，全省13个设区市建立了9个致公党市委，泰州、盐城和淮安3个设区市建立总支，宿迁1个设区市建立支部，建立了省委直属工作委员会。全省共有基层组织323个，其中基层委员会24个，总支24个，支部270个，小组5个。共有党员5059名，其中归侨、侨眷属、港澳台属、归国留学人员、访问学者及有其他海外关系者4011人，侨海比例为79%，博士520名、硕士1023名。各级人大代表、政协委员731人。中国致公党的基本职能是参政议政，民主监督，参加中国共产党领导的政治协商。致公党省委会机关为省委会履行基本职能和加强自身建设发挥执行、协调、服务和参谋的作用，其主要职责是：（一）负责起草及修改本党全省代表大会、全委会议等会议文件，承担会务工作。（二）负责贯彻落实本党中央和全省代表大会、全委会议等会议决议、决定，并定期报告工作。（三）负责履行省委会基本职能，组织专题调查研究，撰写调查报告、提案，提供社情民意信息，供党政领导参阅。（四）负责调查了解成员和归侨、侨眷及相关情况，维护其合法权益，促进安定团结，调动积极性。（五）负责与省侨办的对口联系，并与省人大民宗侨委，省政协港澳台侨（外事）委员会、省侨联协作，为贯彻执行《归侨侨眷权益保护法》做好侨务工作共同努力。（六）负责推动全省各级组织和成员的理论学习及宣传思想工作。（七）推动组织成员立足本职建功立业，面向社会为两个文明建设贡献力量。（八）推动各地方组织和省直属组织的海外联络工作，为实施我省的经济国际化战略服务，为推行"一国两制"，和平统一祖国大业服务。（九）负责贯彻本党中央有关组织工作的方针，做好组织发展和巩固工作，加强后备干部队伍建设。

2. 处理历史遗留问题

这一时期，根据"一视同仁、不得歧视、根据特点、适当照顾"的原则和拨乱反正的要求，侨务部门协同有关部门制定了相应的政策规定。主要内容包括："平反冤假错案，维护归侨侨眷的政治权益；落实华侨房产政策，维护华侨房产权益；制定新的侨汇政策，恢复和改善侨汇物资供应；落实归侨侨眷知识分子政策，给予更多的照顾，充分发挥他们的作用。根据华侨、归侨侨眷的特点，我国政府在出入境、探亲、定居、劳动就业、回国就学、贫困救济等方面制定了相应的政策规定，给予适当照顾。此外，还对恢复和加强国内外侨务工作进行了部署。"[1]

江苏省根据相关政策，开始处理"文化大革命"及历史遗留问题。主要内容包括：

其一，退赔"文化大革命"中被查抄的财物。"文革"期间，江苏省南京、无锡、苏州、徐州等城市和部分农村乡镇都曾有一些归侨侨眷、港澳同胞眷属家庭被非法查抄。1973年国务院批转《关于上海市落实党的侨务政策的情况报告》并要求各地参照落实侨务政策后，当时江苏省兼管侨务的人事、公安、外事等部门曾根据海外侨胞和省内归侨侨眷、港澳同胞眷属的来信来访申诉，查处清退了部分被查抄收缴的财物。1978年，省侨务处恢复建立后，进一步加强了对归侨侨眷和港澳同胞眷属在"文化大革命"中被查抄财物全面清理和归还退赔工作。[2] 对在"文化大革命"中归侨、侨眷被查抄的财物进行清查，有的原物归还，有的折价赔偿。被冻结的侨汇也已全部解冻。

其二，平反冤、假、错案。由于"左"的错误倾向及其导致的反右派斗争扩大化和阶级斗争扩大化，"文化大革命"期间，江苏各地都曾陆续发生一些归侨侨眷和港澳同胞眷属因所谓"海外关系"及其他问题造成的冤、假、错案。全国侨务会议和第二次全国归侨代表大会指出，"至今尚未平反的冤、假、错案，都要在1979年上半年前彻底平反。"主要内容包括复查纠正归侨、侨眷的冤、假、错案，以及归侨、侨眷档案的清理工作。江苏省侨务处自1978年1月恢复建立后，便立即着手落实各项侨务政策，积极协调有关部门做好对归侨侨眷、港

---

[1] 赵健：《改革开放40年中国侨务政策的回顾》，《华侨华人历史研究》2018年第12期。

[2] 江苏省地方志编纂委员会：《江苏省志·侨务志》，南京：江苏人民出版社，2006年，第194页。

澳同胞眷属冤、假、错案的申诉受理和复查平反工作。至1979年年底,据南京、无锡、苏州、常州、吴江、太仓、靖江等31个市、县统计,共复查平反"文化大革命"中归侨侨眷、港澳同胞眷属因所谓"海外关系"等问题被正式立案审查的案件406件,占申诉案件总数的90%以上。并于1982年、1983年、1985年开展三次复查工作,确认全省"文化大革命"期间发生的745件涉侨冤、假、错案和"文化大革命"前遗留的557件涉侨旧案已全部复查结案。①

其三,清理归侨侨眷人事档案。由于在所谓"海外关系"问题上长期受"左"的错误影响,不少地方和部门曾不加具体分析地把归侨侨眷以及港澳同胞眷属在国(境)外的家庭和亲友关系,一概看作"复杂的政治关系"或"资产阶级关系",在其人事档案中也往往含有与此相关的不实之词和政治上歧视性材料,从而成为歧视、排斥归侨侨眷,乃至造成冤、假、错案的根据和遗患。因此,在对"文革"及其以前涉及归侨侨眷、港澳同胞眷属的冤、假、错案进行平反纠错的同时,江苏省还根据国务院侨务办公室和有关部门规定,对归侨侨眷、港澳同胞眷属中干部职工的人事档案普遍进行了清理,全面清除有关"海外关系"方面的不实之词和歧视性材料。②此外,省侨务处还重新安置了在"文革"期间被下放农村的归侨侨眷,相当一部分归侨侨眷的问题得到优先解决,获得了照顾和重新安置,并陆续返回城市。

三、贯彻落实侨务法律、政策,切实维护侨胞合法权益

侨务法制建设工作是我国侨务工作的重要组成部分。党的十一届三中全会以来,随着社会主义法制建设的不断加强,我国各项工作都向法治化、规范化方向发展,我国侨务工作也从主要依靠政策办事转移到依法治理的轨道上,江苏省各级涉侨机构在这些方面工作走在了全国的前列。

1. 贯彻实行《中华人民共和国归侨侨眷权益保护法》及《江苏省实施〈中华人民共和国归侨侨眷权益保护法〉办法》

中华人民共和国第七届全国人民代表大会常务委员会第15次会议于1990年

---

① 江苏省地方志编纂委员会:《江苏省志·侨务志》,南京:江苏人民出版社,2006年,第196-197页。

② 江苏省地方志编纂委员会:《江苏省志·侨务志》,南京:江苏人民出版社,2006年,第197页。

9月7日审议通过了《中华人民共和国归侨侨眷权益保护法》(简称《归侨侨眷权益保护法》),并自1991年1月1日起在全国施行,这是我国保护归侨侨眷权益的第一部专门法律,是我国侨务法制建设的一座里程碑。根据《归侨侨眷权益保护法》的规定,国务院于1993年7月19日发布并施行《中华人民共和国归侨侨眷权益保护法实施办法》。《归侨侨眷权益保护法》及其实施办法,作为中华人民共和国依法保护侨界权益的第一部法典和国家行政法规相继颁布实施,标志着我国侨务工作进一步走上了法治化轨道。① 《归侨侨眷权益保护法》甫一颁布,江苏省便着手制定相关实施办法,按立法程序,由省政府拟订实施办法草案,制定和修改地方归侨侨眷权益保护法实施办法、制定配套的涉侨地方性法规,推动《归侨侨眷权益保护法》落实。

1992年12月17日,江苏省第七届省人大常委会第三十一次会议审议通过了《江苏省实施〈中华人民共和国归侨侨眷权益保护法〉办法》,并于1992年12月29日公布施行。《中华人民共和国归侨侨眷权益保护法》及《江苏省实施〈中华人民共和国归侨侨眷权益保护法〉办法》的颁布实施,是侨务法治建设的一件大事,具有里程碑式的意义,明确了新的历史时期侨务部门维护侨益的职能和归侨侨眷享有的权益,体现了党和国家在新时期侨务工作的方针政策,是侨务部门依法行政、侨联组织依法护侨的重要依据。② 在凝聚侨心、汇集侨智、发挥侨力、维护侨益,广泛地团结归侨、侨眷和海外侨胞等方面发挥积极作用。

2. 严格执法,依法维护侨胞权益

江苏省委、省政府及各级涉侨部门加大侨务工作执法监督力度,切实加强相关法律监督,推进依法行政。1992年8月30日,中共江苏省委书记沈达人、省长陈焕友在全省侨务工作会议上提出,要进一步宣传实施《归侨侨眷权益保护法》和尽快制定江苏省的"实施办法",要求全省各级党委、政府依法办事,本着"保护合法权益"和"适当照顾特点"的精神,做好归侨侨眷、港澳同胞眷属和侨界知识分子的工作,重视解决他们在工作、生活中遇到的实际困难;重视城区基层和农村乡镇的侨务工作,通过政策扶持、典型示范、提供服务等多种办法引导归侨侨眷、港澳同胞眷属发展生产、勤劳致富;对丧失劳动能力或在

---

① 江苏省地方志编纂委员会:《江苏省志·侨务志》,南京:江苏人民出版社,2006年,第208页。
② 丁梅:《江苏纪念〈归侨侨眷权益保护法〉颁布施15周年》,2005年9月2日。

天灾人祸中遭遇困难的归侨侨眷、港澳同胞眷属家庭要及时给予救济扶持；严肃查处各类侵犯归侨侨眷合法权益的案件。①

3. 改革创新，完善侨务法制体系

江苏侨务法制建设的创新之举主要体现在两方面。其一，加强侨务法律法规宣传。1991年4月，江苏省将《归侨侨眷权益保护法》的宣传教育列入全省第二个普法教育五年规划。针对在江苏生活工作的归侨侨眷、投资创业的侨商侨胞以及全市各级政府及相关职能部门，突出法律宣传与政策宣传的有机结合，突出华侨爱国宣传与成功创业典范宣传有机结合，形成正确的舆论导向，营造全社会尊重侨商、维护侨胞合法权益的良好氛围。其二，重视个性服务。部分设区市也根据当地具体情况，由有关部门制定了一些地方性规定，如常州市侨办会同有关部门制定了《关于归侨职工退休金补差问题的通知》和《关于归侨侨眷港澳同胞眷属职工接待境外来常州探亲亲属假期问题的通知》。苏州市侨办会同市经委联合制定了《对改革转制中归侨及其子女的工作安排问题的通知》。无锡市制定了城市建设拆迁中为侨房"留根"的具体政策，侨房与拆迁安置方案差距较大的，便根据政策进行房屋置换处理，这些政策在国内外侨界产生了积极影响。②

4. 加强对贫困归侨侨眷的政策性扶持

帮助贫困归侨侨眷解决生产生活困难，是涉及侨界民生的突出问题。江苏省为解决部分归侨侨眷生活难的问题，积极开展归侨侨眷帮扶工作，切实采取措施关心贫困的城乡归侨，健全科学的侨务扶贫救助机制，按照"根据特点、适当照顾"的原则，国家及地方财政还设立相应的专项经费，陆续出台了一些办法和规定，对符合当地最低生活保障标准的城乡归侨及时给予救助。此外，江苏省财政自20世纪50年代始，还专门设置了华侨补助费的财政科目，为解决归侨、难侨的特殊困难提供必要的财政补助。改革开放以后，省涉侨部门深化贫困归侨侨眷生活救济，例如，1993年11月，省侨办与省民政厅联合下发的《关于做好无劳动能力和经济收入的归侨侨眷救济工作的通知》规定：对全省城乡无劳动能力又无固定收入的归侨侨眷

---

① 江苏省地方志编纂委员会：《江苏省志·侨务志》，南京：江苏人民出版社，2006年，第209页。

② 江苏省地方志编纂委员会：《江苏省志·侨务志》，南京：江苏人民出版社，2006年，第208、211页。

困难户的救济标准应按"一视同仁、不得歧视、根据特点、适当照顾"的原则，不低于当地居民的基本生活水平，略高于当地社会困难户；对居住在农村的归侨困难户，与其他社会困难户在同等条件下从优照顾符合上述条件的港澳同胞眷属，也可参照执行。① 另一方面根据全国和省内开展扶贫工作的经验，积极倡导对贫困侨眷生产扶贫的新思路、新措施。各级政府侨务部门及有关经济部门将扶贫济困工作的重点和有限的资金放在采取措施帮助贫困地区的归侨侨眷发展生产，脱贫致富，取得了较显著的效果。

四、侨务工作中心向助力经济科技建设转变

在逐步完成拨乱反正后，改革开放的大幕终于拉开，如何尽快恢复经济发展，成为此时工作的重中之重。1982年，党的十二大提出了党在新时期的总任务和进行全面改革的纲领，把党和国家的工作重点转移到了经济建设上来。1984年，在北京召开的省、自治区、直辖市侨务办公室主任会议，明确提出了新时期侨务工作的基本任务："保护和发扬侨胞爱祖国、爱故乡的热情，最广泛地团结海外侨胞和归侨侨眷，为促进祖国'四化'建设、实现统一大业、扩大祖国对外影响和发展同各国人民的团结友好而奋斗。侨务工作的根本指导思想是与我国实行对外开放的基本国策紧密相连，要充分运用与华侨、外籍华人和国内归侨侨眷有广泛联系的有利条件，为我国经济建设服务。"自此，侨务工作由拨乱反正、落实政策工作向为经济建设的服务工作转变。此后的多次侨务工作会议中都反复强调了加强侨务工作为经济服务的工作重点：1989年，第一次以国务院名义召开的国务院侨务工作会议强调了加强为经济建设服务，加强对侨胞的宣传，加强教育和文化交流工作。1993年，国务院侨务工作会议进一步明确了侨务工作为加快改革开放和现代化建设服务的指导思想，并指出：侨务部门为改革开放和现代化建设服务，主要是在引进华侨华人资金、技术、人才和产品输出方面发挥桥梁作用。1999年的全国侨务工作会议则将侨务工作的重点从引资转向引智，强调要把为"科教兴国"战略服务摆到更加重要的位置。自改革开放到20世纪90年代末，我国侨务工作的重点逐步完成了由拨乱反正向为经济

---

① 江苏省地方志编纂委员会：《江苏省志·侨务志》，南京：江苏人民出版社，2006年，第185、211页。

科技建设服务的转变。①

1. 政策鼓励，推动开展经济合作

20世纪70年代，时任美国总统尼克松访华，向世界传递了中国与西方国家关系的改善、中美邦交走向正常化的信号，国内对外经济贸易逐渐加快发展速度。江苏省也逐渐恢复了侨务工作。各级政府侨务部门就如何发挥侨务机构和侨界群众对外联系广泛的优势，为地方经济建设服务这一问题展开探讨，结合当时开展的落实政策工作，为省和各地经济部门及部分企业推荐了一些旅外侨胞、港澳同胞开展对外经济贸易合作的项目。

江苏省自1974年建立直接经营进出口业务的对外贸易口岸始，海外侨胞、港澳同胞就成为省内对外经济贸易合作的重要伙伴。但改革开放初期，我国对外开放的前沿阵地主要集中在毗邻港澳台的珠江三角地区和闽南地区，②江苏的对外贸易发展主要依靠国家间产品贸易的比较优势以及制度性变革。1982年开始，国家不断推进外贸体制改革，地方外贸企业被赋予了外贸经营权，江苏对外贸易开始加速发展。在这样的背景下，江苏省侨务工作的重点也发生了变化：1984年，在江苏省委、省政府联合召开的全省侨务工作会议上，对改革开放以后全省侨务工作为经济建设服务的经验进行了总结，提出：随着全面落实政策工作的逐步完成，侨务工作的重点要向促进经济建设、推动祖国统一、发展对外友好转移，通过充分发挥侨务战线的优势，大力开发、利用国外的智力和财力资源，积极为经济建设服务。由此，江苏侨务工作重点开始了从国内转向海外，从落实政策为主转向促进经济建设为主的过渡。③

随着涉及一系列港澳台同胞和华侨投资特殊优惠政策的相继出台，港澳台同胞、海外华侨华人与江苏经济合作的领域和规模不断扩大。1985年4月，国务院发布《关于华侨投资优惠的暂行规定》的通知，提出了对华侨投资者在减免税、土地使用及亲属就业和利润、利息转让、继承等方面的一系列优惠政策。1987年4月，江苏省侨办发布《关于贯彻实施国务院关于华侨投资优惠的暂行规定的意见》。1989年9月，省侨办和省税务局联合制定下达了《关于享受华侨

---

① 赵健：《改革开放40年中国侨务政策的回顾》，《华侨华人历史研究》2018年第12期。

② 《江苏外贸40年巨变》，搜狐网，2018年12月29日。

③ 江苏省地方志编纂委员会：《江苏省志·侨务志》，南京：江苏人民出版社，2006年，第329页。

投资优惠待遇企业认可问题的通知》，详细规定了凡根据《国务院关于华侨投资优惠的暂行规定》享受减免税优惠待遇的华侨投资企业，申请投资优惠的流程问题。1990年8月，《国务院关于鼓励华侨和香港、澳门同胞投资的规定》颁布，同时废止1985年施行的《国务院关于华侨投资优惠的暂行规定》。据此，省政府于1991年相继通过了《江苏省关于鼓励华侨和香港澳门同胞投资的若干规定》和《江苏省关于奖励引荐海外和台港澳资金的暂行办法》，明确规定了华侨、港澳同胞投资者个人或企业到江苏投资可享受的优惠待遇。①

为贯彻落实相关投资规定，江苏省侨办要求各级政府侨务部门充分发挥自身中间媒介作用，积极促进招才引智，推动经贸发展，并提出"侨务部门为外向型经济服务要贯彻'三外'（外资、外贸、外经）齐上和引进资金与引进智力并重"的原则。同一时期，一些市、县为鼓励华侨和港澳同胞与当地开展经济合作，促进外资引进，也根据中央和省的有关优惠办法及地方实际，先后制定了鼓励华侨、港澳同胞投资的优惠办法，如：镇江市政府1988年制定的《关于鼓励出口创汇的奖励优惠办法》，盐城市政府1988年制定的《盐城市鼓励华侨投资的暂行规定》，1989年南京市侨办与市开放办拟定的《南京市关于鼓励华侨投资的规定（试行）》，1991年常州市政府制定了《常州市鼓励华侨、香港、澳门和台湾同胞投资若干规定》等。②

在鼓励推动华侨、港澳同胞与江苏开展经济合作的过程中，各级政府与涉侨部门发挥了重要的作用。其间，江苏省政协组织委员调查视察"三胞"工作、"三资"企业有关情况，先后提交了《视察盐淮地区"三胞"工作的情况汇报》《接待"三胞"交通工作的建议》《关于南京市台资企业和"三胞"工作情况的视察报告》《关于徐、淮、连等地兴办"三资"企业情况的视察报告》《关于"三资"企业面临的问题与对策的调查报告》《关于我省开发区建设情况的视察报告》。1994年6月至9月，江苏省政协祖国统一与对外联谊委员会、经济科技委员会联合开展专题调查，形成了《关于改善我省外商投资软环境的调查报告》，并提请省政协常务委员会就对外商投资软环境改善问题进行专题协商，通过了

---

① 江苏省地方志编纂委员会：《江苏省志·侨务志》，南京：江苏人民出版社，2006年，第331、332页。

② 江苏省地方志编纂委员会：《江苏省志·侨务志》，南京：江苏人民出版社，2006年，第333页。

《关于改善外商投资软环境的建议案》。随着各地区鼓励华侨投资相关规定的陆续实施，丰厚的优惠条件为双方牵线搭桥，吸引了一批华侨华人前往江苏合作投资，推动了江苏科技经济建设。自改革开放初期至20世纪90年代中期，华侨华人与江苏的经济合作以一般贸易进出口为主导，加工贸易所占的比例不大，1978年江苏进出口总值仅为4.3亿美元。截至1993年，江苏省对外出口贸易额达到59.76亿美元，首次位列全国第四，进口货物27.34亿美元，比上年增长72.96%。而1994年随着中国继续深化外贸体制改革，为扩大出口创造了有利条件，江苏进出口总值首次突破100亿美元。自1995年开始，加工贸易蓬勃发展，后又发展为直接投资兴办合资、合作企业。经济合作方式多样，江苏对外贸易自主性不断提升，侨资伴随较先进的技术和管理有力地促进江苏省的经济发展，江苏经济发展走上了腾飞之路。

2. 积极招才引智

由于新中国成立初期受西方国家对中国全面封锁的影响，我国对外科技教育交流仅限于在少数社会主义国家之间进行。自20世纪70年代开始，和平与发展日益成为国际社会的主流，中美关系逐渐正常化。随着国际环境的改善，越来越多的海外华侨华人学者、专家来祖（籍）国故乡探访，并对在科技教育领域发展与中国及江苏省的交流合作表现了浓厚的兴趣和热情。[①] 江苏各级涉侨部门抓住机遇，一方面通过海外华侨华人和国内归侨侨眷与优秀的专家学者建立联系；另一方面积极帮助其解决回国后的配偶工作、子女就学、住房看病等生活问题，江苏籍海外学者、专家得到了更多回国服务的方便。著名语言学家盛成、袁晓园，计算机专家马颂德，生物学家赵进东等纷纷在这一时期回国，为我国科教事业发展作出了卓越贡献。江苏在科技、教育、文化等领域的对外交流合作日益扩大，并得到了持续发展。

1999年召开的全国侨务工作会议，详细分析了海外华侨华人的科技人才分布情况，提出分布在西方发达国家的科技人才是一个巨大的宝库，将侨务工作的重点从引资转向引智。此后，江苏省出台一系列鼓励华侨华人来华投资、兴办高新技术企业的优惠政策。各部门也相继下发了关于海外专家工作安排、待遇、家属安置、税收优惠等方面的政策。借助政策优势，一批批侨商、专家纷纷

---

① 江苏省地方志编纂委员会：《江苏省志·侨务志》，南京：江苏人民出版社，2006年，第377页。

来华投资兴业，许多小型初创企业实现了从无到有、由小到大。

3. 主动做好中介桥梁

改革开放后，随着国内经济建设对国外资金的大量需求，以及海外华人社会对中国市场潜力的普遍看好，作为联络国内海外的涉侨部门在经济领域的重要性就日益凸显，并逐渐介入各级地方政府的对外经济活动。通过多层次、多渠道、多形式的广泛联络和参与组织各种类型招商活动，协助开展全省经贸活动联络引荐，为侨服务，为江苏经济建设服务、为国家对外开放服务。截至1994年，江苏全省累计批准"三资"企业23269家，实际利用外资达70.58亿美元，其中海外侨胞和港澳同胞投资项目和出资额，约占总数的三分之二。① 侨务部门进一步"以侨引外"，一批国外企业通过港澳同胞和海外华侨华人关系引进江苏。

改革开放以来的江苏侨务工作，从内容上来说主要分为两部分，一是前期的"拨乱反正"，处理侨务领域的历史遗留问题，摒弃了"左"的思想冲击下产生的错误经验，重新回到"保护归侨侨眷合法权益"的正确道路上，继承"文化大革命"前十几年侨务工作总结出的正确思想和经验；二是在拨乱反正工作基本完成后，服务于国家改革开放大局，将侨务工作重心转移至经济建设中来，凭借自身沟通两个市场的桥梁中介优势，积极为社会经济建设招商纳智。

第三节 21世纪江苏侨务工作新变化

进入21世纪，全球化成为世界经济发展大趋势，中国于2001年正式加入世界贸易组织（WTO），以更加开放的姿态主动投入经济全球化的潮流当中。在国际竞争日趋激烈的环境下，党的十六大确立了我国"走出去"的经济发展战略，以应对国际挑战，并在全球范围内探索更为广阔的发展空间。江泽民同志在党的十六大报告中指出："实施'走出去'战略是对外开放新阶段的重大举措。"② 但他也在会见全国外资工作会议代表时的讲话中强调："'引进来'和'走出去'，是我们对外开放基本国策两个紧密联系、相互促进的方面，缺一不可。"认为："我们不仅要积极吸引外资，也要积极引导和组织国内有实力的企业走出去，到国外去投资办厂，利用当地的市场和

---

① 江苏省地方志编纂委员会：《江苏省志·侨务志》，南京：江苏人民出版社，2006年，第334、347页。

② 共产党员网：《江泽民同志在党的十六大上所作报告全文》，2012年9月27日。

资源……在努力扩大商品出口的同时，必须下大力气研究和部署如何走出去搞经济技术合作。"并指出，"这是一个大战略，既是对外开放的重要战略，也是经济发展的重要战略。"① 与我国对外开放国策紧密相连，服务于经济发展的侨务工作，也发生了新变化。

一、21世纪以来江苏侨务工作指导思想

进入21世纪，侨务工作更加突出为中国"走出去"服务。2005年，全国侨务工作会议第一次明确提出了比较完整的侨务工作指导思想，即"以邓小平理论和'三个代表'重要思想为指导，坚持以人为本、为侨服务的宗旨，坚持以国内侨务工作为基础、以国外侨务工作为主导，坚持为国家大局服务和为侨服务的统一，与时俱进、开拓创新，促进侨务资源的可持续发展，充分发挥海外侨胞和归侨侨眷的独特作用，为全面建设小康社会、促进祖国统一和发展同各国人民的友好合作服务"。② 这是对改革开放后侨务工作基本经验的科学概括和总结。

2011年10月，国务委员戴秉国在全国侨务工作会议上首次提出"拓展侨务公共外交"。戴秉国指出，中国面临复杂的外部环境，在此情况下，要鼓励海外侨胞以多种方式向住在国政府及主流社会介绍中国的基本国情、发展道路和内外政策，帮助他们客观看待和认识中国的发展进步。要使海外侨胞成为促进中国与住在国各领域合作交流的友好使者。③ "侨务公共外交"的首次提出，成为本次全国侨务工作会议的一大亮点。自21世纪初到党的十八大，在进一步健全完善侨务工作体系的基础上，更加突出为中国走向世界服务。2002年8月，江苏省委办公厅、省政府办公厅出台了《江苏省关于进一步加强国外侨务工作的意见》，有力地推动了江苏国外侨务工作的发展；2005年，江苏省委、省政府又出台了关于侨务工作的有关意见。2012年，江苏省委出台了进一步加强和改进新形势下侨联工作的意见，对加强和改进新形势下侨联工作的重要意义、重视发挥侨联在推进"两个率先"中的重要作用作了深刻阐述，提出健全和完善做好侨

---

① 中华人民共和国中央人民政府网站：《〈江泽民文选〉第二卷主要篇目介绍》，2006年8月18日。
② 佚名：《唐家璇在全国侨务工作会议上强调要努力做好新形势下的侨务工作》，《侨务工作研究》2005年第1期。
③ 甄歌：《全面部署"十二五"时期侨务工作——2011全国侨务工作会议综述》，《侨务工作研究》2011年第6期。

联工作的长效机制,明确省侨联由省委直接管理。

二、侨务工作"引进来"

长期以来,"引进来"是我国改革开放的基本面。进入21世纪,随着中国经济社会发展获得了前所未有的历史性成就,"走出去"日益成为进一步深化改革、扩大开放的必要举措。然而,"走出去"固然重要,但继续坚定不移地、更高质量地"引进来"则是保持改革开放稳步推进的关键性前提与重要基础。新世纪以来江苏侨务工作在"引进来"方面做了如下几方面的工作,取得了不俗的成绩。

1. 夯实工作基础,创"引进来"良好环境

随着社会主义市场经济体制改革的深入,我国的国情和侨情都发生了较大变化,国家在招商引资基础上,大力招揽海外高层次人才,却面临着归国创业、配偶就业、子女入学、住房就医等实际问题。① 一方面,为适应新形势下维护归侨侨眷合法权益的需求;另一方面,为鼓励华侨华人投资,吸引高层次人才回国发展创业,地方各级政府颁布修订了一系列政策、法规,切实保障了归侨侨眷合法权益,并为侨务工作"引进来"夯实基础,对后续侨务工作开展起到了积极的推动作用。

2000年10月31日,第九届全国人大常委会第十八次会议对《归侨侨眷权益保护法》进行修正,我国的侨务法制建设又迈出了重要一步。《归侨侨眷权益保护法》修改后,2002年12月17日,江苏省第九届人民代表大会常务委员会第三十三次会议通过关于修改《江苏省实施〈中华人民共和国归侨侨眷权益保护法〉办法》的决定。此后江苏省又陆续以文件的形式出台了与《归侨侨眷权益保护法》及"江苏省实施办法"相配套的政策,将归侨侨眷的合法权益进一步具体化。如《关于企事业单位在改革转制中对归侨工作安排的意见》《关于城镇归侨侨眷私房拆迁安置的意见》《关于机关、事业单位和企业职工获准出境定居一次性离职费计发问题的通知》《关于工龄满30年的归侨职工退休后补足原工资等若干问题的处理意见》《关于回国满三十年老归侨探亲路费报销问题的通知》《关于解决我省困难归侨生活问题的意见》,并率先在全国出台了"三侨生"参加高考增加20分录取的照顾政策。此外,

---

① 董方:《中国侨务部门多措并举 促海外招才引智工作常态化》,搜狐网,2011年9月20日。

各类地方性侨胞权益保护法纷纷出台，如 2006 年制定的《淮安市归侨侨眷权益保护暂行办法》、2013 年年底发布的《苏州市华侨归侨侨眷权益保护办法》和《扬州市华侨归侨侨眷权益保护办法》、2015 年通过的《南京市华侨权益保护条例》，以及 2020 年实施的《常州市华侨归侨侨眷权益保护办法》等，使得侨益保护工作更加细致、深入。

为了鼓励华侨捐赠，保护捐赠人、受赠人和受益人的合法权益，2000 年 2 月 16 日，江苏省第九届人民代表大会常务委员会第十四次会议通过了《江苏省华侨捐赠条例》，加强对涉侨捐赠事业管理。

为吸引高层次人才归国发展，2010 年 9 月，江苏省人大常委会民族宗教侨务委员会对"加快制定实施海外人才居住证政策"的代表建议进行重点督办，最终促成《江苏省海外高层次人才居住证制度暂行办法》于 2011 年 6 月发布并实施。该办法将身份证功能与享受优惠政策、提供便利服务有机结合，提供申报专项资金、子女就近入学、申办营业执照及居留许可等 14 项优惠待遇和服务。①

为保障相关涉侨法律法规顺利实施，全省涉侨部门采取多种形式，加大涉侨法律法规和侨务工作的调研宣传力度，完善维护侨益社会化机制。2006 年，江苏省人大常委会受全国人大常委会委托，对《中华人民共和国归侨侨眷权益保护法》贯彻实施情况开展执法检查。2009 年 5 月，江苏省十一届人大常委会第九次会议听取和审议了江苏省政府关于全省侨务工作情况的报告。2002 年和 2008 年，江苏省人大常委会分别就《江苏省华侨捐赠条例》开展执法检查和省人大代表视察活动。江苏省政协港澳台侨（外事）委员会调研形成《关于徐州市归侨侨眷权益保护法执行情况视察报告》，提出加大《归侨侨眷权益保护法》宣传力度、设立归侨侨眷助困金、帮助归侨侨眷提高自身素质等建议。江苏省侨联在全国较早与省公安厅、省检察院、省法院建立涉侨案件联系通报侨联制度，并通过侨联法律咨询服务中心为侨界群众提供维权服务。②

在侨务工作的组织领导和统筹协调方面，江苏省各级人民政府常务会议每年至少听取一次侨务工作汇报，切实加强对侨务工作的领导，并根据工作需要成立由政府牵头的侨务工作领导小组，

---

① 董方：《中国侨务部门多措并举 促海外招才引智工作常态化》，搜狐网，2011 年 9 月 20 日。
② 周建农：《坚持改革创新 主动担当作为 不断开创新时代江苏侨联工作新局面》，侨脉网，2018 年 12 月 18 日。

研究协调解决涉侨工作中的重大问题。江苏省人大常委会民族宗教侨务委员会、省侨办、省政协港澳台侨（外事）委员会、省侨联、致公党江苏省委建立"五侨联动"机制，统筹协调侨务工作。

对生活困难归侨进行帮扶，2002年修订后的《江苏省实施〈中华人民共和国归侨侨眷权益保护法〉办法》中明确规定"无劳动能力又无经济收入的归侨、侨眷，由所在地人民政府提供最低生活保障，保障标准应当高于当地标准的百分之十"。① 根据《省政府办公厅转发省政府侨务办公室等部门关于解决我省困难归侨生活问题的意见的通知》，江苏省财政部门自2000年开始，每年安排50万元，作为对困难归侨补助的专项资金。2007年省财政厅、省侨办、省侨联联合下发了《关于对全省困难归侨及企业退休归侨发放生活补助的通知》，根据具体情况对困难归侨发放每人每月100~200元的生活补助。2003年以来，致公党江苏省委大力实施"致力扶农，教农民上网，为农民造福"的"致福工程"，免费培训农民计算机知识、帮助农民掌握信息化技能。截至2013年年底，"致福工程"江苏培训点累计免费培训农民30多万人。2011年，在中央统战部、人力资源和社会保障部等联合召开的"各民主党派、工商联和无党派人士为全面建设小康社会作贡献"表彰大会上，"致福工程"获"全国社会服务优秀成果奖"。

图9-2 时任江苏省侨联主席郁美兰看望归侨

2. 从"招商引资"到"招才引智"：侨务工作重点的转向

改革开放以来，江苏省经济日益繁荣，进入21世纪，海外华侨华人积极参与中国经济建设，呈现出新的发展态势。江苏是沿海重点侨乡和侨务工作重点省份之一，仅江苏省侨商总会会员企业在江苏新增投资项目就多达200余个，投资总额达260亿元。② 相较而言，江苏省发展所缺已不再是资金，而是人才智力。

---

① 徐州侨联：《关于回国定居的华侨在财产、就业等方面的法律政策》，2020年5月21日。
② 《江苏省侨商总会新会长畅谈侨商发展》，中新网，2013年3月29日。

随着江苏省产业结构调整升级，华侨华人专业人才回国创业、为国服务，成为中国实施"科教兴国""人才强国"战略的重要资源宝库，因此吸引华侨华人专业人才多形式为国服务成为我国现代化建设的必然要求。①随之，在继续做好传统"招商引资"工作的基础上，江苏省重视发挥归侨侨眷和海外侨胞的独特优势和作用，将侨务工作的重点放到了"招才引智"方面。据江苏省侨联第六次代表大会报告，这一期间，仅全省各级侨联就配合政府有关部门引进经济、科技、教育、文化等各类项目650多个，引进外资19.83亿美元。

3. 重视华侨华人专业社团桥梁作用，积极推进"招才引智"

海外华侨华人专业社团会聚了大量的华侨华人高层次专业人才，这些专业人才在国际国内科技创新领域占有重要地位。国家积极开展针对海外华侨华人专业人才的吸引与服务工作，对专业社团更是给予了足够的关注和支持。

在此背景下，江苏省各级涉侨部门推出了"相聚长三角""海外华侨华人高层次人才江苏行""创业中华·创新江苏""引凤工程"等特色品牌活动，为吸引海外高层次专业人才来江苏创业发展创造条件。努力拓宽以侨引资、以侨引智、以侨引才渠道，为资金、技术、人才和项目牵线搭桥，讲好江苏故事，让广大海外侨胞了解江苏、认同江苏。②

三、侨务工作"走出去"

进入21世纪后，随着中国综合国力的增强与国际地位的提升，面对经济全球化的加速发展，中国以更加积极的姿态走向世界。

江苏作为沿海重点侨乡和侨务工作重点省份之一，侨资企业在全省经济中所占的比重、对全省经济与社会的贡献率都比较大，据不完全统计，华侨、外籍华人在江苏省投资企业5万多家，投资总额占利用外资总额的60%以上。③ 为促进江苏对外开放，在做好"引进来"的同时，江苏各涉侨部门积极引导侨企率先"走出去"。侨务工作服务"走出去"战略，既是侨务工作的内在要求，又是服务江苏经济转型的必然选择，也是21世纪侨务工作创新发展的重要内容。

---

① 杨伏山、陈悦：《国侨办副主任称将启动"海外人才为国服务计划"》，中国新闻网，2004年9月8日。
② 许宝庆：《镇江侨办主任：涵养引进侨务资源 推进招才引智》，国务院侨务办公室网站，2010年12月22日。
③ 邵军：《关于〈江苏省保护和促进华侨投资条例（草案）〉的说明》，江苏人大网，2016年4月1日。

1. 引导侨资侨智，经济"走出去"

侨资企业在经济"走出去"中，具有特殊优势，经历改革开放40余年发展，江苏许多侨企已经发展壮大，具备了跨国经营和投资的条件，部分侨商的成功也为国内民营企业、侨资企业向外发展提供了经验。江苏涉侨部门在积极做好"引进来"工作的同时，大力引导侨资侨智，利用两个市场、两种资源，从开展商品贸易、劳务输出，逐步拓展到制造加工和能源采矿等领域，并引领越来越多的国企、民企"走出去"，参与国际经济技术合作和分工，服务江苏的对外投资。在此期间，江苏省侨办、江苏省侨联配合中国海外交流协会、中国侨联等部门协办了首次在中国内地举办的第六届世界华商大会，来自77个国家和地区的103个海外华人社团、3301位华商嘉宾与1400百余位中国内地知名企业家在南京同赴盛会。江苏省侨联还举办了两届"侨界人才创业创新为国服务论坛"，成立了省侨商总会、省侨界青年总会和省侨界专业人士联合会，为海外人才了解江苏、服务江苏搭建有效平台。江苏省政协港澳台侨（外事）委员会也就加入世贸组织问题、实施江苏"走出去"战略等开展调研，其中《关于加快实施我省"走出去"战略的意见和建议》的调研报告，被评为2003—2004年度省政协优秀视察调研报告；《关于推动我省民营企业"走出去"的建议》，得到省委主要领导的批示。

2. 弘扬中华文化，提升江苏美誉度

江苏省各级涉侨部门加大资源整合，发挥以侨为桥的优势，创新"海外华文媒体看江苏""亲情中华·魅力江苏""江苏文化周""水韵江苏"摄影图片展等主题活动，大力弘扬中华文化，增进海内外人士对江苏的认同感，为江苏对外开放营造良好氛围。在此期间，江苏省侨办先后在美国《侨报》、法国《欧洲时报》、巴西《南美侨报》、加拿大《环球华报》开辟了"中国江苏"专版，每年以200余个版面的文字图片报道量，向北美、欧洲和南美洲与江苏经贸往来较多的主要国家，宣传江苏经济建设和社会发展的成就，宣传江苏的旅游资源和风土人情，并在省内一批对外交流重点中小学设立"江苏省华文教育基地"；江苏省政协港澳台侨（外事）委员会着力巩固和发展爱国统一战线，围绕辛亥革命、北伐战争、西安事变、"七七"事变、抗日战争胜利等近现代历史上的重大事件，配合省政协积极开展有关纪念活动，在海内外产生了良好反响。江苏省侨联在全国率先命名了南京中山陵、苏州胥王园、泰州单声珍藏文物馆等一批"江苏省华侨文化交流基地",夯实以侨为桥对外传播的载体。

3. 搭建长期稳定的人才交流平台,打造金牌活动,促进对外交流常态化

江苏各级涉侨部门将中外交流活动作为侨务工作的重要载体,通过打造金牌交流活动,邀请来自世界各地的侨团、侨领、侨商回苏参观考察,加强与江苏省在经贸、科教和文化等方面的交流与合作,巩固和发展了一支宏大的友好力量。江苏省侨办自1998年以来连续举办20届"海外江苏之友"系列活动,以投资兴业、文化交流、创新合作等多种方式为海外侨商侨胞提供发展机遇和广阔平台。江苏省侨联与南通市政府联合主办了"亲情江苏华侨文化之旅",举办了"海外侨界·江苏各界杰出女性发展论坛"等活动,团结凝聚各领域侨胞。2009年,致公党江苏省委把握"归国潮"的历史机遇,应时启动以海外高层次人才引进和联谊为宗旨的"引凤工程"。2010年全国人才工作会议召开一个月后,首届海外留学人员"江苏行"考察联谊活动成功举办,成功将致公党海外联系广泛特色转化为工作优势,践行侨海报国时代主题。目前,"引凤工程"已连续举办了十二届"江苏行"活动、五届创新创业赛事和一届创新营,累计吸引2439位海外博士、学者、科研人员报名,先后邀请769位海外高层次专业人才考察对接江苏13个设区市以及重庆、浙江、湖南、四川、贵州、辽宁等地,已促成近500位高科技人才回国发展,一半落户江苏创业创新。

江苏侨务工作的"走出去",是立足于"引进来"的"走出去",是用"引进来"推"走出去",以"走出去"促"引进来",以侨为桥,充分发挥其在经济发展、文化交流、创新合作等方面的积极作用。

第四节 新时代江苏侨务工作新发展

一、新时代侨务工作战略部署

党的十八大以来,以习近平同志为核心的党中央对侨务工作高度重视,习近平总书记站在坚持和发展中国特色社会主义、实现中华民族伟大复兴的中国梦的高度,对侨务工作作出一系列深刻论述和重要指示,明确了做好新时代侨务工作的重要意义、指导思想、工作主题、工作主线、工作原则、工作格局、工作重点以及干部队伍建设要求,为侨务工作提供了更广阔的舞台、创造了更好条件,也提出了新的更高要求、赋予

了更大的责任和使命。习近平总书记关于侨务工作的重要论述顺应时代潮流，把握世界发展大势，内涵丰富、系统完整、逻辑严密，是对党的侨务理论的最新发展，是团结联系广大海外侨胞和归侨侨眷为实现中华民族伟大复兴的中国梦共同奋斗的根本遵循和行动指南。

习近平总书记明确并高度肯定了海外侨胞的地位作用，指出长期以来，一代又一代海外侨胞秉承中华民族优秀传统，不忘祖国，不忘祖籍，不忘身上流淌的中华民族血液，热情支持中国革命、建设、改革事业，为中华民族发展壮大、促进祖国和平统一大业、增进中国人民同各国人民的友好合作作出了重要贡献；广大海外侨胞有着赤忱的爱国情怀、雄厚的经济实力、丰富的智力资源、广泛的商业人脉，是实现中国梦的重要力量。2020年10月，习近平总书记在汕头考察时明确指出，"华侨一个最重要的特点就是爱国、爱乡、爱自己的家人。这就是中国人、中国文化、中国人的精神、中国心。中国的改革开放，中国的发展建设跟我们有这么一大批心系桑梓、心系祖国的华侨是分不开的"。这些重要论述，为我们把握新时代海外侨胞的地位作用提供了根本遵循。

明确了"凝聚侨心侨力　同圆共享中国梦"的新时代侨务工作主题。习近平总书记在会见第七届世界华侨华人社团联谊大会代表时强调，"中国梦是国家梦、民族梦，也是每个中华儿女的梦"。2017年年初，习近平总书记对侨务工作作出重要指示，指出要以凝聚侨心侨力同圆共享中国梦为主题，最大限度把海外侨胞和归侨侨眷中蕴藏的巨大能量凝聚起来、发挥出来。习近平总书记提出的侨务工作主题，是新时代侨务工作的中心任务，将贯穿新时代侨务工作始终。

明确了"根""魂""梦"的新时代侨务工作主线。习近平总书记指出，"团结统一的中华民族是海内外中华儿女共同的根，博大精深的中华文化是海内外中华儿女共同的魂，实现中华民族伟大复兴是海内外中华儿女共同的梦。共同的根让我们情深意长，共同的魂让我们心心相印，共同的梦让我们同心同德，我们一定能够共同书写中华民族发展的时代新篇章"。习近平总书记的重要论述，明确了联系凝聚广大海外侨胞的情感之纽带、精神之依托、动力之源泉，是新时代开展侨务工作必须牢牢把握的主线。

明确了"三有利"的新时代侨务工作原则。早在福建工作期间，习近平同志就提出，在新时期，侨务工作要有新的观念、新的思路，这个观念和思路就是在"对投资者有利、对所在国有利、对中国有利""三有利"的前提下，充分发挥"侨"的优势。党的十八大以来，这一思想得到了新的发展，越发显示出其重大的理论与实践意义。

明确了"大侨务"的新时代侨务工作格局。以习近平同志为核心的党中央把侨务工作放在党和国家战略全局中来谋划，形成了"大侨务"的工作格局。2016年，党中央批准了《中国侨联改革方案》。2018年，党的十九届三中全会通过了《深化党和国家机构改革方案》，对侨务工作作出新部署。2022年7月，习近平总书记在中央统战工作会议上强调，"促进中华儿女大团结，是新时代爱国统一战线的历史责任。要加强海外爱国力量建设，涵养壮大知华友华力量，促进中外文化文明交流互鉴"。

明确了推动构建人类命运共同体的新时代侨务工作重点。习近平总书记强调，实现中国梦，是海内外中华儿女的共同愿景，也将为世界各国人民带来更多利益和机遇；广大海外侨胞要运用自身优势和条件，积极为住在国同中国各领域交流合作牵线搭桥，更好融入和回馈当地社会，为促进世界和平与发展不断作出新贡献。2022年5月18日，习近平总书记给南京大学的留学归国青年学者回信，对他们寄予殷切期望。习近平在回信中勉励留学归国青年要心系"国家事"、肩扛"国家责"，大力弘扬留学报国的光荣传统，以报效国家、服务人民为自觉追求，在坚持立德树人、推动科技自立自强上再创佳绩，在坚定文化自信、讲好中国故事上争做表率，为全面建设社会主义现代化国家、实现中华民族伟大复兴的中国梦积极贡献智慧和力量。

明确了"贴心人""实干家"的侨务干部队伍建设要求。习近平总书记希望侨务战线的同志们坚持胸怀全局、坚持为侨服务、坚持改革创新，当好海外侨胞和归侨侨眷的贴心人，成为侨务工作的实干家。当好"贴心人"、成为"实干家"，是好干部标准在侨务工作中的具体化，为新时代侨联干部队伍建设指明了努力方向。

江苏省委、省政府认真落实习近平总书记关于侨务工作重要论述，对做好新时代江苏侨务工作作出一系列决策部署。一是立足江苏省情、侨情，深刻阐述了做好侨务和侨联工作的重要意义。2014年7月，江苏省委召开全省侨联工作座谈会，明确提出侨联组织的工作对象不同于一般的群体,而是历史上做出过巨大贡献、现实中具有独特优势与作用的归侨侨眷和海外侨胞,要求站在全省工作大局,充分发挥侨联组织重要作用,引导和动员侨界参与我省全面深化改革,维护好归侨侨眷和海外侨胞的正当权益。2017年,江苏省侨务工作会议提出,努力把侨务资源中蕴藏的巨大能量转化为推动发展的强大力量,为建设"强富美高"新江苏作出积极贡献。进一步体现了江苏省委、省政府对做好新时代侨务和侨联工作的重视与支持。二是围绕"强富美高"新江苏建设需求,最大限度动员海内外侨胞发挥优势、建功新时代。2017年8月江苏省侨联第七次代表大会期间,时任江苏省委书记李强在会见侨界先进代表时,希望广大归侨侨眷和海外侨胞在新的形势下,在报效祖国上有更多情怀,把个人奋斗与国家命运更加紧密地结合起来,为国家发展作出更大贡献。要积极为江苏建设发展再立新功,争当创新创业的表率,争当建言献策的高参,利用各种途径广泛宣传推介江苏,利用各种机会和平台为江苏发展多作贡献。要进一步发挥人脉资源、信息资源的优势,多做牵线搭桥的工作,充分调动各方面的资源要素,为江苏发展凝聚更多智慧和力量。2021年12月,江苏省委书记吴政隆在会见中国侨联主席万立骏时说,立足新发展阶段、

图9-3 江苏省侨联第七次代表大会在南京召开

贯彻新发展理念、构建新发展格局、推动高质量发展，需要更好地凝聚侨心侨智、用好侨资侨力。他表示，江苏将创造更好环境、提供最优服务，进一步凝侨心、聚侨力、护侨益，全力支持广大侨胞和侨商企业在江苏发展，共同为实现中华民族伟大复兴中国梦而努力奋斗。这些重要论述，对全省各级涉侨部门统筹做好服务大局与服务侨胞工作，进一步指明了方向。三是构筑"大侨务"工作格局，强化侨务工作顶层设计。2017年3月，江苏省委常委会议研究通过《江苏省侨联改革实施方案》，强调侨联改革是群团改革的重要组成部分，省侨联要紧扣政治性、先进性、群众性这个定位推进改革，切实发挥职能作用，当好党委、政府联系广大归侨侨眷和海外侨胞的桥梁纽带。江苏省政府也先后出台了《省政府关于贯彻国家侨务工作发展纲要（2011—2015）的实施意见》《江苏省侨务工作发展纲要（2016—2020年）》，提出侨务工作阶段性规划目标，加强对侨务工作的统筹协调，调动全社会力量做好侨务工作。

二、江苏省侨务机构改革成就

为了更好地凝聚侨心侨力，助力中国特色社会主义现代化事业发展，共同推进中华民族伟大复兴，"大侨务"观越来越成为我国侨务工作的重要理论指引。习近平总书记在《"大侨务"观念的确立》一文中指出："新时期的侨务工作要打破地域的界限，跳出侨务部门的范围，使之成为党和各级政府的大事，成为全社会共同关心、参与的大事。"

1. 涉侨机构改革

2016年12月4日，中共中央办公厅印发《中国侨联改革方案》（以下简称《方案》）。《方案》强调，侨联改革必须坚持党的领导、把牢正确方向，坚持服务宗旨、激发组织活力，坚持问题导向、着力转变作风，坚持整体推进、切实履行职责，从侨联的群众性、民间性、涉外性、统战性特点出发，推进侨联组织创新、工作创新，打造侨联工作品牌，更好履行侨联服务经济发展、依法维护侨益、拓展海外联谊、积极参政议政、弘扬中华文化、参与社会建设职能，切实当好党和政府联系广大归侨侨眷和海外侨胞的桥梁纽带。《方案》从四个方面提出了中国侨联的改革措施：第一，改革调整中国侨联领导机构、机关设置和运行机制；第二，改革中国侨联组织人事制度，加强干部队伍作风建设；第三，提升侨联服务大局、服务侨界群众的能力和水平；第四，夯实侨联基层基础，增强侨联组织活力。2017年，江苏省委办公厅印发了《江苏省侨联改革实施方案》，结合江苏实际，对落实《中国侨联改革方案》作出部署。

此外，为进一步扩大侨联基层组织覆盖面，更好为侨服务，江苏省深入贯彻落实中国侨联《基层侨联组织工作条例（试行）》和《关于新时代加强基层侨联建设的指导意见》，多次组织召开全省侨联组织建设推进会，持续推进侨联组织进园区、进社区、进校区工作，有力推动了基层侨联建设由有形覆盖向有效覆盖转变。

2018年，党的十九届三中全会通过了《深化党和国家机构改革方案》，党中央把侨务工作放在党和国家战略全局中进行谋划，对侨务工作作出新部署，其中《深化党和国家机构改革方案》第十五项明确中央统战部统一管理侨务工作，具体包括：一是，为加强党对海外统战工作的集中统一领导，更加广泛地团结联系海外侨胞和归侨侨眷，更好发挥群众团体作用，将国务院侨务办公室并入中央统战部。中央统战部对外保留国务院侨务办公室牌子。二是，调整后，中央统战部在侨务方面的主要职责是，统一领导海外统战工作，管理侨务行政事务，负责拟定侨务工作政策和规划，调查研究国内外侨情和侨务工作情况，统筹协调有关部门和社会团体涉侨工作，联系香港、澳门和海外有关社团及代表人士，指导推动涉侨宣传、文化交流和华文教育工作等。三是，国务院侨务办公室海外华人华侨社团联谊等职责划归中国侨联行使，发挥中国侨联作为党和政府联系广大归侨侨眷和海外侨胞的桥梁纽带作用。四是，不再保留单设的国务院侨务办公室。

据此，《江苏省机构改革方案》规定，由江苏省委统战部统一管理侨务工作，省侨办并入省委统战部后，对外保留省侨办牌子，从而更好地加强省委对海外统战工作的集中统一领导，更加广泛地团结联系海外侨胞和归侨侨眷。原省侨办海外华侨华人社团联谊职责划归省侨联履行。

江苏省各级涉侨部门抓住此次机构改革机遇，完善侨务工作运行机制，推动侨务部门科学发展，充分发挥党和政府联系广大归侨侨眷和海外侨胞的桥梁和纽带作用，提升了为侨服务能力，凝聚了侨心侨力。如江苏各设区市侨联将涉侨机构改革与群团改革、侨联事业改革紧密相连，瞄准"强三性""去四化"目标，重融合、促联动、强基层、打基础，促进侨联组织和侨联工作的强化提升。南京、南通、连云港、泰州等市侨联内设机构和人员力量不断加强，苏州、扬州等市侨商组织加快融合发展，宿迁市乡镇侨联覆盖率超过90%。

2. 构建江苏"大侨务"工作格局

江苏省是中国经济、文化发达的地区，改革开放40多年来，华侨华人参与、见证了江苏的经济腾飞与繁荣。在长期对侨工作中，江苏省各级涉侨部门用心、用力、用情涵养侨务资源，将侨务资源不够丰富的江苏省打造成为我国侨务工作的先进省份，在凝聚侨心侨力、招引侨智侨资、维护侨权侨益、宣传侨乡侨情方面取得了显著成果。

江苏省涉侨部门积极按照党的十九大报告提出的"提高社会治理社会化、法治化、智能化、专业化水平"要求，着力构建"大侨务"工作格局，① 进一步拓展"五侨联动"工作机制，积极整合省人大华侨委、侨办、政协港澳台侨委、侨联、致公党等涉侨部门侨务资源；充分发挥由省侨办、发展改革委、商务厅等27个部门组成的江苏省华侨投资权益保障协调委员会作用，协调解决好权益保护中遇到的重大问题，始终紧紧围绕侨务工作"为改革开放和经济社会发展服务"的时代特征，合理整合政府与社会资源，上下联动，形成侨务部门与政府各部门共同参与，社会、社区、社团广泛参与的为侨服务工作机制，不断扩大为侨服务"网络"的覆盖面，将侨务工作全面融入对外开放的经济社会大发展中。

中国侨联党组书记、主席万立骏认为，应该"树立大侨务的观念和思路，着力织好'两张网'：一张是侨联系统内部的组织网络，从上到下，从中国侨联到基层侨联，包括海外侨团侨社；另一张是与其他部门之间的工作网络，加强与相关群团组织、职能部门的联系，形成侨务工作大合唱"②。从而为江苏侨务工作发展提出了更高的要求。截至2021年年底，全省13个设区市实现侨联组织全覆盖，38个县（市、区）实现了乡镇（街道）侨联组织全覆盖；全省90个县（市、区）成立县级侨联，近280个乡镇（街道）成立基层侨联组织，45所高校成立高校侨联组织。③ 同时，省侨联印发《关于在全省县级侨联组织中开展双"五有"侨联组织创建活动的通知》，以"有组织、有队伍、有经费、有阵地、有活

---

① 王华：《以十九大精神为指引 奋力开创江苏侨务工作新局面》，《侨务工作研究》2018年第1期。

② 王尧：《用中国梦凝聚侨心》，人民网，2017年11月16日。

③ 根据江苏省侨联所提供资料。

动"、"服务侨胞有真情、凝聚侨胞有载体、团结侨胞有骨干、活跃组织有品牌、维护侨益有能力"为创建标准,在全省范围内掀起基层侨联组织建设的热潮。目前,共命名5个批次,45家县级侨联为双"五有"侨联组织。①

"合作共建"是致公党江苏省委于2018年6月开始实施的关于加强自身建设、提升组织活力的新的品牌工程,主要通过多组织间的资源整合、优势组合、力量融合,多方联合开展活动,互促共进。4年多来,"合作共建"蓬勃发展,在形式和内涵上不断拓展延伸,已形成了基层组织之间的"跨支部共建"、地方组织之间的"跨市共建"、致公党各组织之间的"跨行业共建"、与政府部门以及其他民主党派之间的"跨党派共建"、与致公党其他省份组织之间的"跨省共建"的"五维一体"共建模式。"合作共建"的广泛开展,有效化解了党员人数少、组织规模小、开展活动难的问题,使全省组织建设生态焕发出新的活力,拓展了自身建设的思路,有力推进了组织互联、班子互帮、队伍互动、工作互促,增强了组织凝聚力,提升了党派影响力,为建设高素质参政党地方组织发挥了极其重要的作用。

三、服务经济社会发展

江苏涉侨部门坚持"三有利"原则,充分发挥侨胞联系广泛、智力密集、融通中外的优势,深层次、宽领域、全方位地开展经济、科技、文化等方面的交流合作,将地方经济社会发展的需求和侨界专业人士的创业就业需求有机结合起来,搭建起更多供需对接、双向服务的平台,力求取得更大实效为现代化建设服务。2016年1月15日江苏省第十二届人民代表大会常务委员会第二十次会议通过《江苏省保护和促进华侨投资条例》,全力帮助侨资企业,切实保障华侨合法投资权益,广泛调动华商投资积极性。

1. 服务长三角区域一体化发展

2018年11月5日,习近平总书记在首届中国国际进口博览会上宣布,"支持长江三角洲区域一体化发展并上升为国家战略,着力落实新发展理念,构建现代化经济体系,推进更高起点的深化改革和更高层次的对外开放,同'一带一路'建设、京津冀协同发展、长江经济带发展、粤港澳大湾区建设相互配合,

---

① 根据江苏省侨联所提供资料。

完善中国改革开放空间布局。"①

为贯彻落实习近平总书记推动长三角区域更高质量一体化发展的重要讲话精神，江苏省涉侨部门开展一系列活动，助力长三角区域一体化发展。2019年11月11日，江苏省侨联联合中国侨商联合会、中国侨联新侨创新创业联盟以及上海、浙江、安徽侨联共同主办"创业中华·江海筑梦"首届长三角华商大会，引导服务全球华商深入了解长三角、兴业长三角。大会期间，签约额创150亿元新高，一批科技含量高、市场前景好的路演项目达成有关合作意向。致公党江苏省委2020年提出的《关于优化沿江空间精准化转型、推动长江大保护的建议》，由时任省委书记娄勤俭领办。《关于加快建设自主可控的先进制造业体系的建议》《关于厚植"两化融合"、激发智能制造发展动力的建议》由时任省长吴政隆领办。江苏省涉侨部门发起、共同组织、积极参与的这一系列侨务品牌活动，对助推长三角区域一体化发展意义重大，影响深远，成效显著。

2. 助力"一带一路"交汇点建设

华侨华人人数众多，遍布世界各地，是中国与世界交往的友好使者，也是推动构建"人类命运共同体"的重要参与者，特别是分布在"一带一路"沿线国家和地区的4000多万华侨华人，是当地民众了解中国的重要桥梁，②也是"一带一路"建设的重要资源和力量。侨务部门积极鼓励海外侨胞投身"一带一路"建设，宣传"共商、共建、共享"原则，为中国和沿线各领域合作牵线搭桥，有效促进了中国与沿线国家的政治互信、经济互融和人文互通。引导海外侨胞讲好中国故事，以生动鲜活、更接地气的形式向住在国社会和民众宣介人类命运共同体的理念，不断巩固扩大人类命运共同体的群众基础。③ 随着"一带一路"建设深化，海外华侨华人作用日益凸显。侨务部门结合"一带一路"倡议和本地区经济发展战略，鼓励华侨华人参与地方经济建设，实现祖（籍）国、住在国、华侨华人的三方共赢。④

---

① 中国政府网：《习近平主席出席首届中国国际进口博览会开幕式并发表主旨演讲》，2018年11月5日。

② 中共中国侨联党组：《新时代侨联工作改革创新的根本遵循——深入学习贯彻习近平总书记关于侨务工作的重要论述》，求是网，2018年8月17日。

③ 统战新语：《新中国70年，凝聚侨心侨力 同圆共享中国梦》，中国新闻网，2019年9月27日。

④ 高乔：《专家学者和侨务工作者研习习近平总书记关于侨务工作重要论述》，中工网，2020年9月18日。

图9-4 "创业中华·江海筑梦"首届长三角华商大会

江苏对外开放起步早,开放型经济发达,拥有较好的区位优势和基础设施条件,与"一带一路"沿线许多国家的经贸往来和人文交流具有良好的基础。2014年12月习近平总书记视察江苏时,赋予了江苏省"一带一路"交汇点的明确定位。江苏省各级涉侨部门全面落实省委省政府《关于高质量推进"一带一路"交汇点建设的意见》,从凝聚侨心侨力、招引侨智侨资、维护侨权侨益等方面积极推进侨务工作。

受全国人大华侨委员会委托,江苏省人大常委会民族宗教侨务委员会围绕进一步发挥海外侨胞在共建"一带一路"中的重要作用开展专题调研,相关调研报告报送全国人大和有关方面参考。江苏省侨办在与"一带一路"沿线国家华侨华人的交流合作中加强对侨智侨资引导,一方面考虑各地、各园区不同需求,分散式地引导,增强针对性;另一方面又充分发挥引智引资工作的整体集成效应,打造产业与人才集聚互动并进的高新园区,彰显特色性和整体性。经省侨办积极争取,2016年1月,国务院侨办和江苏省政府共同在南京麒麟科创园挂牌设立江苏南京"侨梦苑"。江苏省海外联谊会成立"一带一路"国际法律服务联盟,为"一带一路"沿线国家和地区华侨华人做好法律服务、提供维权支持。江苏省侨办还依托中餐繁荣培训基地,开展对"一带一路"沿线国家中餐从业人员的培训;发挥中医惠侨基地的作用,开展"一带一路"沿线国家中医海外远程会诊活动,弘扬中医文化,服务海外侨胞等。江苏省政协港澳台侨(外事)委员会从2018年起,连续5年把"一带一路"交汇点建设列为重点课题,专门制订《"共建'一带一路'协商议政"工作品牌实施方案》,5年围绕一个主题,每年选取一个切口,从政策扶持、配套服务、企业参与、打造改革开放新高地等多个维度,采取专题调研、集中视察、主席专题协商会、"发展·民生"专题协商座谈会、专题民主监督等多种形式,开展协商议政,积极建言献策,推动协商成果转化为凝聚共识、解决问题、推进发展的实际效能,为助推共建"一带一路"高质量发展贡献智慧力量。自2020年1月起,江苏省政协建立邀请"一带一路"沿线国家侨胞代表列席政协全会、参加政协活动的机制,增加邀请15名海外华侨华人代表列席省政协十二届三次会议。江苏省侨联以"丝路新航·繁荣共享""云连五洲侨商·共谱丝路新篇"为主题,举办海内外侨商携手共建"21世纪海上丝绸之路"起航活动和海内外华人华侨共建"一带一路"活动,促成多个项目落地。组织侨商赴中亚、东南亚等"一带一路"沿线国家考察,举办"一带一路"投资推介洽谈会,为侨商"走出去"穿针引线。2020年11月,江苏省侨联举办"创业中华·筑梦江苏"2020"一带一路"交汇点华商大会,引导广大华商积极参与高质量推进"一带一路"交汇点建设,10个"走出去"企业现场与新加坡江苏会等9个国家的侨团线上签约,有11名华商与相关单位现场对接了投资意向。由无锡市侨联牵头发起成立的"一带一路"海外发展服务平台,自2020年启动以来,已经通过对接交流,接触各类投资项目达90多个。致公党江苏省委2018年调研提出的《关于推动中欧班列健康有序发展更好服务"一带一路"建设的提案》,被全国政协列为重点督办提案。

图 9-5 "创业中华·筑梦江苏" 2020 "一带一路" 交汇点华商大会

3. 着力引资引智引才

江苏省为更好实现侨务资源的高效整合,将"引智"与"引资"结合,充分发挥引智引资工作的整体集成效应,江苏省人大常委会民族宗教侨务委员会就"十四五"期间更好发挥新侨资源优势和新侨作用开展专题调研,调研报告获评省人大机关优秀调研成果一等奖。江苏省侨办加强海外人才联络站建设,依托海外重点侨团(商会)设立侨务经济联络点。启动开展"海外华侨华人高层次人才江苏创新创业基地"挂牌活动,举办"海外华侨华人高层次人才江苏行""华侨华人社团中青年负责人研修班"等活动,引导和支持他们深度参与江苏创新发展。江苏省侨联率先在全国侨联系统创建"新侨创业创新基地",相关经验得到中国侨联的推广。现有中国侨联命名的"新侨创业创新基地"45家,省级侨创基地141家,数量居全国前列;积极组织参加"中国侨界贡献奖"评选活动,获奖数量连续六届蝉联全国第一;承办全国侨联系统新侨创新创业成果展,参与举办中国长三角青商论坛暨华裔杰青嘉年华活动、侨青创业智慧分享会等活动,评选表彰"江苏优秀侨资企业",宣传推介我省优秀新侨企业和创新成果,助力新侨创业发展。2017年以来,江苏省侨办参与筹备2017年第一届江苏发展大会,承办了"侨智侨力创未来"专题论

图 9-6 "创业中华·筑梦江苏"2021太湖湾科创带侨创峰会

坛;江苏省侨办、江苏省侨联配合做好2019年第二届江苏发展大会筹备工作。江苏省侨联还深入开展"创业中华·创新江苏""创业中华·筑梦江苏"主题活动,与地方政府举办了数十场大规模的侨资侨智对接交流会,推动全省侨联协议引进资金超过1000亿元。围绕人才强省建设,江苏省侨联举办侨界高端人才创新创业峰会、侨界高端人才峰会,成立江苏侨界高层次人才发展联盟,组织"侨界专家建言江苏"活动,开设26期"侨界专家大讲堂"。五年来,全省侨联累计协助引进侨界高层次人才1500余人。

4. 为地方发展建言献策

江苏省涉侨部门积极发挥侨界人士参政议政的重要作用,引导侨界人士参与全过程人民民主,为江苏各项事业发展贡献侨智。江苏省人大常委会民族宗教侨务委员会加快侨务法治建设,深化执法检查,2020年6月,全国人大常委会副委员长白玛赤林率调研组在江苏调研,肯定侨务法治建设成果。江苏省人大常委会领导率人大代表赴扬州、连云港,对薛元金等35位省人大代表在省十二届人大四次会议上提出的"关于引导和支持华侨投资者参与'一带一路'、长江经济带建设和江苏沿海开发"的建议进行重点督办，推动落实涉侨议案，优化创新环境。2018年1月，江苏省人大常委会还首次邀请部分港澳同胞、台湾同胞、华侨和国际友人旁听江苏省第十三届人民代表大会第一次会议，5名侨界代表列席大会，扩大侨界政治参与。2013年1月，江苏省政协首次邀请36名台胞代表人士和海外代表人士列席省政协十一届一次会议，将特邀代表意见归纳成《大数据时代的产业布局和战略机遇》《江苏生态农业和现代农业的认识和思考》《在设立台资企业协会的地区建设台商会馆》等7篇建议，报送省委、省政府，扩大了特邀代表协商议政的影响。2019年以来，省政协港澳台侨（外事）委员会还广泛组织省政协侨联界委员开展"有事好商量"协商议事活动。江苏省侨联定期组织省政协侨联界委员考察调研，主动建言献策。5年来，全省侨联系统先后提交提议案5100多件、社情民意3200多条、调研报告及大会发言700多篇，侨情信息工作在全国持续领先，连续10年被中国侨联表彰为特等奖。2017年以来，致公党江苏省委打造"汇智工程"品牌。在参政议政工作机制上，不断完善"调研课题招标和申报制度"，实现智慧众筹、成果共建。在平台拓展上，5年举办了6场"汇智论坛"，鼓励支持各地举办分论坛，探索建立"1＋N"模式，有力提升参政议政工作的质量和水平。创新举办"汇智沙龙"，广泛征集社情民意线索和对策建议。近年来，致公党江苏省委每年调研成果超过百篇、社情民意信息稿件400多篇，全省30%以上党员、80%以上基层组织直接参与各级各类调研课题，以较少的党员数量在各类参政议政平台中始终保持较高的占比和较高的质量。

四、以侨为桥，凝聚侨心

习近平总书记在关于"根""魂""梦"的重要论述中指出："团结统一的中华民族是海内外中华儿女共同的根，博大精深的中华文化是海内外中华儿女共同的魂，实现中华民族伟大复兴是海内外中华儿女共同的梦。共同的根让我们情深意长，共同的魂让我们心心相印，共同的梦让我们同心同德，我们一定能够共同书写中华民族发展的时代新篇章。"①"根、魂、梦"是联系广大海外侨胞的重要纽带，将分散在世界各地的海外侨胞凝聚在一起。实现中华民族伟大复兴的中国梦，就要坚持以同属中华民

---

① 《以"侨"架"桥"习近平这样谈侨务工作》，央视网，2019年5月29日。

族为情感基础,以同源中华文化为精神纽带,加强对海外华人学习传承中华文化等方面的服务工作,搭建海外联谊桥梁,同诉故乡情,共筑中国梦。让海外侨胞在潜移默化中成为中外友好交流的民间大使。① 在习近平新时代中国特色社会主义思想指导下,江苏侨务工作在凝聚侨心侨力,同圆共享中华民族伟大复兴中国梦中作出了诸多努力,取得了积极成效。

1. 海外联谊

江苏省涉侨部门以亲情乡情为纽带,密切与海外侨胞的联系,协助做好助侨暖侨工作,画好最大团结同心圆。

江苏省侨办、江苏省侨联协同搭建海外江苏社团联谊平台,增进和谐侨社建设共识,促进侨务资源辐射型拓展。2014年起,江苏省侨办落实"海外惠侨工程"八项计划,包括侨团建设、华教发展、文化交流、华助中心、中餐繁荣、中医关怀、事业扶持和信息服务等,促进和谐侨社建设。江苏省侨联以"侨连五洲·相约江苏"为主题,举办海外侨界社团和谐发展论坛、海外侨界社团联谊大会,进一步密切联系,深化友好交流。组织开展纪念抗日战争胜利70周年、纪念孙中山先生诞辰150周年、海外侨领寻根之旅和故乡行等系列活动,引导海外侨胞铭记历史、珍爱和平,增强振兴中华的责任感。2017年以来,江苏省侨联完善"侨连五洲·相约江苏"活动体系,海外35个国家合作共建38个"海外江苏侨胞之家",建立领侨服务、警侨联动、新春送福、侨情调研等常态化合作机构,高质量履行海外华侨华人社团联谊职责;连续四年举办海外侨领研修班,承办中国侨联第四期海外华裔杰青论坛,加强中青年侨领培育。2021年下半年,在全球新冠肺炎疫情形势异常严峻的情况下,江苏省侨联分区域举办十余场"侨连五洲·相约江苏"联谊联络线上交流座谈会,回应侨胞的所需所盼,暖侨心增信心。

2. 文化交流

江苏省涉侨部门加强侨界思想政治引领,凝聚同心同向的侨界力量。主动服务文化强省建设,开展内容丰富、形式多样的侨界文化交流活动,传播中华文化和江苏地域文化,讲好新时代中国故事。2016年起,江苏省侨办启动了侨务文化"百千万工程"("寻根、铸魂、圆梦"),即:五年内在省内挂牌成立100所华文教

---

① 中共中国侨联党组:《新时代侨联工作改革创新的根本遵循——深入学习贯彻习近平总书记关于侨务工作的重要论述》,中国共产党新闻网,2018年8月17日。

育基地、100所中华文化海外交流基地、在海外建立100个传媒联系点；联系对接1000家海外华文学校、助推1000个对外文化交流项目、组织1000个海外"专版"宣传推介江苏；组织优秀教师赴海外培训10000名华裔师生、组织引导10000名华裔青少年参加江苏省举办的文化传承项目、实现《华人时刊》年度发行量突破10000份目标。举办海外华裔菁英青少年大运河文化体验活动、海外"秦淮灯会"、"水韵江苏"摄影图片展，承办中华大乐园等活动，向海外选派优秀华文教师，不断扩大江苏文化海外影响力。江苏省侨联坚持因时而谋、文化浸润，举办纪念改革开放40周年分享会、"一路同行·侨耀江苏"盛典、"苏侨赤子心"、"侨心永向党、奋进新时代"动员大会、"百年风华·侨心向党"汇报展演、祝福北京冬奥会等活动，弘扬侨界爱国爱乡的光荣传统；加强侨界典型宣传，通过评选"江苏侨界之星和为侨服务之星"、推荐海外"最美侨胞""江苏青年友好使者""侨界抗疫先进"等方式，在侨界弘扬正能量。江苏省侨联还打造"亲情中华·魅力江苏"工作品牌，推出舞台艺术、文化展示、书画交流、中医、中餐、非遗等惠侨文化项目，实现弘扬文化与为侨服务有机结合。在推广中医文化方面，江苏省侨联在全国率先组织"亲情中华"中医交流团赴海外慰侨义诊，与省中医院、南京中医药大学等单位和海外中医从业者合作，聘请"杏林使者"，建立中医文化海外推广中心，提供中医文化体验、远程诊疗等服务。在促进中餐繁荣发展方面，江苏省侨联自2019年启动中餐文化海外推广三年计划，在海内外共建立10个中餐文化海外推广基地、100个中餐文化海外推广中心，聘任100名中餐文化海外推广使者，连续多年举办全球中餐业领袖峰会和经典淮扬菜海外推广研习班，促进中外饮食文化交流互鉴。在青少年文化寻根方面，江苏省侨联高效承接中国侨联海外华裔青少年"中国寻根之旅"夏（冬）令营，首次线下办营规模就超过1000人，线上办营单届突破1.2万人次。举办"亲情中华·为你讲故事"江苏网上营，连续举办5期"心手相连·青春有约"——苏港澳青少年学生交流活动，参与举办"苏澳童画中国梦——江苏澳门儿童画作品展"和青少年联谊活动，让海外华裔青少年和港澳青少年感知江苏、热爱中华文化。在中华传统节日期间，江苏省侨联还精心推出"亲情中华·年味江苏"云端系列活动，在全国侨联系统率先举办全球华侨华人网络厨艺大赛、全球华裔青少年网络才艺大赛等活动。在服务大运河文化带建设方面,江苏省侨联连续举办"追梦中华·亲情大运河"海外华文媒体江苏采风活动,面向海外讲好江苏故事。

3. 维护侨益

江苏省涉侨部门坚持维护归侨侨眷的合法权益和海外侨胞的正当权益,巩固和扩大党的侨界群众基础。2018年,江苏省侨联与省高级人民法院联合出台开展涉侨纠纷多元化解试点工作的意见,积极推动设区市侨联设立涉侨纠纷调解中心和信访接待室,加强特邀调解员队伍建设,目前已基本实现设区市全覆盖;发挥法律顾问委员会作用,提高维护侨益社会化、专业化水平。2022年,江苏省侨联与江苏省检察院联合下发《关于深化新时代检侨常态化联络机制依法保护侨胞合法权益的意见》,深化检侨联动。

此外,江苏省各级涉侨部门始终关心生活困难归侨侨眷,坚持定期走访慰问,深入开展"我为侨界群众办实事"实践活动。江苏省侨联联合有关部门、高校推动关爱老归侨"一对一"志愿服务公益活动落实,精准帮助其解决生活问题。成立于2013年的江苏省华侨公益基金会也始终支持着侨界关心的经济、文化、科技、教育、福利等各项公益事业发展,截至2021年年底,基金会共设立40个专项(项目)基金用于企业帮扶、救济困难华侨,2020年基金会捐赠及公益活动支出约4000万元,[①]为江苏省慈善公益事业发展作出了积极贡献。

4. 和衷共济,携手抗疫

2020年新年伊始,突如其来的新冠肺炎疫情牵动了海内外中华儿女的心弦。面对汹涌而来的疫情,全体中华儿女风雨同舟、和衷共济,共同筑就抗击疫情的钢铁长城。作为中国和全球抗疫的见证者与参与者,海内外侨界为抗疫成果作出了重要贡献。各级涉侨部门广泛动员、主动服务,全力支持侨胞抗疫。

第一,广泛动员侨界捐款捐物,驰援湖北战疫一线。2020年2月,湖北武汉暴发新冠肺炎疫情,牵动党中央、国务院和全国人民的心。江苏各涉侨部门视疫情为命令,视防控为责任,第一时间发出倡议,动员海内外侨胞奉献爱心,共克时艰。广大侨胞积极响应,第一时间运来宝贵的抗疫物资,驰援湖北抗疫一线,展现血浓于水的同胞真情。据不完全统计,江苏侨界共捐赠资金和医疗物资共计4.5亿元,其中通过侨联组织捐

[①] 江苏省华侨基金会:《江苏省华侨公益基金会财务决算报告(2019年11月1日—2020年11月30日)》,2020年12月17日。

赠 7000 多万元。

第二，鼓励引导侨企复工复产。江苏省委统战部、江苏省侨办、江苏省侨联心系侨企发展，第一时间通过一线调研了解侨企复工所需，多方联系、主动牵线纾解复工难题，积极推动侨企安全有序、分批复工。江苏省各涉侨社会组织围绕"精准稳妥推进复工"，聚焦侨企复工的痛点、难点、热点问题，充分发挥其平台载体作用，多渠道畅通侨企与有关部门的沟通路径，多途径调配复工复产必需的防疫物资，多层次健全有序复工政策支持系统，多措并举为企业复工复产保驾护航，为及时、高效、有序地打赢疫情防控阻击战提供保障。其中，江苏省侨联通过举办"后疫情时期企业发展"侨企沙龙和侨创沙龙、侨青企业复工复产座谈会等方式，为侨商和新侨分析形势、出谋划策，坚定发展信心，精准帮助企业解难纾困。

第三，关心支持海外侨胞和留学生战"疫"。江苏省委统战部、江苏省侨办、江苏省侨联、江苏省海外联谊会、爱德基金会联合开展"心心相连，共克时艰——江苏侨爱援助行动"。截至2020年6月底，援助行动省市共募集资金、防疫物资总价值2720多万元，已向美国、加拿大、英国等50多个国家120多个侨团、华文学校发送口罩162万只、防护面罩5130只、防护服6800套、手套10.4万双、呼吸机25台等，物资总价值超过1000万元。各设区市也加强同所联系的海外侨团对接，先后捐赠出口罩287.19万只、护目镜3.13万副、防护面罩7218只、防护服1.8万套、手套30.35万双、呼吸机7台、消毒液2.3吨。援助行动发挥省内中医、中餐、法律、文教资源优势，向海外侨胞提供远程问诊、一对一专科专项诊疗、心理辅导、法律咨询服务。在省卫健委支持下编发《科学防疫温馨提示》手册；推出"药食同源·健康生活"系列菜品；举办"心心相连、共克时艰，药食同源、健康生活"中餐菜品海外推广新闻发布会；开设海外华裔青少年中华文化江苏云课堂，面向德国、西班牙等十多个国家的30多所华校开通"同心战'疫'·文化'知'援"——海外华裔青少年中华文化云课堂，云课堂惠及1.3万人，累计点赞数超290万个。其间，江苏省侨联大力宣传省委、省政府主要领导向海外侨领致信的主要精神，对海外侨胞和留学生开展"反向捐赠"；并分两批发动19个海外侨团在北美、澳洲、欧洲等地区建立了21个留学生志愿服务关爱点；深化"互联网＋侨联"服务，开展健康咨询、线上问诊，支持海外侨胞抱团发展、就地抗疫。中国侨联主席万立骏前往江苏调研时充分肯定了江苏侨联组织在加强基础组织建设、抗击新冠肺炎疫情等方面所做的工作，对江苏各级党委和政府对侨联工作的关心支持、对广大侨联干部的辛勤工作、对江苏海内外侨界为抗疫作出的贡献表示感谢。①

在全省上下喜迎中国共产党第二十次全国代表大会之际，江苏各级涉侨部门将扛起新使命、迈上新征程，坚持胸怀全局、坚持为侨服务、坚持改革创新，以"凝聚侨心侨力 同圆共享中国梦"为主题，当好海外侨胞和归侨侨眷贴心人，成为侨务工作的实干家，最大限度把海外侨胞和归侨侨眷中蕴藏的巨大能量凝聚起来，开创江苏省侨务工作新局面，为实现"两个一百年"奋斗目标、实现中华民族伟大复兴的中国梦作出新的更大贡献。

---

① 江苏省侨联：《万立骏在江苏南京调研侨联工作》，2020年9月16日。

结 语

在2000多年的历史长河中,江苏海外移民和华侨华人筚路蓝缕、坚韧笃行,他们凭借江苏特有的地域文化精神与内涵支撑,用自己的汗水、智慧和冒险与拼搏精神,书写了一幅幅移民异国他乡、探求未知世界、融入主流社会、致力人类发展、回馈祖籍乡梓的宏伟画卷。

江苏地理位置优越,海外移民历史悠久,从吴王室臣民远走海外到徐福东渡扶桑,从鉴真赴日授戒到郑和下西洋,江苏在历史上是代表中国早期海外移民标志性事件的发生地;鸦片战争以后,因其发达的经济条件和深厚的文化底蕴,江苏又较早形成了移民层次高、以海外留学生为主体的知识分子群体;近代以来,以知识分子群体和工商业企业家为主体的移民与华侨华人构成了江苏海外移民的主要组成部分与主要特色,而海内外江苏华侨华人精英遍布科技教育、工商界和社会各界,他们在不同的历史时期,为住在国和祖(籍)国的经济、科技、教育、文化与社会发展等各个领域作出了杰出贡献。特别是改革开放以来,江苏新移民人数猛增,异军突起,他们或在海外拼搏,成就斐然,或回国投资,创业创新,成为江苏新华侨华人的主力军和"强富美高"新江苏宏伟蓝图绘制的重要参与者,演绎着奋斗的江苏故事,成为行走的江苏名片。

回顾历程,江苏经济、文化、教育、科技和社会发展无不与近现代华侨华人史密切相关。

在风雨如磐的觉醒时期,以瞿秋白、张太雷为代表的江苏海外留学与工作的先进群体,积极推动了马克思主义等先进思想文化在中国的传播与发展;在如火如荼的抗战时期,黄逸峰、叶飞等许多优秀归侨积极投身抗日救亡运动,勇赴国难,血染疆场,为中华民族的独立和解放事业作出了重大贡献;在意气风发的新中国建设时期,以王淦昌、程开甲、姚桐斌等为代表的江苏海外学子放弃海外的优越生活条件,冲破艰难险阻,毅然回国报效,为打造大国重器、大国工程呕心沥血、竭诚奉献;在欣欣向荣的改革开放时期,以陶欣伯、庄启程等为代表的一大批侨商率先回国投资创业,助推江苏的建设发展与中国的经济腾飞。

进入中国特色社会主义新时代,200万江苏华侨华人和归侨侨眷,作为"一带一路"的参与者,文明互鉴的促进者和民族复兴的同行者,日益发挥着不可替代的重要作用。他们在经济上有实力,学术上有成就,政治上有地位,社会上有影响。作为炎黄子孙、中华儿女,他们心系祖(籍)国,情牵乡梓,不管是在国家遭遇地震、洪水等严重自然灾害的艰难时刻，还是在新冠肺炎疫情肆虐的紧张时期，江苏华侨华人无论身处何方、居住何国，始终心怀乡梓故土，他们不惧风雨，心手相牵，第一时间为祖（籍）国和家乡捐款捐物，竭诚支援；与住在国同胞同舟共济，守望相助，展现了血浓于水的同胞深情和人间大爱。每个江苏侨胞的努力和奋斗，都融入了祖（籍）国发展进步的时代洪流。

"长风破浪会有时，直挂云帆济沧海。"江苏正肩负"争当表率、争做示范、走在前列"的光荣使命，奋力迈上社会主义现代化建设新征程，前景广阔，任务艰巨。需要团结包括广大归侨侨眷和海外侨胞在内的海内外中华儿女勠力同心、拼搏奋斗，为建设"强富美高"新江苏、实现中华民族的伟大复兴、推进构建人类命运共同体作出新贡献。

在世界多极化、经济全球化和构建人类命运共同体的新的历史发展进程中，海外华侨华人这一特殊群体也正在经历前所未有之大变局。也许，我们再来探讨和寻找他们的祖籍或省籍已不太重要，比较他们与其他华侨大省的特点异同也不具有特殊意义，而中华民族才是我们和他们的共同属性。正如习近平总书记在庆祝中国共产党成立100周年大会上所指出，形成海内外全体中华儿女心往一处想、劲往一处使的生动局面，就一定能够汇聚起实现中华民族伟大复兴的磅礴伟力。江苏海内外华侨华人一定会在未来充满各种机遇和挑战的历史发展进程中，为中国和世界华侨华人史书写更加灿烂辉煌的新篇章。

相关附录

附录一：江苏华侨华人史代表人物传

（注：近代以后人物按首字母顺序排列）

徐福（生卒年不详）

秦代著名方士，字君房，齐地琅琊郡（今江苏省连云港市赣榆区金山镇徐福村）人，博学多才，通晓医学、天文、航海。据《史记·秦始皇本纪》记载，秦始皇二十八年（公元前219年），徐福受秦始皇之令，率童男童女三千人东渡瀛洲，为皇帝寻找长生不老药。相传徐福到达的地点，为今天的日本列岛。关于徐福东渡日本的出发地，尚有争议。江苏师范大学罗其湘教授在1982年江苏地名普查的原始资料中，发现了江苏赣榆县的"一个原名徐福，后演变为'徐阜'的自然村"，"这是迄今在我国首次发现的徐福的历史遗迹"。徐福东渡扶桑，对日本古代社会的进步与发展，起了重要的推动作用。2002年6月25日，日本前首相羽田孜先生在江苏省赣榆县徐福村祭奠，并挥毫题写了"日中友好始祖——徐福"八个大字。徐福既是开创后世中日两国友谊先河的杰出使者，也是中国古代一位伟大的航海家，还是有史记载的最早的一位江苏海外移民。

鉴真（688—763）

唐代名僧，扬州江阳县（今江苏扬州）人。14岁（一说16岁）于扬州大明寺出家。曾巡游长安、洛阳。回扬州后，修崇福寺、奉法寺等大殿，造塔塑像，宣讲律藏。40余年间，为俗人剃度，传授戒律，江淮间尊为授戒大师。公元742年（唐天宝元年），鉴真应日本僧人荣睿、普照邀请东渡日本传授"真正的"佛教，为日本信徒授戒。当时，大明寺众僧"默然无应"，唯有鉴真表示"是为法事也，何惜身命"。遂决意东渡。鉴真先后5次东渡，历尽千辛万苦，至双目失明而未能成功。753年，日本遣唐使藤原清河、吉备真备、晁衡等人来到扬州，再次恳请鉴真同他们一道东渡。当时唐玄宗崇信道教，意欲派道士去日本，为日本所拒绝，因此不许鉴真出海。鉴真便秘密乘船至苏州黄泗浦（在今张家港市塘桥镇鹿苑东渡苑内），转搭遣唐使大船。11月16日，船队扬帆出海，12月20日，抵达日本萨摩。第六次东渡终获成功。鉴真留居日本10年，竭诚尽心传播唐朝多方面的文化成就，对日本佛教、建筑、雕塑、医药、文学、饮食等方面的发展作出了不朽贡献，产生了深远影响。鉴真东渡不仅传播了中国先进的文化，促进了东亚地区的经济文化交流，也为此后江苏地区与海外交往以及侨居现象进一步发展提供了条件。

司马达（生卒年不详）

南朝梁代吴地（今江苏苏州）人，佛教雕塑艺术家。司马达最早"私传"佛教入日本。司马达原以制鞍为业，于公元522年在日本大和国高市郡的坂田原设立"草堂"，崇奉佛教。其子出家为僧，建造了日本最早的寺庙——坂田寺；其女司马岛是日本最早的女尼。其子孙多姓鞍部或鞍作。后世子孙中多有从事佛教艺术和管理的人才，如其孙鞍部鸟以卓越的佛像塑造技艺名扬日本，被天皇授予十二阶冠位的第三阶——大仁；另一后裔鞍部德积被委任为管理寺庙僧尼的僧官。

智聪（生卒年不详）

南北朝吴地（今江苏苏州）人，医药学家。公元562年，吴人智聪携内外典、药书、《明堂图》等164卷移居日本。智聪是吴王后裔，流寓朝鲜期间随攻伐高丽的日本大伴狭手彦移居日本，这一事件为"中医学直接传入日本之始"。日本《新撰姓氏录》记载："出自吴国主照渊孙智聪也。天国排开广庭天皇（谥钦明）御世（540—570），随使大伴佐弓比古持内外典、药书、《明堂图》等百六十四卷，佛像一躯，伎乐调度一具等入朝。男善那使主，天万丰日天皇（谥教德）御世（645—654），依献牛乳，赐姓和药使主。"除其子获日本天皇赐封为"和药使主"外，其后裔在日本医药界世代居于权威地位。《日本三代实录》对智聪后裔也有记载："左京人右近卫将曹正六位上和药使主弟雄、式部位子从八位下和药使主安主、兵部位子从八位下和药使主黑麻吕等，改使主赐宿祢。其先，吴国人智聪也。"智聪之后，中医东传事件史不绝书。及至清代，吴医东渡一度使日本兴起"吴门医派"。据《长崎纪事》《长崎实录大成》等记载，18世纪初，来自苏州的名医就有吴载南、陈振先、周岐来、赵淞阳、刘经光等多人长期寓居长崎传医。陈振先于1721年来到日本长崎后，跋涉邻近山野，采集药草162种，著成《药草功能书》，在日本影响至今。智聪还给日本带来佛经、佛像等物，对日本早期的佛教及寺院、佛像等的建造产生了一定的影响。

陆自立（生卒年不详）

南宋爱国将领，左丞相陆秀夫之子。南宋祥兴二年（1279），崖山之役后，南宋灭亡，左丞相盐城县人（属今盐城市）陆秀夫蹈海而死，其子陆自立与其他南宋遗民乘番舶外逃至南洋爪哇岛。陆自立被推举为首领。适值爪哇内乱，陆率众在爪哇北部沿海300余里的顺塔地方，自立为顺塔国王。陆自立意图复宋，但始终因距中国太远，且兵力不足，复国计划未能实现。明朝永乐九年（1411），顺塔国王得知蒙元已被汉人所灭，朱元璋建立了明朝，朱棣继承了皇位，定都北京，便派使臣去朝见朱棣，贡方物于明王朝。顺塔国在明朝末年被西班牙殖民帝国所吞并。

贝聿铭（1917—2019）

世界著名建筑设计师、土木专家，祖籍江苏苏州，出生于广东广州。20世纪30年代赴美国麻省理工学院和哈佛大学学习建筑学。1948年，贝聿铭从纯学术的象牙之塔进入实际的建筑领域，与房地产开发富商威廉·柴根道夫合作，为柴根道夫的房地产公司完成了许多商业及住宅群的设计，也做过不少社会改建计划。1955年，贝聿铭建筑师事务所开始独立执业。该事务所共从事过114件设计案，其中66件是贝聿铭负责。1960年，贝聿铭离开柴根道夫，自立门户，成立了自己的建筑公司。20世纪60年代逐步形成自己的风格，即建筑造型与所处环境自然融合、空间处理独具匠心、建筑材料考究和建筑内部设计精巧。1980年应法国总统密特朗邀请设计卢浮宫金字塔，成为他一生建筑事业的最高成就，被称为"将为20世纪建筑留下杰出之篇章"，被誉为"现代建筑的最后大师"。贝聿铭为祖国设计了多座建筑，包括香山饭店、苏州博物馆等。他在香山饭店的设计中，努力探索一条把现代建筑特征与中华民族特色相统一的可行之路。他设计的苏州博物馆结合了传统的苏州建筑风格，把博物馆置于院落之中，使建筑物与周围环境十分协调。1996年，贝聿铭当选为中国工程院外籍院士。

程开甲（1918—2018）

苏州吴江人，著名理论物理学家。1946年赴英国爱丁堡大学留学，师从物理学家波恩，1948年获博士学位后入职英国皇家化学工业研究所。新中国成立次年，回国参与社会主义建设，先后任职于浙江大学、南京大学、国防科工委核试验基地研究所。1963—1983年，参与我国核武器研制工作，解决了核试验总体设计、炸药引爆中压力聚焦、电磁波传播和抗干扰、抗辐射加固等多项关键技术，因参加核试验次数最多而被称为"核司令"。先后获得国家科技进步特等奖1项，一等奖、二等奖和三等奖各2项。1980年当选为中国科学院院士（学部委员），1999年被授予"两弹一星功勋奖章"，2013年荣获"国家最高科学技术奖"，2017年获授"八一勋章"。

陈之彬（1940—2019）

祖籍江苏扬州，出生于重庆。父亲是民国政府的资深外交官。幼年时陈之彬随父出使多个国家，耳濡目染，对政治产生了浓厚的兴趣。1958年赴澳大利亚留学，毕业后任新南威尔士政府都市计划部任助理设计师。1966年后，澳大利亚政府逐步放宽移民限制条例，开始接收亚洲移民，陈之彬1971年申请成为澳大利亚永久居民。入籍澳大利亚后，陈之彬决意从政。1973年加入自由党，正式开始其政治生涯。1976年开始投身华人服务事业。1995—1998年当选为维州自由党代表，1999年当选联邦政府参议员，并任法规委员会主席，同时担任"移民、多元文化和原住民事务政策委员会"主席多年。陈之彬是澳大利亚第一位大陆出生的华人参议员。2005—2007年任澳大利亚国立民居及城市研究所主席，也是移民部长顾问小组成员。陈之彬大力支持多元文化政策，主张每个公民都有平等权利和机会为社区的成长和发展作出贡献，为澳大利亚工作并为世界和平和繁荣作贡献。

丁文江（1887—1936）

江苏泰兴人，地质学家、社会活动家，中国地质事业奠基人。丁文江出生于江苏省泰兴市黄桥镇的一个书香世家。1902年秋，东渡日本。1904年夏，受吴稚晖影响，由日本远渡重洋前往英国。1906年秋，在剑桥大学学习。1907—1911年，在格拉斯哥大学攻读动物学及地质学，并获得双学士学位。1911年回国后在滇、黔等省调查地质矿产；1913年担任工商部矿政司地质科科长，之后创办农商部地质研究所，并任所长。1916年组建农商部地质调查所，担任所长。1921年担任北票煤矿总经理。1922年主持召开了中国地质学会第一次筹备会议，1923年当选中国地质学会第二届会长。1929年春兼任地质调查所新生代研究室名誉主任；1931年担任北京大学地质学教授。1936年1月5日在湖南谭家山煤矿考察时因煤气中毒逝世。

冯元桢（1919—2019）

生物力学开创者及奠基人，江苏武进人。1937年，考入国立中央大学（今南京大学）航空工程系。1943年，获该校航空工程硕士学位，后任成都沙河堡航空研究所助理研究员。1946年，通过全国考试，赴美留学。1948年，获加州理工学院航空工程与数学博士学位。留校期间，从事空气动力学及弹性力学教学，研究颤振、弹性结构动力学的稳定性、连续介质有限变形非线性理论，把研究成果成功应用于飞机设计，解决航空构架与空气动力如何相互作用的问题，曾任美国多家航空公司顾问。20世纪60年代初，从事生物力学研究，创立冯氏毛细管隧道理论。1966年，在美国加州大学圣地亚哥分校创立生物工程系，将工程学原理运用于人体机能研究，将生物力学发展为20世纪科学的一个新学科，被誉为"世界生物力学之父"。1983年，发起组织的首届中、日、美生物力学国际学术研讨会在武汉召开，并在会上提出关于组织和器官应力——生长关系的假说，揭开生物力学发展史新篇章。1994年，当选中国科学院外籍院士。1998年，被美国国家工程院授予"奠基人奖"。2000年，获美国科学最高荣誉"美国国家科学奖章"。2007年，被美国国家工程院授予"拉斯奖"。

高锟（1933—2018）

光纤通信、电机工程专家，出生于江苏省金山县（今上海市金山区）。1957年、1965年先后获英国伦敦大学学院电机工程学学士、博士学位。1970年聘入香港中文大学，1987—1996年任该校校长。高锟被誉为"光纤之父"，他在1966年的论文《光频率介质纤维表面波导》中开创性地提出光导纤维在通信上应用的基本原理，描述了长程及高信息量光通信所需绝缘性纤维的结构和材料特性。同时开发了实现光通信所需的辅助性子系统。在单模纤维的构造、纤维的强度和耐久性、纤维连接器和耦合器以及扩散均衡特性等多个领域都作了大量的研究。这些研究成果使信号在无放大的条件下，以每秒亿兆位元进行远距离传送。2009年，高锟因"开创性的研究与发展光纤通信系统中低损耗光纤"而获得诺贝尔奖。1990年获选为美国国家工程院院士，1996年当选为中国科学院外籍院士。

黄仲元（1929—）

原籍淮安，生于上海，1948年随家迁居台湾。曾先后就读于上海沪江大学和台湾大学政治系。1950年赴美国留学，先后在俄勒冈州林菲德尔学院攻读国际关系学和在南加利福尼亚大学攻读会计学。卒业后一度就职会计工作和开办会计事务所。1974年集资创建全美第一家经联邦政府注册的华资银行——远东国民银行并任董事长。20世纪80年代后该行曾连年被美国联邦储备银行列为全美"绩优健全银行",其本人亦先后被推举为美华银行公会会长、南加州工商协会和华侨基督工商协会董事长;同时先后受聘担任美国政府商务协调委员会顾问和美国商业部少数民族企业发展咨询委员会委员,以及美国中小企业管理局顾问、美国移民局顾问。由于商业成就斐然,他曾先后被聘为美国进出口银行顾问和白宫国际商约顾问。在与中国的沟通方面,黄仲元更充分发挥了他的才能。多年来,黄仲元频频访问中国,并曾身任美国华侨四化投资集团的董事长,尽心竭力为祖国的现代化事业效力。

胡敦复 (1886—1978)

江苏无锡人,生于教育世家。1897年10月,胡敦复入上海南洋公学刚设立的外院学习。1907年赴美留学,同行者有宋庆龄等15人。胡敦复在康奈尔大学主修数学,同时兼习文理多科,仅两年就学完了规定课程的学分,在康奈尔大学毕业,获理学学士学位。1911年1月,清政府批准成立清华学堂,胡敦复被任命为清华学堂第一任教务长。辛亥革命爆发后,参与创办"大同学校",担任首任校长。1935年7月,中国数学会成立时,他当选为中国数学会董事会主席。晚年,胡敦复接受美国华盛顿州立大学之聘,赴美国西雅图出任客座教授,1962年在该校退休。1978年12月1日在西雅图逝世。

华罗庚 (1910—1985)

著名数学家,常州市金坛人。1924年金坛中学初中毕业,后刻苦自学,于1931年被调入清华大学数学系工作。1936年赴英国剑桥大学访问。1938年被聘为清华大学教授。1946年任美国普林斯顿数学研究所研究员、普林斯顿大学和伊利诺伊大学教授。1955年被选聘为中国科学院学部委员(院士)。1982年当选为美国科学院外籍院士。曾任中国科学院数学研究所、应用数学研究所所长,中国科技大学副校长,中国科学院副院长,全国政协副主席等职。主要从事解析数论、矩阵几何学、典型群、自守函数论、多复变函数论、偏微分方程、高维数值积分等领域的研究并取得突出成就。在解决高斯完整三角和的估计难题、华林和塔里问题改进、一维射影几何基本定理证明、近代数论方法应用研究等方面获出色成果。代表论著为《堆垒素数论》《多复变数函数论中的典型域的调和分析》。荣获1956年首届国家自然科学奖一等奖。1990年和王元共同获陈嘉庚物质科学奖。

李昌钰（1938—）

江苏如皋人。美籍华人、世界著名刑事鉴识专家、法医学家，担任美国社会犯罪试验所主席，美国康涅狄格州科学咨询中心的名誉主席、康州纽海文大学终身教授、纽黑文大学法医学全职教授。1998年，出任美国康涅狄格州警政厅长，成为全美第一位出任州级警界最高职位的华裔首长。在此之前，曾担任康涅狄格州公共安全委员、康涅狄格州法医实验室主任和1979年至2000年的首席犯罪学专家。2006年，设立"李昌钰法医学研究所"。2013年9月，出任中国最高人民检察院检察技术信息研究中心顾问。李昌钰曾鉴识过几个全球重大的案件，如肯尼迪总统被杀案、尼克松"水门事件"、克林顿桃色案、"9·11事件"、美国橄榄球明星辛普森杀妻案、法医调查南斯拉夫种族屠杀万人案及吕秀莲"3·19枪击案"等，被誉为"当代福尔摩斯"。

李春鸣（1894—1976）

东南亚华侨教育家，出生于南通市通州区西亭镇。1916年毕业于南京国立高等师范学校，后在南通省立第七中学任教。1919年毕业后，受陈嘉庚邀请，经黄炎培介绍，赴新加坡南洋华侨中学任教。后历任马来西亚柔佛州新山宽柔学校校长、新加坡华侨中学训育主任、印度尼西亚龙目岛安班调中华学校教务主任、苏门答腊楠榜地区中华学校校长、雅加达八华学校校长等。1934年，因八华学校推行"洋奴化"教育，改为以英文教学为主，李春鸣愤而辞职。1939年与张国基、李善基、陈章基（史称"三基一鸣"）共同创设新型华文学校——雅加达中华中学，并担任校长。1942年3月印度尼西亚被日军占领后，学校一度被迫停办。抗战胜利后，集资迁址恢复重建中华中学，并逐步发展成为一所集幼儿园、小学、初中、高中以及师范班于一体的在东南亚最具规模的华侨学校。1957年5月，李春鸣因在华文教育方面的杰出贡献，获得中国侨团总会及教师公会颁发的金质纪念章和奖状。1964年6月任中华中学名誉校长。1966年4月印度尼西亚掀起排华浪潮，中华中学被政府封闭，李春鸣旋归国定居。1976年病逝于重庆，终年83岁。李春鸣创建的中华中学共办学27年，培养了1.37万名学生。他们很多人留在当地服务，有的成为当地企业家、银行家以及学者，也有不少华侨青年回国参加新中国建设，成为我国文化、教育、体育等战线的骨干人才。

李政道（1926—）

物理学家，祖籍江苏苏州，出生于上海。1944—1946年先后就读于浙江大学、西南联合大学。1950年获美国芝加哥大学哲学博士学位。此后，先后在加州大学伯克利分校、哥伦比亚大学等高校任教。1957年，与杨振宁一起因发现"弱作用中宇称不守恒"而获得诺贝尔物理学奖。该研究打破了人们在弱互作用中的传统观念，消除了一种未经实验验证就把一条定律加以推广而作为一条原则来引用的偏见，促使人们对对称性进行深入研究，极大推动了粒子物理的发展。20世纪40年代末到70年代初，李政道在弱相互作用研究领域还做出了二分量中微子理论、弱相互作用的普适性、中间玻色子理论以及中性K介子衰变中的CP破坏等重要研究成果；在统计力学方面，他和杨振宁、黄克孙合作对多体理论作出了开创性的贡献。20世纪70—80年代，创立了非拓扑性孤子理论及强子模型，提出了量子场论中的"李模型""KLN定理""反常核态"概念等。1964年，李政道当选为美国国家科学院院士，1994年当选为中国科学院外籍院士。

李殷宏（1873—1953）

原名李元第，字殷宏，号清泉，广东省江门市台山冲蒌镇裕宁村人。其父李长南先生是清道光二十三年（1843）的贡生。李殷宏共有兄弟五人，分别是李元弟（殷宏）、李元享、李元好、李元周、李元贵，李殷宏为长子。受家庭环境的影响，自小就聪颖过人的李殷宏接受了良好的家庭教育。清光绪十七年（1891），年仅17岁的李殷宏在乡试中就考取了秀才。受淘金热影响，1892年春天，年仅18岁的李殷宏先生和他的许多前辈一样，踏上了去美洲淘金的征程。在美国三藩市，李殷宏做过医生、卖过药材，后加入洪门致公堂。

1921年，李殷宏联合同在三藩市的邓仙石、李元平，旅居墨西哥以及加拿大的李雨洲、李端伟、曾石泉、李云龙等人以洪门致公堂的名义，发起了振兴中华运动，成立华兴农业有限公司，号召各国华侨回国创业，踊跃认股，集资回国振兴农业，以增强国力。李殷宏等人选择了板桥后，便购田 1800 亩，建立公司和村庄，村庄由 60 多幢欧美式样别墅和普通民房组成，命名为"华兴村"，寓中华兴盛之意。华兴农业有限公司聘请国立东南大学农科系教授常宗会为技术主任，以科学方法种植桑树、甘蔗和养蚕，并办起了蚕种养殖场。还修了办公大楼、体育场、教堂、小学校以及华兴公墓等。1953 年，李殷宏病逝于华兴村。享年 80 岁。

缪进新（出生年不详）

江苏江阴人。曾任吉隆坡暨雪兰莪三江公会第 40～42 届会长（2011—2017）、马来西亚三江联合总会总会长、马来西亚七大乡团协调委员会主席、马来西亚中国经济贸易总商会顾问、马来西亚商联控股董事主席。他是马来西亚《星洲日报》专栏作者、时评人。缪进新致力于在马华人的团结。他认为马来西亚华人已完成身份转化，在政治上效忠马来西亚政府，但同时在情感与血缘上又不能与中国分割，他致力于在这之间架设桥梁。在乡团关系上，他保持开放的态度，主张不分籍贯，充分融合，除各乡团乡长应为本乡人外，附属单位均可以向所有华人开放。

刘宏谟（1903—1986）

印度尼西亚华侨教育家，生于江苏省徐州市铜山县（今铜山区），毕业于南京中央大学数学系，毕业后留校当助教。20 世纪 30 年代赴印度尼西亚直葛、泗水华校及雅加达八华学校等华文学校任教。1945 年 10 月与司徒赞等发起创办巴城联合中学（后改名为巴城中学），并任总务主任。1946 年 3 月参与发起成立雅加达华校教师公会，团结教师、改进教学、兴办福利、提高教师地位。后倡议成立"教育研究会"，打破侨教各自为政的局面，集思广益，共同推进华文学校教学改革。1951 年任苏门答腊巨港中学教导主任、校长，兼授数学课，并参与编写中小学教科书。20 世纪 60 年代，印度尼西亚所有华文学校被政府关闭，刘宏谟决定闭门著作，完成《刘氏语通》《汉字改革新论》等多部著作。1986 年 2 月 5 日，病逝于印度尼西亚，享年 84 岁。其胞弟刘宏谦也是印度尼西亚著名华侨教育家。

刘半农（1891—1934）

江苏江阴人，原名寿彭，后名复，初字半侬，后改半农，晚号曲庵，中国新文化运动先驱，文学家、语言学家和教育家。清宣统三年（1911）曾参加辛亥革命，民国元年（1912）后在上海以向鸳鸯蝴蝶派报刊投稿为生。民国六年（1917）到北京大学任法科预科教授，并参与《新青年》杂志的编辑工作，积极投身文学革命，反对文言文，提倡白话文。民国九年（1920）到英国伦敦大学学习实验语音学，民国十年（1921）夏转入法国巴黎大学学习。1925年获得法国国家文学博士学位，所著《汉语字声实验录》，荣获法国康士坦丁·伏尔内语言学专奖。民国十四年（1925）秋回国，任北京大学国文系教授，讲授语音学。民国二十三年（1934）在北京病逝。主要作品有诗集《扬鞭集》、《瓦釜集》和《半农杂文》。

梁陈明任（1933—）

祖籍南通，生于江苏无锡，后定居张家港三兴登瀛村。加拿大华人女议员。1948年随家人移居台湾，1952年赴美国匹兹堡大学深造，进修细菌学，获理科学士学位。大学期间结识匹兹堡大学生理学系主任梁苏华教授，后结为夫妻。1962年随夫移居加拿大，进入不列颠哥伦比亚大学社会学系攻读硕士学位。1975年和丈夫合力创办温哥华中华文化中心，旨在让更多的加拿大人认识华裔和了解华裔对加拿大社会发展的贡献。

为表彰其在发展加拿大多元文化中作出的杰出贡献，加拿大总督于1987和1994年向他们颁发了加拿大公民最高荣誉——"加拿大勋章"，他们成为加历史上第一对获此荣誉的华裔夫妇。1997年，她当选为加拿大国会议员，成为第一位加拿大女性华裔国会议员，2000年再次当选为加拿大国会议员，并曾担任加拿大国税部国会秘书、亚太和世界贸易特别顾问等职，为提升加拿大华裔地位发挥了重要作用。从1974年起她经常访问中国，积极促进中加两国政治、经贸关系发展，先后受到了江泽民、朱镕基等党和国家领导人的亲切接见。她还促成广州与温哥华结为友好城市。

秦毓鎏（1880—1937）

江苏无锡人，中国近代民主革命家。1901年考入江南水师学堂，1902年东渡日本，就读日本早稻田大学政治科，在日留学期间不仅加入兴中会，而且以宣扬民族主义为己任，积极策划革命。1903年在东京组织成立江苏同乡会并发行《江苏》杂志，以"厚笃乡谊，培进人格，开发本省之文明事业，以共谋本省之乐利"为宗旨，任总编辑，继续组织反清革命活动。后回国在上海创办国学社编译革命书籍。1904年，又发起成立丽泽学社，赴湖南与黄兴等在长沙成立华兴会，任副会长。1907 年参加黄兴领导的镇南关起义，失败后赴上海，任《神州日报》编辑。武昌起义爆发后在无锡发动起义，成立无锡军政府分府，任总理。南京临时政府成立后，任总统府秘书。二次革命期间，与黄兴等起兵讨伐袁世凯，任江苏筹饷处处长。1924 年，中国国民党改组，成立江苏党部，秦毓鎏任执行委员，后曾任无锡县行政委员会委员长、无锡县县长、江苏省民政厅厅长等职。1937 年因病逝世。

瞿秋白（1899—1935）

中国共产党早期主要领导人之一，无产阶级革命家、理论家、文学家、宣传家，生于常州市青果巷。1917 年秋，考入北京俄文专修馆学习。1920 年 8 月，被北京《晨报》和上海《时事新报》聘为特约通讯员到莫斯科采访。1921 年秋，在东方大学担任翻译和助教，为中国班讲授俄文、唯物辩证法、政治经济学，并担任政治理论课翻译。1922 年春正式加入中国共产党，曾任中共中央政治局常委。大革命失败后，1927 年 8 月至 1928 年 7 月任中共中央临时政治局委员、常委、主席。1934 年任中华苏维埃共和国第二届中央执委会委员、中央执委会主席团成员、人民教育委员会委员、中华苏维埃共和国中央政府教育部部长等职。1935 年 2 月在福建长汀县被国民党军逮捕，6 月 18 日从容就义，时年 36 岁。

秦力山（1877—1906）

中国近代民主革命家，祖籍江苏苏州，出生于湖南善化（今长沙市）。1898 年考入善化县学，支持戊戌变法。变法失败后，受梁启超邀请，1899 年赴日本留学，就读于东京高等大同学校。1900 年回国，开始参与反清革命活动，在武汉汉口加入唐才常的自立军，任前军统领，前往安徽发动"勤王"起义。1900 年 8 月，率军在安徽淮南市武装起义，但遭清政府镇压，秦力山被迫逃亡新加坡。在新加坡期间，了解到康有为侵吞起义经费、生活腐化，遂与改良派断绝关系，继续前往日本留学，结识孙中山，走上革命道路。1901 年，秦力山在日本创办革命报纸《国民报》，并担任该报总编辑，与章太炎等人发起"支那亡国二百四十二年纪念会"。同年回国后，创刊《少年中国报》，积极进行革命宣传。1905 年辗转前往缅甸，发动当地华侨华人进行反清革命。次年回国，在云南干崖（今云南盈江县）开办民族学堂在少数民族群体中进行革命宣传。1906 年在干崖病逝。

秦邦宪（1907—1946）

又名博古，无产阶级革命家、中国共产党早期领导人之一。江苏无锡人，早年在苏州从事学生爱国运动。1925年进入上海大学，参加了五卅运动，并加入中国共产党。1926年，赴莫斯科中山大学学习，于1930年回国，任全国总工会宣传干事、共青团中央组织部长。1931年4月任中国社会主义青年团书记。之后又任中共临时中央局成员、临时中央政治局书记和负责人。1933年因推行进攻中的冒险主义方针，对中央革命根据地第五次反围剿斗争的失利负有一定责任。1934年10月参加长征。1935年在遵义会议上被解除中共最高领导职务，后任中共中央政治局常委、红军野战部队政治部主任。1936年任中共中央代表，协助周恩来和平解决了西安事变，促成了抗日民族统一战线。1937年任中共中央组织部部长。1938年任中共中央长江局组织部部长和南方局组织部部长。1941年后，在延安创办和主持《解放日报》和新华社工作，任新华通讯社社长。1945年在中共七大上继续当选为中央委员。1946年4月8日由重庆返延安汇报工作，因飞机失事在山西兴县遇难。

单声（1929— ）

祖籍江苏泰州，出生于上海。著名企业家、法学博士、爱国侨领。父亲单毓华曾被清政府公派留学日本政法大学，1909年毕业回国。民国时期曾担任地方法官、大学教授、地方审判庭长，是上海著名律师。1951年，单声从上海震旦大学法律系毕业后赴法国攻读博士学位，毕业后转赴英国伦敦大学研究院。单声致力于两岸和平统一，为我国通过《反分裂国家法》作出了重要贡献。1998年，单声将政府发还的祖宅捐赠给泰州市大浦中心小学。2008年7月，单声捐赠100万元，在家乡设立"单声教育奖学基金会"，激励品学兼优、家境贫寒的学生。2011年他还将自己收藏的300多件珍贵文物捐赠给家乡泰州。单声现任全英华人华侨中国统一促进会会长，欧洲华侨教育基金会名誉会长，世界震旦校友会名誉会长，中国侨联、江苏省侨联海外顾问等职。

唐仲英（1930—2018）

美籍华人，知名慈善家，美国唐氏工业集团创始人、董事长，唐仲英基金会董事长。生于苏州市吴江区盛泽镇。为避日本侵华战乱，自幼随父迁至重庆，后辗转到香港。1950 年，唐仲英赴美求学。1964 年独资创建了第一家钢铁服务中心，即"国际物资公司"。到 1980 年，他在美国已拥有 30 多家大小企业，大多跟钢铁业相关，从而建立起唐氏工业公司。1982 年，唐仲英收购了美国的麦克罗斯钢铁厂，使唐氏工业公司跻身于年销售额超 10 亿美元的私营企业之列。1995 年，唐仲英私人出资在美国成立了"唐氏基金会"，主要包括"唐仲英基金会"和"唐氏中药研究基金会"。后资助南京大学建设南京微结构国家实验室，并在南京大学等 18 所国内高校和 1 个地区设立了"唐仲英德育奖学金"，共奖励 3200 多名品学兼优、家境贫困且热心社会公益的大学生。2004 年 4 月，美国知名华人组织"百人会"在洛杉矶举行的第 13 届年会上，授予唐仲英该会首次设立的"人道主义奖"。

陶欣伯（1916—2021）

新加坡著名华裔企业家、慈善家、江苏省慈善总会名誉会长。出生于南京市江宁县横溪乡，20 世纪 30 年代赴东南亚创业，60 年代移民新加坡，从事船务、银行及地产业等，担任新加坡欣光集团董事长。陶欣伯是曾经的"中国第一高楼"、改革开放标志性建筑之一、1984 年正式开业的南京金陵饭店创始人。1993 年，又与其他著名爱国侨商一起投资建设上海世贸商城，并先后投资了北京亮马河大厦、苏州工业园、苏州锦华苑、南京状元楼酒店等。他在中国大力开展教育慈善活动，1996 年创立陶欣伯教育基金会，2006 年与夫人出资 10.7 亿元在南京创立江苏陶欣伯助学基金会，并对其他公益事业亦有多项捐赠。曾被授予"南京市荣誉市民"称号。鉴于在发展中新商贸关系中的杰出贡献，2010 年，新加坡政府将首届"通商中国成就奖"授予陶欣伯。2015 年，在新加坡建国 50 周年之际，他又荣膺新加坡华商总会"新加坡建国 50 周年杰出贡献奖"。

王淦昌（1907—1998）

苏州常熟人，我国著名核物理学家。1929 年毕业于清华大学物理科，次年赴德国柏林大学留学，1933 年获得核物理博士学位。1934 年回国，先后任教于山东大学、浙江大学等高校。1947 年再次赴美国加州大学伯克利分校做研究，1949 年年初回国。中华人民共和国成立后，到中科院近代物理研究所任职，1955 年当选中国科学院首批院士（学部委员）。1956—1960 年赴苏联进行核物理研究，其间发现"反西格玛负超子"，轰动世界学术界。从 1961 年起，王淦昌参与中国核武器研究，为原子弹和氢弹研制作出重要贡献。1982 年获得国家自然科学奖一等奖，1999 年被授予"两弹一星功勋奖章"。

王安（1920—1990）

美籍华人物理学家、企业家，祖籍苏州昆山市，出生于上海。1948 年获哈佛大学应用物理学博士学位，同年加入霍华德艾肯（Howard Aiken）的"哈佛计算机实验室"，参与"马克 4 型"电脑的研制。不久后，发明"磁芯记忆体"（即磁芯存储器），大大提高了电脑的储存能力。1949 年 10 月 21 日，向专利局申请了"磁芯存储器"的专利。1951 年，离开哈佛大学，以仅有的 600 美元创办了名为王安实验室（Wang Laboratories）的电脑公司。1956 年，将磁芯存储器的专利权卖给国际商用机器（IBM）公司，获利 50 万美元。随之便成立了王安电脑有限公司，开始电脑相关产品开发生产。由于经营得法，该公司以 40% 以上的营业额年增长率迅猛发展，迅速成为全美电脑公司十强之一。鼎盛时期，该公司拥有科技人员和职工 24000 多人，在全世界 103 个国家和地区设有 500 多处分支机构，王安本人则名列《福布斯》财经杂志发布的美国富豪榜十大富豪之一，被称为"世界电脑巨人"。1988 年，被列入美国发明家名人堂。

王赓武（1930— ）

祖籍江苏泰州，新加坡国立大学教授。王赓武教授出生于荷属东印度泗水，1949 年曾在南京大学就读。1955 年获新加坡马来亚大学历史学硕士学位；1957 年获英国伦敦大学历史学博士学位，曾任澳洲国立大学远东历史系主任与太平洋研究院院长、香港大学校长和新加坡国立大学东亚研究所所长。研究方向为中国南北朝史、海外华侨华人史等，2018 年获第四届世界中国学贡献奖。代表著作有《华人与中国》《王赓武自选集》等。王赓武教授是著名华人历史学家，他学贯中西，博览古今，学术根基深厚，著作等身，阅历也极为丰富，被新加坡前总统纳丹称为"新加坡国宝级学者"。

薛福基（1894—1937）

江苏江阴人，近代实业家，上海大中华橡胶厂创办者，中国通氏轮胎首创人，中国橡胶工业奠基人。薛福基早年在上海做学徒，15 岁赴日本大阪，在旅日华侨余芝卿经营的鸿茂祥进出口商号就业，后升任经理。1928 年，薛福基回国，在上海投资创建大中华橡胶厂，首创国内橡胶工业，并迅速发展到9个厂（其中一个在天津）。1935年大中华橡胶厂制造汽车轮胎成功，并以"双钱"品牌闻名于世。在其影响带动下，上海先后建立起各类橡胶厂80余家，成为一项新兴的民族工业。1935年前后，薛福基捐资10万银圆，在故乡塘头桥购地18亩，兴办成各项教学设备完善的尚仁初级商业职业学校，并出任校董事会主席。1937年8月14日，薛福基乘车从公司总部去工厂，适逢中日在上海外滩上空发生激烈空战，一颗炸弹落下爆炸，薛福基在车中被弹片击伤后脑，经抢救无效于8月31日逝世，享年44岁。

薛寿萱（1900—1972）

名学濂，江苏无锡人，永泰丝厂厂主，江南"丝茧大王"。早年肄业于东吴大学，后赴美国伊利诺伊州立大学学铁路管理和经济管理，1925年回国。1926年永泰丝厂由沪迁锡，薛寿萱任永泰和锦记等丝厂协理，即赴日考察蚕丝业，1928年又赴美国参加万国生丝质量检验标准会议。1929年10月，薛寿萱任中国丝业代表团主席率团赴美国纽约出席国际生丝会议，1930年发起组成通运生丝股份贸易公司，被推为董事长。1933年派薛祖康在纽约开办永泰公司，直接外销生丝。1935年担任永泰丝厂总管理处经理，1936年联合无锡36家较大的丝厂，发起组织兴业制丝股份有限公司，自任经理。至此，已形成以永泰为中心的丝茧垄断集团，生丝总产量占无锡丝厂业的60%以上，出口生丝占当时上海出口总量的50%，被誉为江南"丝茧大王"。1938年1月，薛寿萱携家眷去港，后赴美定居，为纽约证券交易所经纪人，并任美国惠丽斯汽车公司董事。1972年因患肺癌在美国纽约病逝。

徐悲鸿（1895—1953）

无锡宜兴人，著名画家。9岁起跟随父亲徐达章学习绘画。1916年进入震旦大学（今复旦大学）学习法语，自修素描。次年，赴日本留学，学习美术。1919年公费前往巴黎国立美术学校学习油画和素描，对西方美术进行了深入研究。1927年回国任教于上海南国艺术学院、北平大学艺术学院。先后在英、法、意、德和苏联等开办画展。抗战后跟随中央大学迁往重庆，其间前往香港、新加坡和印度等地举办义卖画展，支援祖国抗战。新中国成立后，担任中央美术学院院长等职。徐悲鸿在油画、素描和中国画方面都有很深的造诣，被称为

"中国现代美术事业奠基人",其代表作有《奔马图》《田横五百士》《九方皋》《愚公移山》等。

徐天从（1903—1984）

南通人，1921 年毕业于南通师范学校，同年考入厦门大学社会学系。1923 年秋担任厦门大学学生会主席，与欧元怀等 9 位教授及 300 名学生去上海创办大夏大学并在该大学毕业。毕业后在北京、黑龙江、山西等地从事教育和编辑工作。1935 年担任新加坡南洋女中高中部主任。1938 年赴法国求学，同时担任《南洋商报》驻欧洲记者。1941 年应印度尼西亚李春鸣、李善基、张国基、陈章基的邀请担任印度尼西亚雅加达中华中学教师、高中部主任。抗战期间，拒绝日本占领军要其担任《共荣报》主编的要求，躲避于巴息安宁山中。1947 年回国任上海市侨办科长、南京政府农林部主任秘书。1952 年回家乡南通市。1984 年 7 月去世。

许云樵（1905—1981）

祖籍无锡，生于苏州。1931 年南渡新加坡，后又转往马来半岛柔佛州的新山宽柔学校担任教务主任。之后在东南亚各地从事教育和历史研究等方面的工作，参与发起创办中国南洋学会。这是中国学者在海外最早成立的研究东南亚的学术团体。许云樵为学会理事，任会刊《南洋学报》主编长达 18 年，并撰写中英文论文共 60 多篇。1957 年，许云樵应新加坡南洋大学之聘，任史地系副教授兼南洋研究室主任。此后主要从事教育和学术研究工作，其主要著作有《北大年史》《马来纪年》《南洋史》（上册）《马来亚史》（上下册）《马来亚近代史》等。1981 年 11 月 17 日病故于新加坡，终年 76 岁。

杨俊生（1890—1982）

江苏淮安人，著名实业家、民族造船工业的先驱。1906 年，杨俊生东渡日本求学，先入宏文学院读书，1911 年入日本东京第一高等学校预科学习。1912 年考入日本熊本第五高等学校。他曾听孙中山先生说过，中国要发展造船和航运事业，于是在 1916 年考入日本东京帝国大学船舶工学科，得到了当时政府的资助，成为公费留学生。1919 年毕业后就任日本三菱造船厂工程师兼三菱高等工业学校教授；1924 年举家归国，到中日合资的东华造船厂工作；1926 年在上海创建大中华造船机器厂，自任厂长兼总经理，曾自行设计、制造了我国第一艘破冰船"天行号",被称为中国造船业"四大金刚"之一。1937年抗日战争爆发,中华造船机器厂被日军抢占,杨俊生拒绝与日方合作,赴抗战后方工作。新中国成立后,杨俊生率先申请将企业实行公私合营,于1953年年初获准成立公私合营中华造船厂,继任厂长兼总工程师,并先后出任造船工业同业公会主任,第一机械工业部船舶局技术顾问,上海造船学院副院长和同济大学、交通大学造船系教授、系主任,中国造船工程学会首届副理事长等职。1982年1月26日,杨俊生病逝于上海。

俞锷(1886—1936)

江苏太仓人,民主革命家、教育家和历史学家。他于1902年赴日本留学,并在日本加入同盟会。1906年回国后,从事新闻编辑工作。他支持革命,参加推翻清王朝的活动。1912年民国成立后,他曾任临时政府秘书。二次革命失败后,余锷奉孙中山之命,前往印度尼西亚爪哇华侨中学任教,同时办报宣传革命。1918年回国后,担任福建省教育局长、暨南大学南京分校文史系教授等职。1927年,他拒绝蒋介石邀请,归隐家园,主要从事著述和教育工作。

余佩皋(1888—1934)

1888年生于苏州城书香世家,少年时期就读于苏州振吴女校。1907年,考入高等女子师范(今北京师范大学),毕业后受任广西桂林省立女子师范校长。1915年,余佩皋南渡婆罗洲,担任婆罗洲山口洋中华学校校长。1916年,余佩皋来到新加坡,与庄希泉在新加坡共同创办新加坡南洋女子师范学校(今南洋女子中学前身),着重培养华侨学校师资。余佩皋任校长,庄希泉任董事长。这是南洋女子教育之先驱。回国后,余、庄夫妇二人继续从事教育工作,创办厦门厦南女学。她在国民党福建省临时省党部任执行委员。大革命失败后,她和庄希泉毅然离开了国民党。流亡菲律宾期间,在马尼拉和爱国华侨王雨亭创办《前驱日报》。余佩皋继续奔走于菲律宾、厦门、上海等地,在中国共产党领导下坚持秘密革命活动,兴办教育。1934年,余佩皋在苏州病逝。

庄启程(1940—)

祖籍福建晋江,第九、第十、第十一届全国政协委员。毕业于厦门大学物理系。家族世居南洋,是颇具影响的华人望族。1981年在中国无锡市创办的中国江海木业有限公司，是中国最早的外商投资企业之一，由国家工商行政总局签发"10001"号营业执照。20世纪90年代起，先后创建了维德木业（苏州）有限公司、德华建材（苏州）有限公司、维隆木业（苏州）有限公司、维德建材（苏州）有限公司、维胜木业（苏州）有限公司等现代化大型生产企业，形成了建筑装饰新材料的产业链，系目前国内最大的木材加工基地之一。庄启程于2003年起担任江苏省侨商总会第一、第二届会长、创会会长等；2008年获颁国家技术发明二等奖。庄启程创办的维德集团，经营领域涉及房地产、工业制造及国际贸易等，其木材产品制造和贸易在国内外市场占有重要地位。庄启程热心公益，曾捐助创办香港保良局庄启程预科书院、庄启程小学、庄启程幼儿园等；同时屡捐巨资于家乡办学，设立教育基金，广泽群众。

周宁忻（1948—）

江苏南京人。沙巴三江公会主席，曾被马来西亚政府授予拿督。周宁忻自幼随父母南下香港，后到达北婆罗洲。周宁忻勤奋好学，曾留学新西兰，后在沙巴做药剂师，推动成立沙巴药剂师协会。周宁忻曾连任四届马来西亚药剂师协会全国主席，并购置两栋三层大厦，作马来西亚药剂师总会的总部大楼。还曾担任沙巴首席部长署妇女咨询理事会卫生组组长、沙巴旅游局董事等职。2015年被沙巴州政府授予太平绅士。2019年被沙巴同乡会总会和沙巴中华大会堂授予杰出女性奖。

赵元任（1892—1982）

著名语言学家、音乐家，祖籍常州武进，出生于天津。1910年考取庚子赔款留美官费生，赴康奈尔大学学习数学，选修物理和音乐。1915年入哈佛大学，1918获哈佛大学哲学博士学位。20世纪20年代任教于清华大学，与梁启超、王国维、陈寅恪一起被称为"清华四大导师"。1938年移居美国，先后在夏威夷大学、耶鲁大学、哈佛大学、加州大学伯克利分校等高校教授中国语言学。1945年担任美国语言学学会会长，成为该会历史上第一位非白人会长。1948年当选为美国艺术与科学院院士，1960年当选为美国东方学会会长。著有《现代吴语的研究》《国语新诗韵》《中国话的文法》等著作，对推广国际汉语教育作出了重要贡献，被称为"汉语言学之父""现代语言学的奠基人"。

张太雷（1898—1927）

常州武进人，中国无产阶级革命家，中共早期领导人之一。1915年考入北京大学，同年转入天津北洋大学，学习法律。受到十月革命影响，开始研究马克思主义，并在1919年参加五四运动。在李大钊的帮助下，1920年加入北京共产主义小组，后组建天津社会主义青年团。受组织委派，1921年前往苏联，担任共产国际远东书记处中国科书记。1924年回国后，积极参加革命。1925年社会主义青年团第三次全国代表大会召开，将团组织的名称改为中国共产主义青年团，张太雷任团中央书记。在国共第一次合作期间，为加强孙中山、中国共产党和共产国际之间的联系作出重要贡献，加入"孙逸仙博士代表团"，完成了赴苏联考察任务。1927年"四·一二"反革命政变后，张太雷在八七会议上批判陈独秀的右倾错误，随后担任中共广东省委书记，赶赴潮汕地区策动武装起义，不幸在12月指挥战斗期间遭到敌人伏击牺牲。

张纯如（1968—2004）

祖籍江苏淮安，生于美国新泽西州普林斯顿市，女作家、历史学家。先后获得伊利诺伊大学新闻系学士学位、霍普金斯大学文学硕士学位，曾担任美联社和《芝加哥论坛报》记者。1995年，张纯如出版著作《中国导弹之父——钱学森之谜》。随后，开始关注南京大屠杀。为了解历史真相和收集资料，张纯如多次前往中国及日本等地进行调研，最终在1997年以英文出版《南京暴行》，并附有大量历史照片，在国际史学界引起注意和讨论。2003年，张纯如出版第三部作品《美国华裔史录》。在准备其第四部作品期间，张纯如罹患忧郁症，2004年11月9日自杀。《南京暴行》是第一本关于南京大屠杀的长篇英文著作，它通过引用大量中方、日方以及来自英美的第三方亲历者资料，首次让美国乃至西方国家全面了解日本在南京犯下的罪行，影响巨大，张纯如也因为敢于在西方世界揭露历史真相而被称为"正义使者"。

朱伯舜（1928—）

镇江丹阳人。曾先后就读于上海法学院和厦门大学政治系。20世纪40年代末去台湾经商。50年代获日本拓植大学经济学硕士学位，曾任台湾文化大学教授。1968年移居美国，曾任纽约《华美日报》董事长、美国共和党亚裔总党部共同主席，获得美国杜威大学名誉法学博士学位。在中国台湾、香港地区，美国均拥有企业，并在广东、福建、上海、黑龙江和江苏丹阳、镇江、无锡、南京等地大量投资于房地产开发和兴办多种企业及文教事业；先后担任香港及旧金山纽士威（国际）有限公司等十多家企业公司的董事长、总裁。美国总统福特、纽约市市长波恩以他对中美文化之发展卓有贡献，曾亲函公开表扬。纽约市长波恩于1976年5月8日宣布该日为"朱伯舜日"，获此殊荣者仅有三人。1989年12月和1990年5月，朱伯舜与美国国际合作委员会主席陈香梅女士两次组织包括美国、中国台湾和中国香港工商企业界人士来大陆进行经贸考察，在促进海峡两岸经贸关系方面作出积极贡献。

朱棣文（1948— ）

物理学家，祖籍江苏苏州太仓县（今太仓市），出生于美国密苏里州圣路易斯市。1976年获伯克利加州大学哲学博士学位。后在美国电报电话公司贝尔实验室、斯坦福大学等任职。朱棣文长期从事原子物理、激光科学方面的研究。1985年，他与同事用一组交叉激光束产生了"光粘胶"效应，在光粘胶中靶原子的速度由每小时4000千米降至每小时1千米。减速后的原子的温度接近绝对零度（ $-273.15℃$ 或 $-459.67℉$ ）。他与同事还发展了一种使用激光与磁线圈的原子阱，可捕陷并研究冷却的原子。这些技术使科学家可提高用于空间导航的原子钟的精度，建造可准确测量重力的原子干涉仪，并设计出可用于处理极细尺度电子线路的原子激光器。因上述研究成果，朱棣文获得1997年度诺贝尔物理学奖。1993年朱棣文当选为美国科学院院士，1998年当选为中国科学院外籍院士。

朱敬文（1906—1996）

华侨慈善家，祖籍江苏扬州。1949年，全家移居香港，在香港的头10年中常暗中资助那些无力入学的青年。1960年，在香港创办"华孚制衣厂"，后又创办了"立德制衣厂"，助学的意愿再次强烈萌发。1965年起，以个人力量设立"敬文留美大学奖学金"，资助家境贫寒而有才华的青年去美国攻读大学。因其女婿蒋宁熙先生在美国印第安纳州文逊氏市文逊氏大学（Vincennes University）任教授、系主任等职，因此，首先与该校达成捐资助学协议，以后又将捐助范围扩充至其他高校。由于在培养人才方面成绩卓越，于1973年获得美国文逊氏大学颁授的人文学名誉博士学位，并被该校校长冠以"导师之师"的美誉。1985年，在香港成立"朱敬文教育基金会",并在香港正式注册成完全不以营利为目的的慈善机构。之后,随着内地的开放及发展,基金会逐渐把捐资助学目光转向内地高等学府。1986年,因年事已高,基金会工作由其长子朱恩馀主持。在朱恩馀夫妇的努力下,1988年在苏州大学设立了朱敬文奖助学金。以后,该项奖助学金逐步向省内多所高校推广。从1999年起,"朱敬文教育基金"在内地每年资助总金额达300万元,资助学生近3000人,并在这些学校资助建立了现代化的敬文图书馆。1996年12月于香港去世。

朱桂生（1896—2002）

出生于江苏溧阳,是法国最后一位离世的"一战华工"。1916年朱桂生作为应募劳工从上海坐邮船到达法国马赛,被分配到法国西南部的拉罗舍尔市兰斯区参加战地服务,时年20岁。朱桂生的劳工编号是27746。"一战"结束后,经历了许多苦难的大部分华工返回家乡,朱桂生等约3000名华工则在法国住了下来,成为法国第一批华人移民。1921年,朱桂生与法国姑娘芭蒂斯特相爱结婚,并育有一子二女。第二次世界大战爆发后,朱桂生又毅然从戎,成为一名抗击德国纳粹的战士。

朱瑞（1905—1948）

江苏省宿迁县人,中共党员。1905年出生于宿迁市宿城区。1925年赴苏联,先后在莫斯科中山大学、克拉辛炮兵学校学习。历任中央特派员、中共中央长江局军委参谋长兼秘书长、红军总司令部科长、红军学校教员、红三军政治委员等职。从1940年6月至1941年5月,朱瑞在山东建立了多个抗日民主根据地和民主政权。并在此基础上成立了临时政府和救国联合会,从而实现了全省民主抗日政权和群众组织的统一领导。1946年10月起任东北民主联军和东北军区炮兵司令员,兼炮兵学校校长。1947年1—4月,朱瑞通过对三下江南、四保临江战役的指挥,总结炮兵战术,并编入《炮兵条例》。1948年10月1日,朱瑞在辽沈战役攻克义县战斗中牺牲,时年43岁,是中国解放战争中我军牺牲的最高将领。为纪念他,中央军委决定将东北炮兵学校命名为"朱瑞炮兵学校"。2009年9月10日,朱瑞被评为100位为中华人民共和国成立作出突出贡献的英雄模范之一。

附录二：江苏籍海外华侨华人社团名录（部分）

（截至 2022 年 3 月 20 日；按洲国别排序，排名不分先后）

序号	侨社团名称	所在城市	成立时间	负责人
1	阿联酋中国江苏商会暨同乡会	阿联酋 迪拜	2011 年	王海林（会长）
2	阿联酋江苏侨商总会	阿联酋 迪拜	2017 年	陈中奇（会长）
3	菲律宾江苏商会	菲律宾 马尼拉	2019 年	谭志（会长）
4	柬埔寨江苏工商企业联合总会	柬埔寨 西哈努克	2015 年	陈坚刚（首任会长）
5	柬埔寨江苏同乡会	柬埔寨 金边	2015 年	尹政群（会长）
6	马来西亚隆雪三江公会	马来西亚 吉隆坡	1946 年	宣柱宏（会长）
7	马来西亚苏商总会	马来西亚 吉隆坡	2018 年	陈正华（会长）
8	孟加拉江苏商会	孟加拉 达卡	2017 年	陈美楼（会长）
9	缅甸江苏商会	缅甸 仰光	2019 年	惠源（会长）
10	日本江苏总会	日本 东京	2016 年	李磊（会长）
11	日本大阪华侨江苏同乡总会	日本 大阪	1969 年	许士超（会长）

续表

序号	侨社团名称	所在城市	成立时间	负责人
12	日本江苏工商总会	日本 福冈	2019年	王耀（会长）
13	泰国江浙会馆	泰国 曼谷	1923年	张德仁（理事长）
14	泰国江苏商会	泰国 曼谷	2019年	张彬（会长）
15	泰国江浙沪总商会	泰国 曼谷	2008年	郑庙金（主席）
16	泰国江苏青年总商会	泰国 曼谷	2021年	陈柱（主席）
17	新加坡江苏会	新加坡	2016年	周兆呈（会长）
18	越南江苏同乡会	越南 胡志明市	2019年	翁才兵（会长）
19	安哥拉江苏总商会	安哥拉 罗安达	2017年	沈永忠（会长）
20	安哥拉江苏商会	安哥拉 罗安达	2017年	朱晋林（会长）
21	肯尼亚江苏商会	肯尼亚 内罗毕	2019年	熊永伟（会长）
22	南部非洲江苏总商会	南非 约翰内斯堡	2004年	陈辉（会长）
23	南部非洲江苏同乡总会	南非 约翰内斯堡	2015年	陈辉（会长）
24	尼日利亚江苏侨商总会	尼日利亚 拉各斯	2021年	王俊雄（会长）

续表

序号	侨社团名称	所在城市	成立时间	负责人
25	坦桑尼亚江苏商会	坦桑尼亚 达累斯萨拉姆	2015年	张路（会长）
26	比荷卢江苏商会	比利时 安特卫普	2015年	佴同涛（会长）
27	丹麦江苏同乡会	丹麦 哥本哈根	2013年	朱文（会长）
28	德国江苏总商会	德国 杜塞尔多夫	2017年	侯军（会长）
29	德国江苏同乡工商暨文教联合总会	德国 斯图加特	2016年	王荣虎（会长）
30	旅德江苏华人华侨联谊总会	德国 杜塞尔多夫	2018年	刘宁（会长）
31	法国苏浙同乡会	法国 巴黎	1996年	张大荣（会长）
32	荷兰江苏商会	荷兰 海牙	2018年	胡绮（会长）
33	捷克江苏同乡联谊会	捷克 布拉格	2018年	史建萍（会长）
34	旅罗江苏华商联合会	罗马尼亚 布加勒斯特	2000年	高进（会长）
35	挪威江苏同乡会	挪威 奥斯陆	2008年	袁亚明（会长）
36	西班牙江苏总商会	西班牙	2017年	郭金东（会长）
37	意大利江苏总商会	意大利 米兰	2017年	朱裕华（会长）

续表

序号	侨社团名称	所在城市	成立时间	负责人
38	英国江苏同乡会	英国 伦敦	2005 年	张海（会长）
39	英国江苏商会	英国 伦敦	2018 年	张海（会长）
40	阿根廷江苏同乡会	阿根廷 布宜诺斯艾利斯	2013 年	陈阳（会长）
41	巴拿马共和国苏浙同乡会	巴拿马 巴拿马城	1990 年	高浩（会长）
42	巴西江苏同乡会总会	巴西 圣保罗	2002 年	孙月（会长）
43	秘鲁江苏商会	秘鲁 利马	2018 年	金士洋（会长）
44	厄瓜多尔江苏总商会	厄瓜多尔 瓜亚基尔	2019 年	顾中杰（会长）
45	加拿大江苏华人联合总会	加拿大 温哥华	2019 年	徐凌（会长）
46	加拿大江苏国际商会	加拿大 多伦多	2002 年	姜睿（会长）
47	加拿大江苏总商会	加拿大 多伦多	2001 年	王海澄（会长）
48	加拿大安大略—江苏友好协会	加拿大 多伦多	1999 年	李宁玉（会长）
49	加拿大江苏同乡联谊总会	加拿大 温哥华	1996 年	李佳颖（会长）
50	加拿大江苏华侨联谊会	加拿大 多伦多	2014 年	吴锡光（会长）

续表

序号	侨社团名称	所在城市	成立时间	负责人
51	加拿大江苏侨商总会	加拿大 温哥华	2020年	张容诚（会长）
52	加拿大江苏同乡总会	加拿大 多伦多	2013年	吴卫东（会长）
53	美东纽约三江慈善公所	美国 纽约	1929年	包荣刚（代主席）
54	美国江苏总商会（纽约）	美国 纽约	2008年	孙俊（会长）
55	美国江苏总商会（洛杉矶）	美国 洛杉矶	2016年	蔡成华（会长）
56	美国江苏经贸文化联合会	美国 洛杉矶	2007年	徐晓峰（会长）
57	美国苏浙沪同乡会	美国 洛杉矶	1983年	杨逸凡（会长）
58	美国北加州江苏同乡会暨江苏商会	美国 旧金山	2014年	吴有义（会长）
59	美南江苏总会	美国 休斯敦	2006年	陈亮（会长）
60	美国北加州苏浙同乡会	美国 旧金山	1986年	朱元忠（会长）
61	美东江苏联合总会	美国 迈阿密	2017年	高云青（会长）
62	美国内华达州（拉斯维加斯）江苏同乡会	美国 拉斯维加斯	2014年	姚家珍（会长）
63	美国明尼苏达州江苏同乡会	美国 明尼苏达州	2019年	冒国河（首届会长）

续表

序号	侨社团名称	所在城市	成立时间	负责人
64	美国江苏商会	美国 纽黑文	1999年	张赛虎（会长）
65	墨西哥江苏商会	墨西哥 墨西哥城	2017年	赵准（会长）
66	智利江苏商会	智利 圣地亚哥	2006年	郁飞（会长）
67	澳大利亚江苏总商会	澳大利亚 墨尔本	2015年	许浚（常务执行会长）
68	澳大利亚江苏会	澳大利亚 墨尔本	1998年	张澄（会长）
69	澳大利亚江苏工商联合总会	澳大利亚 悉尼	2013年	陈银新（会长）
70	澳大利亚江苏总会	澳大利亚 悉尼	1998年	韦祖良（会长）
71	澳大利亚江苏联合会	澳大利亚 珀斯	2015年	孙晓星（会长）
72	澳大利亚江苏总商会青年商会	澳大利亚 墨尔本	2018年	梁毅恒（会长）
73	新西兰江苏总商会	新西兰 奥克兰	2014年	游有志（会长）
74	新西兰江苏同乡联谊会	新西兰 奥克兰	2010年	韩友芳（会长）

附录三：江苏华侨华人史大事记

公元前473年，建都于苏州的吴国在夫差身死国灭后，部分王室后裔和臣民流亡海外，东渡日本或南下越南等地。

公元前210年，秦始皇派方士徐福（又名徐市）携数千童男童女及百工入海求仙药，到今韩国、日本等地。徐福故址在今连云港赣榆（秦代属琅琊郡）。

公元306年，日本应神天皇遣阿知使主、都加使主至吴国，求遣缝工女去日本。吴王派工女兄媛、弟媛、吴织、穴织四妇女去日本。

公元468年，日本雄略天皇遣身狭村主青、桧隈民使博德至吴地（属南朝刘宋），南朝派汉织、吴织、衣缝兄媛、弟媛等与使节至日本，吴地织工在日本得到重用，主持日本"衣缝部"等。

公元522年，吴地人司马达在日本大和国高市郡的坂田原设立"草堂"，崇奉佛教。其子出家为僧，建造了日本最早的寺庙——坂田寺，其女司马岛是日本最早的女尼。司马达最早"私传"佛教入日本。

公元562年（南朝陈文帝天嘉三年），流寓朝鲜的吴地人智聪东渡日本传医，携内外典、药书、《明堂图》等164卷。

公元753年（唐天宝十二年），鉴真成功东渡日本，携带48部300余卷佛经、佛像、法器，东渡日本传授律宗佛学，被尊为日本"律宗之祖"。

1246年（南宋淳祐六年）宋代无锡翠微寺的大觉禅师东渡日本，主持建造了日本最早的禅寺，弟子众多，被奉为日本佛教"建长寺派"的"开山始祖"。

1405—1433年明代郑和七下西洋皆从太仓刘家港出发，随行人员多来自东南沿海一带，其中江苏人众多，如昆山人通事费信、南京人幕僚巩珍、太仓人军官周闻和刘兴、常熟人医士匡愚、江阴人通事吴衍等。

1623年，日本三江帮富商欧阳云台捐建兴福寺。

1721年，陈振先来到日本长崎后，跋涉邻近山野，采集药草162种，著成《药草功能书》。

1860年，第二次鸦片战争结束后，中国和英、法两国先后签订了《北京条约》，正式确立华工出国的合法化。

1866年，中、英、法三方大臣商定二十二条招工章程，规范各国在华招工事宜。

1868年，日本三江帮华侨在兴福寺创设"三江祠堂"，1878年在三江祠堂的基础上建立和衷堂三江会所，海外最早的三江社团正式成立。

1898年，新加坡三江同乡设置三江公墓。

1903年1月，旅日江苏同乡会在东京成立，同年4月27日创办《江苏》杂志作为会刊，以"热爱家乡"为宗旨。

1905年，江苏巡抚陆元鼎在苏州设立游（留）学预备科，选派留学生赴欧美，当年就有6名公费生赴英国留学。

1906年，新加坡潘云卿、曹裕昌等华侨联合发起组织三江公所，1908年正式获准注册，1927年改名为三江会馆。

1907年，江苏省在南京和苏州组织考试，选出23名公费生，其中赴美留学的14人中还有3名女生。

1909年首批47名庚款留学生中，江苏籍21名；1910年的70人中，江苏籍29名；1911年的63人中江苏籍15名。

1912年3月19日，时任临时大总统的孙中山先生颁布《令外交部妥筹禁绝贩卖"猪仔"及保护华侨办法文》和《令广东都督禁贩卖"猪仔"文》，宣布国民可以自由出入国境或到国外谋生，明确严禁贩"猪仔"。

1917年10月，北洋政府设立国务院侨工事务局，负责招收"一战"赴欧侨工，并协助签约等事宜。

1917年，惠民公司从江苏浦口向法国运送了14批华工，共计18950人。

1918年，北洋政府在江苏设立侨工事务分局，次年撤销。

1921年，南京华兴村归侨李殷宏发起成立华兴农业股份有限公司，成为江苏较早的华侨村。

1923年7月26日，江浙华商王明福、沈章行、张福堂、沈纪堂、张宝元、张兴宝、苏庆和发起成立泰国江浙会馆。

1926—1928年，部分随孙中山先生从海外归来的广东、福建籍卫士集资在昆山创办"振东农垦公司"。

1929年6月，孙安生、阮孝洪、韩阿根等人在美国纽约发起成立美东纽约三江慈善公所。

1935年，国民政府侨务委员会选派50名华侨教师赴海外从事华文教育，其中江苏人最多（10名）。

1939年，李春鸣与李善基等筹办雅加达中华中学。

1949年，无锡荣氏的荣鸿庆赴香港经营南洋纱厂，后成立南洋集团。

1949年，中央人民政府委员会根据《中华人民共和国中央人民政府组织法》第十八条的规定，在政务院直接领导下设立华侨事务委员会（简称"侨委会"），任命何香凝为中央华侨事务委员会主任委员，这是新中国中央政府成立的首个侨务工作机构。

1953—1956年，江苏根据国家要求，分三批接收来自日本的归侨110户、341人。

1955年，原籍江苏及在江苏工作的赵承嘏、周培源、张钰哲等20余位归侨专家学者当选首批中国科学院学部委员（院士）。

1957年，杨振宁与江苏苏州籍的美国华裔科学家李政道共同获诺贝尔物理学奖。

1957年，周恩来同志提出"一视同仁，适当照顾"的国内侨务工作方针，即对归侨侨眷，政治上予以关怀，生活上给予照顾，要正确对待和具体分析归侨的"海外关系"。

1962年，江苏省人民委员会决定：设立省人民委员会华侨事务处（与省民族宗教事务局合署办公）。在此前后，徐州、常州等市人民委员会分别增设华侨事务处。

1962年，无锡唐氏的唐鑫源成为美国太空总署太空飞行中心第一位华裔美国人，聘任材料研究所所长，主持研究太空应用材料。他被誉为"太空服之父"。

1978年6月，江苏省革命委员会在外事办公室增设侨处；1980年4月，省革命委员会批准设置侨务办公室（简称"侨办"），同年10月升格为一级局建制，主管全省侨务工作。

1978年12月，在第二次全国归侨代表大会上，国务院办公室主任廖承志代表党中央明确宣告，对归侨侨眷实行"一视同仁、不得歧视、根据特点、适当照顾"的"十六字"方针。

1979年4月，江苏省第一次归侨代表大会在南京召开。大会宣布正式成立江苏省归国华侨联合会（简称"江苏省侨联"），并选举产生省侨联首届委员会。

1979年6月，原籍苏州的美籍物理学家李政道及一批知名海外华人回江苏探亲访问。

1981年4月，菲律宾华侨庄启程先生投资创办江苏省第一家合资企业——"中国江海木业有限公司"，成为中国最早的外商投资企业之一，开启了华侨华人助力江苏改革开放的新篇章。同年5月，国家工商总局为企业颁发了"工商企合字10001"号营业执照。

1984年6月10—14日，江苏省第二次归侨代表大会在南京召开，会议选举产生了省侨联第二届委员会。

1984年9月，江苏省委、省政府召开全省侨务工作会议，并下达《关于贯彻中央对新时期侨务工作需要指示的意见》。

1988年1月，江苏省华侨福利基金会获准成立。

1988年10月，致公党江苏省工作委员会在南京成立。

1990年，江苏籍华人唐骝千、贝聿铭、马友友等共同发起成立了美籍华人精英组织百人会。

1990年4月25—30日，江苏省第三次归侨侨眷代表大会在南京召开，选举产生了省侨联第三届委员会。

1990年5月，江苏省侨办和中科院紫金山天文台联合举行"吴健雄星"命名大会，邀请著名美籍华人吴健雄、袁家骝夫妇来南京出席命名仪式等活动。

1990年8月，国务院出台《关于鼓励华侨和香港澳门同胞投资的规定》。

1990年9月，第七届全国人大常委会第十五次会议通过《中华人民共和国归侨侨眷权益保护法》。

1990年12月，江苏省第七届人大常委会第十八次会议决定增设省人大常委会民族宗教侨务委员会，作为常委会的工作机构。

1992年1月，致公党江苏省委员会成立大会暨第一次代表大会在南京召开。

1992年5月，江苏省海外交流协会成立。

1992年12月17日，江苏省第七届省人大常委会第三十一次会议审议通过了《江苏省实施〈中华人民共和国归侨侨眷权益保护法〉办法》，并于1992年12月29日公布施行。

1997年，祖籍苏州太仓的美国华裔科学家朱棣文获诺贝尔物理学奖。

1997年，江苏省侨联法律顾问委员会成立。

1997年8月31日至9月2日，江苏省第四次归侨侨眷代表大会在南京召开，选举产生省侨联第四届委员会。

1998年，祖籍扬州的陈之彬当选为澳大利亚国会参议员，成为澳大利亚历史上第一位在中国出生的华裔联邦议员。

1998年2月，江苏省九届人大一次会议决定设立民族宗教侨务委员会，作为省人大专门委员会，一直延续到2003年1月省第九届人大届满。

1998年2月25日，江苏省政协八届一次常务委员会会议决定将省政协海外联络委员会更名为"台港澳侨联络委员会"和"外事委员会"，实行"一套班子、两块牌子"。同年4月1日省政协八届二次主席会议参照政协第九届全国委员会常务委员会第一次会议将"台港澳侨联络委员会"更名为"港澳台侨委员会"的做法，决定将"台港澳侨联络委员会"更名为"港澳台侨委员会"。

1998年，江苏省侨办、江苏省海外交流协会举办首届"海外江苏之友"活动。

2000年2月16日，江苏省第九届人民代表大会常务委员会第十四次会议通过《江苏省华侨捐赠条例》。

2000年，全英华人华侨中国统一促进会在伦敦成立，首任会长为江苏泰州籍华侨单声。

2002年9月21—23日，江苏省第五次归侨侨眷代表大会在南京召开，选举产生了省侨联第五届委员会。

2002年12月17日，江苏省第九届人民代表大会常务委员会第三十三次会议通过关于修改《江苏省实施〈中华人民共和国归侨侨眷权益保护法〉办法》的决定。

2003年1月16日，由省侨界人大代表、政协委员提案建议，在江苏省委和省政府的重视和关怀下，江苏"华侨之家"正式投入使用。

2003年2月，江苏省十届人大一次会议决定设立省人大常委会民族宗教侨务委员会，作为常委会的工作机构。

2003年2月，江苏省政协九届一次常务委员会会议决定将港澳台侨委员会、外事委员会合并，成立港澳台侨（外事）委员会。

2003年9月，全省首家非营利性的侨商组织——江苏省侨商总会在南京成立。

2005年7月，全省侨务工作会议在南京召开。

2006年上半年，全国人大常委会委托江苏省人大常委会对《中华人民共和国归侨侨眷权益保护法》贯彻实施情况开展执法检查。

2007年4月，江苏省侨办、江苏省教育厅联合向省内20所学校授予首批"江苏省华文教育基地"。

2007年6月13日，江苏省人大民宗侨委、省政府侨办、省政协港澳台侨委、致公党省委和省侨联五个涉侨单位在南京首次召开"五侨"联席会议，加强侨务工作联动。

2008年，江苏省正式启动"江苏万名海外高层次人才引进计划"，决定从2008年到2012年，将采用多种方式引进不少于10000名海外高层次人才，集聚不少于50名具有世界领先水平的科学家和科技领军人才。

2008年10月11日，全国首家开发区侨联——南京高新技术产业开发区侨界联合会成立。

2008年11月13日，江苏省侨界青年总会在南京成立。

2009年，出生于江苏省金山县（今上海市金山区）的英国华裔科学家高锟获诺贝尔物理学奖。

2009年5月28日,江苏省首家"华侨华人文化交流基地"在苏州市胥王园揭牌。

2009年11月29日,江苏省华侨书画院在南京成立。

2009年12月2日,江苏省侨界专业人士联合会在南京成立,为全国侨联系统首家。

2010年9月,江苏省人大常委会民族宗教侨务委员会对"加快制定实施海外人才居住证政策"的代表建议进行重点督办,最终促成《江苏省海外高层次人才居住证制度暂行办法》于2011年6月发布并实施。

2010年6月,由致公党江苏省委举办第一届"海外留学人员江苏行考察联谊活动"("引凤工程")。

2010年10月,全国人大华侨委在江苏举办侨胞国内投资权益保护问题研讨会。

2012年6月4日,中共江苏省委出台进一步加强和改进新形势下侨联工作的有关意见。

2012年7月10—12日,江苏省侨联第六次代表大会在南京召开,会上选举产生了省侨联第六届委员会。

2013年1月,国务院侨办批复同意设立"国务院侨务办公室侨务理论研究江苏基地",5月,"国务院侨务办公室侨务理论研究江苏基地"在江苏师范大学成立。

2014年1月12日,江苏省侨界首家共募基金会——江苏省华侨公益基金会在南京成立。

2015年7月,由江苏省侨联与南京市政府联合主办的"丝路新航·繁荣共享"——纪念郑和下西洋610周年暨海内外侨商携手共建"21世纪海上丝绸之路"起航活动在南京举行。

2016年1月15日,江苏省第十二届人民代表大会常务委员会第二十次会议通过《江苏省保护和促进华侨投资条例》。

2016年1月,国务院侨办和江苏省政府共同在南京麒麟科创园挂牌设立江苏南京"侨梦苑"。

2016年1月,江苏省侨办、江苏省公安厅联合对外公布了"简化华侨恢复户口登记手续"政策。

2016年9月23日,由中国侨联、江苏省政协主办,江苏省侨联承办的海外侨胞纪念孙中山先生诞辰150周年大会暨主题论坛在南京举行。

2016年,由江苏省侨办召集,省27个部门参加的"江苏省华侨投资权益保障协调委员会"成立。

2017年7月31日,省政府在南京召开全省侨务工作会议。

2017年8月15—17日，江苏省侨联第七次代表大会在南京召开，选举产生了省侨联第七届委员会。

2018年，根据《江苏省机构改革方案》规定，由江苏省委统战部统一管理侨务工作。江苏省侨办并入江苏省委统战部后，对外保留江苏省侨办牌子，从而更好地加强省委对海外统战工作的集中统一领导，更加广泛地团结联系海外侨胞和归侨侨眷。

2018年12月19日，江苏省侨联在南京举办"侨瞩四十年 追梦赤子心——庆祝改革开放40周年分享会"。

2019年7月，中国侨联第一期"海外联谊研修班"在南京大学举办。

2019年10月13日，江苏省侨联在南京举办"一路同行·侨耀江苏——庆祝中华人民共和国暨江苏省侨联成立40周年盛典"。

2019年11月18日，首届海外江苏社团联谊大会在南京召开。

2019年11月19日，由中国侨商联合会、中国侨联新侨创新创业联盟、江苏省侨联、上海市侨联、浙江省侨联、安徽省侨联共同主办的"创业中华·江海筑梦"首届长三角华商大会在南京举办。

2019年11月29日，江苏省侨商组织整合融入大会暨江苏省侨商总会第四次会员代表大会在南京召开。

2019年11月29日，江苏省侨联新侨创新创业联盟成立。

2020年6月，全国人大常委会副委员长白玛赤林率调研组在江苏调研侨务法制建设情况。

2020年9月14日至15日，由中国侨联主办，中国华侨华人研究所与江苏省侨联等承办的"2020习近平总书记关于侨务工作重要论述研讨会"在南京大学召开。

2020年11月18日，由中国侨联指导，中国侨商联合会、中国侨联新侨创新创业联盟、江苏省侨联共同主办"创业中华·筑梦江苏"2020"一带一路"交汇点华商大会在南京召开。

2021年6月16日，"百年风华·侨心向党"江苏省侨界庆祝中国共产党成立100周年汇报展演在南京举行。

2021年7月7日，由中国侨联主办，江苏省侨联承办，江苏省侨联青年委员会协办的"侨连五洲·华裔杰青论坛（第四期）"在江苏南京举办。

2021年12月28日，中国侨联党组书记、主席万立骏赴江苏基层侨联工作联系点调研，宣讲党的十九届六中全会精神。

2022年7月4日，中国（江苏）侨界高端人才创新创业峰会在南京举行。

参考文献

一、中文著作

1. 曹云华、许梅、邓仕超：《东南亚华人的政治参与》，北京：中国华侨出版社，2004年。
2. 常存库、张成博：《中国医学史》（第3版），北京：中国中医药出版社，2012年。
3. 陈碧笙：《世界华侨华人简史》，厦门：厦门大学出版社，1991年。
4. 陈翰笙主编：《华工出国史料》（第一至十辑），北京：中华书局，1981—1985年。
5. 陈高华、吴泰、郭松义：《海上丝绸之路》，北京：海洋出版社，1991年。
6. 陈正荣：《金陵佳人》，南京：南京出版社，2018年。
7. 陈奕平：《和谐世界之桥：华侨华人与中国国家软实力》，广州：暨南大学出版社，2014年。
8. 陈怀东：《海外华人经济概论》，台北：黎明文化事业股份有限公司，1986年。
9. 程曼丽、乔云霞主编：《新闻传播学辞典》，北京：新华出版社，2012年。
10. 陈肖静：《扬州文化与旅游研究》，合肥：合肥工业大学出版社，2007年。
11. 沉度、应列等编：《国民党高级将领传略》（第2版），北京：华文出版社，1995年。
12. 王炜中主编：《潮汕侨批》，广州：广东人民出版社，2007年。
13. 池子华：《中国红十字运动史散论》，合肥：合肥工业大学出版社，2019年。
14. 常州侨联志编纂委员会：《常州侨联志》，南京：凤凰出版社，2019年。
15. 戴鞍钢：《发展与落差——近代中国东西部经济发展进程比较研究1840—1949》，上海：复旦大学出版社，2006年。
16. 董楚平：《吴越文化新探》，杭州：浙江人民出版社，1988年。
17. 杜闻桢主编：《中国人口·江苏分册》，北京：中国财政经济出版社，1987年。
18. 方梦之、庄智象主编：《中国翻译家研究·民国卷》，上海：上海外语教育出版社，2017年。
19. 冯小洋主编：《澳大利亚华人年鉴》（2013年、2014年、2015年），澳大利亚华人年鉴出版社，2014—2016年。
20. 邹贤敏、秦红：《博古和他的时代：秦邦宪（博古）研究论集》，北京：当代中国出版社，2016年。

21. 高伟浓：《拉丁美洲华侨华人移民史：社团与文化活动远眺》（上、下册），广州：暨南大学出版社，2012年。

22. 高伟浓：《清代华侨在东南亚》，广州：暨南大学出版社，2014年。

23. 何国樑：《华人在美成就录》，上海：上海科学技术文献出版社，2014年。

24. 海外泰州人编委会：《海外泰州人》，南京：江苏人民出版社，2009年。

25. 淮安市侨联编：《淮上游子吟——淮安侨史人物剪影》，南京：南京大学出版社，2012年。

26. 鸿山俊雄：《神户大阪の华侨》，华侨问题研究所，1979年。

27. 黄昆章主编：《华侨华人百科全书·教育科技卷》，北京：中国华侨出版社，1999年。

28. 黄昆章：《印尼华侨华人史》，广州：广东高教出版社，2005年。

29. 华侨协会总会编：《华侨与抗日战争论文集》（下），华侨协会总会，1999年。

30. 江苏省苏州市吴中区东山镇志编纂委员会编：《东山镇志》，北京：方志出版社，2017年。

31. 江苏省高等学校教授录编委会：《江苏省高等学校教授录》，南京：南京大学出版社，1989年。

32. 姜新、小雨：《江苏留学史稿》，长春：吉林人民出版社，2006年。

33. 江苏省地方志编纂委员会：《江苏省志·侨务志》，南京：江苏人民出版社，2007年。

34. 江苏省地方志编纂委员会：《江苏省志·科学技术志》，南京：江苏人民出版社，2007年。

35. 江苏省地方志编纂委员会：《江苏省志·发展改革志》，南京：江苏省凤凰科学技术出版社，2014年。

36. 贾益民编：《中国侨务公共外交理论与实践》，广州：暨南大学出版社，2014年。

37. 孔令仁等：《郑和》，西安：三秦出版社，1991年。

38. 戈春源：《苏州通史·五代宋元卷》，苏州：苏州大学出版社，2019年。

39. 葛剑雄等：《简明中国移民史》，福州：福建人民出版社，1993年。

40. 葛剑雄：《中国移民史·先秦至魏晋南北朝时期》，福州：福建人民出版社，1997年。

41. 葛剑雄：《中国人口发展史》，福州：福建人民出版社，1991年。

42. 顾明远主编：《教育大辞典·第四卷·民族教育、华侨华文教育、港澳教育》，上海：上海教育出版社，1992年。

43. 顾利程：《美国汉语教学动态研究》，北京：北京语言大学出版社，2019年。

44. 郭长海、金菊贞编：《高旭集》，北京：社会科学文献出版社，2003年。

45. 高景岳、严学熙编：《近代无锡蚕丝业资料选辑》，南京：江苏古籍出版社，1987年。

46. 蓝鸿文、许焕隆：《瞿秋白》，北京：人民日报出版社，2005年。

47. 李性刚：《赤子·旅美杰出华人传略》，贵阳：贵州人民出版社，2018年。

48. 李卓辉：《迎接落地生根时代：印尼华人文化教育史话》，联通华文书业有限公司，2003年。

49. 李峰：《苏州通史·人物卷（下）：中华民国至中华人民共和国时期》，苏州：苏州大学出版社，2019年。

50. 李大星、杨永林：《民国人物大辞典》，石家庄：河北人民出版社，2007年。

51. 李姝林、李怀忠主编：《百年清华》，合肥：安徽科学技术出版社，2011年。

52. 李维民主编：《中国人物年鉴2011》，北京：中国人物年鉴社，2012年。

53. 李明欢：《欧洲华侨华人史》，广州：暨南大学出版社，2019年。

54. 李明欢：《福建侨乡调查：侨乡认同、侨乡网络与侨乡文化》，厦门：厦门大学出版社，2005年。

55. 李明欢：《国际移民政策研究》，厦门：厦门大学出版社，2011年。

56. 李安山：《非洲华侨华人史》，北京：中国华侨出版社，2000年。

57. 力平、方铭：《周恩来年谱（1898—1949）》，北京：中央文献出版社，1998年。

58. 刘金源、邵政达等：《江苏区域软实力提升战略》，南京：南京师范大学出版社，2018年。

59. 刘泽彭：《世界侨情报告2011—2012》，广州：暨南大学出版社，2012年。

60. 刘泽彭：《海外侨情观察2013—2014》，广州：暨南大学出版社，2014年。

61. 刘树勇、韦中燊：《极端物质世界》，石家庄：河北科学技术出版社，2019年。

62. 刘元林、周显信：《瞿秋白对毛泽东思想形成的重要贡献》，北京：中央文献出版社，2005年。

63. 刘权：《广东华侨华人史》，广州：广东人民出版社，2002年。

64. 林金枝：《近代华侨投资国内企业史资料选辑》（上海卷），厦门：厦门大学出版社，1994年。

65. 林金枝：《近代华侨投资国内企业概论》，厦门：厦门大学出版社，

1988年。

66. 令狐萍：《美国华侨华人史》，北京：中国华侨出版社，2017年。

67. 陆阳、沈云福：《激荡岁月——锡商（1895—1956）》，北京：团结出版社，2015年。

68. 罗上庚：《走近核科学技术》，北京：中国原子能出版社，2015年。

69. 罗晃潮：《日本华侨史》，广州：广东高等教育出版社，1994年。

70. 缪进鸿、郑云山主编：《中国东南地区人才问题国际研讨会论文集》，杭州：浙江大学出版社，1993年。

71. 吕章申主编：《中国近代留法学者传》，北京：紫禁城出版社，2008年。

72. 卢连大主编：《吉林省高等学校校园规划发展蓝皮书》，长春：吉林人民出版社，2010年。

73. 龙登高：《跨越市场的障碍：海外华商在国家、制度与文化之间》，北京：科学出版社，2007年。

74. 龙登高：《海外华商在中国》，北京：中华工商联合出版社，2014年。

75. 麦子：《美国华人群英录》，广州：中山大学出版社，2009年。

76. 茅家琦、吴志明、江君谟：《江苏名人传》，南京：江苏文史资料编辑部，1997年。

77. 闽南侨批大全编委会：《闽南侨批大全》（共15册），福州：福建人民出版社，2016年。

78. 马洪武等主编：《中国近现代史名人辞典》，北京：档案出版社，1993年。

79. 孟宪明：《李政道传》，郑州：河南文艺出版社，2017年。

80.《毛泽东选集》第三卷，北京：人民出版社，1991年。

81. 南通市侨联编：《南通新侨口述史》，北京：中国华侨出版社，2018年。

82. 南通市侨联编：《南通老归侨口述史》，北京：中国华侨出版社，2018年。

83. 聂宝璋：《中国近代航运史资料·第一辑》（上册）上海：上海人民出版社，1983年。

84. 宁艳红：《旅俄华侨史》，北京：人民出版社，2015年。

85. 彭德清：《中国航海史》，北京：人民交通出版社，1988年。

86. 彭小云主编：《加州大学》，北京：军事谊文出版社，2006年。

87. 戚建庄、刘昀献主编：《当代中国与世界》，郑州：河南人民出版社，1990年

88. 清华大学校史研究室编：《清华人物志·第4辑·校友中院士专辑》，北

京：清华大学出版社，2009年。

89. 钱志新：《百年苏商》，南京：江苏人民出版社，2013年。

90. 饶毅：《饶议科学1》，上海：上海科技教育出版社，2014年。

91. 荣德生：《乐农自订行年纪事》，上海：上海古籍出版社，2001年。

92. 任晓敏：《贝尔巨星 华人骄傲：厉鼎毅先生纪念画册》，北京：北京邮电大学出版社，2013年。

93. 任贵祥：《华夏向心力：华侨对祖国抗战的支援》，桂林：广西师范大学出版社，2015年。

94. 施学琴、居玛丽：《南洋明珠 侨教典范——雅加达中华中学校史（1939—1966）》，香港：生活文化基金会，2017年。

95. 施立松：《民国风度 黑暗处的明灯》，杭州：浙江文艺出版社，2014年。

96. 上海爱建集团股份有限公司：《唐君远与唐氏家族传奇》，上海：今日出版社，2018年。

97. 上海社会科学院经济研究所经济史组编：《荣家企业史料》（下册），上海：上海人民出版社，1980年。

98. 《上海侨务志》编纂委员会：《上海侨务志》，上海：上海社会科学院出版社，2001年。

99. 孙中旺、刘丽：《苏州通史·秦汉至隋唐卷》，苏州：苏州大学出版社，2019年。

100. 孙柔刚：《吴地的社会生活》，载朱永新：《吴文化读本》，苏州：苏州大学出版社，2003年。

101. 孙悦：《海外华商与中国经济发展》，北京：社会科学文献出版社，2018年。

102. 孙宅巍、王卫星、崔巍：《江苏通史（中华民国卷）》，南京：凤凰出版社，2011年。

103. 粟明鲜编著：《民国粤人赴澳大利亚留学档案全述》（多卷本），广州：广东人民出版社，2021年。

104. 章开沅、余子侠：《中国人留学史（下册）》，北京：社会科学文献出版社，2013年。

105. 舒新城编：《近代中国留学史》，上海：上海文化出版社，1989年。

106. 石霓：《观念与悲剧：晚清留美幼童命运剖析》，上海：上海人民出版社，2000年。

107. 沈沛霖（清尘）口述、沈建中整理、中国人民政治协商江苏省委员会文史资料委员会编：《耆年忆往 沈沛霖回忆录》，南京：江苏文史资料编辑部，1998年。

108. 沈己尧：《海外排华百年史》，

北京：中国社会科学出版社，1980年。

109. 泰国江浙会馆：《泰国江浙会馆成立六十七周年纪念特刊》，曼谷：泰国江浙会馆，1999年。

110. 陶行知：《三江会馆》《行知诗歌集》，北京：生活·读书·新知三联书店，1981年。

111. 卫道治：《中外教育交流史》，长沙：湖南教育出版社，1998年。

112. 王日根：《中国会馆史》，上海：东方出版中心，2018年。

113. 王赓武：《王宓文纪念集》，八方文化企业公司，2002年。

114. 王复隆：《历史的记忆》，兰州：敦煌文艺出版社，2010年。

115. 王华：《中国现当代文学经典导读》，合肥：安徽大学出版社，2017年。

116. 王瑞成：《维新变法》，昆明：云南人民出版社，2001年。

117. 王铁仙、刘福勤：《瞿秋白》，南京：江苏人民出版社，2015年。

118. 王辉耀、苗绿：《中国海归发展报告（2013）》，北京：社会科学文献出版社，2013年。

119. 汪向荣：《古代中日关系史话》，北京：时事出版社，1986年。

120. 吴华：《新嘉坡华族会馆志·第1册》，新加坡：新加坡南洋学会，1975年。

121. 吴建华主编：《苏州通史·明代卷》，苏州：苏州大学出版社，2019年。

122. 吴恩培：《苏州通史·先秦卷》，苏州：苏州大学出版社，2019年。

123. 吴岳添：《法国小说发展史》，杭州：浙江大学出版社，2006年。

124. 吴洁人、王振声：《昆山市农业志》，上海：上海科学技术出版社，1994年。

125. 贤敏、秦红：《博古和他的时代秦邦宪（博古）研究论集》，北京：当代中国出版社，2016年。

126. 谢成佳：《华侨华人百科全书·社团政党卷》，北京：中国华侨出版社，1999年。

127. 香港苏浙沪同乡会：《香港苏浙沪同乡会60周年钻禧纪念特刊》，香港：苏浙沪同乡会，2006年。

128. 新加坡三江会馆：《三江百年文化史》，新加坡：三江会馆，2001年。

129. 新华社总编室：《治国理政新实践·习近平总书记重要活动通讯选（一）》，北京：新华出版社，2019。

130. 徐国琦：《一战中的华工》，潘星、强舸译，上海：上海人民出版社，2018年。

131. 徐吉军：《吴地文化与日本》，见吴县文史资料委员会：《吴地文化一万年》，北京：中华书局，1994年。

132. 徐潘学静：《九十年的回忆》，上海：上海书店出版社，2012年。

133. 熊月之：《上海通史·第6卷》，上海：上海人民出版社，1999年。

134. 徐云：《纪念改革开放40周年系列 情系故里梦归乡 华侨华人与中国改革开放40周年图文集》，广州：暨南大学出版社，2018年。

135. 徐玉凤：《张闻天与共产国际》，北京：中共党史出版社，2014年。

136. 徐树法：《江苏抗战人物传略》，北京：中共党史出版社，2015年。

137. 徐世仁：《苏州教育志》，上海：上海三联书店，1991年。

138. 薛茂云、王志风、黄绮冰：《漫话苏商》，南京：南京大学出版社，2021年。

139. 于天竹：《海归梦·中国梦》，杭州：浙江工商大学出版社，2014年。

140. 叶取源主编：《上海交通大学校友院士风采录》，上海：上海交通大学出版社，2000年。

141. 严克勤、汤可可等：《无锡近代企业和企业家研究》，哈尔滨：黑龙江人民出版社，2003年。

142. 《颜惠庆自传：一位民国元老的历史记忆》，北京：商务印书馆，2003年。

143. 颜清湟主编：《南澳中华会馆四十周年纪念特刊》，南澳大利亚中华会馆出版，2016年。

144. 颜清湟：《出国华工与清朝官员》，粟明鲜、贺跃夫译，北京：中国友谊出版社，1990年。

145. 颜清湟：《新马华人社会史》，粟明鲜等译，北京：中国华侨出版公司，1991年。

146. 严克勤、汤可可等：《无锡近代企业和企业家研究》，哈尔滨：黑龙江人民出版社，2003年。

147. 杨振亚：《民国史研究散论》，北京：生活·读书·新知三联书店，2014年。

148. 杨伯峻编著：《春秋左传注·襄公·二十九年》，北京：中华书局，1981年。

149. 杨宏云：《东南亚华侨华人的中国实践与认同流变：以印尼华商为例》，厦门：厦门大学出版社，2017年。

150. 杨宏云：《环苏门答腊岛的海洋贸易与华商网络》，北京：社会科学文献出版社，2017年。

151. 云南省档案馆馆藏部分/陈嘉庚纪念馆，云南省档案馆，厦门市华侨历史学会编：《南侨机工档案史料选编》，北京：中国华侨出版社，2009年。

152. 曾瑞炎：《华侨与抗日战争》，成都：四川大学出版社，1988年。

153. 张应龙：《华侨华人与新中国》，广州：暨南大学出版社，2009年。

154. 张开明：《黄逸峰传奇》，南京：江苏人民出版社，1995年。

155. 张允侯：《留法勤工俭学运动》，上海：上海人民出版社，1986年。

156. 张乃格：《江苏民性研究》，南京：江苏人民出版社，2004年。

157. 张秋生：《澳大利亚华侨华人史》，北京：外语教学与研究出版社，2002年。

158. 张秋生：《澳大利亚亚洲移民政策与亚洲新移民问题研究——20世纪70年代以来》，北京：社会科学文献出版社，2018年。

159. 张宪文、方庆秋、黄美真编：《中华民国史大辞典》，南京：凤凰出版社，2001年。

160. 张赛群：《南京国民政府侨务政策研究》，北京：中国言实出版社，2008年。

161. 张培森主编：《张闻天年谱》，北京：中共党史出版社，2000年。

162. 张秀娟：《大国金融：大国经济需要大国金融》，北京：经济管理出版社，2016年。

163. 张秀明主编：《追逐梦想：新移民的全球流动》，北京：中国华侨出版社，2014年。

164. 张春旺、张秀明主编：《中国侨乡研究》，北京：中国华侨出版社，2014年。

165. 张允侯：《留法勤工俭学运动史》，上海：上海人民出版社，1986年。

166. 赵红英、张春旺、巫秋玉：《华侨史概要》，北京：中国华侨出版社，2015年。

167. 赵红英、张春旺：《世界视野：走出国门的中国新移民》，北京：中国华侨出版社，2013年。

168. 赵梅、谢全林主编：《昆山玉燕归巢——侨商创新创业路》，北京：清华大学出版社，2017年。

169. 郑一省：《互动与网络：多维视野下的海外华人与中国侨乡关系研究》，北京：世界图书出版公司，2016年。

170. 郑一省：《多重网络的渗透与扩张：海外华侨华人与闽粤侨乡互动关系研究》，北京：世界图书出版公司，2006年。

171. 郑一省：《中国侨乡比较研究》，北京：世界图书出版公司，2018年。

172. 郑万里、苏小红、陈恒才：《梦

回东方：华侨华人百年心灵史》，广州：广东人民出版社，2011年。

173. 郑名桢：《留法勤工俭学运动》，太原：山西高校联合出版社，1994年。

174. 朱绍侯主编：《中国古代史》，福州：福建人民出版社，2004年。

175. 朱海容：《古吴春秋（无锡民俗文化·上）》，乌鲁木齐：新疆青少年出版社，1994年。

176. 朱德兰：《长崎华商：泰昌号·泰益号贸易史（1862—1940）》，厦门：厦门大学出版社，2016年。

177. 朱国宏：《中国的海外移民》，上海：复旦大学出版社，1994年。

178. 浙江省华侨志编纂委员会：《浙江省华侨志》，杭州：浙江古籍出版社，2010年。

179. 周南京主编：《华侨华人百科全书·法律条例政策卷》，北京：中国华侨出版社，2000年

180. 周南京主编：《世界华侨华人词典》，北京：北京大学出版社，1993年。

181. 周南京主编：《华侨华人百科全书·总论卷》，北京：中国华侨出版社，2002年。

182. 周南京、黄昆章主编：《华侨华人百科全书·教育科技卷》，北京：中国华侨出版社，1999年。

183. 周新国：《江苏辛亥革命史》，北京：社会科学文献出版社，2011年。

184. 章开沅主编：《辛亥革命辞典》，武汉：武汉出版社，2011年。

185. 章开源：《张謇与近代社会》，武汉：华中师范大学出版社，2002年。

186. 庄国土：《华侨华人与中国的关系》，广州：广东高等教育出版社，2001年

187. 钟真：《美国华工》，贵阳：贵州教育出版社，2014年。

188. 谌旭彬：《中国 1864—1911》，杭州：浙江人民出版社，2012年。

189. 中国侨务通论课题组编：《中国侨务通论》，广州：暨南大学出版社，2012年。

190. 中共江阴市青阳镇委员会、江阴市青阳镇人民政府编：《青阳镇志》，苏州：苏州大学出版社，1991年。

191. 中国文物学会20世纪建筑遗产委员会主编：《中国20世纪建筑遗产大典·北京卷》，天津：天津大学出版社，2018年。

192. 中国民主同盟上海市委员会编：《沪盟先贤》，北京：群言出版社，2016年。

193. 中国侨联文化交流部、江苏省侨联、南京市侨联编著：《百年风华 雨花侨魂》，北京：中国华侨出版社，2021年。

194. 中国共产党编年史编委会：《中国共产党编年史 1》，太原：山西人民出版社，2002 年。

195. 中华人民共和国民政部编：《中国著名烈士·第 1 卷》，北京：中央文献出版社，2000 年。

196. 镇江市润州区地方志编纂委员会：《润州区志》，上海：上海社会科学院出版社，1995 年。

197. 南开大学周恩来研究中心编：《周恩来与二十世纪的中国和世界·第四届周恩来研究国际学术研讨会论文集（上）》，北京：中央文献出版社，2015 年。

198. ［美］孔飞力：《他者中的华人：中国近现代移民史》，南京：江苏人民出版社，2016 年。

199. ［瑞士］安托万·佩库、［荷兰］保罗·古赫特奈尔主编：《无国界移民：论人口的自由流动》，武云译，南京：译林出版社，2011 年。

200. ［日］壹岐一郎：《徐福集团东渡与古代日本》，天津：天津人民出版社，1996 年。

201. ［日］坂本太郎：《日本史概说》，汪向荣、武寅、韩铁英译，北京：商务印书馆，1992 年。

202. ［日］真人元开：《唐大和上东征传》，汪向荣校注，北京：中华书局，1979 年

203. ［日］舍人亲王：《日本书纪·卷第十·应神天皇》，成都：四川人民出版社，2019 年。

204. ［日］森时彦：《留法勤工俭学运动小史》，郑州：河南人民出版社，1985 年。

205. ［汉］班固撰，（唐）颜师古注：《汉书·地理志·第八下》，北京：中华书局，2000 年。

206. ［汉］司马迁：《史记》，北京：中华书局，2000 年。

207. ［晋］陈寿撰，［宋］裴松之注：《三国志·卷四十七》，北京：中华书局，2000 年。

208. ［晋］陈寿撰，［宋］裴松之注：《三国志·卷四十七》，北京：中华书局，2000 年。

209. ［魏］鱼豢著，张鹏一辑：《魏略辑本·卷二十一·倭人》，名古屋：采华书林，1972 年。

210. ［唐］房玄龄等：《晋书·列传第六十七·倭人》，北京：中华书局，2000 年。

211. ［宋］陆游：《老学庵笔记·卷一》，北京：中华书局，1979 年。

212. ［宋］范晔撰，［唐］李贤等注：《后汉书·东夷列传·倭》，北京：

中华书局，2000年。

213.［宋］王应麟：《玉海·兵制·水战》，载文渊阁《四库全书》，台北：台湾商务印书馆，1986年。

214.［宋］欧阳修、宋祁：《新唐书·列传第十六·李袭誉传》，北京：中华书局，2000年。

215.［清］沈藻采编撰，徐维新点校：《元和唯亭志·卷二十·杂记》，北京：方志出版社，2001年。

216.［清］陈兰彬：《古巴华工调查录》，上海：上海书店出版社，2014年。

217.［清］郑观应：《盛世危言》，郑州：中州古籍出版社，1998年。

218. 中华书局编辑部、李书源整理：《筹办夷务始末·同治朝·卷69》，北京：中华书局，2008年。

二、中文文章

1. 蔡恩泽：《侨港商：异军突起30年》，《华人时刊》，2008年第12期。

2. 曹参科：《我国侨务工作发展思路——基于推动"一带一路"倡议视角》，《对外经贸》，2018年第5期。

3. 曹介森、吕妍、陈炳山：《"海归"创业潮涌江苏》，《人民日报》，2006年7月8日，第A01版。

4. 陈啸：《海内外侨领侨商聚焦徐州》，《华人时刊》，2017年第1期。

5. 陈玉杰：《以全国侨务工作会议为契机 做好新时期侨务工作》，《侨务工作研究》，2005年第4期。

6. 陈秀雅、吴相莹：《新侨企"技术型"》，《苏州日报》，2010年12月30日，第A04版。

7. 戴六华、毛庆：《恢复中国国籍的世和基因首席执行官邵阳：做中国人原创的基因测序产品》，《工会信息》，2019年第24期。

8. 杜钢建：《日本早期的移民政策与多民族宗教文化的融合》，载《法治湖南与区域治理研究》（第2卷）（辑刊），2011年。

9. 范德忠：《〈刘氏语通〉研究》，南京师范大学硕士学位论文，2009年。

10. 耿曙生：《古代东渡吴人对日本文化的影响》，《文史知识》，1990年第11期。

11. 高佳：《澳洲华人的中产阶级地位及其参政诉求：2007年大选以来的变化》，《华侨华人历史研究》，2013年第6期。

12. 高远戎、张树新：《20世纪五六十年代国家鼓励华侨回国投资的政策》，《当代中国史研究》，2009年第2期。

13. 关静：《关于我国海外人才引进

政策的比较研究——以江浙沪为中心展开》，复旦大学硕士学位论文，2013年。

14. 何惠石：《林西人：国际市场显身手》，《江苏农村经济》，1999年第6期。

15. 黄鹏：《清末民初江苏自开商埠研究》，苏州大学硕士学位论文，2012年。

16. 韩昇：《司法氏与中国佛教传播日本》，《历史研究》，1990年第6期。

17. 胡杨、齐强：《周禹冰：新时代的追梦人》，《华人时刊》，2021年第3期。

18. 黄粟嘉：《吴文化对日本史前稻作的影响》，《农业考古》，2008年第4期。

19. 杭特：《外资促使苏州经济大发展》，《国际经贸消息》，2000年12月11日，第2版。

20. 江苏省侨办：《关于侨务工作服务"走出去"战略的调研报告》，《侨务工作研究》，2013年第2期。

21. 季子：《革命其可免乎》，《江苏》，1903年第4期。

22. 蒋海波：《旅日华商团体的早期历史及其法律地位——以神户三江商业会为例的考察》，《华侨华人历史研究》，2007年第4期。

23. 康志勇：《台湾对苏州投资分析》，《江南论坛》，2002年第10期。

24. 昆山市统战部：《张赛虎：回归只为中国梦》，《华人时刊》，2020年第8期。

25. 罗其湘：《徐福村的发现和徐福东渡》，载中国中日关系史研究会编：《从徐福到黄遵宪》，北京：时事出版社，1985年。

26. 罗其湘、汪承恭：《秦代东渡日本的徐福故址之发现和考证》，《光明日报·理论版》，1984年4月18日，第3版。

27. 罗新：《海外华人打全场》，《财新周刊》（北京），2020年第12期。

28. 刘东平：《从"百家明星"看侨资企业发展之路》，《侨园》，2003年第6期。

29. 刘军：《江苏昆山振东侨乡变迁述评》，《苏州教育学院学报》，2019年第3期。

30. 刘纯一：《改革开放新时期（1978—1992）中国侨务政策之研究》，中央党校博士学位论文，2019年。

31. 刘华：《评建国初期的侨务工作》，《华侨华人历史研究》，1994年第4期。

32. 刘华：《中国共产党与新中国侨务事业》，《中共中央党校学报》，2005年第2期。

33. 林英华：《功崇惟志业广惟勤——纪念著名华侨教育家李春鸣先生诞辰110周

年》,《八桂侨刊》,2004 年第 6 期。

34. 刘小珊:《活跃在中日交通史上的使者——明清时代的唐通事研究》,《江西社会科学》,2004 年第 8 期。

35. 林少红:《21 世纪初至今的江苏侨务工作》,《侨务工作研究》,2020 年第 1 期。

36. 李波:《清末民初江苏留日学生与江苏近代化研究》,扬州大学硕士学位论文,2015 年。

37. 李北昌:《忆父亲及"华中"的创建》,载《印尼椰嘉达中华中学创办五十五周年纪念特刊一九三九·一九九四》,印尼椰嘉达中华中学旅港校友会出版,1994 年。

38. 李竹君:《我的父亲李善基》,《印尼椰嘉达中华中学创办五十五周年纪念特刊一九三九·一九九四》,印尼椰嘉达中华中学旅港校友会出版,1994 年。

39. 梁俊祥:《忆心素如简,人淡如菊的孙守吾(瘦梧)老师》,《华中春秋中华中学创立 75 周年校友专辑》,印尼雅加达中华中学校友会出版,2014 年。

40. 龙登高:《海外华商投资中国 40 年:发展脉络、作用与趋势》,《华侨华人历史研究》,2008 年第 4 期。

41. 龙登高、赵亮、丁骞:《海外华商投资中国大陆:阶段性特征与发展趋势》,《华侨华人历史研究》,2008 年第 6 期。

42. 鲁宁:《侨资:滋润出经济好风景》,《华人时刊》,2001 年第 1 期。

43. 李明欢等:《一个旅欧新侨乡的形成、影响、问题与对策——福建省三明市明溪县新侨乡调研报告》,《华侨华人历史研究》,2003 年第 4 期。

44. 李海阳:《近代中国民族工商业的代表——无锡六大集团》,《休闲读品》,2018 年第 3 期。

45. 吕品晶:《从"唐人屋敷"到"中华街":十七到十九世纪在日中国人聚居区沿革》,东北师范大学博士学位论文,2018 年。

46. 侨经处:《南通新侨商近年来带动回乡投资超 20 亿美元》,《华人时刊》,2014 年第 4 期。

47. 乔雨:《知本和资本装机的赢家——访奥雷广电公司首席执行官黄振春》,《科技创业》,2002 年第 7 期。

48. 裘援平:《华侨华人与抗日战争》,《求是》,2015 年第 19 期。

49. 乔卫:《华侨华人在公益慈善事业中发挥着独特作用》,《公益时报》,2020 年 12 月 29 日,第 8 版。

50. 权好胜:《华侨为中共建立做出了重要贡献——读新近出版的〈中国共产

党编年史〉》,《侨务工作研究》,2005 年第 3 期。

51. 任采文:《无锡"530"计划的创造性贡献:人才托起"东方硅谷"》,《中国人才》,2012 年第 8 期。

52. 沈福伟:《论唐代对外贸易的四大海港》,《海交史研究》,1986 年第 2 期。

53. 沈燕清:《福清新移民与侨乡地下钱庄关系探析》,《八桂侨刊》,2012 年第 2 期。

54. 邵继勇:《吴越文化对史前日本的影响》,《江南大学学报》,2010 年第 5 期。

55. 邵斌:《常州市引进海外高层次人才的现状分析与对策研究》,南京工业大学硕士学位论文,2012 年。

56. 孙波、刘辉:《华夏同根 共抗疫情——江苏华侨华人战"疫"记》,《华人时刊》,2020 年第 1 期。

57. 单书安:《国侨办主任裘援平充分肯定江苏侨务工作》,《华人时刊》,2013 年第 5 期。

58. 深圳侨务工作理论研究课题组:《习近平侨务工作重要论述在深圳的创新实践》,《特区实践与理论》,2020 年第 5 期。

59. 唐齐千:《泰勒管理思想在中国的实践者唐星海》,《世纪》,2004 年第 1 期。

60. 谈汗人:《大觉禅师与日本建长寺》,《江苏地方志》,1996 年第 1 期。

61. 铁生:《江苏改革之方针》,《江苏》,1903 年第 1 期。

62.《唐家璇在全国侨务工作会议上强调要努力做好新形势下的侨务工作》,《侨务工作研究》,2005 年第 1 期。

63. 唐晓宣:《美国亚利桑那州诞生一所中文学校》,《江海侨声》,1995 年第 11 期。

64. 吴新华:《江苏侨务工作服务"走出去"战略的现状和对策》,《侨务工作研究》,2012 年第 3 期。

65. 吴昊:《简析延吉市"旅韩新侨乡"的兴起》,《成都师范学院学报》,2014 年第 4 期。

66. 吴沛林:《江苏侨资企业巡礼》,《华人时刊》,2003 年第 9 期。

67. 吴廷璆、郑彭年:《古代扬州及其在中日文化交流史上的地位》,载《中外关系史论丛》(第四辑),1992 年。

68. 吴俊人:《振东乡村参观记》,《新闻报》,1936 年 6 月 12 日。

69. 王仲殊:《论日本出土的青龙三年铭方格规矩四神镜:兼论三角缘神兽镜为中国吴地工匠在日本所作》,《考古》，1994年第8期。

70. 王仲殊：《再论日本出土的景初四年铭三角缘盘龙镜》，《考古》，2012年第6期。

71. 王格格：《晚清南通士子与印尼华文教育研究》，华侨大学硕士学位论文，2017年。

72. 王华：《发挥侨务资源优势 助力"一带一路"交汇点建设》，《江苏政协》，2019年第8期。

73. 王返：《实施人才强省、人才国际化战略，吸纳海外高层次人才为江苏服务》，《江苏科技信息》，2008年第6期。

74. 汪鲸：《场域理论视角下的国际移民研究——以安徽内陆新侨乡为例》，《华侨华人历史研究》，2010年第2期。

75. 王继林、孙波、麻建科：《侨心侨智侨力，共铸美好江苏——新时期江苏创新侨务工作综述》，《华人时刊》，2017年第9期。

76. 王继林：《首届海内外华人书画大展暨杰出华人书画家作品展隆重开幕》，《华人时刊》，2003年第3期。

77. 夏恒翔、孟宪仁：《从语言化石看吴越人东渡日本》，《辽宁大学学报》，1987年第4期。

78. 许凤仪：《论唐代扬州为鉴真东渡提供的社会基础》，《唐都学刊》，2007年第4期。

79. 许梅：《二战前东南亚华侨与祖籍地的密切联系及其原因分析》，《东南亚研究》，2006年第1期。

80. 许开洪：《江苏去年接受海外及港澳同胞捐赠首次突破亿元》，《华人时刊》，2005年第12期。

81. 薛衔天、李玉贞：《旅俄华人共产党组织及其在华建党问题》，《近代史研究》（北京），1989年第5期。

82. 徐惠喜：《华侨华人是"一带一路"建设重要力量》，《经济日报》，2017年2月9日，第11版。

83. 晓雾：《"建国以来侨务政策的回顾与思考"学术座谈会纪要》，《华侨华人历史研究》，2001年第9期。

84. 徐利：《认真履行职责注重工作实效——省级人大侨委加强侨法建设》，《侨务工作研究》，2004年第1期。

85. 禹硕基：《日本发现绳纹时期的水田遗址》，《历史研究》，1978年第10期。

86. 于锦恩：《论民国时期江苏籍人士对东南亚华文教育的重要贡献》，《江苏师范大学学报》，2012年第4期。

87. 亚卢：《中国立宪问题》，《江苏》，1903年第6期。

88. 姚远：《清末民初广东、江苏海

外移民比较研究——以华侨省籍分布差异成因为主的分析》,《华侨华人历史研究》,2014年第4期。

89. 姚大鋆:《江苏新侨自主创新创业成果喜人》,《新华日报》,2007年5月29日,第A02版。

90. 逸仙:《支那保全分割合论》,《江苏》,1903年第6期。

91. 严文明:《略论中国栽培稻的起源和传播》,《北京大学学报》,1989年第2期。

92. 叶小丽:《中国院士制度的历史演进分析及启示》,华中师范大学硕士学位论文,2016年。

93. 扬州市委统战部:《高邮海归创业联盟基地带动近万人就业》,《华人时刊》,2021年第5期。

94. 杨宏健:《建国以来中国共产党侨务政策的演变》,华中师范大学硕士学位论文,2008年。

95. 杨宏辉:《新接7亿大订单,萨驰创新再续辉煌》,《中国橡胶》,2019年10月。

96. 雨林:《华人故事:印尼著名华侨教育家刘宏谟先生》,《国际日报》,2021年1月1日,第2版。

97. [日] 中村顺昭:《鉴真东渡及其影响》,葛继勇译,《唐都学刊》,2007年第6期。

98. 周孜正:《何去何从:无锡乡土大资本家一九四九年留锡原因及经过》,《党史研究与教学》,2016年第4期。

99. 周翔:《伍禅探求革命真理的往事》,《人物春秋》,2021年第2期。

100. 庄国土:《21世纪前期海外华侨华人社团发展的特点评》,《南洋问题研究》,2020年第1期。

101. 庄国土:《世界华侨华人数量和分布的历史变化》,《世界历史》,2011年第5期。

102. 庄国土:《21世纪前期世界华侨华人数量、分布和籍贯的新变化》,《侨务工作研究》,2020年第6期。

103. 庄国土:《论中国人移民东南亚的四次大潮》,《南洋问题研究》,2008年第1期。

104. 甄歌:《全面部署"十二五"时期侨务工作——2011全国侨务工作会议综述》,《侨务工作研究》,2011年第6期。

105. 赵健:《改革开放40年中国侨务政策的回顾》,《华侨华人历史研究》,2018年第12期。

106. 张良群:《东亚的徐福研究》,载张良群主编:《中外徐福研究》,合肥:中国科学技术大学出版社,2007年。

107. 张秋生:《历史与文化视域下江

苏华侨华人史发展的基本特点探析》，《江苏师范大学学报》，2021年第3期。

108. 张亮亮：《瞿秋白的苏俄观》，复旦大学社会科学基础部硕士学位论文，2010年。

109. 张宏娟、胡小卿：《华侨教育家李春鸣》，《江苏地方志》，1995年第1期。

110. 张赛群：《民国时期华侨出国政策探析》，《华侨大学学报》，2018年第4期。

111. 张宏娟、胡小卿：《华侨教育家李春鸣》，《江苏地方志》，1995年第1期。

112. 张波、杨天笑：《侨界金桥通世界——市海外交流协会十年纪事》，《苏州日版》，2007年1月16日，第A01版。

113. ［韩］洪淳晚：《徐福集团与济州岛》，载张良群主编：《中外徐福研究》，合肥：中国科学技术大学出版社，2007年。

三、外文资料

1. Francis L. K. Hsu, Hendrick SerrieT (eds.) *The Overseas Chinese: Ethnicity in National Context*, University Press Of America, 1998.

2. Ian Rae, Morgen Witzel, *The Overseas Chinese of South East Asia: History, Culture, Business*, Palgrave Macmillan, 2008.

3. Amy L. Freedman, *Political Participation and Ethnic Minorities Chinese Overseas in Malaysia, Indonesia, and the United States*, Routledge, 2000.

4. Takeshi Hamashita, Mark Selden, Linda Grove, *Overseas Chinese financial networks: Korea, China, and Japan in the late nineteenth century*, Routledge, 2008.

5. Lucille Lok - Sun Ngan, Chan Kwok - bun (eds.), *The Chinese face in Australia: Multi - generational ethnicity among Australian - born Chinese*, Springer, 2012.

6. Elizabeth Sinn, *Pacific Crossing: California Gold, Chinese Migration, and the Making of Hong Kong*, Hong Kong: Hong Kong University Press, 2013.

7. Gregor Benton and Edmund Gomez, *The Chinese in Britain 1800 - present: Economy, Transnationalism, Identity*, London: Palgrave Macmillan, 2008.

8. Gregor Benton & Frank N. Pieke, *The Chinese in Europe*, London: Palgrave Macmillan, 1998.

9. Minghuan Li, *We need two worlds: Chinese Immigrant Associations in a Western Society*, Amsterdam: Am-

sterdam University Press, 1999.

10. Ronald Skeldon, ed., *Reluctant Exiles? Migration from Hong Kong and the New Overseas Chinese*, Armonk: M. E. Sharpe, 1994.

11. Elizabeth Sinn, ed., *The Last Half Century of Chinese Overseas*, Hong Kong: Hong Kong University Press, 1998.

12. Siu-Lung Wong, *Emigrant Entrepreneurs*, Hong Kong: Oxford University Press, 1988.

13. Ng Kwee Choo, *The Chinese in London*, London: Oxford University Press for Institute of Race Relations, 1968.

14. Ian Y. H. Tan, *The Colonial Port as Contact Zone: Chinese Merchants and the Development of Godowns along Singapore River*, 1827-1905, Architectural Histories, 2020.

15. Karsten Giese, *New Chinese Migration to Germany: Historical Consistencies and New Patterns of Diversification within a Globalized Migration Regime*. International Migration, 2003.

16. Linda Human, *The Chinese People of South Africa: Freewheeling on the Fringe*, Pretoria: University of South Africa, 1984.

17. Edmund Terence Gomez and C. K. Cheung Gordon, "Family Firms, Networks and 'Ethnic Enterprise': Chinese Food Industry in Britain", *East Asia*. 2009 (26).

18. Douglas Jones, "The Chinese in Britain: Origins and Development of a Community", *Journal of Ethnic and Migration Studies*, Vol. 7, No. 3, Winter 1979.

19. John Seed, "The Chinese In Limehouse 1900-1940", *History Workshop Journal*, Issue 62, 2006.

20. André Bueno, Daniel Veras, *Studies on Chinese Migrations-Brazil, China and Mozambique*, Projeto Orientalismo/UERJ, 2021.

四、网络资料

1. 李亚平：《政府工作报告——2021年1月19日在苏州市十六届人大五次会议上》，苏州市人民政府网站，2021年2月2日。

2.《苏州引进海外高科技人才2.2万人 中央统战部来苏调研》，欧美同学会网站，2019年6月3日。

3.《常州现有海外侨胞5万多人》，

《常州晚报》,参见《常州晚报》网,2017年9月16日。

4.杜小刚:《2021年政府工作报告——2021年1月19日在无锡市第十六届人民代表大会第五次会议上》,参见无锡市人民政府网,2021年1月25日。

5.《江苏引进2000余领军人才促转型80%来自海外》,腾讯新闻网,2010年7月2日。

6.《"人才引擎"催生发展"加速度"——江苏"产才融合"促高质量发展》,参见新华报业网,2019年12月12日。

7.《江苏推优惠政策引进海外高端人才发展高新产业》,参见凤凰网,2010年4月7日。

8.《无锡"530"计划:探索留学归国人才引进模式》,中国新闻网,2009年10月20日。

9.《江北新区晒两周年成绩单 完成三大千亿级产业集聚》,新浪江苏网,2017年7月1日。

10.《苏州工业产值超33500亿元:生物医药、纳米技术世界一流》,参见腾讯网,2020年9月7日。

11.《引入国际化人才团队 聚焦大分子创新药物 扬州高新区生物健康产业强势崛起》,参见中国江苏网,2019年4月25日。

12.《新兴产业标杆,人才集聚高地,一个信息服务产业基地的崛起!》,参见搜狐网,2017年9月17日。

13.《微电子及软件和信息服务业》,参见扬州市人民政府网,2019年4月18日。

14.《第0141号:关于发挥海外华侨华人作用,推动中国企业"走出去"的提案》,参见团结网,2015年01月13日。

15.《江苏省内共有5万多家侨资企业,科技新侨近10万人》,参见中国侨网,2020年10月16日。

16.《协会开展"侨企走出去与高质量发展"调研》,参见常州市侨商投资协会网,2019年8月23日。

17.《沈振亚:时代精英 苏州骄傲》,参见江苏省侨联网,2018年7月3日。

18.《站在脊柱矫形世界前列的中国学者——邱勇教授》,参见骨科在线,2016年4月20日。

19.吕玉婷、王艳芳:《群英荟萃,构筑"人才强教"高地》,参见江苏教育新闻网,2016年9月8日。

20.《带着核心技术回国创业,海归科学家王杰高——让"南京造机器人"在世界崛起》,参见新浪网新闻中心,

2013年3月30日。

21.《埃斯顿：国产机器人"优等生"驶入发展快车道》，参见证券时报网，2018年8月22日。

22.《江苏80后男神教授：留美归国，破解130多年世纪难题，成果连续两年登上〈科学〉》，参见青塔网，2019年7月6日。

23. 吴政隆：《江苏省政府2021年政府工作报告——2021年1月26日在江苏省第十三届人民代表大会第四次会议上》，参见江苏省人民政府网站，2021年2月2日。

24.《江苏省政府常务会议：扎实推进长三角一体化发展和"十四五"规划》，参见新华报业网，2020年8月25日。

25.《海外华侨华人高层次人才江苏行启程》，参见中国新闻网，2014年06月28日。

26.《扬州邗江区委统战部调研侨务"进三区"工作》，参见中国侨网，2020年6月30日。

27.《1.5万余华侨华人苏州创业为江苏地级市首位》，参见腾讯网，2015年5月18日。

28.《世界银行各国人均GDP（现价美元）统计数据》，世界银行数据库。

29.《综合实力》，参见江苏省人民政府官网，2020年3月24日。

30.《江苏概况》，参见江苏省人民政府官网，2020年3月24日。

31. 邬国园：《创业梦想从宿迁启航》，参见宿迁侨联网，2021年月9日。

32.《百名海外博士江苏行》，参见江苏省人力资源和社会保障厅网站，2021年8月7日。

33.《江苏省正式启动"万名海外高层次人才引进计划"》，中国政府官网，2021年8月7日。

34. 盛慧妍：《江苏籍院士数量各省居首》，中国江苏网，2021年7月18日。

35. 江苏省侨联：《大爱无疆 侨爱无限——江苏省侨界抗击疫情进行时》，参见江苏省侨联公众号，2021年10月1日。

36. 理化所：《唐敖庆先生生平及成就简介》，参见吉林大学新闻中心网站，2021年9月10日。

37. 中国新闻网：《新西兰华人画家曹俊：用"混血"中国画征服世界》，2009年2月22日。

38. 扬州一中网站：《我校举行中华广文公益慈善（香港）基金会奖教金、助学金发放仪式》，2016年2月24日。

39. 唐仲英基金会官网：《唐仲英基

金会中心》,2021年9月18日。

40. 中国侨网：《情系故土造福桑梓 江苏省接受华侨捐赠逾十五亿》,2005年12月21日。

41. 《这位南大人摘走美国科技最高奖项,创造至少四次世界第一》,搜狐网,2017年4月21日。

42. 东南大学机械工程学院网站：《王国金》,2015年11月3日。

43. 韩飞：《李政道和他的苏州情缘》,中国江苏网,2021年6月10日。

44. 上海第二医科大学校友会网站：《过邦辅》,2021年5月21日。

45. 中国侨网：《德国汉园网络中文学校——疫情下学生的"文化大餐"》,2020年11月7日。

46. 中国侨网：《江苏省委统战部启动中国书画工程服务海外华文学校》,2020年5月21日。

47. 江苏师范大学校友网：《王杰校友收到省委省政府慰问信》,2021年10月8日。

48. 中国新闻网：《全美中文学校协会访华团与江苏基地校对接华文教育》,2011年4月8日。

49. 建平县统一战线网：《江苏省委统战部启动海外华裔菁英青少年大运河文化体验活动》,2021年10月9日。

50. 《香港江苏社团总会支持国家"一带一路"策略》,香港江苏社团总会网站。

51. 《香港江苏社团总会强烈谴责旺角暴乱事件》,香港江苏社团总会网站。

52. 《总会坚决拥护立法会通过完善选举制度条例草案》,香港江苏社团总会网站。

53. 香港江苏社团总会：《落实"爱国者治港"原则 确保香港长治久安》的声明,香港江苏社团总会网站。

54. 《沙巴三江公会简史》,沙巴三江公会网站,访问时间：2021年6月10日。

55. 民宗委：《江苏人大侨务立法工作情况介绍》,江苏人大官网,2017年3月。

56. 中国政府网：《毛泽东作七大政治报告——〈论联合政府〉》,2008年6月30日。

57. 中华全国归国华侨联合会：《中国侨联简况》,中国侨联网站,2018年6月22日。

58. 李向北：《侨务政策"十六字"方针的形成与完善》,参见中国侨网,2021年8月18日。

59. 江苏省人大办公厅：《省人大常委会内设机构历史沿革》,参见江苏人大网,2020年5月13日。

60. 致公党江苏省委：《致公简介》，江苏致公党网站。

61. 丁梅：《江苏纪念〈归侨侨眷权益保护法〉颁布施15周年》，中国新闻网，2005年9月2日。

62.《江泽民同志在党的十六大上所作报告全文》，共产党员网，2012年9月27日。

63. 中华人民共和国中央人民政府网站：《〈江泽民文选〉第二卷主要篇目介绍》，2006年8月18日。

64. 董方：《中国侨务部门多措并举促海外招才引智工作常态化》，参见搜狐网，2011年9月20日。

65. 夏锴煜：《〈江苏省保护和促进华侨投资条例〉解读》，江苏人民代表大会常务委员会网站，2016年4月18日。

66.《重磅！江苏省级机构改革方案公布，一图读懂改革方案》，参见新浪网，2018年10月26日。

67. 杨伏山、陈悦：《国侨办副主任称将启动"海外人才为国服务计划"》，参见中国新闻网，2004年9月8日。

68. 王会信：《依托侨务资源招才引智 张家港塘桥镇成立侨界联合会》，参见中国江苏网，2019年9月18日。

69. 许宝庆：《镇江侨办主任：涵养引进侨务资源 推进招才引智》，参见国务院侨务办公室网站，2010年12月22日。

70. 杨宁、尹玥：《侨梦苑：促进侨商投资创业 打造惠侨便侨产业链》，参见中国侨网，2015年12月9日。

71. 邵军：《关于〈江苏省保护和促进华侨投资条例（草案）〉的说明》，参见江苏人大网，2016年4月1日。

72.《新中国70年，凝聚侨心侨力同圆共享中国梦》，参见中国新闻网，2019年9月27日。

73. 江苏省进出口商会网站：《江苏省关于高质量推进"一带一路"交汇点建设的意见》，2018年12月12日。

74. 江苏省人民政府网：《高质量推进"一带一路"交汇点建设新闻发布会》。

75. 黄莹：《江苏宿迁外侨办三大举措助推企业"走出去"》，参见新浪新闻，2013年7月26日。

76. 中国侨网：《第二十届"海外江苏之友"活动在南京开幕》，2017年10月16日。

77.《2021"海外华侨华人高层次人才江苏行"南京线上专场活动顺利举行》，中华网，2021年7月26日。

78.《习近平对侨务工作作出重要指示强调 凝聚侨心侨力同圆共享中国梦 李克强作出批示》，《人民日报·海外版》，参见光明网，2017年2月18日。

79.《国务院印发〈国家侨务工作发展纲要（2016—2020 年）〉》，参见中华人民共和国中央人民政府网站。

五、调研资料

1. 江苏省侨联：《江苏省侨联大事记》(1983—2015)。
2. 江苏省侨联：《江苏省侨联代表大会历届工作报告》(1978—2012)。
3. 江苏省侨联：《江苏省老归侨基本资料手册》，2018 年。
4. 江苏省侨联：《江苏侨联》，2001 第 1 期—2005 年第 6 期；2018 年第 1 期—2019 年第 6 期。
5. 江苏省侨联：《江苏省侨联文件；江苏省侨联主要工作报告》(1980 年—2015 年)
6. 江苏省侨联：《全省侨务政策法规培训班培训手册》，2016 年。
7. 江苏省侨联：《三江先贤》。
8. 江苏省侨联：《江苏省老归侨基本资料手册》，2018 年。
9. 江苏省侨联：《江苏省侨商总会》（电子会刊）（第 31—52 期）。
10. 南京市侨联：《南京市归国华侨联合会成立 50 周年纪念（1960—2010）》。
11. 南京市侨联：《砥砺六十载，共圆中国梦》，2020 年。
12. 南京市侨联：《南京侨联》，2003 第 1 期—2012 年第 4 期。
13. 南京市侨联：《华兴侨史》。
14. 南京市侨联：《华兴故事》。
15. 南京市侨联：《华兴村相关新闻报道》。
16. 苏州市侨联：《苏州市侨联大事记》。
17. 苏州市侨联：《太仓侨情资料》。
18. 苏州市侨联：《张家港侨情资料》。
19. 苏州市侨联：《苏州纳米侨》，2017 年。
20. 苏州市侨联：《侨缘——吴中区归国华侨联合会成立三十周年纪念文集》。
21. 苏州市侨联：《我与改革开放三十周年征文集》，2008 年。
22. 苏州市侨联：《苏州侨联》，2008 年第 4 期—2020 年第 1 期。
23. 苏州市侨联：《相城区侨资企业统计》。
24. 苏州市侨联：《太仓市江苏省重点服务侨资企业》。
25. 无锡市侨联：《无锡市侨联年鉴》。
26. 无锡市侨联：《澳洲梦 无锡情》。
27. 无锡市侨联：《无锡市侨联第七届委员会工作回眸（2007—2012）》，

2012年。

28. 无锡市侨联：《创业中华 2014 侨界人才聚无锡》，2014年。

29. 无锡市侨联：《无锡市归侨回国五十年暨市侨联成立二十五周年》，2004年。

30. 无锡市侨联：《五年回眸 六届工作集锦（2002—2007）》，2007年。

31. 常州市侨联：《常州市侨联 75 名老归侨调查问卷》。

32. 常州市侨联：《中吴》，2020年第2期。

33. 常州市侨联：《名人博览 青果巷名人专辑之一》。

34. 常州市侨联：《常州侨联报》，2020年第8期。

35. 常州市侨联：《老侨口述历史汇编》。

36. 镇江市侨联：《亲情中华·镇江侨家记忆》。

37. 镇江市侨联：《侨海镇江人》，2015年。

38. 镇江市侨联：《侨话镇江》，2018年。

39. 南通市侨联：《走遍五洲林西人》，2020年。

40. 南通市侨联：《战"疫"庚子春 侨海赤子情——海门侨界支援抗疫纪实》，2020年。

41. 南通市侨联：《架服务桥梁，护"一带一路"，筑海外安全，促通商发展》，2020年。

42. 南通市侨联：《党建同心圆 共筑同心梦》。

43. 扬州市侨联：《海外扬州人》。

44. 扬州市侨联：《阮元文化研究专辑（2019年专辑）》，2019年。

45. 扬州市侨联：《绿叶对根的情意——扬州学子在海外》，2007年。

46. 扬州市侨联：《万水千山总是情 扬州市侨联五年工作剪影（2012—2017）》，2017年。

47. 淮安市侨联：《梨园恩情——纪念周恩来诞辰120周年》。

48. 淮安市侨联：《抗击疫情 我们在一起——"通圆杯"主题有奖征文作品集》。

49. 淮安市侨联：《大湖文化与侨文化书画作品邀请展作品集》，2017年。

50. 淮安市侨联：《淮安市洪泽区侨商会成立暨第一次会员大会材料汇编》2019年。

51. 淮安市侨联：《大湖侨韵谱华章——淮安市洪泽区侨联五年工作回眸》，2020年。

52. 淮安市侨联：《淮安市洪泽区基

本侨情》。

53. 徐州市侨联：《徐州市侨界风采录》。

54. 徐州市侨联：《徐州市侨联志》。

55. 徐州市侨联：《根在彭城影照集》。

56. 徐州市侨联：《徐州市侨联三十年》。

57. 宿迁市侨联：《宿迁市港澳台侨资企业情况统计表》。

58. 宿迁市侨联：《宿迁侨联介绍》。

59. 宿迁市侨联：《海外宿迁同乡会相关资料》。

60. 宿迁市侨联：《江苏省华侨文化交流基地——洋河酒厂资料》。

61. 泰州市侨联：《"侨之家"与"侨之桥"建设指导意见》。

62. 泰州市侨联：《泰州侨资企业：顶级手套（兴化）有限公司资料》。

63. 连云港市侨联、汪长发：《追忆年轮》，2020年。

64. 连云港市侨联：《连云港侨联工作掠影》（2016—2019年）。

65. 盐城市侨联：《盐城市侨联志》。

66. 盐城市侨联：《市政府关于处理归侨侨眷有关问题的政策规定》。

67. 盐城市侨联：《盐城市历届侨代会情况》。

68. 古雄社区华兴村侨史馆：《百年华兴百年风雨》。

69. 古雄社区华兴村侨史馆：《华兴村侨史馆大事记》。

70. 陈乃鑫：《爱国侨胞蔡世金先生》，无锡文史资料委员会编：《无锡县文史资料 人物专辑1》，无锡：中国人民政治协商会议江苏省无锡县委员会。

71. 国务院侨办侨务干部学校：《侨务工作概论》（试用教材），1993年。

72. 金坛县政协文史资料研究委员会：《金坛文史资料》第4辑，1987年。

73. 《侨资企业数据库开发与应用研究》课题组：《侨资企业数据库开发与应用研究》，国务院侨务办公室委托项目，2009年。

74. 无锡市委统战部：《无锡市侨务工作主要情况》，2020年6月3日。

75. 吴正华：《华兴村的辉煌与跌宕》，古雄社区华兴村侨史馆提供。

76. 《江苏海外华侨华人史》课题组：《华兴村访谈——黄卓宁》，2020年8月4日。

77. 海外江苏商会问卷调查与访谈：美国江苏总商会，2021年8月15日。

78. 海外江苏商会问卷调查与访谈：比荷卢江苏商会，2021年8月15日。

79. 海外江苏商会问卷调查与访谈：智利江苏总商会，2021年8月15日。

80. 海外江苏商会问卷调查与访谈：澳大利亚江苏总商会，2021年5月22日。

81. 海外江苏商会问卷调查与访谈：加拿大江苏总商会，2021年5月22日。

82. 海外江苏商会问卷调查与访谈：泰国江浙商会，2021年5月22日。

83. 海外江苏商会问卷调查与访谈：南非江苏总商会，2021年5月22日。

84. 海外江苏商会问卷调查与访谈：安哥拉江苏总商会，2021年5月22日。

85. 海外江苏商会问卷调查与访谈：德国江苏总商会，2021年5月22日。

86. 《苏州纳米侨》，2017年8月，苏州市侨联提供。

后 记

日月如梭，光阴似箭。历时两载有余，40万字的《江苏华侨华人史》总算封笔付梓了。回想在新冠肺炎疫情防控期间接受和完成这一艰巨任务的过程，至今仍然历历在目。

江苏是新移民大省，也是全国侨务工作先进省份。200万华侨华人和归侨侨眷是江苏的宝贵资源，他们为江苏经济与社会发展作出了卓越贡献。江苏侨务部门多年前已有撰写一部江苏侨史的初始想法，这也是江苏师范大学多年从事华侨华人研究的中心学者们的热切愿望。

盛世修史，正当其时。2020年年初，在中国侨联兼职副主席、江苏侨联主席周建农同志的亲自推动下，《江苏华侨华人史》作为中国侨联重大课题获批立项。这是江苏省自新中国成立以来的第一部通史类省级侨史，要求在两年时间内完成。在接受这一艰巨任务时，面临各种显而易见的困难，诸如：撰写时间紧，任务重，内容涉及庞杂；文献、档案等一手资料缺乏；因疫情和经费问题，无法出国调研，而江苏海外社团侨领也难以回国面谈；等等。但我们经与省侨联领导沟通后达成了共识，充分认识到在江苏海内外华侨华人为共同建设"强富美高"新江苏和共圆中国梦的历史征程中，撰写一部《江苏华侨华人史》的紧迫性、重要性，特别是其项目本身所具有的重大而特殊的历史与现实意义。我们在江苏师范大学校、院领导的支持下，很快成立了课题组，开始制订调研计划和写作方案。

我们在撰写过程中，首先明确了书稿的基本思路与主要特点。《江苏华侨华人史》撰写内容的时间跨度为2500年，内容涵盖江苏海内外华侨华人的历史、经济、政治、科技文化、教育，以及归侨侨眷、江苏新侨乡建设、与祖（籍）国的联系和江苏侨务等诸多方面。其基本思路为：立足江苏，面向世界，写出一部江苏海外移民与华侨华人筚路蓝缕、艰苦拼搏、融入主流社会的奋斗史、创业史；江苏儿女传承民族传统文化、与祖（籍）国血脉相连、弘扬爱国主义精神的励志史、成就史。研究思路主要从以下几个方面入手。

1. 明确江苏华侨华人史研究的目的与意义、评述江苏华侨华人史发展的四大基本特点。

2. 梳理古代、近代和现当代江苏华侨华人移民史的历史沿革、基本线索和发展概况与特点。

3. 重点探讨江苏华侨华人赴海外移民、拼搏、发展和融入主流社会的历史、群体特征、代表人物和杰出贡献。按照时间发展顺序，分不同历史阶段进行专题性探讨，包括江苏海外华人社团、华人参政和参与社会事务、华人经济、华人教育、科技与文化等，即以时间为经、以专题为纬进行论述。

4. 关注江苏华侨华人与祖（籍）国的血浓于水的关系，自近代以来对中国经济与社会发展所作的重要贡献。主要论及江苏华侨华人与中国革命与建设、归侨侨眷与江苏经济发展、江苏新侨乡建设，以及江苏侨务工作的历史与现状。

5. 坚持5个结合：历史纵向发展与专题横向研究相结合；海外与海内研究相结合；理论指导与侨史实际相结合（以习近平侨务思想为指导，注重为江苏经济与社会发展现实服务）；文献档案与调研材料综合运用相结合；面上概括与个案分析相结合（处理好群体与个人、五大洲与国别的关系）。

其主要特点如下：

1. 重视调研和侨史侨情材料的收集。通过对江苏13个地级市、近30个区县镇和诸多侨企、新老归侨、侨眷代表的调研座谈，对大量侨史文献资料、档案、地方志和口述史等的收集与整理，并与世界五大洲的江苏侨团、侨领建立了较为广泛的联系，发放许多问卷，通过电话、邮件、微信等方式进行多方联系，尽可能多地了解海外江苏华人社团的历史、发展概况和基本特点，弥补因疫情不能去海外调研的不足。全省各级涉侨部门和老归侨、侨眷也鼎力支持，提供了许多非正式出版的侨史刊物和侨务侨情内部材料。

2. 注意历史的延续性、面上的概括性和个案的特殊性。本著是侨史，不同于侨务志，主要在于叙述和梳理江苏华侨华人不同时期、不同专题的历史沿革、基本线索和发展概况与特点，在面上论述清楚后，配合典型性个案，进一步加以介绍、归纳与分析。

3. 力求写出江苏自身特点。例如，江苏与广东、福建等传统侨乡和海外社团的不同特点（历史久、层次高、影响贡献大、文化底蕴支撑深厚等；海外江苏人较少抱团，同乡会主要是现代商会和职业团体的原因；江苏新侨乡与传统侨乡所不同的兴起、发展背景与特点等）；同时也注意比较江苏内部苏北、苏中、苏南地区的不同特点，以及产生这些特点的历史、地域和文化等方面的原因。

4. 重点关注江苏海外华侨华人，及其与祖（籍）国的互动关系。例如，早期移民史和近现代侨史要突出向海外及为何向海外的迁徙移民；归侨、侨眷要写清回国、为何回国和与海外的联系，特别是对祖（籍）国在政治与社会层面的密切关系，如辛亥革命、抗日战争、新中国成立、改革开放和"一带一路"建设等；以及对江苏经济社会发展的贡献；新侨乡要写出江苏华侨华人移民海外，创业拼搏，情系乡梓，投资创业，是海内外互动的过程。例如，上篇主要论述江苏华侨华人的海外发展，下篇则主要论及江苏华侨华人对祖（籍）国的贡献与国内发展。

5. 运用跨学科的研究方法，以历史学研究方法为主，结合社会学、民族学、政治学、国际关系学、经济学等学科进行多学科的综合研究，以拓展研究深度，提升研究水平。

6. 以学术性为主，注重现实性，兼顾可读性。文中结合内容附有大量图表、照片，文后有附录，包括大事记、部分海外江苏华人社团名录和代表人物传。另附有较为翔实、可资查考的参考文献与侨史侨情资料。

在实际撰写过程中，我们也碰到了很多回避不了的问题，例如，作为侨史通史的写作体例问题、研究对象江苏籍和非江苏籍的江苏华侨华人的问题、早期海外移民与近现代华侨华人的关系问题、港澳台资和华商的相关问题、江苏华侨华人史上的杰出人物选择标准问题，苏北、苏中、苏南地区不同特点的提炼比较，以及相关数据的来源和依据问题，等等。通过集体研讨、征求涉侨部门和专家学者的意见，对习近平总书记的侨务思想理论与国家侨务政策的学习理解，以及结合江苏实际对侨史侨情的调研及史料的分析研判，这些问题逐一得到了客观和相对合理的解决。

2022年年初，经过课题组内部，以及省侨联组织的专家学者与侨务工作部门的多次研讨、修改和通稿，终于完成了40万字的初稿。《江苏华侨华人史》课题组在调研和撰写过程中，始终得到中国侨联兼职副主席、江苏侨联主席、本著编委会主任周建农同志的指导、关心和大力支持，以及13个设区市、诸多县（市、区）和基层侨联领导和相关部门的积极配合，得到了众多海外侨团、多家侨企、新老归侨代表的热情帮助，并得到了江苏省侨联老领导黄翠玉、郁美兰、史宇、蓝晓霜、李正新同志的关怀支持，有关高校和省地方志办公室专家也给予了悉心指导，在此一并表示衷心的感谢！

《江苏华侨华人史》书稿的完成，是江苏师范大学课题组成员通力合作的成果。全书撰写任务的具体分工如下。

张秋生：拟定大纲、组织调研与研讨、统筹全稿，撰写绪论、结语、后记。

邵政达、丁美丽：第一章 江苏海外移民史概述；第三章 江苏海外华侨华人经济发展；附录三：江苏华侨华人史大事记；参考文献。

赵　昌：第二章 江苏海外华侨华人社团发展与社会融入；附录二：江苏籍海外华侨华人社团名录（部分）。

鞠长猛：第四章 江苏海外华侨华人科教文化事业；第五章 江苏华侨华人与中国民主革命；第六章 江苏华侨华人与中国社会发展。

张荣苏：第七章 华侨华人、归侨侨眷与江苏经济发展。

颜　廷：第八章 江苏新侨乡的兴起。

赵　青：第九章 江苏侨务工作的历史与现状。（赵青系厦门大学南洋研究院世界史专业博士研究生）

附录一：江苏华侨华人史代表人物传和各章图片为集体撰写和收集。

当然，由于时间和水平所限，《江苏华侨华人史》肯定会存在一些问题和疏误，希望得到侨史学界专家学者和侨务工作者的不吝赐教，提出宝贵意见，以利我们以后修改补充，完成我们的初心使命。

主编
张秋生
2022 年 8 月